本书由黑龙江大学学科经费资助出版
为黑龙江大学杰出青年基金项目《萧红研究》结题成果

叶君 著

萧红 与 生命中的他们

中国社会科学出版社

图书在版编目（CIP）数据

萧红与生命中的他们/叶君著 . —北京：中国社会科学出版社，2015.4
ISBN 978 - 7 - 5161 - 5701 - 5

Ⅰ.①萧…　　Ⅱ.①叶…　　Ⅲ.①萧红（1911～1942）—生平事迹
Ⅳ.①K825.6

中国版本图书馆 CIP 数据核字（2015）第 048353 号

出 版 人	赵剑英
选题策划	郭沂纹
责任编辑	宋燕鹏
责任校对	李小冰
责任印制	李寡寡

出　　版	中国社会科学出版社
社　　址	北京鼓楼西大街甲 158 号（邮编 100720）
网　　址	http：//www. csspw. cn
	中文域名：中国社科网　　010 - 64070619
发 行 部	010 - 84083685
门 市 部	010 - 84029450
经　　销	新华书店及其他书店

印　　刷	北京市大兴区新魏印刷厂
装　　订	廊坊市广阳区广增装订厂
版　　次	2015 年 4 月第 1 版
印　　次	2015 年 4 月第 1 次印刷

开　　本	710 × 1000　1/16
印　　张	19
插　　页	2
字　　数	292 千字
定　　价	59.00 元

目　　录

绪　　论

萧红弃世距今已逾七十载。即便浮躁、喧嚣如当下，人们亦不曾忘记那个命途多舛、年仅 31 岁便客死异乡的民国女子。《生死场》《呼兰河传》等经典之作一再翻印出版；关于萧红及其作品的研究，长期以来更是中国大陆、香港、台湾硕士、博士研究生申请学位的选题热点。然而，不无吊诡的是，人们对女作家人生经历（主要是情感经历）的兴趣，远远超过了对其作品的关注。萧红应该是逝后出版传记最多的现代作家。据萧红研究者章海宁最近统计，1947 年至今已出版中、美、日 35 位作者撰写的萧红传记（包括图传、画传）或传记小说共计 61 种。然而令人遗憾的是，如此纷繁的文字叙述不过四五种值得一读。萧红诞辰刚过百年，其弃世后留下的诸多谜案，至今仍是一场场"罗生门"。某种意义上出版的过度让萧红的人生苦难，成为今人精神消费的对象。然而，消费逝者苦难的取向，更体现于近年对萧红一生的影像叙述。在我看来，无论从传记研究，还是出版、传播等诸多层面考量，关于萧红的文字、影像叙述本身就非常值得关注，作为话题，意味深长。下文拟就萧红传记中几部在我看来，具有代表性的作品进行分析，力图对萧红一生的文字叙述做一番梳理与探究。

一

1942 年 12 月 8 日，太平洋战争爆发，准备返回大陆的青年作家骆宾基打电话向端木蕻良辞行，应电话彼端请求留下照顾躺在病床上的萧红。据骆宾基自述，自战争爆发次日晚，他是唯一陪伴萧红完整走完生命中最后 44 天的人[1]。

---

[1]　骆宾基：《萧红小传》，黑龙江人民出版社 1981 年版，第 6 页。

在残酷的战争背景下，骆宾基对病榻上的萧红四十多天不离不弃，让他自然成了萧红生命后期最权威的见证。同时，出生于1917年，小萧红六岁的骆宾基，与病弱女作家的长时间独处，亦让人们自然生出暧昧的联想。萧红逝后，多年来一直有人将骆宾基视为继汪恩甲、萧军、端木蕻良之后的第四个重要男人，而将人们暧昧想象坐实的始作俑者是台湾作家孙陵。

1942年1月底，骆宾基和端木蕻良离开香港，取道澳门辗转返回桂林，暂住孙陵位于榕荫路的房子。据孙陵回忆，期间两人发生激烈争吵，骆宾基抖露出萧红逝前端木蕻良的冷漠、移情别恋，以及萧红的怨恨；同时爆料萧红对他的爱恋："她说她爱我"，"萧红答应病好以后嫁给我"①。骆宾基与萧红之间，是否一如孙陵转述存有恋情，旁人已无法确知。但是，近年的资料亦似乎透露出别样信息。端木蕻良在萧红住进思豪酒店后，曾经离开过大约一周时间，几十年来他因此遭人诟病，认为他大有在战乱中抛弃病妻之嫌。但是面对质疑与访问，对于离开原因端木至死避而不谈，对批评亦从不回应。2009年11月，在端木蕻良逝世13年后，妻子钟耀群哭着对来访者说出当年端木是因为"回酒店时发现了骆宾基与萧红的私情"愤而离开，而等愤怒平息到底不忍心丢下就"又回到萧红的身边"②。这又似乎是对孙陵所忆情形的佐证。由此，无论萧红对骆宾基的情感取向如何，但可以明确的是，对骆宾基而言，在相处时以及萧红逝世之初，他对其应该怀有一份特殊的情感态度。之所以要梳理这层关系，我想说的是，掩藏于骆宾基内心这层对萧红或出之于单方面想象，或已然得到对方回应的事实恋情，决定着他四年后对其进行观照的独特视角。

据《后记》得知，骆宾基《萧红小传》完成于1946年11月中旬，距传主弃世四年余。这部八万余言的小册子是关于萧红的第一部传记。对于萧红而言，一个与之存在特殊关系的男性，就这样完成了其一生的初始文字叙述。该书1947年3月由重庆中原出版社初版，同年9月，由上海建文书店初版。《萧红小传》问世后，立即引起人们对萧红的广泛关注，即便在当时内战情形之下，建文书店亦多次再版重印。20世纪80年代，黑龙江人民出

---

① 孙陵：《我熟识的三十年代作家》，台湾成文出版社有限公司1980年版，第19页。

② 章海宁：《萧红画传》，黑龙江大学出版社2011年版，第300页。

版社和北方文艺出版社分别于 1981 年 11 月、1987 年 6 月出版了经作者修订后的《萧红小传》。在香港，亦有多个版本的《萧红小传》流传，如 1991 年天地图书公司初版，以及一山书屋复制版①。

　　直至今日，《萧红小传》仍是萧红研究者必备之书。之所以流传广泛，跟作者与传主关系的亲近，以及独特的视角有关。作为萧红最后逗留于人世的见证者，出于骆宾基之手的文字似乎让人很容易建立起信任感；而那份"准恋人"的观照视角，则在文字里处处流露出作者对传主的理解和体察。这是一部明显带有对萧红进行主观解读性的文字。萧红生前不易敞开心灵世界，不愿意谈论自己和家族，即便骆宾基与之有生命终结前的长时间相处，从《萧红小传》所传递出的信息来看，骆宾基对她的了解实在有限。作者明示《萧红小传》里参考了聂绀弩、罗荪、梅林、苏菲、绿川英子、柳无垢、靳以、许广平、丁玲等人在萧红逝后的回忆文章。

　　或许源于写作时的条件所限，骆宾基无暇对萧红身世作深入的考订（如打听一下她的生日是哪天），抑或，作者更看重表达自己对逝者的理解，从而达成基于爱恋的"一个人的纪念"。《萧红小传》所呈现的关于萧红身世和早年逃婚、落难等重要信息，事后证明或出于臆断，或源于讹传。如书中叙述萧红在初中阶段某年夏天"就退学了"，原因是"家里不让念了"。而更深层的原因是家里给她订婚了。并且认为萧红为逃婚出走北平的追随对象，是"一个姓李的青年"，"据说是法政大学的学生"②。随着萧红研究的深入，萧红及其家族更多信息得以确凿考订，证实骆宾基关于萧红订婚的说法不过是讹传；而其出走北平的追随对象，骆不过是在当时给了萧红巨大帮助的朋友李洁吾和怂恿其出走抗婚的表兄陆哲舜之间"陆冠李戴"而已。问题在于，由于《萧红小传》是关于萧红一生相对完整的初始叙述，极其容易对关注萧红的读者形成难以改易的原始认知。关于萧红的订婚对象，流行于 20 世纪 80、90 年代的"王恩甲说"，或许最初便源于此。事实上，萧红未婚夫汪恩甲之父只是哈尔滨的一个小官吏而已，并非显赫的军界人物。

　　《萧红小传》虽是对一个早逝女作家生平不无随意性的简述，但是，叙

---

① 　根据 1947 年 9 月上海建文书店版《萧红小传》复制。
② 　骆宾基：《萧红小传》，黑龙江人民出版社 1981 年版，第 23 页。

述者那基于宏大叙事的立场却非常分明。萧红早年的"抗婚"之举，作者委婉上升至"反封建"的高度，而似乎刻意忽视在今天看来萧红出走北平背后更具个人性的诉求：读书。在去政治意识形态化解读的今天，萧红的这一动机愈益得到认可。书中叙述萧红之死时，明确冠以"她掷下了求解放的大旗"① 这样的标题。毫无疑问，《萧红小传》也为后续萧红传记作者对其生平和创作进行过度政治意识形态解读开了先河，在骆宾基这"反封建"、"求解放"的基础上，进而明确发掘萧红身上"进步"、"革命"、"左倾"等品格。而观照视角的单一化，直接导致建国后几十年间对萧红固有文学价值的严重低估。

我认为《萧红小传》最重要的价值，或许在于骆宾基对萧红女性意识萌生，以至成型过程的描述。具体体现在第 19 章"萧红思想的成型"与第 25 章"还不只是从属性"里。在骆宾基的文字里，有一个男作家对一个卓越的女性同行在男权社会的遭际，及其内心苦痛的体察与知解。我更倾向于将之解读为当时年仅 29 岁的骆宾基对萧红发自内心的爱意的体现。这份爱意或许是敬爱、怜爱，但或许也就是基于恋人视角观照的表征。体察萧红作为女性的悲苦并细致道出，以我所见，在萧红诸多传记作品中，似乎也就以《萧红小传》最为完整、强烈。这与其归之于后续传记作者视野的局限，不如说是其内心是否对萧红葆有一份真爱使然。然而，与那不甚明显的宏大叙事视角在后来被一味发扬以至极致化不同，骆宾基这份基于女性立场的体察，在建国后数十年关于萧红的文字叙述里却几近消失，代之以赤裸裸的男性话语霸权，直至近年才有所改观。

值得注意的是，初版《萧红小传》以及再版正文，对萧红与萧军、端木蕻良前后两段情感纠葛的叙述，基本上持有一份客观立场。没有刻意美化萧军，亦不曾着意贬低端木。对于萧红生命中两个男人的进退，骆宾基只是平静表述为"在人生的进途上，和一个相遇和另一个分手"②。而萧红与端木蕻良始终遭人诟病的结合，在骆宾基的叙述里，明显出于萧红的主动选择，而并非端木那极尽谄媚的追逐。当年萧红送给端木那根小竹棍，在作者看来

---

① 骆宾基：《萧红小传》，黑龙江人民出版社 1981 年版，第 102 页。
② 同上书，第 73 页。

"有所象征"①。对比后人对萧红前后两段情感经历的叙述，骆宾基的文字显然要客观、公允多得。

端木蕻良"秘密飞港"后，离开了重庆那个熟悉的朋友圈子。在香港时期的生活留下的文字记录相对较少，近年才稍稍丰富。《萧红小传》另一巨大价值，自然体现在骆宾基以见证者的身份记录下萧红弃世前的言行、状貌，为人们了解萧红生命后期的思想，以及生存状态提供了十分重要的认知可能。书中收录了两篇以明显的文艺腔记录下的萧红"谈话录"。日后有人以萧红当时的现实情形（喉咙插管），质疑骆宾基文字叙述的真实性。但是，关于萧红生命后期的情形，实在鲜有记录，人们还是无法绕开骆宾基的文字，对此，我基本不怀疑其叙述的真实性。而叙述的文艺腔调，我更愿意视为那是年轻的作者在萧红逝后，表达其爱恋与伤痛时的不自禁选择。因为，那份爱与伤痛的生成，距离文字叙述当下不过四年多。可以想象，如果时日稍长，骆宾基仍有冲动叙述萧红的一生的话，应是另种面貌。时间不是将爱与伤痛变得淡漠，就是将之彻底抚平，了无痕迹。正如我们见不到跟萧红生活了六年的萧军，生活了四年的端木蕻良关于萧红稍稍完整的文字叙述。或许他们也有对于爱与伤痛的别样表达，但骆宾基不是。在我看来，骆宾基关于萧红生命终了的文学性叙述并不矫情，相反，可以读出那份文艺腔背后的真诚。

萧红逝后，骆宾基和端木蕻良在桂林因萧红而起争执，几至绝交。而据新中国成立后他们同在北京市作家协会的同事回忆，两人交恶几十年。机缘巧合，萧军亦供职北京市作协。逝者已逝，却正如刘心武感叹的那样："三位跟萧红全有过刻骨铭心爱情的男士直到晚年也不能和谐。"②

然而，令人不解的是，骆宾基晚年将大半生对于端木蕻良的恶感，借对早年撰述的萧红传记的修订之机告白天下。1980 年 6 月初，年逾六旬的骆宾基在《萧红小传》"修订版自序"里，述及与端木的简单交往时，罔顾端木与萧红举行过正式婚礼的事实，将其定位为萧红的"同居者"。更重要的是，他着意强调端木蕻良在太平洋战争爆发后对病榻上萧红的遗弃。

① 骆宾基：《萧红小传》，黑龙江人民出版社 1981 年版，第 76 页。
② 刘心武：《萧红的魅力》，《读者俱乐部》2008 年第 12 期。

　　20 世纪 80 年代，萧红渐成中国现代文学研究热点之一。骆宾基那些明显出于发泄个人恩怨，带有个人情绪的话，无疑加重了人们对端木蕻良的恶感。事实上，前文提及萧红进入思豪酒店后，端木确曾离开过一段时间，但是，将之夸大为一去不返，由骆宾基个人陪伴萧红直至生命终结，大量材料证明此说全然不顾事实，而且，也与《萧红小传》正文叙述相矛盾。某种意义上，这篇序言也更加引发读者对萧红情感经历的关注热情。与初版对照，1981 年版《萧红小传》正文内容的改易倒并不明显，多数只是订正一些讹误和不确，一些判断更具弹性。

　　但是，类似《萧红小传》修订版序言，骆宾基晚年以萧红为媒介对端木泄私愤（这私愤当然很大程度上也是因萧红而起）之举，亦时有别样体现。1977 年 3 月 21 日，他曾在致友人信中确认浅水湾是萧红衣冠墓之说。① 据端木回忆，骆宾基应该是将萧红部分骨灰埋葬浅水湾的共同参与者，而且，1957 年这部分骨灰被发掘迁至广州银河公墓，现场所有人都见证了骨灰的存在。何以二十年后骆宾基全然不顾已经确认的事实，并以亲历者之一的身份来发表违心之论？

　　因与萧红所存有的特殊关系，骆宾基的意见，更给力图穷究真相的萧红研究者们带来巨大困惑。一个作家晚年极其不负责任的言论，让人自然对其人品生出质疑。而这份质疑随即影响到对《萧红小传》所发布的有关萧红重要信息的采信。该书修订版面世之后，新中国成立前的版本已不易得见，而且繁体、竖排对于 80 年代的年轻读者来说已成阅读障碍。人们对萧红的了解，自然更多依赖于《萧红小传》修订版。该书始终存在的一些史实讹误，以及撰述者的情绪偏见，亦随之流传。萧红生平的初始文字叙述就这样沦变为传主生前情感世界里两位男性的一场恩怨纠葛的发泄。这不能不说是萧红弃世后更大的悲剧，令人唏嘘。直至今日，对于想了解萧红的人们来说，《萧红小传》已成一个美丽的诱惑，而萧红生命终了，这似乎是唯一的见证。但是，采信于之，却又需极其审慎。我不得不将其归之于作者的人格缺憾。

---

　　①　丁言昭：《萧红传》，江苏文艺出版社 1993 年版，第 282 页。

　　骆宾基对端木蕻良的"恨",是否源于对萧红的"爱",旁人无从得知。但是,《萧红小传》出之于主观叙述视角却是昭然。20 世纪 60 年代,就开始从事萧红传记研究的美国人葛浩文在此后长达数十年的持续关注中,私下谈及观照萧红的热情,多次不讳饰地述及,他视萧红为隔着时空的"情人"。至于葛浩文之于萧红研究的意义,正如有人所评价的那样:"如果没有葛浩文这个美国人,那么台湾读者就不知道中国曾有一个叫萧红的女作家。"① 事实上,大陆现代文学研究界对萧红的关注以至重视,亦更有赖于葛浩文在博士论文基础上修订而成的《萧红评传》中译本的传入。1979 年 8 月,葛浩文在该书《中文版序》末尾不无谦虚地写道:

　　　　我不敢说是我"发现"了萧红的天分与重要性——那是鲁迅和其他人的功劳,不过,如果这本书能够进一步激起大家对她的生平、文学创作,和她在现代中国文学上所扮演的角色的兴趣,我的一切努力就都有了代价。②

　　《萧红评传》是首次针对萧红的生平与创作进行系统学理性探究的成果,在我看来是对萧红的另一种初始性叙述。而著者的异文化背景内在决定了其观照角度和所持立场。在萧红生平和传记研究上,葛浩文的开创之功,得到一致公认。直至今日,对于萧红的学术性探究,仍无可规避地从这本书开始。《萧红评传》影响巨大,自问世至今有多个版本流传,如美国印第安纳杜尼公司版(1976,书名为《萧红》)、香港文艺书屋版(1979)、台北时报出版公司版(1980)、哈尔滨北方文艺出版社版(1985)、香港三联书店版(1989,书名为《萧红新传》)、上海复旦大学出版社版(2011,书名为《萧红传》)。

　　在 20 世纪 60、70 年代,葛浩文应该是海外以学术方式全面开展萧红研究的第一人。同时代中国大陆从事萧红研究的铁峰、陈隄等人,对一些问题不时流露出臆想和武断,相较之下,葛浩文在对待一些悬疑问题时,

---

① 章海宁、李敏编著《萧红印象·书衣》,黑龙江大学出版社 2011 年版,第 139 页。
② [美] 葛浩文:《萧红评传》,北方文艺出版社 1985 年版,第 2 页。

其观照和表达方式，全然基于西方学术的理路和训练方式，往往一个看似平常的结论背后，却辅以大篇幅的注释。将各种不同的观点罗列出来，如果材料还不足以支持得出明确结论，就只是将问题存疑。《萧红评传》在中国大陆传播，很大限度上是对当时铁峰、陈隄等人武断结论的纠正。如萧红未婚夫是"李姓青年"还是"汪殿甲"的问题上，葛浩文对骆宾基、铁峰的看法多有保留，基于当时材料所限，不敢贸然得出结论，经过一番分析之后弹性作结："总而言之，像萧红其他的谜一样，这问题还没完全解开，但是整个的事件对萧红生活之不幸的影响显然是公认的——她是第二次被男人所伤害，更加重了她的挣扎心态与对'重男轻女'思想的反抗。"① 今天的研究早已澄清，萧红未婚夫既不是"李姓青年"，也不是"汪殿甲"。葛浩文对枝节的审慎，以及对问题本质结论的自信，可以看出其良好的学术素养以及严谨的态度。

　　而在 80 年代初，面对萧军、陈隄、方未艾、蒋锡金等人在萧红身世上爆出的甚嚣尘上的"养父说"，葛浩文在注释里罗列了陈隄所凭之据，并摆出其结论："这些都说明萧红不是张廷举的亲生女，应是确定无疑的了"之后，表达其质疑："笔者却认为还有可疑之处。"② 可见，葛浩文在没有足够证据的前提下不贸然结论，但也不遮蔽不同观点的存在，而对枝节问题的背后，其看法往往一针见血。"养父说"刚起，葛浩文就认为，萧红身世之"谜"将来是否有解开的可能性不得而知，很难断定谁是谁非，但"这个问题对萧红作品研究有着它的重要性"③。稍后，在《萧红评传》里他解释道："它'重要性'似并不在于事实，而应在于萧红对她家世的了解与反映；换言之，萧红对父亲等长辈的不满是'不可疑'的，而这种心理对她著作确实有其影响。"④ 葛氏如此富有理性的结论，即便在今天都令人信服。

　　将萧红与萧军、端木蕻良的两段情感经历，也纳入学术性的观照视野，

---

① 　[美]葛浩文:《萧红评传》，北方文艺出版社 1985 年版，第 36 页。
② 　同上书，第 17 页。
③ 　中国作家协会黑龙江分会:《创作通讯》1981 年第 4 期。
④ 　[美]葛浩文:《萧红评传》，北方文艺出版社 1985 年版，第 18 页。

在我看来是葛浩文在早期萧红研究中，最足称道处之一。事实上，20 世纪 80 年代以后的诸多萧红传记作者，大多不自觉地受自身对萧军或端木的情感判断所左右，以致让人怀疑其写作动机是否真是出之于萧红，结论的情绪性非常明显，全然并非学理性态度。论及萧军及其崇拜者在叙述萧红时普遍对端木蕻良表现出的非理性侮蔑，葛浩文难抑困惑："在萧军的笔下，端木蕻良往往成为真正的'无名氏'，在他的文章里，不是用'T'一类的称呼，便是连提也不提。这点不仅于痛恨'T'的萧军的作品中出现，凡是站在萧军那边的人士几乎都如此……笔者总认为，这又何必？"① 为了澄清萧红与萧军、端木情感生活上的一些问题，80 年代初，葛浩文对萧军、端木蕻良、罗烽、白朗等人一一进行深入访谈。为后续萧红研究者留下了大量非常珍贵的资料，屡被征引。但是，访谈者毕竟隔了近四十年的时空，对往事记忆的模糊，或出于个人隐秘心理，都可能自觉不自觉有所讳饰。与大陆对当事人做访谈的学者不同的是，葛浩文充分注意到这一倾向，对访谈所得，并不全然接受，而是在严谨甄别的基础上审慎采信。与此同时，始终保持自身的中立立场。在萧军、骆宾基的一些叙述中，端木蕻良和萧红并非正式夫妻。对此，葛氏果决地谈出自己的看法：

> 端木与萧红是否成为正式夫妇是件颇有争论性的问题。萧军、骆宾基及其他大多数有关人士皆强烈否定，但端木本人于 1980 及 1981 年两次向笔者表示肯定，同时也将婚礼细节，甚至于参加婚礼的人名都细述过。即使此后的端木和萧红之行为、言论偶尔不像一般的夫妇，但这都不够否定他们结了婚一事。②

总之，葛浩文对萧红生平基于学理性的初始性叙述，表现出非常超卓的品格。可惜的是，他在对待人、事上所表现出的理性态度，对中国大陆 80、90 年代萧红传记作者的影响却十分有限。在葛浩文的研究之后，中国大陆即便有关于萧红生平更多翔实的考订出现，一些重大或枝节问题得以澄清，但

---

① ［美］葛浩文：《萧红评传》，北方文艺出版社 1985 年版，第 123 页。
② 同上书，第 124 页。

是，很长一段时间在对萧红的观照上，由于学理性态度的欠缺，让那一次次关于萧红生平的重复叙述难有令人满意的品格。

《萧红评传》的学理性更体现在萧红生平叙述过程中，作者对传主每个人生阶段重要作品的分析与评价上。葛浩文对萧红作品的价值判断，与中国大陆官方1981年在纪念萧红诞辰七十周年之际所作出的"三十年代著名左翼女作家"的政治意识形态定调全然不同。政治意识形态的介入，直接影响到20世纪80—90年代中国大陆的萧红作品研究和生平叙述。当时即便不涉及作品评价，仅是生平叙述亦大多基于这一基调。出之于中国大陆以外的"他者"眼光对萧红作品的观照，自然让人看到太多极其新鲜的见解。只是，在《萧红评传》出现时，可能没有人充分看重罢了。例如，葛浩文认为，"对于习惯于萧红一般文体和题材的读者而言，《马伯乐》是一部令人大为惊异的作品"①。而给予高度评价的同时，葛氏也指出"萧红时而有过分幽默的倾向，这大概要算是《马伯乐》书中最大的毛病"。葛浩文进而预期，如果萧红能够将《马伯乐》写完，那么，整部《马伯乐》可能使她"跻身于一流讽刺作家之林"，而仅就完成部分"只足以证明萧红何以能在短短六、七年写作生涯中，成为一个相当成熟而具有多方才华作家的理由"②。迟至今日，中国大陆现代文学研究界，仍对《马伯乐》缺乏足够认识，萧红那天才的闪光仍遭掩抑。至于《呼兰河传》，葛氏更激情指出"是萧红的代表作，文学评论家们在时空上距离战时的中国越远就越认为该书是写作技巧上最成功之作。这一看法，即为此书不朽的最有力例证"③。这些结论都建立于对文本细致深入分析的基础上，可以看出当时中国大陆意识形态的时调对论者几乎没有影响。《萧红评传》至今仍让人觉得见解新鲜，除论者本人超拔的文学识见之外，这也是更为内在的原因。

葛浩文超拔的识见，更为经典地体现在对萧红成名作《生死场》的评价上。《生死场》甫一问世就被高举为左翼文学的代表作，鲁迅、胡风等人将其纳入民族国家求解放的宏大叙事。鉴于鲁迅巨大的权威性，自此，革命、

---

① ［美］葛浩文：《萧红评传》，北方文艺出版社1985年版，第130页。
② 同上书，第135—136页。
③ 同上书，第144页。

抗战，成为后人对萧红生平和作品进行叙述和评价的成规。而葛浩文应该是最早对《生死场》主题进行系统质疑者。从篇幅上直观统计，他认为该书提到抗日的部分"仅不过全书的三分之一"。他进而追问，小说的反抗性自是毋庸置疑，"但问题是它反抗的是谁？又为了什么？"① 并且，与萧军《八月乡村》对比，《生死场》明显不同。如果撇开已有滥调，葛氏这些追问确乎是重新发现《生死场》特质的切入点。在其后的论述中，葛浩文对当时论调时有驳诘："笔者对《生死场》的看法，与当时文学评论家大有出入。那些眼光短浅的文学评论家竟把《生死场》前一百多页看成了准备日寇出场的序幕。读者细读《生死场》之后将会发现，这种论调是难以立足的。"② 而对于《生死场》到底写了什么，他认为"贯穿《生死场》全书的唯一最有力的主题就是'生'与'死'的相走相亲，相生相克的哲学"③。在葛浩文看来，与当时主流抗战文学不同，《生死场》"所展示给读者的'战争'并非所谓的理想性、浪漫爱国性的'战争'，而是刻画着战争对老百姓在日常生活里所受的实际影响。作者并没有从一种广义的历史观点来写战争，而是以一种微妙而尚有力的手法来叙述村民及作者本身所经历的种种不幸遭遇"④。

在《萧红评传》里，葛浩文对于《生死场》的论述或许是该作自问世以来，最早出现的去政治意识形态化解读。在近 20 年后，葛氏的一些观点得到了海内外部分学者的充分回应。至于《生死场》究竟写了什么？刘禾指出："萧红作品所关注的与其说是'北方人民对生的坚强，对于死的挣扎'，不如说是乡村妇女的生活经验。鲁迅根本未曾考虑这样一种可能性，即《生死场》表现的也许还有女性的身体经验，特别是与农村妇女生活密切相关的两种体验——生育以及由疾病、虐待和自残导致的死亡。"⑤ 摩罗似乎更是沿着葛浩文对《生死场》在文字篇幅上进行分析的理路，探究其主题内涵，得

① ［美］葛浩文：《萧红评传》，北方文艺出版社 1985 年版，第 51 页。
② 同上书，第 55 页。
③ 同上书，第 58 页。
④ 同上书，第 60 页。
⑤ 刘禾：《重返〈生死场〉》，章海宁主编《萧红印象·研究》，黑龙江大学出版社 2011 年版，第 86 页。

出《生死场》是"一部断裂的文本"①，而在摩罗看来，该书所书写的是乡村巨大的生存困境。

在对萧红文学成就的整体评价上，葛浩文对萧红创作与抗战的关系，也有完全超越时调的理解。相对于中国大陆的萧红研究，葛氏的见解起码领先20年。他在书中论道：

> 但遗憾的是，到前几年为止，一般文学评论家过分强调她的"抗日文学"而事实上那只不过是她写作事业的基础。从文学观点来看，"抗日文学"根本不是她作品中显著的特色（她自己说过："作家们写作的出发点是对着人类的愚昧。"她的生活经验范围虽窄，但她文艺观点反而特别广）。当萧红写作才能与日俱进时，她在文学评论家眼中的地位反而江河日下，后来竟落到人们仅把她当成"抗日作家"看待。②

葛浩文进而明确指出："说萧红是位'抗日文学'的小说家，不但是个误会，更是小看她的文学贡献。"③ 即便在葛氏此说问世三十多年后的今天，在中国大陆现代文学研究界，人们更多时候还是习惯拘于"左翼文学"或"抗战文学"的范围，来谈论萧红的创作以及萧红的文学史地位。

近十年来，从女性主义角度解读萧红的人生遭际及其创作，慢慢被认可为一种较为深刻的观照方式，一些学者据此发掘萧红的独特价值。在论及中国现代文学女性意识的流露，甚至女权思想的生成，萧红及其作品往往成了最有力的例证。事实上，在《萧红评传》里，葛浩文曾专就"女权主义"之于萧红有所探究。在其阅读经验里，除《马伯乐》外，女权主义在萧红作品中是"最常见的题材"，究其原因，萧红"本身就是个在男性傲慢，虐待和一个以女性为玩物而非同等地位的社会制度下的受害者"④。葛浩文进而概括出在萧红作品中，"反男性"的态度以两种姿态呈现："一种是直接的独

---

① 摩罗：《〈生死场〉的文本断裂及萧红的文学贡献》，章海宁主编《萧红印象·研究》，黑龙江大学出版社 2011 年版，第 139 页。

② ［美］葛浩文：《萧红评传》，北方文艺出版社 1985 年版，第 166—167 页。

③ 同上书，第 167 页。

④ 同上书，第 164 页。

特化，常以大吼大叫来表现；另一种是比较间接而且是非常有效的方法。在作品中以哀怜的女性为主角，让读者自己一步一步领会到女性们在以男性为中心的社会下所占的可怜卑下的地位。"①

总之，在我看来，《萧红评传》是另一维度上所完成的对萧红的初始叙述。源于叙述者异质性的文化背景、学术素养以及理性光芒的照耀，让萧红及其作品的特质得以充分呈现。在萧红传记研究上，该书是一种里程碑式存在。

有意思的是，或潜在出于"恋人"视角；或与想象中的"情人"交流，骆宾基、葛浩文，各以自己的方式，力图走进萧红的内心世界，完成对一个夭殇女作家的初始叙述。他们的文字对后续萧红生平叙述、传记研究都产生了巨大影响。

二

20 世纪 80 年代至新世纪之初，关于萧红的生平叙述大量涌现。撰述者除大学或官方研究机构里的专业研究人员；也有出之于兴趣和热爱，自发搜集萧红生平资料并有表达冲动的民间研究者；另有当代作家、诗人对萧红戏剧性人生的文学想象。此期，海外萧红传记研究主要集中在日本。平石淑子教授在萧红资料的搜集、整理上数十年如一日，做了非常细致的工作；而尾坂德司、中村龙夫等撰写的萧红传记亦在日本或中国大陆流传。随着对萧红生平持续深入的关注，此前一些因为材料缺失而无从确证的疑案得以澄清，更多细节得以呈现；但在某些问题上，亦往往因材料来源不同，而生成多种说法，甚至一些简单问题反倒因多重叙述变得繁复，莫衷一是。更重要的问题在于，此期萧红生平叙述，出于撰述者自身素质、叙述动机、所持立场，以及材料甄别能力的差异，致使文本虽多，但品格极为悬殊。今天看来，相对于数十种的出版规模，但真正值得一提的不过寥寥数种。

肖凤是国内较早出现的萧红传记作者之一，所著《萧红传》1980 年 2

---

① ［美］葛浩文：《萧红评传》，北方文艺出版社 1985 年版，第 164 页。

月由天津百花文艺出版社初版。在中国大陆，这应该是继骆宾基《萧红小传》之后，第二部较为完整的萧红生平叙述。甫一问世，便在读者中引起热烈反响。作者收到大量读者来信，海内外媒体也发表了数十篇书评，萧军评价说该书"是最公正的萧红传记"①。2004 年由文化艺术出版社出版的《悲情女作家萧红》应该是对《萧红传》修订、完善之后的重印。正如有论者评价："肖凤的萧红研究主要贡献是在萧红史料的搜集和鉴别方面做了大量的工作。"② 由于开始萧红生平研究较早，肖凤得便访谈与萧红同时代的多位当事人，而从舒群处获得信息最多。

从《悲情女作家萧红》来看，肖凤的萧红生平叙述平实、简略，仍然保持了她对萧红初始叙述的原貌。而事隔二十余年，后续史料的发现对她也没有更多影响。总体上看，肖凤抱持比较明显的政治意识形态立场，来观照萧红的一生，似是对骆宾基《萧红小传》的延续甚至强化。这或许与肖凤在"文化大革命"后期开始阅读萧红作品并关注萧红人生经历有关。特定时代固有的阶级斗争思维模式自然影响到当时对萧红与其家族关系的评价。在叙述中，不自觉地将她描述成一个饱受父权和阶级压迫的受难女性；而无从顾及萧红作为女性的悲剧命运，更不用说自身性格之于其人生悲剧的关系。相对于骆宾基、葛浩文的叙述，可以说，肖凤以及铁峰等人的叙述，细节虽有丰富，观念却急遽退化。

萧红生前留下大量自述性文字。从征引材料出处来看，肖凤对萧红生活情貌和心理状态的描述，大多出自萧红自诉而少有甄别与判断。在萧红传记研究上，一直存在一种十分不理性的倾向，那就是，以萧红后来的人生悲剧推定其童年苦难；而童年苦难，又自然出于非人性的成长环境。肖凤虽不是始作俑者，但其基于如此旨归的萧红童年叙述最为典型。她述及萧红父张廷举"贪婪成性，对父母、对儿女，都没有真感情"③，其品质之恶劣，还在于东北沦陷之后"竟充当汉奸，出任伪'满洲国'呼兰县的'协和'会长"。除对女儿"一直是缺乏人性"外，还对有二伯这样的"赤贫的本家则

---

① 肖凤：《后记》，《悲情女作家萧红》，文化艺术出版社 2004 年版，第 221 页。
② 章海宁：《萧红印象·书衣》，黑龙江大学出版社 2011 年版，第 145 页。
③ 肖凤：《悲情女作家萧红》，文化艺术出版社 2004 年版，第 5 页。

更是冷酷无情得令人毛骨悚然"①。肖凤所据，自然是萧红在散文《永久的憧憬和追求》里对父亲的评价，以及在小说《呼兰河传》里对有二伯的描述。事实上，前者是萧红离家出走后，一时还难以达成对父亲以及家族的理解与和解的前提下，所作出的明显带有情绪性的判断；而后者出于文学性虚构，似乎并不能作为立论依据。1986年呼兰本地学者采访对张家比较了解的老人所得，有二伯在张家的实际生活情形，则与小说里的描写全然不同。② 事实上，萧红弃世前在小说创作中表现出的对于亲人和家族的态度，也全然有了逆转。肖凤此处对萧红文字不加辨析的采信，很容易生成对萧红童年苦难的想象性描述。在其笔下，萧红母亲姜氏"则是一个思想观念极为奇怪的人，她十分地重男轻女，看不惯公公对女孩的娇纵，她本人虽然粗通文字，生前却绝对禁止女儿读书"；③ 萧红就出生于"这样一个光怪陆离的家庭中"，"从来没有像别的孩子那样，得到过父爱与母爱"。④ 更有祖母针刺手指的虐待，据此，撰述者自然得出的结论是："这种没有抚爱、没有温情的不正常的感情生活，深深地刺伤了她（萧红——论者注）的幼小然而敏感的心灵。"⑤ 如此，萧红人生悲剧的始源性，就这样草率认定，并长期成为认知萧红苦难的成规。之所以如此，与作者对东北20、30年代生活的隔膜，以及以想象填补史料缺失的撰述方式有关，而更重要还在于作者的思维定势。推定苦难的思维定势，加上对传主的同情与爱怜，自然导致对传主自诉理性分析的缺失。这不能不说是一种遗憾。

访谈当事人，固然是获取可靠信息的路径。但对访谈所得同样需要甄别与判断。隔了数十年的时空，一来回忆并不可靠；二来访谈者特别是对关涉自身的往事，不自觉有出于自我同情的改动与讳饰。这样的信息传播开来，反而让原本明晰的事实变得模糊。关于萧红如何离开落难旅馆，她本人在《弃儿》里有非常明确的叙述，而且《弃儿》写作时间离事发当时最接近。

①　肖凤：《悲情女作家萧红》，文化艺术出版社2004年版，第14页。
②　王化钰记录整理：《访陈治国老先生》，孙茂山主编《萧红身世考》，哈尔滨出版社2003年版，第197页。
③　肖凤：《悲情女作家萧红》，文化艺术出版社2004年版，第5页。
④　同上书，第7页。
⑤　同上。

但诸多撰述者的生平叙述，大多过于强调男性对落难女性的拯救，过于采信舒群、萧军等数十年后的回忆，甚至明显带有文学性的虚构与想象，全然无视萧红的自述。不仅如此，撰述者还往往处于狭隘的立场，或对已有信息的无视，在采信某种叙述的同时，完全屏蔽另种说法的存在。这一倾向在肖凤的叙述里体现得尤为明显。

大约根据 1979 年 9 月对舒群的访谈，肖凤认定"最先得到萧红落难消息的是舒群"；并述及旅馆被淹后，舒群曾泅水到萧红所在房间陪着"在地上蹲了一夜"，且事后"把萧红的处境描述给地下党的同志和文化界的朋友们听"，从而引起很多人包括萧军对萧红的关注。① 今天来看，肖凤此说可谓漏洞百出。本书后文亦论及萧军对此的否认。如果舒群真的如此讲述，那么，其动机明显是出之于政治意识形态的着意强调，诸如自己的地下党身份，还有拯救过程中组织的作用。貌似萧红后来成长为一个左翼、革命、进步女作家，由此可获一种始源性解释。如此牵强的设定，几乎流于庸俗。肖凤如果将舒群所谈定为说法之一种，亦稍见理性。如此肯定实在太过武断。

同样，萧红如何离开东兴顺旅馆，肖凤又全然采信 1979 年 5 月萧军的回忆。事实上，二萧初识，详细记载在萧军当年完成的实录文字《烛心》里。而与事发当年的描述全然不同，肖凤所采信的描述大致是：二人见面后，萧军发现了落难女子的才华决定搭救，但"他知道能搭救她的最彻底的办法，就是与她结婚"，于是，"他拒绝了朋友们的劝阻，毅然决然地行动了起来"，除警告旅馆老板外，还向一个"脚小的南方朋友要了一双男式皮鞋，给萧红穿上，趁着旅馆内外一片混乱的当儿，带着萧红不辞而别了"②。如果稍有判断，这近乎蹩脚小说家般的情节编织，自然不值注意。然而，或许在肖凤看来，这些出于富有权威性的当事人萧军之口，就不敢质疑其背后的可能性以及与情理的贴合度。诸如此类的缺憾，在肖凤的叙述里还有许多。

我无意指责肖凤什么，更不能站在今天的角度苛责前人，肖凤的萧红生平叙述，作为一个特定时代的印记，成为今人认知萧红生平叙述观念迁延过程中一个值得分析的现象。

---

① 肖凤：《悲情女作家萧红》，文化艺术出版社 2004 年版，第 34 页。

② 同上书，第 36 页。

铁峰自述，1957 年虽被打成右派，但坚信"国家不会永远这样"，"共产党把穷人解放出来，让他们在政治上、经济上、文化上翻了身，决不会让我把学到的一点文化知识，全用在写检查上，迟早总会让我做点事情"①。他在困厄中找到了精神支撑：自 1958 年开始利用课余、节假日到学校图书馆劳动改造之机，偷偷收集萧红作品和研究资料，开始对萧红的民间研究。60年代初，铁峰得便大量走访萧红在世亲属，如堂妹张秀珉以及她们的姑姑杨氏，并偶然从张家族人手里借出《东昌张氏宗谱书》。他应该是第一个完整得见《东昌张氏宗谱书》的研究者，而后又与萧军、白朗、罗烽、端木蕻良、舒群、骆宾基、许广平等萧红生前友好取得书信联系，多方面获取信息，于"文化大革命"前完成"一部近 40 万字的《萧红评传》"，可惜在"文化大革命"抄家中被毁②。

铁峰认为，20 世纪 80 年代初海内外的"萧红研究热"，是由其粉碎"四人帮"后发表于《文学评论丛刊》第 4 辑上的《萧红传略》掀起，或许言过其实。然而，在中国大陆，铁峰有关萧红生平的调查、研究，无疑具有拓荒性，其研究活动开始较早，但完整发布相关成果，并不早于葛浩文。关于《萧红传略》，铁峰不无自负地述及，日本著名汉学家尾坂德司的《萧红传》以之为蓝本；葛浩文亦撰文称赞他"在萧红资料发掘上贡献最大"③。

铁峰对萧红生平事迹的考订，做了大量影响深远的工作。且因其在萧红故乡现场，获得资料便利，他对萧红离开哈尔滨之前种种讹误的考订与澄清贡献尤大，撰有《萧红生平事迹考》，共十余万言，对萧红一生进行编年式考察，列举萧红自述及他人不同评价，并进行考证，作出结论。《萧红生平事迹考》应该是铁峰萧红传记研究之集大成者，附在哈尔滨出版社 1998 年版《萧红全集》下卷书后。其中主要观点在哈尔滨出版社 1991 年版《萧红文学之路》和北方文艺出版社 1993 年版"主要任务就是要解开萧红传奇色彩之谜"④ 的《萧红传》里就已然出现。

---

① 铁峰：《自序》，《萧红传》，北方文艺出版社 1993 年版，第 1 页。
② 同上书，第 2 页。
③ 同上书，第 3 页。
④ 同上书，第 4 页。

由于铁峰最早完整接触到《东昌张氏宗谱书》，关于张氏家族信息，比起其他研究者自然更为可靠。关于萧红父母、祖父，以及整个家族的沿革，铁峰所发布信息基本源于宗谱书，亦为今天的研究者所采信。正因为基于宗谱书对张氏家族的了解，在 20 世纪 80 年代初，当萧军等人传出关于萧红身世的"养父说"且甚嚣尘上之时，铁峰不为所动，根据自己所掌握的资料予以有说服力的辩驳。萧红生日至今仍为谜案，多年来一直有两种影响巨大的说法，一为端木蕻良所持"6 月 1 日说"；一为铁峰所持"6 月 2 日说"。铁峰之所以持此说，源于 60 年代对张廷举好友于兴阁以及张秀珉的采访，并依据现实情理推断得出。比较"6 月 1 日说"，我一度认为铁峰的观点似乎更为可信，《从异乡到异乡——萧红传》便采信于之。

铁峰关于萧红童年生活的考证和叙述最为难得。作为本土学者，他能够结合当地历史和现实情形的实际进行考订，理性作出结论，并非一如当时很多学者由萧红后续人生悲剧推定其童年苦难。针对当时普遍述及萧红诸如缺乏父爱、母爱，遭受祖母虐待等童年遭际，铁峰却认为"这是因为他们太不了解旧社会东北乡村孩子生活的缘故"，而从萧红亲属口述，及其童年生活的文学想象，他得出结论："应该说，萧红的童年生活是愉快的、幸福的。"① 然而，出于认知惯性，铁峰这一力矫时俗的说法，较长时期没有引起注意，今天却多有认同。

铁峰的超卓识见，还表现在当众多萧红传记作者对萧军极尽美化，他同样不为流俗所动，从二萧后来的情感纠葛，探究萧红情感悲剧的根源，从而祛除二萧结合的浪漫与传奇，拥有一份属于自己的理性判断。在他看来，二萧的所谓狂恋，简言之"是爱情也是需要"。在萧红，"需要有一个男性作依靠，使旅馆掌柜的不敢于轻易做出不利于自己的事，从而摆脱危难。萧军的文学才华也使她很钦佩"；之于萧军，"也需要一个女性，而萧红又是个很解放、很有才华的年轻女性"② 。铁峰进而认为，"他们的这种爱，不管怎样'狂'，在开始时也不会有多少思想和感情的基础"，"由于读者不了解萧红与萧军是怎样结合在一块的，而一些研究、评论文章又有意'净化'，把他

① 铁峰：《萧红传》，北方文艺出版社 1993 年版，第 10 页。
② 铁峰：《萧红文学之路》，哈尔滨出版社 1991 年版，第 66 页。

们的结合写得非常纯洁高尚，致使很多人不理解这对患难夫妻为什么会产生裂痕"①。在两年后出版的《萧红传》里，铁峰这一观点刻意有所淡化，结论不是如此直截，而以萧军当年的实录文字《烛心》，来呈现萧军当时就坦荡传达的"狂恋之后的犹疑、摇摆心态"。80 以至 90 年代很多萧红传记作者，对这篇探究萧红情感悲剧根源至关重要的文字基本视而不见。

　　无可讳言，铁峰的文字表述平庸，限于当时的物质条件和出版态度，书籍制作极其粗糙、敷衍，发行范围极其狭窄，哈尔滨以外的读者很难适时了解作者这些富有识见的结论，致使一些讹误长时间不得澄清。

　　而且，不可忽视的是，在铁峰的研究中，其对萧红与父亲，还有张氏家族关系的观照，同样带有六、七十年代阶级斗争的思维定势。谈及萧红与父亲的冲突，他认为虽新还旧的张廷举"和在五四反帝反封建大潮中成长起来的新女性萧红，发生一些尖锐的矛盾和斗争。这是必然的结果，情理中的事情"②。然而，1926 年，萧红 15 岁在呼兰高小毕业时，五四高潮早已过去，而运动发生之时她不过 8 岁，"反帝反封建"大潮对于当时呼兰这样僻远、闭塞的北方小城究竟有多大影响，着实让人怀疑。一开始就将萧红定位五四新女性委实有夸大之嫌。近年来，有人常常称萧红为"五四的女儿"，我亦心存保留，难以完全认同。以铁峰为代表的一些早期萧红传记研究者，往往从萧红成年后的文学作品，推定其童年就已然生成的阶级观念和反抗意识；一如从她成年后的自述，推定其童年苦难。不可忽视的是，萧红成年后的文学创作，融入了她当时的生活经历和对历史与现实的认知，而一定要追溯至某种童年影响，往往有陷于庸俗之嫌。某种程度上，也是一种缺乏理性的想象。

　　正因为有了以上逻辑预设，对于父亲张廷举，铁峰认为"在走上文学道路之后，萧红便把他当作封建剥削阶级和黑暗势力的代表人物，进行猛烈地抨击"③。铁峰此说显然言过其实，从创作实际来看，在《生死场》及少数短篇小说中，萧红确有阶级意识的模糊流露，但并非自觉表现。而仅以阶级

　　①　铁峰：《萧红文学之路》，哈尔滨出版社 1991 年版，第 66 页。
　　②　铁峰：《萧红传》，北方文艺出版社 1993 年版，第 4 页。
　　③　同上。

斗争视角观照萧红的创作，自然是对其文学价值的低估，其创作本质上是出于对人性和人的生存状态的关注。以阶级斗争想象"高举"萧红短促的一生及其创作，自始作俑者骆宾基到铁峰再到肖凤，可以看到清晰的迁延与传承，或许是时代使然。而80年代初的一大批叙述者亦或深或浅受这种观照视角影响，让萧红的生平叙述带有明显的时代印记。

　　我想指出的是，这种明显带有预设性的外在观照，极大遮蔽了萧红早年在祖父溺爱下形成的任性对其后续人生的影响。而较长时间以来，萧红传记研究难以取得突破的重要原因，或许就在于观照视野的单一和观念陈旧。如果仔细推究"养父说"生成原由，可以看出同样源于这近乎荒谬的阶级设定。人们或许以后来作为革命、进步、左翼女作家的萧红，刻意推定其出身应该是被压迫、被剥削阶级，才合乎预设，因而想象她是一个被侮辱、被损害的佃农女儿；而生父张廷举则被赋予"欺男霸女"、"奸女乱伦"的恶行恶德，似乎只有如此才符合剥削阶级的形象和本性。同样在如此观照之下，萧红出走北平一直以来就被视为反抗封建包办婚姻，亦是对居于剥削阶级的家长的斗争。后续研究成果表明，萧红对与汪恩甲的订婚并无异议，初始甚至比较满意，而出走北平更为内在的诉求是"求学"。

　　公允地讲，铁峰或许是第一个充分注意到萧红性格形成，并把握其特质的研究者。但只是在关注萧红与个体交往时，强调其自身的性格因素；一旦上升至对民族国家大事件的考量，他就往往忽视其性格因素的存在。这或许是另一种偏见。铁峰注意到，幼年和祖父在后花园"自由自在，无拘无束，无忧无虑的田园生活环境，使萧红自幼就养成了热爱自由，恣肆任性，粗犷豪爽的性格"①。如此概括萧红性格，大体准确。"恣肆任性"中的"恣肆"或许谈不上，但是"任性"在我看来，却是萧红性格中十分显著的质素。铁峰亦述及萧红性格与其行为做派之间的关联。鉴于萧红与萧军分手后的状况，铁峰分析道："萧红自幼就恣肆任性，固执倔强，她想要做的事，非做不可，即使碰得头破血流，屡遭磨难，也很难改变。由于她缺乏处世之道，又好感情用事，他所做的事情，很多都不利于自己。"② 我想，如此结论非对

---

① 铁峰：《萧红传》，北方文艺出版社1993年版，第9页。
② 同上书，第248页。

萧红有精细体察不能得出。任性和缺乏世俗的生存智慧（常常让自己处于不利），今天被越来越多研究者认定为萧红人生悲剧的根源。

　　对于1931年秋萧红再次从福昌号屯出走，铁峰的叙述更具有阶级斗争意味。他解释萧红此举动机在于，九一八事变导致东北农村严重的经济危机，而"地主阶级为了把经济危机造成的损失转嫁到广大贫苦农民身上，强迫佃户增加地租"导致被剥削的佃户"纷纷起来反对地主加租"；萧红识破了叔伯们挑拨佃户和长工之间的团结，"破坏佃户抗租斗争"，达到既增加地租，又削减长工工钱的阴谋；"出于对贫苦农民的同情心，劝大伯父不要增加地租、削减长工们的工钱"。她因此激怒大伯父，遭到毒打和禁闭，姑姑和小婶担心其遭遇不测，最终帮她逃离福昌号屯①。铁峰没有提供此说来源，但是，此说却可以让萧红日后《王阿嫂的死》《看风筝》《夜风》甚至《生死场》诸作从阶级斗争维度得到始源性解释。80年代中后期以来，萧红在福昌号屯的生活在其自述文字以及更多访谈材料的支持下，基本得以呈现，正如本书后文论及，萧红劝大伯父不要加租等情节近乎臆想，不值一驳。这是典型的基于某种观念而构造现实。

　　此外，铁峰在处理材料得出结论时，往往稍嫌武断。而他又是最早从事萧红传记研究者之一，武断结论一旦流播，外省读者往往更容易采信来自黑龙江本土研究者的观点。在萧红"未婚夫之谜"上，铁峰应该是"王恩甲说"的始作俑者。他明确述及："萧红在上小学四年级时，就由父亲作主，给她订了婚。未婚夫是呼兰县保卫团帮统王廷兰的次子王恩甲。阿城吉林省第三师范学校学生，其兄王恩厚曾在阿城吉林省第三师范学校读书，与萧红六叔张廷献（萧红父亲之异母弟）是同班同学。"② 从后续研究来看，铁峰此处显然将汪恩甲误为王恩甲，而将王恩甲又附会为王廷兰次子。事实上，王廷兰根本就没有次子。然而，铁峰或许无意中的信息嫁接与附会，却可以从王廷兰壮烈殉国上，让1932年5月萧红未婚夫从东兴顺旅馆不辞而别并从此音信杳无，得到合乎情理的解释。但事实并不如其想象。不可否认的是，铁峰此说流传甚广，对读者影响深远。即便早在1997年呼兰当地学者，

---

① 铁峰：《萧红传》，北方文艺出版社1993年版，第74页。
② 同上书，第30页。

通过对王廷兰子女的调查早已将这段公案了结，惜乎发布平台太低，至今一些外省萧红生平叙述者，还是坚持"王恩甲说"，足见谬误之久长。

在早期萧红生平叙述中，铁峰似是少有的对二萧关系持比较客观、理性立场的叙述者。他对萧军没有惯常的美化，对二萧分手过程的叙述相对完整。但是，对于端木蕻良，或许由于资料缺乏或出于对萧红的同情，却凸显深刻偏见。如叙述萧红辛苦抵达重庆之后，去找端木蕻良，对方却"借故他正在编辑《文艺阵地》，工作太忙，又没有合适的地方安置她，照顾她，拒绝和她生活在一起"。① 如此结论，如果不是偏见的话，那就是对萧红、端木在重庆生活的全然不了解。而对两人 40 年代在香港时期的生活，铁峰的叙述更多源于周鲸文和骆宾基的叙述，十分简略。这无疑是黑龙江本土萧红研究者，对萧红后期生活的陌生与隔膜所致。

毫无疑问，作为影响比较大的黑龙江本土萧红研究者，铁峰的萧红传记研究在完成一些开拓性工作的同时，亦因时代或自身的局限，而对萧红生平叙述形成某种误导。特别是他利用编纂《萧红全集》之机，将存在大量个人武断结论的《萧红生平事迹考》附录其后，致使谬误广泛流传。由最初的民间萧红研究者，到后来官方学术机构的研究员，铁峰此举毫无疑问缺乏理性，让澄清萧红生平叙述上一些谬误，变得极其困难。

三

如果说，铁峰以自己所能，对萧红离开哈尔滨之前的生活进行了最大限度还原的话，那么，丁言昭的研究成果，则为人们认知萧红此后的经历，提供了最为理性、客观的观照。笔者一直认为，丁言昭的萧红传记研究具有承前启后的意义。她对萧红生平真相的探究，激情与理性相融注，遍访与萧红有过接触的民国文化人士，依据访谈所得以及前人关于萧红的书面回忆，呈现一个活在文字或口头讲述中的萧红。关于萧红的每个生命阶段，丁言昭的文字叙述较为简略，但蕴含信息却异常丰富。萧红生平的许多细节在其笔下

---

① 铁峰：《萧红传》，北方文艺出版社 1993 年版，第 253 页。

第一次呈现。1993 年丁言昭将研究所得定名为《萧红传》，由江苏文艺出版社出版。与之相关的成果，此前有台北业强版《爱路跋涉——萧红传》（1991），稍后有台北新潮社版《萧红新传》（1996）。

整体来看，丁言昭的萧红生平叙述，力求言之有据，不以想象、揣度填充资料空白处，并对材料出处标注翔实。某种意义上，这是中国大陆第一部带有学术品格的萧红传记。作者对于写作当时那些围绕萧红生平未解"谜案"的诸种说法，尽量列举而不轻易作出判断，以免因武断生成误导。关于1932 年大水中萧红如何离开东兴顺旅馆的"罗生门"，丁言昭述及舒群、方未艾、萧军三人都先后到过旅馆，说法出处分别源自赵凤翔《萧红与舒群》和王德芬《萧军年表》。对照萧红自己的叙述，这些说法明显多有不确，引述者不作判断，本身就显示其存疑立场。因而，比起肖凤、铁峰等人的武断，丁言昭的叙述在彰显理性的同时，亦显示一种开阔的叙述气度和观照视野。

但是，根据已然掌握的材料，对萧红生命中的某些过程作出情理推定，或对其性格、命运达成出于一己的理解，在此方面丁言昭亦不吝于表达观点。萧红出走北平，依所据材料有两种截然不同的说法：一说与表哥陆宗虞同走，一说到北平后汪殿甲随后追至①。然而，在丁言昭看来，这些都是探究萧红出走行为的枝末，"问题的关键倒不在乎跟谁一起走，而在于她冲出了呼兰县，而跨出这艰难的一大步与一位男性有关，不管他是谁！"② 她进而基于自身的女性立场，传达出对萧红此举的细腻的感知和理解，分析其深刻的心理动因：

　　　　萧红自小缺乏爱，因此对爱的渴望是相当强烈的。当她懂事后，只要有人对她稍稍有爱的表示，她就会盲目地付出比对方多十倍的爱，她要在别人身上追回童年失去的爱，她要得到爱的补偿。但可悲的是，她不知道对方是否具有与她同样的爱的渴求，这就使她在以后的感情世界

---

① 丁言昭：《萧红传》，江苏文艺出版社 1993 年版，第 26 页。
② 同上。

里连连受到挫伤，而不能自拔。①

对于萧红所持情爱态度的分析，丁言昭此段文字亦不无偏颇，对萧红童年苦难也有夸大之处，"爱的缺乏"应该是萧红丧母后少年时期的情感经历。但是，作者对萧红内心世界的体察较为充分、精微，对萧红日后情感悲剧根源的探究，大体令人信服。更重要的是，丁言昭将萧红的情感悲剧更多归之于性格因素，规避突兀、僵化的政治意识形态视角。在这里，又可看出叙述者结论的自信。这份自信，在我看来，根源于传记叙述者所作出的将自身置于传主位置，进行感同身受般体察的努力。

端木蕻良在二萧生活中出现之后，萧红对一起生活的两位男性的情感变化，之所以在丁言昭的叙述里第一次得以完整呈现，某种意义上就在于叙述者尽可能站在传主位置体察其内心波动。丁言昭对这一过程的叙述尽可能做到不带有对人、对事预设的偏见。在 20 世纪 90 年代初的萧红生平叙述中，能做到这样殊为不易。丁言昭由作家梅林忆及他和二萧一起到黄鹤楼下散步路上萧红对萧军赌气之类不起眼的生活琐屑，认定其中"内含着另一种深沉的意识"，是二萧难以弥合的情感裂痕的体现。叙述至此，作者虽坦言无从断定此时二萧和端木各自真实的心理世界和情感状态，但可以肯定的是"萧红不讨厌端木"②。

至于武汉小金龙巷时期，二萧、端木三人同床，丁言昭更从这一提议出于萧红得出结论："至少说明，萧红当时对端木是有好感的。"③ 而针对聂绀弩回忆文章里述及萧红给予端木"胆小鬼、势利鬼、马屁鬼"的评价，丁言昭认为有两种解释：一是，通过接触，萧红对端木性格缺陷有自己的认知；另则，也可理解为这是萧红对端木爱意的流露④。联系上下文，丁言昭显然更倾向于后种理解。这自然是作者对二萧出现不可弥合的情感裂痕后，萧红对端木情愫滋生的心理婉曲的深刻体察。而此前和此后的萧红传记，大多将

---

① 丁言昭：《萧红传》，江苏文艺出版社 1993 年版，第 26 页。
② 同上书，第 182 页。
③ 同上书，第 186 页。
④ 同上。

端木、萧红的最终结合，视为"第三者"端木蕻良单方面不怀好意的追逐，而萧红陷于被动、懵懂的结果。相比之下，出之于对叙述对象的理解，丁言昭的文字具有了基于人情至理的公允与客观，丝毫不见一如惯常叙述者对于端木不可理喻的偏见。

正因如此，述及萧红、端木蕻良在武汉的婚后生活，以及萧红送给端木的定情信物，丁言昭评价道："不管两人后来的关系如何千变万化，萧红对端木曾有过浓浓的情谊，这是肯定的。"①萧红与端木蕻良的情感萌生背景、初始情形、发展过程以及后续争议，实际上从不同的回忆萧红文章里，可以得到一个清晰厘定。然而，这一梳理过程中，萧红传记作者们往往对端木缺乏最起码的公允，甚至对明显事实弃之不顾。一如丁言昭这样看待萧红与端木的情感，即便在后续问世的萧红传记里亦不多见。由此可见，丁言昭对所述历史人物的真诚理解。

20世纪80年代，或许限于信息交流不畅，中国大陆之外涉及萧红、端木的研究成果，很长时间内地不易得见，致使萧红、端木蕻良作为夫妻作家在香港时期的生活、创作情形，往往过于依赖骆宾基的叙述。特别是萧红逝前的诸多细节，由于当事人少，且各怀偏见，因而一如萧红早年某些经历，很快演变成莫衷一是的"谜案"。在笔者看来，丁言昭在萧红生平叙述上的巨大贡献，在于第一次引入与萧红生前有过接触的港台人士对其生命后期的创作和家庭生活的描述，让萧红逝前、逝后的一些细节得以明晰呈现，让读者在骆宾基的叙述之外有了另一重参照与考量，从而对一些"谜案"有一份属于自己的判断，切实填补了萧红生平叙述上的某些空白。

丁言昭对太平洋战争爆发直至萧红弃世四十多天的叙述，在引述、参考骆宾基叙述的同时，穿插引入慕辛、周鲸文、彦华木等人提供的关于萧红、端木的信息，以及香港作家刘以鬯的研究成果。参照、对比中，让读者重新认知萧红和端木此前完全被骆宾基负面化的夫妻关系，毫无疑问起到非常重要的作用。同时，对骆宾基本人的道德水准也有了新的估量。丁言昭首次引述的刘以鬯《端木蕻良论·周鲸文先生谈端木蕻良》和彦华木

---

① 丁言昭：《萧红传》，江苏文艺出版社1993年版，第213页。

《端木蕻良畅谈生平与创作》等文献，至今仍是萧红传记研究者无法回避的重要材料，对认识萧红逝前的生活情形举足轻重。丁言昭对大陆之外关于萧红和端木蕻良研究文献的引入，某种程度上改变了大陆萧红传记研究的格局和品格，让人们对萧红逝前生活的认知更趋理性，而对萧红和端木关系的评价也悄然发生变化，同时自然决定了对萧红整个一生的看取角度的变化。中国大陆的萧红传记研究，观照视野渐趋多元，一定程度上归之于丁言昭发掘资料的努力。

萧红逝后，骨灰埋葬地点与具体细节，同样引起长时间争论。在《萧红传》里，丁言昭引述端木蕻良、骆宾基分别于1977年3月10、21日致友人信部分文字，让人们了解到萧红身后事处理的具体过程，而存在于端木蕻良、骆宾基之间关于萧红骨灰的争议，参照50年代萧红浅水湾墓迁葬发掘过程，足以印证端木蕻良、骆宾基的叙述与事实的贴合与出入。丁言昭首次发布萧红逝后信息，某种意义上也为萧红生平的完整叙述提供了可能。在萧红传记研究中，这两封书信片段，至今仍是广为征引的重要文献。

20世纪90年代末至新世纪之初，萧红生平与创作再次成为中国现代文学研究热点之一。此期，集中新版或再版了一批萧红传记。2000年，由北京十月文艺出版社推出的季红真著《萧红传》，毫无疑问是这批萧红传记里的翘楚，在整个萧红生平叙述史上，占有极其重要的地位。

萧红传记研究资料，至新世纪之初极大丰富，萧红生平中的许多问题得以充分探究，一些悬疑彻底澄清。季红真对萧红生平研究资料的吸收比较及时，加上对梅志、白朗等当事人的访谈所得，以作者自觉的女性立场加以融注，并以中国现代文学专业研究者的视角进行观照，从而达至对萧红生平在当时来说最为完整的叙述。因而，这部《萧红传》在萧红传记研究上具有标志性意义，也奠定了季红真作为知名萧红研究者的地位。萧红诞辰100周年之际，她重新对萧红生平进行细致考察，在该书基础上大规模修订完善，2011年由现代出版社出版《呼兰河的女儿：萧红全传》。季红真新著吸收了作者对萧红生平及其创作的后续思考，并在文献资料上进行大量更新，对萧红生平的叙述更趋全面。次年，旋又推出《呼兰河的女儿：萧红全传》修订版。2003年呼兰河萧红研究会将近二十年来关于萧红身世方面的研究成果结集为《萧红身世考》一书由哈尔滨出版社出版，萧红生平上的诸多问题得以澄清。季红真对《萧红传》的修订，充分吸纳了此书所提供的资料，以及近年面世的部分萧军日记里的信息。

季红真所撰《萧红传》书前自序《叛逆者的不归之路》，是作者关于萧红的整体性认知，不乏新见。她对萧红生平在当时存有疑问的问题，基于当时的认知可能，坦率表达了自己的意见。今天看来，有些信息虽然不一定准确，但作者对某些问题的思考，以及真率表述却为此前研究者所不能企及。很长时间以来，关于二萧结合一直存在着某种浪漫臆想，季红真坦率指出："萧红与他（萧军——论者注）的结合多少有点别无选择"①，且进一步谈到萧军的多情及其"爱便爱，不爱便丢开"的情爱观念，"使他在与萧红同居期间，频频发生外遇，对萧红感情上的折磨是非常严重的"②。如此大胆的陈述，显然直接触及萧红情感悲剧的根源。

在我看来，萧军面对极度困厄中的萧红所亮明的"爱的哲学"，以及日后对这一情爱立场的践行，无疑是萧红获得"拯救"之后人生苦痛的根源，亦是她继求学悲剧之后，最深重的人生悲剧。季红真之前的萧红传记作者，或出于对萧军的回护、美化，或认为这些属于家庭琐屑避而不谈。事实上，作为传记研究，这是萧红生平叙述上无法规避也不应该规避的事实。真相不彰，自然就无法让人了解萧红内心苦痛的深巨，更无法对二萧关系的破裂作出一份理性判断。

笔者以为，季红真的可贵之处，就在于对二萧情感悲剧的生成，并没有出于外在动因而刻意避讳，而以所掌握材料加以真实呈现。她大篇幅引述陈涓公开信，揭示萧红1937年夏离开上海去东京疗伤之真实原委，而此期又遭遇萧军更大的情感出轨。70年代末萧军虽然亦曾自述在萧红旅日期间，跟雨田的"无结果的恋爱"，但萧红1937年初突然返沪，到底遭遇怎样情形，一般不为读者所了解，也就更无从理解她何以返沪不久，旋即赴北平访友。对此，季红真将从梅志口中所得真相第一次发布出来：萧军那场恋爱"虽然

---

①　季红真：《叛逆者的不归之路——自序》，《萧红传》，北京十月文艺出版社2000年版，第3页。

②　同上书，第4页。

出于道义的考虑结束了，但恋爱的对象许粤华（笔名雨田）却已经珠胎暗结，做了人工流产的手术，萧军又忙着照顾她，根本无暇顾及萧红"①。由此，萧红北平之行，不过为了再次独自疗治更为深巨的心灵伤痛。季红真这一真相揭示，挑破了关于萧军以及二萧关系的神话，更为了解萧红的苦难，重新审视二萧关系，提供了全新可能。因而，这显然不是对名人婚恋八卦的关注，相反，却是解开问题症结的探究。季红真以学术态度对待传主的情感生活，对萧红传记研究新局面的打开起到了巨大作用。

　　传记作者往往出于对传主的"理解性同情"而不觉生成讳饰，甚至美化，真相因此遭遮蔽。同情可以说是真相的敌人。1938 年秋，萧红在江津白沙镇所产男婴之死，在季红真看来"无疑是萧红生活史上的又一个谜"②。这一事件让人质疑萧红人性的缺陷，关涉传主人品，因而此前传记叙述大多含混带过或语焉不详。《萧红传》中，季红真保留了梅志等人对此事的看法，更重要的是，她根据对白朗养女金玉良的访谈，述及男婴的出生以及死后萧红的态度，似在表明男婴之死与萧红的意志有关。这让人们对萧红有另一重理解。不过，男婴蹊跷的死，以及金玉良根据母亲生前口述而撰写的文章指向性比较明显，季红真可能担心资料引述的指向性，关涉人们对萧红人品的误解，因而《呼兰河的女儿：萧红全传》再次述及此事时，做了详细的注释，提供梅志、白朗口述当时的精神状态和过往遭际。强调男婴之死的另两种可能性："其一是孩子根本就没有死，萧红偷偷送人了……即使孩子真的死了，也可能是没有育婴经验，在睡眠中被子盖得过多窒息而死……"当然，更不忘强调"即使死了，医护人员是不可能不知道的。所以，这种说法的漏洞很多，带有臆想的性质"③。由此，季红真修订后的看法，似倾向于孩子没有死，其目的无非缓解人们由此而生出的对萧红人品质疑的压力。当然，在没有确凿证据支撑下，审慎结论亦不是什么坏事。不过，可以看出季红真对这一叙述前后态度的变化。

　　在《自序》中，季红真对萧红的创作思想作了充分阐释，开宗明义指出

---

① 季红真：《萧红传》，北京十月文艺出版社 2000 年版，第 268 页。
② 同上书，第 355 页。
③ 季红真：《呼兰河的女儿：萧红全传》，现代出版社 2011 年版，第 442 页。

"萧红无疑是一个有着深刻思想的作家"①。论述中她把握出作为作家萧红与同时代同行在思想上的深刻差异，指出她那以"作家的写作的出发点是对着人类的愚昧"为核心的思想，"游离在主流政治思潮与意识形态话语之外，并因此受到同时代人的质疑，乃至批评和谴责"②。作者的如此取向，很显然跳出了长期以来大量研究者始终所拘囿于加给萧红的诸如"左翼作家"、"革命文学"的藩篱，发掘其创作的普世性质素。可以说，这是近年来对萧红的文学创作进行全面价值重估的先导。

　　另外，季红真对萧红创作中女性意识的自觉，以及女权思想的流露亦有充分认识，并以之作为解释二萧分手的内在原因之一："不仅是在旧的家庭中，就连左翼文艺阵营内部，在进步的文化人中，男尊女卑的观念仍然顽固地统治着人们的头脑。这使萧红感到深重的压抑，最终导致了她与萧军的分手。"③ 在当时，这自然是非常新鲜、卓越的见解。季红真还从感知方式、表达方式、讽刺才能等方面揭示萧红卓越的文学才华。以上这些无不昭示作为一个现代文学研究者将生平和创作结合在一起，对萧红全面而深刻的把握。

　　需要指出的是，无论丁言昭抑或季红真，在解读具体材料时，或源于对萧红思想性格发展的认知不足，或出于语境的疏忽，甚至解读的大意，有时亦不自觉流露出男权立场。1937年春，萧红北平访友期间，与萧军平沪之间的书信往还，让她有了向对方坦诚诉说苦痛与怨愤的机会。然而，萧红的倾诉到底无法换来萧军的歉意表达，相反，回信中充满霸道的规训。而东京蛰居之于萧红，却是其思想发生变化的重要时期，女性意识觉醒，让她重新考量与萧军的关系，对男人的观点已不再简单认同，甚至反唇相讥。面对1937年5月8日萧军回信中的大篇幅"规劝"甚至"指示"，萧红一周后的回复信尾明显讥讽道："我很赞成，你说的是道理，我应该去照做。"④ 1978年9月19日萧军注释此信，坦率指出这是萧红的"反话"⑤。然而，丁言昭完全忽视二萧平沪通信的具体语境，对萧红思想变化的轨迹认识不足，以致对二

---

①　季红真：《叛逆者的不归之路——自序》，《萧红传》，北京十月文艺出版社2000年版，第6页。

②　同上书，第9页。

③　同上书，第11页。

④　萧军：《萧红书简辑存注释录》，黑龙江人民出版社1981年版，第125页。

⑤　同上书，第126页。

萧的通信作出错误解读，认为："萧军在信中写得有情有理有节，任何人看了都会动心，因此萧红收到这封'规劝的信'，说：'我很赞成，你说的道理，我应该去照做。'"① 季红真同样在《萧红传》里，对萧军那封招致萧红无限反感的信评价道："既诚恳地承认了自己的过失，也坦然地表达了对萧红情感的看法，重修旧好的愿望是明显的"，而萧红回复的反语，在她看来是"情绪有了好转"② 的表现。不过，在《呼兰河的女儿：萧红全传》里，针对萧红的反语，相对于《萧红传》，作者补充道："这显然又是带有反讽的幽默，萧红的自嘲也是无奈宿命激活的才华。"③ 这应该是对此前观点的完善和救正，但是，将萧红回复的态度视为"幽默"似乎也不太妥当。

呼兰当地学者对萧红生平某些问题的研究，虽然已然得出令人信服的结论，但发布平台太低，外地不易得见，致使季红真《萧红传》也存在对萧红生平的一些关键研究成果未能及时更新。在萧红未婚夫问题上，她仍采信"王恩甲说"，强调萧红的婚姻与王廷兰的关系。新著虽更为"汪恩甲说"，但作者又似在极力寻找汪恩甲与王廷兰可能存在的"更隐秘的血缘关系，过继到汪家也未可知"④。虽然没有武断结论，但作者的指向还是很明确。在我看来，似有过度之嫌，近乎臆测。

四

新世纪之初，萧军的崇拜者，以及端木蕻良的亲属介入萧红生平叙述，是一个突出现象。而其叙述旨归，在我看来，很大限度上无意于萧红本身，只是为了着力凸显萧军的高大形象，抑或急切为端木蕻良辩诬。

秋石从不避讳对二萧（具体应该是萧军）生平叙述的激情，源于他与萧军有长达九年的交往，更主要的是，萧军于他有深厚的知遇之恩。这份感念让他在不同情形下禁不住动辄表露一番对萧军的景仰："九年的交往，使我深切地感受

---

① 丁言昭：《萧红传》，江苏文艺出版社 1993 年版，第 158 页。
② 季红真：《萧红传》，北京十月文艺出版社 2000 年版，第 279 页。
③ 季红真：《呼兰河的女儿：萧红全传》，现代出版社 2011 年版，第 353 页。
④ 同上书，第 73 页。

到萧军先生始终如一，表里一致，言行一致，尤其是对青年人。"① 1999 年秋石著《萧红与萧军》由学林出版社出版，一年后该书经修订、补充，更名为《两个倔强的灵魂》由作家出版社出版。迄今为止，在萧红生平叙述上，秋石这两部为表达自己对萧军于己有恩的感念，而叙述二萧生平的文字，在我看来，缺乏作为一个传记作者最起码的叙述立场和常识，文字粗糙，偏见满纸，不堪卒读。

在《萧红与萧军》一书里，最常见的是作者基于拙劣、卑下的见解对萧红生出的无端指斥（如断不该离开拯救其出苦海的男作家②），以及恶意揣度："在生性孤傲、需要别人哄（骗）以及爱听好话的背后，我们见着了萧红的另一个侧面，或者说是她生来就有的致命弱点：酷爱虚荣！"③ 类似偏见亦动辄出现在《两个倔强的灵魂》里："萧红对爱对几乎所有事物的百般依赖性，必然会导致她婚姻的失败，最终年仅三十一岁便走完了悲剧性的人生之路"④；再如："萧红的自尊心太强，根本受不得一点委屈；而萧红的心始终停留在哈尔滨东兴顺旅馆那间充作备用客房的阴暗、霉湿的储藏室里，而老是'长不大'……"⑤ 还有："她（萧红——论者注）恨这个以男子为中心的社会，恨男人！换言之，她要给萧军厉害看！"⑥ 今天看来，这些丝毫不掩饰的可笑偏见，霸道指斥，以及恶意揣度，近乎笑料不值一驳。

作为叙述者，秋石对萧红的偏见，无非为了反衬萧军的高大与完美，他亦曾动情表露："认识萧军、了解萧军、研究萧军，学习萧军，这是我二十来年的创作生涯中不断走近萧军的一门主课。"⑦ 前文所提及萧军自上海致北平的那封满纸规训的信，更是被其解读为"看着萧军这封晓之以理、动之以情的信，萧红也不得不为之动容，不由得在回信中这样写道：'我很赞成，你说的是道理，我应该去照做'"⑧。对一个人的崇拜本无可厚非，但就这样

---

① 秋石：《两个倔强的灵魂》，作家出版社 2000 年版，第 216 页。
② 秋石：《萧红与萧军》，学林出版社 1999 年版，第 432 页。
③ 同上书，第 394 页。
④ 秋石：《两个倔强的灵魂》，作家出版社 2000 年版，第 266 页。
⑤ 同上书，第 268 页。
⑥ 同上书，第 357 页。
⑦ 秋石：《因为我站在巨人的肩膀上（代后记）》，《两个倔强的灵魂》，作家出版社 2000 年版，第 601 页。
⑧ 同上书，第 370 页。

轻易罔顾基本事实，却有违理性。然而，一如动辄得见对萧红的指斥与偏见，在秋石笔下，更常见的自然是对萧军近乎没有原则的赞美。在叙述二萧在上海一起生活时，分析两人日后的分手，秋石认为"似乎是带有一种必然的因果性"，而针对"一些人认为，当年，萧军在水深火热中救出萧红，爱情天平的砝码重心在萧军一边"的说法，他更是着意强调："笔者只想说明一点，萧军是个堂堂正正的汉子，行事、走路都光明磊落，从不隐匿什么。对比萧红的第一任'未婚夫'和最后一位夫君，三者相比较，不难看出，萧军从来没有在危险灾难关口抛弃过萧红……后来，自武昌小金龙巷开始，由于'第三者'自觉不自觉的加入，促使这种'必然'大大地加快了，这诚然而且同样也是历史的必然。"① 这种粗暴的道德仲裁立场，以及偏执的话语方式，令人极其生厌。让人难以理解的是，就是这样的文字当时居然亦被追捧。正如艾晓明教授所感慨的那样："值得思索的是，这本书广受好评，没有人认为诋毁一个过世的女作家实有不公。莫非在萧红去世五十周年忌日，要用这样的磐石重新压服她不屈的灵魂吗？"②

更为幼稚的是，出于对萧军无原则的赞美，秋石自然对萧红与丈夫端木蕻良的关系的观照缺乏最起码的理性。对端木蕻良的贬抑、甚至人身攻击亦不时流露。《两个倔强的灵魂》第二十章标题为"第三者……"③ 主要叙述端木蕻良与二萧的交往。述及"端木蕻良"这一笔名，秋石感慨："用人世间极少用的复姓加东北平原上比比皆是的庄稼名称的谐音作笔名，这也只能像端木这种绝顶聪明、工于心计的人才想得出。萧军是绝对想不出的，他的那个易被人误解和冒用的'三郎'的笔名，还是经鲁迅先生反复提醒后，他才忍痛割爱予以改掉的呢！"④ 由笔名牵扯到端木蕻良的人品，并进而以萧军做对比，意在说明萧军具有与端木蕻良"工于心计"完全相悖的品格，个中逻辑实在令人匪夷所思。

秋石的二萧生平叙述，在我看来，偏执病态毕现，根源在于传记作者与

---

① 秋石：《两个倔强的灵魂》，作家出版社 2000 年版，第 425 页。
② 艾晓明：《戏剧性讽刺——论萧红小说文体的独特素质》，《中国现代文学研究丛刊》2002年第 3 期。
③ 秋石：《两个倔强的灵魂》，作家出版社 2000 年版，第 400 页。
④ 同上书，第 403 页。

观照对象缺乏应有的距离，从而也就难有一份起码的理性。

　　萧红生前，周边朋友往往基于二萧历经磨难在上海滩立地成名经历，以及此前萧军"拯救"壮举的想象，而无从顾及二萧一起生活时的真实情貌，更不用说体察萧红内心的苦痛，以致无法接受萧红离开萧军跟端木蕻良结合的最终选择。因此，即便萧红和端木蕻良举行了正式婚礼，但是，端木始终无法得到萧红周围朋友的接纳，甚至遭受"友情封锁"。萧红逝后，一定程度上源于骆宾基《萧红小传》的负面化影响，端木蕻良更是成为自私、阴险的代名，并背上在战乱中不负责任抛弃萧红的骂名。萧红研究在中国大陆成为热点时，针对端木的好奇、揣度与指责亦随即升温。对此，端木蕻良始终以沉默应对，个中婉曲也只有他自己清楚。

　　与抱持沧桑看云、恩仇皆泯心态的晚年端木蕻良不同，其侄子作家曹革成急欲打破沉默，以自己所掌握的材料为亲人辩诬。2002年曹革成在华艺出版社出版《跋涉生死场的女人萧红》；2005年又在时代文艺出版社推出《我的婶婶萧红》，五年后，该书由凤凰出版传媒集团重新出版。老实说，笔者比较反感诸如"我的婶婶萧红"之类书名，刻意标示的亲情，必然难以秉持一份公正的叙述立场。尤其是该书后半部分，主要内容貌似写萧红，实则在写端木蕻良。整本书，作者借萧红生平叙述，为端木申辩的痕迹过于显露，显得格局狭小。

　　因秋石的偏见叙述在前，曹革成的文字不时也流露出针对性情绪，而没有据理陈述的平和。如此一来，实际上也极大影响到读者对其文字的观感和信任度。在作者更为看重的《跋涉生死场的女人萧红》一书里，述及萧红在武汉等船入川期间，跟李声韵、孔罗荪愉快畅想"文艺咖啡室"时，曹革成不禁意在言外地议论道："此时的萧红哪里还有苦涩味的'幻觉'，哪里还有满胸的'沙粒'？没有了，她美好的心灵里充满对现实的信心和理想的精妙。这才是萧红的本性。奇怪的是，那些自称是她'知己'的朋友竟把她描绘得那样不堪，是负责任的吗？"① 曹革成无非意在强调，从萧红跟端木生活在一起后情绪和精神面貌的变化，可见其所获得的幸福。这种赤裸的男性中心主义的叙事立场，以及申辩的情绪性，某种程度上同样令人反感。

────────────

① 曹革成：《跋涉生死场的女人萧红》，华艺出版社2002年版，第246页。

在萧红生平叙述上，曹革成的贡献在于，发掘了萧红、端木蕻良在重庆、香港时期日常生活和文学创作的大量史料，让人们了解到其中的真实情景。而此前在萧红生平叙述中，这部分是非常薄弱的环节。曹革成的填补无疑具有巨大意义，正是由于这部分史料的缺失，让之前的萧红传记往往"虎头蛇尾"。而萧红生命后期的生活、创作情形的呈现，让此后的萧红生平叙述更趋完整。曹革成所提供的这部分资料，总体上可信度高。这对澄清萧红在香港时期所谓"寂寞论"，自然有很强的说服力。

但是，需要指出的是，曹革成的萧红生平叙述，源于作者与端木蕻良的血亲关系，以及为亲人申辩的冲动，很难让他对自己的叙述保持客观的心态和立场。一如秋石，对曹革成来说，这也是一种本源性缺失。秋石对萧军在两性关系上的滥情倾向刻意淡化，而更多指斥萧红的不是；与之相对，曹革成在《跋涉生死场的女人萧红》里，通过对萧军"情史"的梳理，委婉申述萧红的苦难。与秋石的文字相比，曹革成的叙述显得隐晦、曲折，但实则欲盖弥彰。而与秋石对萧军极尽美化之能事相对；曹革成对萧红、端木蕻良的夫妻日常生活和各自的文学创作的描述，同样让人感到美化之嫌。特别是两人在香港时期的生活，在其笔下完全是一幅琴瑟相和的美好，这似与周鲸文等人的描述明显不符。

如果以上只是"细节"，那么，在我看来，曹著最令人难以接受的是，作者始终在刻意寻找、阐述端木蕻良在文学创作上对萧红的影响甚至指导意义。为了凸显端木蕻良在创作上对萧红的作用，曹革成常常将萧红后期文学创作上所取得的成就，或含蓄或露骨地归之为端木蕻良的影响，而忽视萧红作为卓越女作家的独立品格和天才创造。

曹革成似乎认为，萧红创作于重庆期间的短篇小说《黄河》，是与端木蕻良生活在一起，心态完全调整之后的产物。当然，在曹革成看来，对于此作端木的作用远远不仅止于此："《黄河》那浩大的开篇场面，是她从没有采用过的，显然她吸收了端木蕻良《大地的海》的描写手法，或者表明她也能写出'雄壮浩大'的场景。"① 没有比这更为露骨的男性优越，如此武断

---

① 曹革成：《跋涉生死场的女人萧红》，华艺出版社 2002 年版，第 242 页。

的结论，不知缘何得出。曹著更将萧红和端木蕻良在重庆期间的创作情况进行类比，得出"这种同题材特点后来到香港仍继续发展，是他们相知相爱的最有力的一种见证。也是夫妇作家所少见的，可能也是中外文学史上难得的佳话"①。萧红、端木重庆期间创作题材类同之说，或许似是而非，言过其实，而由此见出两人"相知相爱"，更委实牵强。

至于萧红香港成熟期的创作，曹著更是有意无意强调端木蕻良所起的作用。诸如在"本事"上，指出《马伯乐》的书名直接来自端木，结构亦出于端木的建议。此说源自刘以鬯 80 年代初对端木书面访谈所得，或许确有其事，但曹著似在内质上，一定要看出萧红所受端木影响则显牵强。然而，曹革成试图从题材讽刺性这一维度，找出《马伯乐》与端木蕻良《新都花絮》之间的联系，似在说明端木之于《马伯乐》，不仅是书名、叙事结构的建议，更在于题材取向导引。我不知《马伯乐》和《新都花絮》是否有可比性，但曹著明确指出："对照《马伯乐》，端木蕻良写于同时的《新都花絮》则显得'风格深刻而冷隽'。"②

不仅如此，曹著更试图挖掘《呼兰河传》里同样存在端木蕻良的影响。作者认为，端木以《科尔沁旗草原》里的人物为点线，"写出中国近代历史变迁"，虽然设想未能实现，但其努力"对萧红的创作产生影响，过去写的有关家乡的作品都可收入'呼兰河系列'，可惜由于去世过早，也只是初见眉目，留下无限遗憾"③。曹革成更注意到与萧红创作《呼兰河传》同时，端木蕻良"也写了一部类似回忆的《科尔沁前史》"，而且"端木蕻良写《前史》，萧红写《呼兰河传》是有计划的安排，带有明显的目的性：既抒发了他们的怀乡的思绪，又是他们各自系列的一个重要组成部分"④。至于两人写作计划的制定者，曹革成虽然没有明说，但所指自然是端木蕻良。姑且不论如此推测是否有庸俗之嫌，单是这种将萧红后期成就极尽牵强地说成是受与之生活在一起的男人的影响，强调其依附性，实在让人难以接受。

---

① 曹革成：《跋涉生死场的女人萧红》，华艺出版社 2002 年版，第 268 页。
② 同上书，第 286 页。
③ 同上书，第 295 页。
④ 同上。

为了让自己的说法持之有据，曹革成将两作进行类比："如果说，萧红的《呼兰河传》取历史的一个横截面，那么端木的则是从历史的纵向来表现。而他们则又是共同的，用艺术手笔阐释华岗《民族史》中纯理论的问题。"① 端木蕻良《科尔沁前史》姑且不论，但《呼兰河传》所谓"取历史横截面"的写法，以及为了阐释华岗《民族史》的动机认定，在我看来，实在是我所见到的对《呼兰河传》最为庸俗、牵强的解读。曹革成如此牵强地要将萧红和端木的创作联系在一起，无非是想传达两人婚后的"琴瑟相和"的美满。因而，在为以上论述作结时，曹革成写道："1940 年，也是他们合作的一段黄金时期。"② 作为夫妻，萧红、端木之间存在什么"合作"？如果有，自然是指文学创作上的合作。曹著到底想表达什么？难道是说，完成于 1940 年的《呼兰河传》是"合作"的产物？

笔者想说的是，曹革成这貌似不动声色的偏见，违拗了绝大多数人的阅读经验。出之于如此动机的萧红生平叙述，如何不令人心生遗憾。在我看来，无论出于对萧军崇拜，还是出于为端木蕻良申辩，以此为动机的萧红生平叙述，某种程度上都是萧红生前悲剧的延续。

五

2011 年萧红诞辰百年之际，迎来萧红传记出版前所未有的高峰。自2009 年至 2013 年，新版或再版各种萧红传记共计 16 种，其中 2011 年问世新书 8 种。作为商家，出版社或许更为看重的是"萧红百年"所带来的商机，葛浩文、季红真、王小妮、曹革成等人数年或数十年前的传记作品纷纷再版或重印。而在原创萧红传记新书中，以 2009 年 1 月人民文学出版社推出的作家林贤治所著《漂泊者萧红》影响最大。

至萧红诞辰百年，萧红传记研究近 70 年，其生平研究资料得以充分发掘，生平各阶段的叙述较为完备，新材料的发现似乎并没有太大的可能。然而，如何传达传记作者对传主的理解甚至想象，却是萧红传记写作中值得开

---

① 曹革成：《跋涉生死场的女人萧红》，华艺出版社 2002 年版，第 296 页。
② 同上。

拓的巨大空间，但前提是作者是否拥有融注自身人生经验和时代印记的理解。

　　林贤治坦言其萧红生平叙述，"为求忠实于历史，故事场景及人物对话，大体上是对回忆录或自传性作品的综合改写，避免小说式虚构。这样，留给我的最大的想象空间，惟是心理分析和内心独白，相关的叙述也多采用猜想的、悬疑的手法"①。出于信息的隔膜，以及叙述者的取向，《漂泊者萧红》里关于萧红生平的一些基本信息，还是沿用早已更正的旧说，如萧红未婚夫"王恩甲说"。对于这部极具个性的萧红传记而言，不得不说是较大的遗憾。但是，出于作者对萧红传记写作的深刻自觉，作为作家、诗人，林贤治将自己在萧红生平叙述中生出的理解、感悟，激情而诗意地传达出来。这是林著最为显著的特色，亦是此前萧红传记所缺的品质。林贤治所表达的某些观点，论者虽然不尽认同，但同样感佩其识见的超拔。至于那些观念是否属于萧红，似乎显得不重要了。换言之，某种意义上林贤治是在借萧红生平叙述，传达自己对诸如自由、女性、写作等问题的看法。

　　林贤治将萧红二十岁出走北平定位为"追求自由"，紧接着对自由的价值有一大段诗意而激情的阐释②，思想深刻，文字美好。对萧红初始离家动机的着意生发，无疑是基于后续立场的过度阐释。然而，以"追求自由"作为切入点认知萧红一生，或许又不无启迪。因而，林贤治对萧红某一生平阶段的议论，往往具有互文性。对萧红的女性意识、写作特质等阐释亦是如此，而观照的敏锐、表达的真率，不时彰显其诗人本色。林贤治直截指出："在对待女性方面，萧军是轻浮的，庸俗的"③；而许多传记作者所欣赏的萧军的"匪气"，他更有直抵本质的洞察："在他那里，占统治地位的欲望是荣誉欲，表面上宽宏大量，但不是出于爱，而是出于骄傲，因为他更爱的是自己。"④　这应该是对萧军最为彻底的"祛魅"。

　　在萧红与鲁迅的关系上，林贤治从萧红的文字里把捉征候，生成属于自

---

①　林贤治：《后记》，《漂泊者萧红》，人民文学出版社 2009 年版，第 298 页。
②　林贤治：《漂泊者萧红》，人民文学出版社 2009 年版，第 27—28 页。
③　同上书，第 74 页。
④　同上书，第 204 页。

己的理解。《拜墓》里，萧红写道："我哭着你，不是哭你，而是哭着正义。你的死，总觉得是带走了正义，虽然正义并不能被人带走。"① 在林贤治看来，在与己的关系上，萧红对鲁迅基于"正义"的定位别有深意："在纪念鲁迅的大量的文字中，多的是'国家'、'民族'、'大众'之类的大词，像'正义'这样一个伦理学的用语，大概只有出现在萧红这里。对于鲁迅，她有着独特理解，也有着独特的感受。" 如此把握鲁迅之于萧红所具有的不同意义，彰显作者极为敏锐的感受。在我看来，正因为萧红对鲁迅出于伦理的观照视角，内在决定了其散文名著《回忆鲁迅先生》的独特品格。

作为作家对作家的全方位观照，林贤治在写作行为、文本解析等层面对萧红的分析更是不乏新见。由萧红创作《生死场》时的状态，林贤治指出："许多作家的灵感据说来自神启，他们等待空寂中的声音，等待奇迹，在幽暗中等待电光石火般的瞬间闪耀。而萧红，她的源源不断的灵感，来源于她的记忆，情感经验，心灵对日常生活的接纳与融合，来源于对自身命运的诉求。所以，她的写作，是自然地属于诗性的；在发生的意义上说，简直是'自动写作'。"② 诗意表述虽不无夸张之嫌，但林贤治对萧红创作不乏天才创造特质的把握可谓精准，或许融入了自身的写作经验。同时，林贤治由《生死场》看出，比之鲁迅，萧红对农民、妇女奴性的描写，虽隐匿着对国民劣根性的谴责，"但是，对于描写对象本身，她的用意又往往不是批判的，而是同情的，爱怜的。这是她不同于鲁迅借揭露国民的病态以引起疗救的注意的启蒙主义者不同的地方"③。对萧红作品某种品格基于细微比较的清晰厘定，或许源于作者对鲁迅和萧红双重独到而深刻的理解。

很长时间以来，基于茅盾巨大的权威性，其对《呼兰河传》的评价广被征引，几被人们奉为圭臬，而忽视茅盾写作当时的具体情境，以及茅盾自身观念的局限。对此，林贤治直接指出茅盾将《呼兰河传》的"价值局限在作为田园牧歌式的美文上面，而无视它的思想价值"，究其原委，在于"忽视了萧红的底层生活经验，和她与底层大众的固有的精神联系；忽视了作品

---

① 萧红：《拜墓》，《萧红全集》第 4 卷，黑龙江大学出版社 2011 年版，第 268—269 页。
② 林贤治：《漂泊者萧红》，人民文学出版社 2009 年版，第 105 页。
③ 同上书，第 106 页。

对底层人物，尤其是女性日常事件的悲剧意义的发掘"①。林贤治的这一看法，对于今天的人们重新理解《呼兰河传》有深刻的启发意义。基于对萧红生平、创作的理性把握，林贤治在萧红生平叙述以及相关文章里，明确表达了对萧红在文学史上的价值判断："在文学史上，萧红的作品中女性与穷人的双重视角，以及自由的风格是被忽略了的，作为'弱势文学'的实际成就被严重低估。"② 近年来，关于萧红的文学史地位重估的呼声很高，很多学者从不同角度进行了阐发、论证。林贤治所看重的所谓女性、穷人双重视角之于萧红，在我看来不一定准确，但是亦可见出林贤治对萧红独特的看取角度。

　　稍稍晚出林著两月的叶君著《从异乡到异乡——萧红传》（中国社会科学出版社），也引起了一定反响，2011 年 6 月获首届萧红文学奖之"萧红研究奖"。

　　在萧红传记研究上，一直存在纯粹出于对萧红发自内心的热爱，而数十年热情不曾稍减地从事萧红生平资料收集、佚文发现的民间研究者，尤以章海宁、袁权影响最大。2011 年他们分别出版了自己集数十年研究心得的萧红传记：《萧红画传》（黑龙江大学出版社）、《萧红全传》（中国青年出版社），从而也完成各自内心那份对萧红的百年纪念。这两部民间研究者的萧红传记资料翔实，图文并茂，重视资料的原始性，彰显写作的诚意，且各有特色。两位作者都在书中发布各自新近发现的萧红佚文，这自然是对他们勤谨、热爱的回报。对于萧红传记研究而言，两作在史料上进行了到目前为止最为前沿的更新，为后续的萧红传记研究提供了便利。

　　值得注意的是，近两年关于萧红生平的影像叙述亦成热点。然而，在我看来，由霍建起导演的电影《萧红》（2013 年 3 月上映）很大程度上缺乏诚意，引起广泛批评，赢得票房惨败，自是必然。而许鞍华执导的《黄金时代》（2014 年 10 月上映），又实在是一次太过任性的叙述。叙事方式花哨、别致，实际效果却差强人意。比起电影《萧红》，《黄金时代》不缺乏对萧红生平叙述的诚意，影片力图相对完整地呈现萧红一生。然而，即便三个小

① 林贤治：《漂泊者萧红》，人民文学出版社 2009 年版，第 274—275 页。
② 林贤治：《后记》，《漂泊者萧红》，人民文学出版社 2009 年版，第 298 页。

时的时长，已然接近影像叙述的极限，但还是显得平面、仓促。而更多人看到了《黄金时代》带来的商机，影片上映前后，出版了近二十种萧红传记，大多应景急就，可观者寥寥。

　　喧嚣一时的"萧红热"旋即归于沉寂。萧红逝后，类似"冷热交替"不知反复了多少次，但对于真正热爱萧红的人来说，一时的喧嚣不过是云烟过眼，此前那些踏踏实实的工作仍在继续。

第一章　萧红与家族

家庭应该是一个人性格生成的基点，而一个家族的文化与性格传承，则是有如"基因"般的隐形规约。古希腊哲人赫拉克利特有言："一个人的性格就是他的命运。"因而，一个人的出生与成长环境，以及家族的信息传载，某种程度上已然决定其后续命运。

我始终认为，对于萧红悲剧人生的观照，几十年来，往往过于看重她所处的社会历史情景，诸如民族战争、阶级分野、妇女解放等宏大叙事对其作为女性个体的肉身驱赶与精神挤压。萧红因之博得一代又一代读者的同情与怜惜，几乎成了最"悲情"的民国女子。进入新世纪，仍有新版萧红传记书名直接题为："悲情女作家萧红。"① 在人们的想象中，作为女性的"弱"，成了萧红短促人生的醒目徽记。在我看来，这自然是萧红传记研究所存有的巨大局限，实际上，其成长过程中的性格因素不可忽视。而要探究萧红性格，家庭和家族自然是追溯之本源。

值得注意的是，绝大部分萧红传记谈及萧红与家族的关系，往往处理成近乎一个革命者与旧家庭的决裂。这似乎是民国知识分子或革命者人生轨迹的必然遭遇，成了一种文学想象的俗套。关于萧红早年经历的诸种叙述，亦被强有力地纳入此种范式。因而，一段时期以来，萧红几被塑造为一个女革命者。这自然是对一个生活在北中国偏远小城的民国女子最为滑稽的想象。实际上，萧红与家庭、家族的关系，远非人们所想象的那么简单。近年，随着观照角度的改易，新材料的发现，以及对已有资料的重新解读、祛魅与还原，萧红作为大时代一个普通女性的一面有所凸显，渐渐丰满、生动。

---

① 肖凤：《悲情女作家萧红》，文化艺术出版社 2004 年版。

一　家族源起

萧红本姓张，是关东张氏家族的六世传人。编修于 1935 年 8 月的《东昌张氏宗谱书》，对关东张氏家族在东北的繁衍生息情况记载十分详尽。赞誉失当往往是中国家谱修撰很容易出现的通病。但是，仔细研读这部张氏宗谱书，其对当时在世族人的评价还是比较客观，不时出现在一般家谱里少有的负面评价；而其编纂"凡例"亦着意指出，所载族人生平事迹"按事实而作并不修词掩饰"。因而，在我看来这部宗谱书是了解关东张氏家族历史的重要文献。

《东昌张氏宗谱书》为 16 开本，铜版印刷。除文字外，张氏族人及配偶有照片提供的，亦被印入，制作精美。萧红四叔张廷会全面主持谱书修撰，由其拟定"凡例"，并任"创修"、"总修"；六叔张廷献任"考订"；生父张廷举任"监修"、"校正"。萧红同辈张氏子弟亦参与其事，二伯父长子张秀璠、次子张秀琳任"编纂"。由于张氏谱书由萧红父辈发起，并亲力亲为，所以对萧红嫡亲祖辈、父辈的记载尤为翔实。为我们了解萧红所在这一张氏家族支脉的历史和性格提供了丰富信息。因张氏关东始祖张岱原籍山东东昌府（治所在今山东聊城市）莘县，故题为"东昌张氏宗谱书"。

1931 年秋，萧红逃离张氏家族大本营阿城福昌号屯，从巴彦赶回的张廷举对女儿彻底失望，盛怒之下宣布从此开除其族籍，致使四年后编纂的这部宗谱书里没有关于萧红的任何记载。这是萧红被开除族籍的明证。1933 年 10 月，三郎、悄吟合著的《跋涉》印行，因里边带有反日内容，旋即引起日伪特务注意，次年 6 月两人暂避青岛。据萧红亲属多年后回忆，因《跋涉》作者之一与呼兰张家的关系，萧红离开哈尔滨后，仍不时有便衣密探前来骚扰。张廷举后来说，张氏家族之所以要在 1935 年 8 月决意修撰《东昌张氏宗谱书》，亦与不堪《跋涉》所带来的恐怖之扰有关，在宗谱书里故意不录入萧红任何信息，以示她与张家没有任何干系①。《东昌张氏宗谱书》

---

① 叶君：《从异乡到异乡——萧红传》，中国社会科学出版社 2009 年版，第 121 页。

倡导、主持者之一的萧红父张廷举，将该宗谱书的编纂动机归之于此，显然牵强。这或许是萧红逝后多年，张廷举对女儿的憎恶消释，为自己当年将女儿开除族籍的过激之举而寻找的支吾其词的理由。换言之，规避当年日本特务的滋扰，自然不是张氏家族在宗谱书里拒绝录入萧红信息的理由，更不是修撰宗谱书的原始动机。何况，宗谱书的编纂、印刷费用"均由分布在各地的张氏族人集资而来"①，并非出自某一支族。

依据《东昌张氏宗谱书》，本章对关东张氏家族的历史稍作钩沉。

萧红祖籍山东省东昌府莘县长兴社东十甲杨皮营村（今属山东省聊城地区莘县），乾隆年间，先祖张岱携妻章氏逃荒关东，经几代人努力，在黑土地上建立起一个庞大的家族，富甲一方。

关东张氏家族始祖张岱，生于乾隆二十三年（1758）十二月二十四日，卒于道光十九年（1839），享寿82岁；妻子章氏，生于乾隆二十五年（1760）三月初六日，卒于嘉庆十九年（1814）二月初二日，终年54岁。因年代久远，宗谱书对张氏关东始祖张岱的记载只有寥寥数语："公于乾隆年间，率夫人由东昌本籍经朝阳凤凰山移来吉林省榆树县青山堡半截河子屯，遂就家焉。至后，乃教导子孙以农务本，不暇诗书。迄今亘百数十年事迹则不可考，祖匣谨载生卒年月日，事迹虽无可考，然勤苦节俭尚可臆测。"

张氏后人传说，逃荒关东前，张岱和章氏并没有正式成婚，大约只是结伴远走他乡的乡亲。抵达关东，两人落脚辽宁朝阳凤凰山，给当地旗户当雇工，耕地、牧马，对外夫妻相称，相互照顾。经过一段为人奴仆的生活，张岱在外出牧马时寻得机会骑上主人马匹，携章氏逃至吉林省榆树县青山堡半截河子屯，不久，幸运报领到一块明末遗民开垦过的撂荒地。两人从此结束盲流生活，在此成家立业。吉林榆树因此成为关东张氏家族繁衍、迁延的基点。

张岱夫妇生养三男三女。三个女儿长大后，分别嫁给德惠县、宾县、巴彦县的汉族庄稼人。夫妇俩将创业兴家的希望，寄托在长子明福、次子名贵、三子明义身上。随着儿子们长大成人和孙辈出世，张岱时刻不忘教导子

① 王连喜：《萧红故居建筑与文物综合考》，孙茂山主编《萧红身世考》，哈尔滨出版社2003年版，第370页。

孙以务农为本，并身体力行严厉管教。严峻的生存环境，让儿孙们无心诗书猎取功名，一心买田置地，刻苦经营，过着一份极其简单而昂扬向上的生活。

长子张明福生于乾隆五十四年（1789）三月十二日，卒于同治七年（1868）五月二十四日，享寿81岁；妻子王氏生于乾隆四十九年（1784）十一月二十二日，卒于同治八年（1869）五月二十四日，终年87岁。张明福夫妇育有三男三女。三个儿子分别名为张斌、张霖、张显，其中张霖出继张明贵。

张明福性情刚烈，于嘉庆年间携妻到阿城县三区二甲福昌号屯开荒。家境贫寒，气候恶劣，两人不畏艰险，克勤克俭，苦力经营农事，在吉林榆树之外另立门户创家立业。张明福家教严厉，子女稍不称心意，便严加责罚。以至孩子们每每被叫到面前就胆战心惊惶恐不已，亲戚朋友对他亦敬畏有加。跟随丈夫创立家业的王氏历经磨难，同样刚强能干。丈夫死后，虽年近九旬，对家庭事务仍事必躬亲，一年后病故，同治十三年这对贫贱夫妻归葬榆树。

跟随张明福一起前来阿城辟荒垦殖的还有胞弟张明贵。他生于乾隆五十七年（1792）正月十七日，卒于咸丰六年（1856）五月二十一日，享寿64岁。张明贵与妻子刘氏育有一女四男。四个儿子分别是：张玺、张殿、张弼、张绍，加上养子张霖，一共父子六人。

张明贵即萧红高祖。与兄长不同，他性情温和，处事谨慎细致。开始经理农事，张明贵年纪尚小，虽有长兄照应，但学习务农经商的各种技能虔诚而专注，坚忍耐劳，进步非常快。及至中年，即便家业殷实，仍不忘训导子女专注农事，勿忘根本，而对读书进学始终不以为然。这一根深蒂固的观念，对张氏家族第三代人的影响极为深刻。

张岱第三子张明义，生于嘉庆二年（1797）四月五日，卒于光绪五年（1879）七月十四日，享年81岁；妻子谢氏生于嘉庆六年（1801）七月二十一日，卒于光绪元年（1875）九月初六日，终年74岁，育有一女二男，两个儿子分别是张焕、张佐。

张明义性情刚烈，气量不及兄长宽大，极其自尊。成年之后，两位兄长和子侄辈在黑龙江、吉林等地各自创下基业，且日渐隆盛，整个张氏家族已经非常富裕，但张明义并不以此为满足，更不愿以子侄辈所创之业为己有；而是另创一份属于自己的产业。于同治元年，率领儿女从吉林榆树迁至黑龙江宾县猴石开荒垦殖，亲历农事，劳作不辍。花甲之年，两子均先他而逝。然而，经受晚年丧子的剧痛，张明义并不萎顿，率领子孙辈从早到晚悉心经营，不遗余力。光绪元年，因孙辈、曾孙辈大多不过问家事，家庭矛盾渐渐集中、尖锐。他于是主张分拆在猴石自己亲手创下的房产，不数年，溘然长逝。两年后，谢氏亦弃世，不久，夫妇归葬榆树祖茔。

肥沃的黑土让张氏家族很快富裕起来。历经父子两代的艰苦创业，张家迅速发展成为拥有土地数百垧的新兴汉族大地主。更重要的是，家族那积极向上的生活态度和以务农为本的理念，在后人身上得以传承。至张岱孙辈，同宗兄弟九人，在祖、父辈基础上更是拼力发展家业。自第四世起，关东张氏家族以"维廷秀福荫，麟凤玉芝华。道成文宪立，德树万世佳"二十宗谱字为班次，排辈分，起名字。

关东张氏家族第三代同宗兄弟九人中，张明福长子张斌排行第一，生于嘉庆十六年（1811）二月二十日，卒于道光二十六年（1846）六月十二日，年仅36岁，与妻章氏育有三女二男，两个儿子分别是维屏、维新。

张斌的蹊跷死亡，是张氏家族至今无法解开的谜案。与祖父辈只重农商，全然不在意诗书不同，张斌幼时亦曾进私塾读书，只是没有坚持多少时日就弃诗书而务农经商。张斌性情刚强、果断，有勇有谋。36岁那年赴法库门贩运豆油，在乘骡返家途中不幸出事。所乘骡子独自返回此前所宿旅店时，鞍镫上仅剩下骑乘者的一条腿。家人闻讯前往出事地点仔细查考，但因时隔多日，线索全无，终无所获，豆油亦完全损失。张斌或死于贩运途中遭遇强盗杀人越货亦未可知。受此打击，其妻章氏也于次年病逝，年仅37岁。

张霖排行第二，是张明福次子，出继张明贵。生于嘉庆十八年（1813）三月初八，卒于光绪八年（1882）四月十三日，享寿70岁，与夫人杜氏育有二女一子，即维藩。张霖幼年失学，成年后开始经营农事，吃苦耐劳，勤俭兼备，在长年劳作中积累了非常丰富的农耕经验，尤其擅长播种。此外，亦精通饲养骡马。在福昌号屯，张家虽然富有，但是张霖待人和蔼，管理东大伙房一切事宜，无论家人还是长工，上上下下和谐安宁，无不对他心生敬畏。

张明贵长子张玺排行第三，生于嘉庆十九年（1814）十月初三日，卒于同治八年（1869）十月初二日，享年54岁，与夫人李氏生有一双儿女，儿子取名维翰。张玺10岁进入私塾读书，成年后弃文从医，深入钻研脉理药性，甚有心得。适逢家道鼎盛，张玺虽精通医理，但并不以此安身立命，而是经营商号，在呼兰开办了一家烧锅（酒厂）取名"福昌恒"，并在呼兰、兰西县大量购置土地。

经商之余，张玺为亲族诊病，大多药到病除，四十出头便医名远扬。呼兰县城，几乎妇孺皆知。妙手仁心的张玺，对于病人有求必应，且慷慨好施，不论贫富分文不取。因此之故，呼兰城内，其干儿义女众多。张玺可谓德才俱佳，经手创办的烧锅，在其精明的经营管理下，生意兴隆财源广进。而面对日渐积累的巨大财富，他能做到富不骄人，待人接物温文尔雅，无论贫富一视同仁。张玺深得养生之道，年近花甲仍身体健壮。可惜天不假年，54岁时突然患病，一蹶不振。张玺对生死颇为达观，临危从容选定归葬之所，逝后葬于五常县泥河子口上刘家店。

排行第四的张殿乃张明贵次子，生于道光元年（1767）十二月初六日，卒于同治六年（1867）八月十七日，年仅47岁。与妻陈氏生有三女一男，取名维祺。张殿自幼入学数年，后弃学专心农事，生性刚烈、果敢，为人严肃、正派，善于劝善规过，亲戚朋友无不敬服。当时，福昌号屯的烧锅营业虽然鼎盛，但在吉林榆树，张氏族人出现内讧迹象，兄弟妯娌各怀心思。即便张明贵四子张绍前往理事，一番努力终无起色，只好气愤返回。旋即，张殿亲往榆树，出面整理危局。不出两月，众人畏服，家族内部矛盾得以消释。张殿为人谨慎，修身勤朴不息，重振榆树张家支脉功高不骄，可惜英年早逝。

张明福第三子张显排行第五，生于道光四年（1824）正月初十日，卒于同治七年（1868）闰四月，年仅44岁，先后娶妻三房，育有四女二男，分别是维芳、维仪。与其他族中兄弟不同，张显自幼接受比较好的教育，早年曾热心功名。咸丰年间参加院试，得庠生资格；后因对科举致仕之途较为冷淡，于是辍学理家，一心开辟、扩展家业。先在五常县泥河子口开荒垦殖，后又到距离泥河子口百余里的桃山开辟新田地。这两处地产都由他亲手创下。张显生性耿直、胆识过人，不畏权贵。曾与阿城副都统产生土地纠纷，对方利用权势将其功名衣帽除下，张显毫不畏惧，赴省府控讼，后经中人斡旋，直至副都统上门赔罪才作罢。开荒垦殖之外，族中兄弟大多利用余粮经营烧锅。这激发了张显的竞争欲望，晚年也在泥河开办烧锅，并且为防御盗贼而修筑了规模宏大的工事。工程刚刚竣工，他却因过劳致疾一病不起。逝前视死如归，自择茔地于泥河口下刘店，殁后夫妇葬于是处。

张明贵第三子张弼排行第六，生于道光十七年（1837）三月初五日，卒于光绪二十一年（1895）六月十七日，享寿59岁，与妻刘氏育有一男一女。张弼幼年入私塾读书，成人后弃文务农、牧马。当时家中豢养骒马众多，以松花江岸为牧场。官方采珠船多泊于江边，水兵上岸办事，找不到代步工具，有时就擅自捉匹马扬长而去。如此情形发生多次，面对权势张弼气不能忍。一日，如此情形再现，他率领工人手持棍棒打跑水兵。此举引来众多水兵上岸与之僵持。面对如此情势，家族上下都不赞成其做法，担心惹怒官府而生出祸端。然而，张弼并不在意，为化解危机独自到采珠船上与水兵首领交涉，最后据理力争得占胜利，成功化解危机，并杜绝此类事情再次发生。张弼之有勇有谋，因此远近知名。

除性情刚烈果敢，张弼同样极具商业头脑。见家中存粮渐多，于是举意创办烧锅，商号为"福昌明"。福昌号屯村名因之得名。处理家族内部事务，张弼同样极其干练、有魄力，对待兄弟宽宏大度，说话声音洪亮。有关烧锅的一切事务均由其打理，在他经营之下，商号声名远播，发展迅速。张氏家族公认，张弼是具有兴家拨乱之能的难得人才。可惜，刚过四十视力就开始衰退，于是不大过问家事。家族亦因他之故渐渐析散。59岁病殁后，葬于呼兰城东。张弼唯一的儿子张维祯，便是对萧红一生产生重大影响的祖父。

张明义长子张焕排行第七，为人纯厚诚笃，生卒年月均不可考，只知未享大年。与妻子陈氏生有两男：维清、维垣；与续弦许氏生有一女。张焕小时候也读过几年私塾，年龄稍长便无心向学。成年后极其喜爱好马，家中蓄有良驹。咸丰年间，榆树当地土匪头领马傻子听闻张焕蓄有良马，便派人手持信函索要。面对土匪强索，张焕自然不舍。不想，目的没有达到，大队土匪旋即前来逼抢。爱马如命的张焕连忙骑上心爱的马，逃离躲避。众土匪进入榆树张家老宅搜查一无所获，盛怒之下纵火焚屋。榆树老宅几经扩建，规模宏大，屋宇均出自名匠之手。可惜，匪众索马不得一把大火尽成焦土。即便如此，匪众仍不罢休，一定要将张焕手里的良马据为己有方肯罢休。家族遭此劫难，张焕没法只好将心爱的宝马送与匪首。

排行第八的张佐是张明义次子，与妻子姜氏育有四子，分别是：维城、维国、维财、维春。夫妇二人生卒年月都不详，家谱只载有他生性忠厚，善于农事，喜爱牛马，对子女施教有方；只是未能读书识字，四十出头病逝后葬于榆树祖茔。

关东张氏家族第三世排行最末的是张明贵第四子张绍。

张绍生于道光二十一年（1841）二月十七日，卒于光绪七年（1881）五月初九日，年仅 41 岁；其妻薛氏生于道光十七年（1837）三月二十九日，卒于光绪三十三年（1907）七月二十七日，享寿 71 岁，育有一子，取名维岳。

张绍幼年就学，入试场数次，后因家中乏人中途辍学。张绍生性温文尔雅，重信义、寡言笑。辍学后即经理农事，亲手开辟了大荒沟荒地。其时，家境正佳，但张绍不辞奔波辛苦，刻苦自励。光绪五年（1879）秋天，在清理丈量五常泥河口子地时，与住在当地的一位别号"红眼"的张氏远族之妻发生土地纠纷。乡村泼妇赖占土地不成，恼羞成怒竟破口大骂。张绍不愿与其一般见识，但内心怒气难抑，无以排解，饮生水时不慎致病伤肺，于光绪七年五月间一病不起与世长辞。

张绍不幸早逝，给家庭带来巨大打击，幸亏妻子薛氏同样精明能干，自嫁至张家，便助理丈夫创业理家。张绍逝后，薛氏独自支撑，带着刚成年的儿子躬亲井臼，稍有余暇就替代丈夫训导儿子为人处世、经理家业之道。薛氏长于管财理家，节俭但不吝啬，对待亲戚邻里，恩礼有加，经其手庞大的家业有条不紊。

薛氏五十左右，儿子张维岳不幸丧偶，遗下四个年幼的儿子，最小的刚刚满月。遭此变故，薛氏对四个孙子日夜提携、抚育，极其劳苦。几年后，张维岳续娶徐氏，作为婆母薛氏仍毫不懈怠，每天除看顾小孙子外，还悉心指导家中新妇持家之道和礼仪规范。

薛氏即萧红曾祖母，其行为做派为乡里敬服，每每聚谈，都认为她在风烛残年能够从容应对不幸，教子有方，大有古代贤妻良母风范。薛氏71岁病殁，逝后夫妇合葬于阿城县三区二甲福昌号屯张家新立茔地。

从对关东张氏三世先人生平事迹的梳理可以看出，张家从无所有的"闯关东"盲流，到入主黑土地，成为富甲一方的新兴汉族大地主，是三代人筚路蓝缕苦心经营的结果。在与官府的盘剥豪夺、土匪的逼抢、无赖的侵占，以及与自然灾害的斗争中慢慢积累财富。

张氏家族的家业在第三代人手里达到鼎盛，而这代人亦付出最多。同宗兄弟九人中，除张霖享寿七十外，其余八人年龄均未超过六十，不及五十就英年而逝者竟至六人。亦可见张氏先人创业之艰难。另外，在财富积累过程中，张家由一心务农到利用手中余粮经商，再到培养子弟读书进学，从中可以看出家族内在价值观念的变化。在第三代人中，除务农、经商，还出现了猎取功名未遂的读书人，以及农事之余悬壶济世的医生。

张氏家族地产和商号则散布黑吉两省，族人聚居点主要有吉林榆树、黑龙江宾县猴石、黑龙江阿城福昌号屯三处，但以阿城福昌号屯为主要聚族而居之地。福昌号屯也成了张家"大本营"，有地千余垧，整个屯子长三百多米，宽二百多米，四周挖有近两丈深的壕沟，只在南面、东面留有进出通道①。屯内最大的建筑是张家腰院，据出生于腰院的张秀琢介绍，院落坐北朝南，四周围着高约六米，顶宽逾一米的土墙，墙顶可行人，四角有炮台，护院炮手日夜值守。萧红早年署名"悄吟"发表于1933年的短篇小说《夜风》，描写地主张家的七个儿子，率领炮手在围墙上抵御土匪袭击的情形，显然源于她两年前软禁于腰院的经验②。从小说里，亦可想见腰院张家的布局及其生活情形。张秀琢还说到，腰院南面有一栋两层青砖小楼，二楼为张家议事厅，是男人们聚会之所。平日楼下大门紧锁，留小门进出，不过也有人看守。③

---

① 章海宁：《萧红画传》，黑龙江大学出版社2011年版，第69页。
② 萧红：《夜风》，《萧红全集》第1卷，黑龙江大学出版社2011年版，第31页。
③ 章海宁：《萧红画传》，黑龙江大学出版社2011年版，第69页。

二 祖辈父辈

古人云："君子之泽，三世而斩"；民间亦有"富不过三代"之说。这在关东张氏家族第四代身上便得到印证。"维"字辈同宗兄弟 16 人，大多平庸，或多或少丧失了祖辈、父辈兴家立业，体认自我价值的志向与豪情，更缺乏父辈积极向上的生活态度，大多坐拥祖产，享受着一份优越的生活，其中不乏油嘴滑舌、游手好闲之徒。忧患意识丧失，家业也就日复一日坐吃山空。个别支脉虽然家教依然严厉，亦不乏优秀子弟，但终难力挽整个家族所呈现的颓势。随着家业颓败，张氏家族各支脉间基于血缘的向心力亦渐渐丧失，整体的分崩离析势在必然。

《东昌张氏宗谱书》里不时出现对"维"字辈族人的负面评价。排行第一的张维新，其寥寥数语的"生平事纪"中，就有"失学后业商，因家道康足，故不耐劳苦，弃商后，家族分关，遂执理家务"等语；而从行七张维垣的生平事略中，则可窥见张氏子弟当时的大致情状："念书无多，务农为业，执理家务，族中均堕落不堪，由公着手诸事颇有成绩，惜乎天不予以寿考，使有为者不得展其才抱，家庭兄弟以公为最。于五十许病故。"排行第八的张维城，其堕落之状在张氏家族子弟中颇为典型："读书无多，转务农耕，分关后，性好酒，颠倒终日，不理家务，故家亦由是不振。"排行第十五的张维财与之类似："幼曾就学，弱冠料理家务，年渐长好酒多言，每日大有无酒难过之势，量小故饮无不醉，日日沉沦，以致家业不振。"当然，也有不思进取，消磨岁月的张氏子弟，如排行第十二的张维清，宗谱书载有："公幼习文学，亦入场考试，未中。返家闲居不事产业，日以渔酒消磨岁月。"张维清归隐乡里，钓鱼终日虽年逾古稀不曾稍改。"篮鱼沽酒"的渔翁生活，让他在同辈中得享高寿，终年 76 岁。子弟堕落不思进取，自然与家教有关，张维城和张维财分别是张佐长子、三子；张维清为张焕次子，他们都生活在宾县猴石屯。

张氏第四世继承父辈所创基业，保持一份昂扬向上的生活态度者亦大有人在。张殿独子张维祺排行第九，生于道光二十九年（1849）四月十二日，终于光绪十三年（1888）十月二十四日，享寿 39 年。张维祺生性刚毅、廉正、公平，幼年稍读诗书，颇知文理。因父亲早丧，无人理家，不得不弃学继承父志，经营大荒沟窝堡。在其勤谨、悉心打理下，日积月累，家业稍有好转。光绪丁亥年，张维祺前往呼兰办事，住在张维祯家里，不幸偶染时疾，医药罔效，与世长辞。遗有三子（廷兰、廷栋、廷槐）四女，皆未成年。

张维祺夫人孙氏生于道光二十五年（1844）二月二十二日，终于民国十四年（1925）九月十一日，享年 81 岁。张逝后，所幸孙氏贤惠能干，年仅35 岁，仍继承丈夫遗志整理门庭。担心子女少不更事，不知进取，便择师教次子读书，长子助理家务。在"室无燃灯之油，仓无充饥之粟"的危难中振兴家业，子女成人。晚年本可稍享安闲，不料身患疾病，不能起立，辗转病榻数载而逝。孙氏赢得族人深深敬意，宗谱书评价为"德孝兼全"。值得一提的是，宗谱书明确记载，张维祺和孙氏次女适"滨江太平桥陆氏"。

萧红二伯父长女张秀珉毕业于哈尔滨东省特别区女子第一中学（萧红母校）高师，解放后从事教育工作，作为知识女性，对家族往事的回忆，可信度比较高。据其自述，在哈尔滨读书期间，她在呼兰张家吃住三年，1930 年离开，对萧红早年经历自然比较了解。她说："后来听说她（萧红——论者注）是从北平跟着陆忠禹（字哲舜）一起回来的。忠禹是福昌号腰张家二姑生下的孩子，他们哥儿四个，名字叫尧舜禹汤，中间全是一个哲字。二姑嫁到哈市太平桥陆家去了。腰张家二姑虽然也姓张，但与我们福昌号张家并非直系亲属，是出了五服的一支。"① 由此可见，宗谱书上所提适"滨江太平桥陆氏"的张维祺次女，就是1930 年鼓励萧红出走北平从此踏上一条不归路的陆表兄母亲——作为萧红姑母的"张家二姑"。张秀珉所谓"出了五服"似乎并不确切，陆母与萧红父曾祖同为张明贵。

关于萧红陆表哥的名字，按张秀珉的说法，名叫陆忠禹，字哲舜。然而，与陆中学同学的李洁吾1984 年接受萧耘访谈时则称之为"陆振舜"，一些萧红传记大多采用此名。铁峰《萧红传》考订此人名叫陆振舜，字宗虞，

① 王化钰：《访萧红叔伯妹妹张秀珉老师》，孙茂山主编《萧红身世考》，哈尔滨出版社2003年版，第45页。

与萧红相识时是哈尔滨法政大学学生，家住哈尔滨①。另有文章记作"陆忠舜"②。我以为，"忠禹"与"宗虞"；"哲舜"与"振舜"，音相近，又都是出自访谈者的笔录，可能是未能详订而造成的讹误。以张秀珉回忆陆表哥范"哲"字来看，应该名为"陆哲舜"；而其四兄弟以"尧舜禹汤"相区别，那么陆哲舜名、字里不太可能再出现三弟的"禹"字，那么，铁峰所说的"字宗虞"极为可能。所以，将张秀珉和铁峰的说法合在一起，萧红陆表哥的名字应为：陆哲舜，字宗虞。

1938 年 7 月，萧红曾向作家孙陵感伤述及 1931 年冬天在哈尔滨街头流浪时，饿得没法深更半夜去敲姑母家门的情形③。萧红所述姑母，从宗谱查考以及与之亲近的程度来看，应该就是陆哲舜母亲。1936 年初，萧红署名"悄吟"在《海燕》第 2 期发表散文《过夜》，叙述自己冬天流浪哈尔滨期间，一天夜里赶到姨母家，一边呼喊着"姨母"，一边敲打院门，但姨母家人完全睡下，只得沮丧离开的惨状。从本书后文对萧红亲属关系的进一步梳理来看，萧红没有姨母生活在哈尔滨，这篇文章所说的"姨母"，我以为不过是作者在这篇纪实散文里的刻意讳饰，故意将"姑母"变为"姨母"。那天夜里，她求助的对象应该就是陆母。萧红三姨姜玉凤晚年面对来访者，以 92 岁高龄仍清晰说出张维祯三个女儿亦即萧红三个姑姑分别嫁给了王、韩、齐三家（这与宗谱书记载一致），更提到她还有一个叔伯姑姑嫁给了陆家④。姜玉凤所指萧红叔伯姑姑，显然就是陆哲舜母亲。

张弼独子张维祯，字式祥，即萧红祖父。"维"字辈中排行第十，生于道光二十九年（1849）二月初五日，卒于民国十八年（1929）五月初一日，享年 81 岁，在同辈兄弟中年寿最高。张维祯妻子范氏系五常县房身岗七品寿官范连福之女，生于道光二十五年（1845）四月十七日，卒于民国六年（1917）五月二十一日，终年 73 岁。

宗谱书载，张维祯秉性温厚，幼读诗书十余年，无有长进，亦无心仕

---

①　铁峰：《萧红传》，北方文艺出版社 1993 年版，第 56 页。

②　孙延林主编：《萧红研究》第 1 辑，哈尔滨出版社 1993 年版，第 86 页。

③　孙陵：《我熟识的三十年代作家》，台湾成文出版社有限公司 1980 年版，第 7 页。

④　王化钰：《采访萧红亲三姨——92 岁老人姜玉凤》，孙茂山主编《萧红身世考》，哈尔滨出版社 2003 年版，第 56 页。

途，索性辍学。正逢家业隆盛，于是辅助家人经营农商。然而，他心地善良，生性懒散，对经商务农也没有什么兴趣，后来一直赋闲在家。娶妻生子后更是整天和老婆孩子在一起消磨时光，尽享天伦之乐。读读诗书、写写大字是其闲暇时的唯一兴趣，对经营家业不太放在心上。

中年家庭分关，张维祯析得张家在呼兰的房产和地产。于是，随同父母，携带妻子儿女从福昌号屯迁居呼兰。张维祯夫妇育有一子三女，迁居呼兰不数年，幼子不幸夭亡，稍后，随着长女嫁给双城县本街王氏，次女嫁给呼兰县双口面屯韩氏，夫妇俩倍感寂寞，膝下无子成了他们的心病，老来无着，便考虑在族中过继一个男孩以备养老，最终选中堂弟张维岳与病逝前妻所生第三子张廷举。他就是萧红生父。不久，张维祯小女亦出嫁伊通县四台子屯齐氏，张弼夫妇相继谢世。张维祯失去了倚靠，养子尚幼，所得家产亦难守持。因不谙经营，屡被伙计们拐骗坑害致使当铺、油坊、酒厂先后倒闭，最后就死守着几十垧土地和房屋，靠收租过着一份小康的日子。萧红祖母范氏，亦系出名门，除娘家颇有势力外，当时，驻防双城司令官于险舟之母就是范氏胞妹。范氏精明强干，办事果断，喜欢热闹，安家呼兰后一切家务均由其打理。

宗谱书载，民国十六年（1927）五月二十日，张家为张维祯举办八旬（虚岁）寿诞，呼兰县长路克遵，审判厅长郭席珍，率地方各界公赠匾额一块名曰："康疆逢吉"，并有贺联曰："耄耋堪钦林下优游乡望重，言行可表家庭和乐子孙贤。"

关于张维祯80寿诞，有两个问题需要澄清。

其一，关于操办时间。对照宗谱书，目前所有萧红传记都有误。以虚岁计，一些传记作者定在1928年。如曹革成《跋涉生死场的女人萧红》载有："祖父当年（1928年——论者注）正好八十大寿。（当时以虚岁计算）农历二月初二（阳历2月22日）那天，张家办了一场颇体面的寿宴。"[1] 另，章海宁《萧红画传》亦载有："这一年3月15日（农历二月初五日），萧红的祖父过八十大寿。"[2] 曹革成将张维祯的出生日期定为农历二月初二日，

① 曹革成：《跋涉生死场的女人萧红》，华艺出版社2002年版，第49页。
② 章海宁：《萧红画传》，黑龙江大学出版社2011年版，第53页。

显然是错误。类似错误也见于铁峰《萧红传》："农历二月初二，即 3 月
15 日是祖父的生日。"① 不过，铁峰指的是 1929 年，查万年历 1929 年 3 月
15 日，是农历二月初五日。可以断定，铁峰的二月初二日是笔误，他原本
所指的日子是二月初五日，即张维祯诞辰日无疑。1928 年 3 月 15 日，是
农历二月二十四日。可见，曹革成、章海宁的错误，大致源于铁峰，只是
未加考订。而以周岁计，一些传记作者则将张维祯八十寿诞定在 1929 年。
除铁峰、袁权②外，叶君《从异乡到异乡——萧红传》载有："1929 年农
历二月初五（即公历 3 月 15 日）是祖父 80 周岁生日"③；季红真《呼兰河
的女儿：萧红全传》亦提及"这一年（1929 年——论者注）的 3 月 15
日，是张维祯的八十大寿"④。

关于张维祯八旬寿诞的举办时间，《东昌张氏宗谱书》自然无可置疑。
至于何以将寿诞日子定在"民国十六年五月十二日"，既无关张维祯出生年
份，亦无关日期，联系老人病逝前较长时间身体一直处于急遽衰败的客观情
势，我以为，这次寿诞很可能带有为病重寿星冲喜之动机；亲友贺寿匾额
"健康长寿，逢凶化吉"的祝愿，对此似乎有所印证。

其二，关于"康疆逢吉"贺匾。铁峰《萧红传》载有：

> 黑龙江省剿匪总司令、东北陆军十二旅中将旅长马占山和上校骑兵
> 团长王廷兰，以及呼兰县知事廖飞鹏等亲赴张宅为祖父祝寿。马占山还
> 赠送一块亲笔题词的"康疆逢吉"的大匾，真可谓荣幸之至。呼兰县大
> 小官员与富商，都纷纷到张宅为老太爷送礼祝寿。
>
> 这一天，张家是贵客盈门，高朋满座，热闹非凡。在寿宴上，由王
> 廷兰动议，马占山、廖飞鹏等赞同，大家公议，决定将萧红家住的"英
> 顺胡同"改名为"长寿胡同"。⑤

---

① 铁峰：《萧红传》，北方文艺出版社 1993 年版，第 49 页。
② 袁权：《从呼兰河到浅水湾：萧红全传》，中国青年出版社 2011 年版，第 13 页。
③ 叶君：《从异乡到异乡——萧红传》，中国社会科学出版社 2009 年版，第 45 页。
④ 季红真：《呼兰河的女儿：萧红全传》，现代出版社 2011 年版，第 103 页。
⑤ 铁峰：《萧红传》，北方文艺出版社 1993 年版，第 49—50 页。

　　这段言之凿凿的叙述，不知作者所据为何？不久，铁峰又将之录入由其撰写的《萧红生平事迹考》中。内容大同小异，只不过廖飞鹏由呼兰县知事，改为呼兰县长；而胡同更名动议者，由王廷兰改为马占山①。对照《东昌张氏宗谱书》所载"康疆逢吉"贺匾来源以及祝寿头面人物，铁峰此说可谓张冠李戴，甚至向壁虚构。试想，如果真有马占山、王廷兰等头面人物前来祝寿，宗谱书一定不会遗漏，而查考哈尔滨市人民政府地方志办公室网站所提供资料，得知廖飞鹏 1929 年 2 月任呼兰县长；而路克遵 1923 年 3 月任呼兰县长，1925 年 5 月离任，9 月复职，直至 1928 年 6 月离任。足见《东昌张氏宗谱书》记载之准确。铁峰之所以认定前来祝寿的呼兰县长是廖飞鹏，源于他将寿诞的日子误为 1929 年。当年张维祯周岁八十，据呼兰以至东北地区流传至今的风俗，为老人庆祝寿诞一般按虚岁，如果按虚岁，1928 年廖飞鹏还没有出任呼兰县长。值得注意的是，作为文物单位的萧红故居，近年复制了"康疆逢吉"匾，其文字说明便根据铁峰此说撰写，可谓谬误流传，无人查究。

　　另，哈尔滨市方志办网站提供资料显示，中央陆军骑兵第四旅旅长英顺于 1913 年驻防呼兰南大营，1916 年因故去职，1919 年复职，任黑龙江陆军第一混成旅旅长，兼全省清乡会办，仍驻呼兰。1921 年 6 月请假离职在家。英顺家住呼兰，老百姓俗称英旅馆或英公馆，现已拆毁，原址位于今呼兰师专附属中学。英公馆故址与萧红故居，不在同一条街上，按照铁峰的说法，呼兰张家所在街道原名为"英顺胡同"，实在非常令人生疑。再者，英顺当时在呼兰自然是最为显赫的人物，马占山 1925 年才被提升为旅长，1928 年任黑龙江省剿匪司令，驻呼兰南大营。即便 1927 年张维祯八十寿诞时，英顺已经不在人世，马占山或王廷兰似乎也不太可能为了显示对张老爷子的敬意，而贸然将"英顺胡同"改为"长寿胡同。"况且，张家似乎也没有什么值得这些军界炙手可热的人物如此攀附的资本。查《东昌张氏宗谱书》所载萧红胞弟张秀珂住处，明确写道："呼兰县龙王庙前长寿胡同。"这无疑是当时呼兰张家所在的准确地址。张秀珂出生于 1916 年，《东昌张氏宗谱书》修

---

　　① 铁峰：《萧红生平事迹考》，萧红著《萧红全集·下》，哈尔滨出版社 1998 年版，第 1423 页。

撰于 1935 年，呼兰张家所在地，或许一直名为"长寿胡同"，或许后来更为
此名。但是，由以上分析来看，铁峰所谓"英顺胡同"因张维祯八十寿诞改
为"长寿胡同"的可能性实在极低。我认为，呼兰张家住址应该一直名为
"长寿胡同"。因为按照宗谱书所载张维祯八十寿诞的情况，与马占山、王廷
兰等没有任何瓜葛，所谓赠匾、改名之类就是出于臆造。几十年来，萧红传
记研究，一些说法辗转因袭，以讹传讹者甚多，极为荒谬。稍作查究，铁峰
说法漏洞百出，近乎编造，但由于他较早从事萧红传记研究，此说对后来的
萧红传记作者影响极大，纷纷采信，如叶君、章海宁、季红真等。而这一说
法，也更决定了另一更大谬误的生成，那就是萧红与王廷兰儿子的婚约。后
文再作分析。

在萧红短促一生中，祖父是极其重要的人物；而和祖父在一起的后花园
时光，也是她一生少有的快乐时光。萧红在生命后期将之定格在巅峰之作
《呼兰河传》里。1936 年 12 月，成名于上海不久，萧红在一篇自述性文字
里郑重说到，是祖父让她知道人生除了"冰冷和憎恶"还有"温暖和爱"，
并对其"怀着永久的憧憬和追求"①。而稍早，她在文章里谈道："我若死掉
祖父，就死掉我一生最重要的一个人，好像他死了就把人间一切'爱'和
'温暖'带得空空虚虚。"②

一个有意思的现象是，张明贵的四个亲生儿子张玺、张殿、张弼、张
绍，以及养子张霖，都是独子单传，分别是维翰、维祺、维祯、维岳、维
藩。而张氏家族后续中兴，落在张维岳这一支脉上。

张绍之子张维岳，字镇中，"维"字辈排行第十四，生于咸丰十一年
（1861）五月十二日，卒于宣统二年（1910）七月初七日，年仅 49 岁。前妻
王氏生于咸丰七年（1857）三月十七日，卒于光绪十六年（1890）四月十
五日，年仅 35 岁；继室徐氏生于同治八年（1869）九月十一日，录入宗谱
时现年 67 岁。张维岳与王氏育有四子，分别是：廷冀、廷选、廷举、廷会；
与徐氏育有三子一女，分别是：廷禄、廷献、廷勋、廷宾。女儿张廷宾嫁给

---

① 萧红：《永久的憧憬和追求》，《萧红全集》第 4 卷，黑龙江大学出版社 2011 年版，第 166
页。

② 萧红：《祖父死了的时候》，《萧红全集》第 4 卷，黑龙江大学出版社 2011 年版，第 155 页。

了滨江本街杨氏。四十一岁弃世的张绍，子辈只有一人且同样英年早逝，却有七个孙子，可谓人丁兴旺。

张维岳自幼好学不倦，年满二十因父丧不得不中途辍学，在母亲指导下经理家务，独立支撑门户。深受中国传统教育熏染的张维岳，以儒家"仁义"思想作为立身之根本。父亲死后，他对母亲薛氏恪尽孝道，奉母命以行，可谓"纯仁至孝"。体态魁伟，沉默寡言，修身严谨，令人一望而生敬畏、不怒而威。虽然对待邻里以及族中晚辈极其宽厚，但张家子弟每每到他面前，难免惴惴不安，生怕有所放肆。张维岳29岁丧妻，王氏即萧红亲祖母，病逝后遗留弱子四人，长子年仅八岁，幼子尚不足月。自幼年到成年，丧父、丧妻，张维岳连遭不幸，命途坎坷，幸有母亲薛氏极力支持。丧妻不到五年，续娶徐氏，即萧红继祖母，也就是她在散文《夏夜》（1934年3月6、7日连载于哈尔滨《国际协报》副刊《国际公园》）里写到的祖母。

清朝末年，土地赋税沉重，生计越发艰难。每年除税赋外，还要向旗人东家交租，每到索租催粮之际，张维岳备尝艰窘，屡遭权势者白眼。但他从未因此受挫而意志萎顿，悉心扶植子孙，令他们刻苦向上。后因"特殊事故致气成疾"，以49岁之壮年，病殁于宣统二年七月七日中午。至于，什么"特殊事故"，宗谱书亦语焉不详。张维岳逝后，继配夫人徐氏独立支撑门户，仍以先夫志向教育七子一女，虽年近七旬仍身体康健，每天早睡早起，家中事务躬亲操作。

从张绍到张维岳，父子两代，都没有逃脱不及五十而英年早逝之宿命，但幸亏有薛氏、徐氏这样独当一面的能干女性持家守业，以致在张氏家族第五代中，这一支脉仍然人丁兴旺，而且子女多有所作为。在张氏家族的整体颓势之下，实在足资告慰先人。这一切自然与克勤克俭的男性背后，那谨慎持家的女性分不开。同时，子辈经历父辈早逝的苦难，大都能够刻苦自励，奋发向上。这也是张绍以下父子三代共同的命运，他们是萧红的父辈、祖辈、曾祖辈。萧红就传承下这样一支家族血脉。

关东张氏家族第五代范"廷"字，同宗兄弟共三十人。迁延至此，家业基本呈现江河日下之态。自然，除人为因素亦是时代变故使然。"廷"字辈中，能够继续创业者已然鲜见，大多守着祖产过活。生活态度上，比起上一代更加萎顿。宗谱书里常常出现诸如"与世无争，求享清福"（张廷芝）、"幼读诗书数年，不思进取"（张廷彦）、"嗜酒纵性，办事独断独行，不恤人言"（张廷贵）等不一而足的负面评价。

在如此家族背景之下，张维岳诸子历经幼年丧母、刚刚成年又丧父的苦难，过早备尝守业之艰辛，加以严厉的家教，而显得出类拔萃，在福昌号屯过着一份富足而奋发向上的生活，子女大多接受了在当时来说良好的教育，因而，张氏家族这一支脉倒显中兴之象。

张维岳长子，即萧红大伯父张廷蕡，字尧阶，生于光绪八年（1882）十一月二十日，与妻子孔氏（生于光绪五年六月初六）育有两男即秀琦、秀琨，两女即秀珍、秀珠。二女儿张秀珠毕业于东省特别区第二女子中学，长女出嫁滨江本街蓝氏。

张廷蕡求知欲非常强，自幼熟读诗书，对所学知识颇有心得。身材魁梧，仪容端方，举止庄严，望之凛凛然有正气。除知识丰富外，张廷蕡还多才多艺，喜欢围猎，好骑马、打枪，对音乐亦颇为精通，能演奏多种乐器，大有山林隐逸者的风范。无心功名，视宦途如河海，无意于是。而且，萧红少时所崇拜的这位大伯父还精通俄语，时有侠义之举。

作为家庭长子，张廷蕡继承了祖辈、父辈锐意进取的精神，不愿刻意守成，于民国二年（1913）31岁时只身前往拜泉县贞字四甲十二井开荒垦殖扩展家业。一去二十余年，备尝艰辛。虽久经磨砺，但胆略不曾稍挫，走南闯北，见多识广，非常健谈。"九一八"事变前后，匪患严重，不堪滋扰，张廷蕡组织全家上下极力严防，令匪盗无从得手。他精力过人，抗击匪盗时，常常终夜不寐，白天仍聚三五知己高谈阔论，精神健旺。妻子孔氏，因随丈夫南北奔走，虽受劳碌之苦，但识见远在一般妇人之上，同样长于言谈。

张廷蕡每年都要从福昌号屯来呼兰住上一段时间，代萧红父理财管家。在萧红一生中，大伯父是对其产生较重要影响的人物。在早年散文《镀金的学说》里，详细述及与大伯父的相处以及内心感受。文章开头便说："我的伯伯，他是我童年唯一崇拜的人物。他说起话来，有宏亮的声音，并且他什么时候讲话总关于正理，至少那个时候我觉得他的话是严肃的，有条理的，千真万对的。"① 在其儿时记忆里"伯父最爱我"，每次来家，不忘带给她从北边乡村采集的榛子；及至年龄渐长，她觉得"伯父仍是爱我的"，"讲故事给我听"，"买小书给我看"；入高小之后，开始给她"讲古文了"。并且，当着族中男孩子面夸奖其聪明，胜过哥哥弟弟；进而"当着什么人都夸奖"她"心机灵快"②。更令萧红难忘的是，大约 14 岁听讲《吊古战场文》时，伯父自己被感动得有些声咽，而她"到后来竟哭了"，"深深感到战争的痛苦与残忍"③。

　　萧红还记述了伯父的严厉。15 岁那年，她参加邻居姐姐的婚宴回来，在后母面前颇为新娘遭到婆家羞辱、刁难不知反抗而气不忿，不无得意地说要换成是自己会如何如何。没想到，这话被隔壁的大伯父听到，喊过去深刻地上了一课："你不说假若是你吗？是你又怎么样？你比别人更糟糕，下回少说这一类话！小孩子学着夸大话，浅薄透了！……你想你总比别人高一倍吗？再不要夸口，夸口是最可耻，最没出息。" 受到伯父的严厉批评，萧红叙述道："我走进母亲的房里时，坐在炕沿，我弄着发辫，默不作声，脸部感到很烧很烧。以后我再不夸口了！"④ 萧红日后沉静、内秀的性格，或许与大伯父、父亲深入而威严家教分不开。联想其日后很大程度上因性格因素而酿成的人生悲剧，大伯父的这次教育多少是对其性格中某些悲剧性因素的洞见。事实上，后来每当面临重大人生抉择关口，萧红总觉得自己可以闯过，很少考虑选择的后果。然而，往往在不顾后果的自信中，更大的灾难已然在等着她。

　　高小毕业，萧红想到哈尔滨继续读中学的愿望遭到父亲、继母坚执反对。她将说服父亲的希望寄托在在她看来通情达理的大伯父身上，不想对方同样担心她到哈尔滨会学坏，"交男朋友"，而站在父亲一边。那一刻，萧红感到"伯父同父亲是没有什么区别，变成严凉的石块"⑤。成年后萧红与大

---

① 萧红:《萧红全集》第 4 卷，黑龙江大学出版社 2011 年版，第 149 页。
② 同上书，第 152 页。
③ 同上书，第 150 页。
④ 同上。
⑤ 同上书，第 152 页。

伯父的隔阂大约由此产生。1931 年春至十月间，她被软禁于福昌号屯腰院张家。据 1931 年出生于福昌号屯腰院张家的张秀琰老先生介绍，当时福昌号屯虽然由其父张廷选当家，大伯父张廷蕡不多参与家政，但长兄如父，其威信颇高。而一向脾气暴躁的张廷蕡，此时患有轻度的神经病，面对侄女的种种"忤逆"之举，经常扬言要在家族内部将其弄死了事。为了逃避大伯父的毒打，萧红只好躲在"老婶"（七婶）房里不敢出门。在这种情况下，老婶和姑姑担心她真的遭遇不测，便将她藏在往阿城送大白菜的车子里逃出。20 岁的萧红从此彻底切断与家族的联系，走上一条不归路。[1]

二伯父张廷选，字阁臣，生于光绪十年（1884）九月初二日，与前妻李氏（生于光绪十年，卒于民国八年，终年 36 岁）育有两男即秀瑢、秀琳（出继四叔张廷会），一女秀珉，卒业于东省特别区第一女子中学高师，嫁给阿城县王乡约屯王氏。李氏亡故后，续娶王氏（生于光绪二十四年二月），育有一子秀琰，两女即秀瑗、秀玢。

张廷选幼时曾进学读书，幼年丧母，刚刚成年丧父。因重大家庭变故不得不辍学经理家务。虽然家业已呈衰败之势，但是经其精心操持，仍保持小康。经营家业之余，张廷选仍不忘读书，记忆力超群，所阅之书都能记住来龙去脉。对待兄弟他极力提携，而对子侄辈则严加教管从不懈怠。因此，家庭内外无不敬畏，子侄辈每到面前心常凛凛。

福昌号屯腰院张家之所以由张廷选主持家政，源于他有胆有识，遇事沉着，处变不惊。"九一八"事变后，整个东北局势变得复杂、严峻，民生凋敝，匪患猖獗，乡下不时受到兵匪滋扰。1932 年岁末，大量从前线撤退下来的士兵过境，三天三夜在张家宅院附近滞留的士兵多达万余人。张廷选率领众兄弟沉着应对，不仅使得家宅得以保全，免遭蹂躏，而且周围乡邻亦免受滋扰。

萧红四叔张廷会，字百川，生于光绪十六年（1890）三月二十二日，与妻子孙氏（生于光绪十四年十一月）育有一女：秀琴，毕业于东省特别区第一女子中学高师；一男：秀瑜，承继张廷选次子秀琳。

---

① 叶君：《从异乡到异乡——萧红传》，中国社会科学出版社 2009 年版，第 60 页。

张廷会出生仅 22 天丧母，刚满二十丧父，不得不废学转而经理家业。但他酷爱读书，工余手不释卷，稍有闲暇舞文弄墨，通过自学粗通文史。为人和蔼可亲，体上恤下，大凡疑难之事一经其手无不迎刃而解，亲戚、乡党对他都非常器重。张廷会对家族公事非常热心，为《东昌张氏宗谱书》创修者。经其动议，并且朝夕编纂，各方搜罗资料，终于 1935 年 8 月成书。这是张氏族人完成的一桩盛举。

张廷会胆识谋略同样超群。伪满大同元年（1932），兵匪四处逞凶，地方混乱不堪，暗无天日。阿城一带刀匪气焰格外嚣张，当时，诸长兄均不在家，主事重任自然落在他身上。情势危急，张廷会率领诸弟日夜维持，多方周旋，联合村内各户严防死守。最后，胡匪不敢贸然来犯，敛迹而去，危机得以化解。遭遇危难，张廷会常对人说，乱到极点必得大治，大家应该以正义面对邪恶，只要坚守祖宗所传下的伦理道德，大家团结一心，没有不可维持的局面。他以自己的理念劝导村中青年不可胡作非为，等到云消雾散必然得见天日。不久，地方上有人出面作为首领团结民众，并与哈尔滨维护地方治安当局联合在一起，平了刀匪，后又扫荡了马贼。福昌号屯得以重归平静安宁。相比之下，外村青年因一时迷误，有家不能回的非常之多。因此，福昌号屯住户无不感戴张廷会的恩德与卓见，声名远播。值得一提的是，福昌号屯遭兵匪袭扰之时，萧红正被软禁于此，其日后创作《夜风》等小说就取材于这段生活经历。

五叔张廷禄，字百泉，生于光绪二十四年（1898）二月十六日，与妻子萧氏（生于光绪二十一年三月）育有两女：秀瑛、秀芝。张廷禄出生时面带黑痣，幼年失学，仅粗识文字，但心机灵巧，喜欢打猎，钻研枪械以及其他机械构件，几乎无师自通。张家人觉得，如果有机会进入学校深入研究理化，他或许前途未可限量。张廷禄生性温和，对村中人有求必应，人缘极佳。

张廷献，字百琛，是张维岳第六子，亦即萧红六叔，生于光绪二十六年（1900）正月二十三日，1928 年毕业于北平民国大学教育系，旋即出任东省特别区小学教员，后又出任几处税捐分局局长。"九一八"事变后，东北地区匪盗风起，地方局面混乱，张家产业遭到极大威胁。为此，张廷献辞去税差职务，只身返乡组织自卫团。当时刀匪猖獗，四处蔓延，势不可挡。1932年7月12日，张廷献亲自督率阿城县三区二甲青壮年阻击匪盗。振臂一呼，四方响应，经过不屈抵抗，不到两月刀匪的嚣张气焰就已然收敛，家业转危为安。

不久，刀匪趁军队调转过境之机，又对地方造成新滋扰，而胡匪又趁势而起。张家产业再遭巨大威胁。张廷献于是又率领自行组织的自卫武装搜捕胡匪，清剿、安抚并施。1934年，胡匪得以平复，地方重获安宁。每次剿匪，张廷献都身先士卒，胆识超群，刚毅果敢。匪患平复后，张廷献出任阿城第三区保长。

张廷献个人的家庭遭遇颇为不幸。原配夫人王璩环生于光绪二十三年（1897）十月初四日，逝于伪满大同二年（1934）九月十三日，年仅37岁，遗下一子：秀璠。伪满康德元年（1934），续娶双城女子邵桂贞。邵氏字松年，生于光绪三十年（1904）二月十一日，卒业于吉林女子师范本科，历任吉林双城、安达等地小学教员，十余年间成绩突出，在同事、学生中享有美誉。伪满康德二年（1936）春季，邵桂贞奉调哈尔滨正阳河初高两级小学校。于是租住于哈尔滨道里区第十一道街，张秀璠亦随晚母在哈尔滨就读。张廷献因公、因私时常往来于哈尔滨、阿城之间，夫妇二人连同幼子过着平静而美满的生活。

不想，端午节前一天，邵氏朋友洪夫人和马女士前来赠送节日礼物，谈笑间不慎误将一汽油瓶触地摔碎，汽油洒出，恰遇邵氏点烟款客，瞬间引发大火，连同秀璠一共四人均被严重烧伤。被人救出后，用汽车送到医院抢救，张秀璠、邵氏还有马女士均因伤重不治，邵氏年仅32岁，而秀璠年仅14岁。孩子少年老成，言语行动俨然成人。噩耗传来，整个张氏家族震惊不已。邵氏嫁至张家，不满十一个月，虽然接受了新式教育，但待人接物谨守妇道，相夫教子，堪称贤妻良母。弃世不久，张廷献续娶吉林女子师范学校学生李华卿。

萧红七叔张廷勋，生于光绪三十三年（1907）十一月十八日，妻子王氏生于宣统二年（1910）四月十一日，育有两子：秀珩、秀璟。张廷勋自幼患耳疾，有听力障碍，但较一般聋哑人轻，曾入新式学堂读书，只是无心向学。在阿城县省立第三师范学校卒业后，居家经理农事，但对务农毫无兴趣，后又在福昌号屯经商。张廷勋喜好鞍马，有时间就骑马游玩，尤其喜欢围猎，枪法纯熟。土改运动中，因其游手好闲而在工作队领导的"斗地主"运动中被打死。

由此可以看出，萧红父辈同胞兄弟四人，均在幼年丧母、丧父的困境中历炼而出，稍长，通过自学或正式入学接受传统文化熏染，注重自身修养，对子女家教严厉，思想上也存在某种程度的保守倾向。六叔则在北平接受新式大学教育，开启了张家子弟追求文化知识的新时代。而"秀"字辈子弟则因家境富裕，父辈又充分认识到读书的重要性，所以无论男女，进入新式学堂读书者非常之多。萧红在张维岳这一张氏支脉"秀"字辈排行第二，族中子弟大多称其"二姐"。她就出生于这样一种苦难与安乐相继，保守与开放交替的家族背景之下。与其他终身系于乡土的关东大小地主不同，萧红父辈就已然走出福昌号屯高大宽厚的围墙，了解外面的世界，意识到知识的重要性。另一方面，这代人所经历的苦难，却又让他们始终保持着一份刻苦向上的生活态度，无论自身修持还是对子女的教育大多相对保守。这一点在萧红父张廷举身上体现得尤为明显。然而，"秀"字辈对外面世界的了解已经势不可挡，在一种本源性的意义上，注定了萧红与父亲的矛盾。而父女俩都承继了家族那一旦认定，便不轻易放手的执著，无论对于萧红还是张廷举而言，悲剧性因素似乎就此埋下。

三 父母、生日及名字

萧红生父张廷举，是张维岳第三子，生于光绪十四年（1888）四月十二日，1960年病逝于沈阳。萧红生母姜玉兰生于光绪十一年（1885），卒于民国八年（1919）闰七月初二日，年仅34岁。张廷举与姜玉兰育有一女，即萧红；一男，即萧红胞弟张秀珂。姜玉兰逝后，张廷举续娶梁亚兰（生于光绪二十三年十二月），育有三男：秀玦、秀琢、秀琬；两女：秀玲、秀珑。张廷举三岁丧母，幸得祖母薛氏和继母徐氏悉心抚养，十二岁出继堂伯父张维祯，养父给他改字"选三"，意指在堂弟张维岳诸子中，选中老三为养子之意。张廷举性情温厚平和，平生没有不良嗜好，不沾烟酒。出继前在阿城县读小学，到呼兰后，养母范氏认为读书无用枉费钱财，想让他辍学学习务农经商，理财管家，但他执意不肯。张维祯不忍违拗其意愿，就先送他到私塾继续学习，而后，送至位于省城卜奎（即今齐齐哈尔市）的省立高等小学深造。

1906 年，张廷举毕业于省立高等小学堂，因考试成绩优异奖励廪生，而后进入省立优级师范学堂，毕业时获奖励师范科举人，中书科中书衔，时年 21岁。旋即分配到汤原县任农业学堂教员，兼任实业局劝业员。婚后，张廷举辞去汤原公职返乡，任呼兰县农工学堂教员兼改良私塾总教员。1911 年，辛亥革命爆发，张廷举受时代感召思想比较激进，成为呼兰城著名的革新人物，出任过小学校长、通俗出版社社长、义务教育委员会委员长等职。1928 年 6 月出任呼兰县教育局长，一年后升任省教育厅秘书。萧红出走北平，他因教子无方被革去省教育厅秘书职务，到巴彦任县教育局督学，兼清乡局助理员。1945 年 8月，日本投降，呼兰成立伪光复委员会，张廷举被推举为副委员长。土改运动中，他因积极拥护人民政府和土改政策，支持儿女参军，被呼兰县人民政府确认为开明绅士。1946 年 4 月参加松江省人民代表大会。

张廷举对创修《东昌张氏宗谱书》功不可没。据谱书记载，他"鉴于族人日繁，散居各地，年久恐失联络不相认识，不知行辈，特于民国十二年编定宗谱二十字，与呼兰地方官绅名人考订而成，分寄各族自四世之下以为班次，亦可谓有功于吾族者矣！"值得注意的是，张廷举虽然出继呼兰并成家立业，但他与福昌号众兄弟并未分家，来往密切，逢年过节，福昌号派车往呼兰送粮、送肉。① 据其任职呼兰县教育局长期间同事回忆，张"忠厚老实，待人诚恳，谦虚严谨；平时，不好结交俗人，寡言少语……不攀龙附凤，不阿谀取悦，落落寡合"②。而在张家老邻居看来，萧红的离家出走"主要是和她父亲在思想上合不来，想不到一块儿去，这样一来二去父女间弄得很生"③。性格上，据张家族人日后回忆，张廷举和萧红都是一样倔强，

———————

①　王化钰：《萧红生父张廷举其人其事》，孙茂山主编《萧红身世考》，哈尔滨出版社 2003 年版，第 147 页。

②　同上书，第 148 页。

③　同上书，第 162 页。

都有一副牛脾气①。

萧红生母姜玉兰出生于呼兰城西北四十五里处姜家窝棚屯一个教书先生家庭。父亲姜文选生于 1859 年，自幼习读诗书，聪明好学，学业极佳。曾在呼兰经考试合格两度赴船厂（现吉林市）参加科举考试，可惜不中，后无心猎取功名便在家乡设馆授徒，成为地方上的博学之士，名望极高。呼兰、巴彦两县学生大多就读其门下，人称"姜大先生"。民国初年被选为省议员。

1885 年，姜文选 26 岁时与七家子一任姓女子结婚，次年生下长女姜玉兰。姜玉兰出生时，祖辈同胞兄弟 5 人，父辈同宗兄弟 11 人在一起生活。家大口众，广置田产，家族日渐隆盛。姜玉兰之后，又一连有三个妹妹和一个弟弟出世，分别是姜玉环（1889）、姜玉凤（1891）、姜玉英（1894）、姜俊武（1898）。

萧红四姨姜玉英出生时，姜家拥有土地近二百垧，成员 30 多口。随着财富的积累和人丁的添加，家庭矛盾亦日趋激烈。姜玉兰 10 岁那年，家族开始分崩离析，按照祖父辈将家产一分为五。姜家姐弟五人，都曾先后从父读书，但每个人的天资和态度差异很大。问及当时情形，时年 92 岁的姜玉凤回忆说："我们五个念书，就数大姐心灵，一说就会，父亲也最喜欢她，常对我们几个小的说'你们几个，谁也赶不上你大姐'。二姐姜玉环最笨，一摸书脑袋就痛，可人厉害，凡事我们都得让她三分。"②

姜玉兰 15 岁那年，其父又购进土地五十多垧，连同分家所得，共计有土地约一百二十垧。十口之家靠地租过着十分优裕的生活。次年，姜玉兰就能识文断字，接着她边从父读书，边跟随母亲学习刺绣。随着家业步入鼎盛，姜家子弟又都接受到了比较好的教育，在当地人眼里，姜家是遭人眼羡的"诗书名门"。四个女儿自然成了"名门千金"，登门求亲者甚众。四姐妹中，姜文选尤其看重大女儿姜玉兰，一心一意想开门好亲，直到二女儿已经出嫁，还没有选到令其满意的大女婿。

姜家选中张廷举做大女婿，颇具戏剧性。

---

① 叶君：《从异乡到异乡——萧红传》，中国社会科学出版社 2009 年版，第 27 页。

② 姜德坤：《萧红的母亲——萧红童年生活片段序》，孙茂山主编《萧红身世考》，哈尔滨出版社 2003 年版，第 48 页。

据姜玉凤回忆，萧红祖母范氏，似乎早在姜玉兰19岁那年就托人向姜家初次提媒。大致情形是，1900年跑毛子，呼兰城内不少人躲至乡下。邻村麻家围子屯（姜家窝棚西屯，相距不过三里地）李大爷是姜玉兰太奶奶所认的娘家孙子，他家就接纳过呼兰张家。战乱结束后不几年，李大爷就上门提亲，利用与姜家的特殊关系，极力将姜玉兰保媒给呼兰张家。姜文选当时之所以没有答应这门亲事，一来在于对张家不了解；二来觉得女儿只有19岁。一旦订婚，人家要娶不能不让；而让娶的话，他又觉得像自己这样的高门大户，闺女出嫁早，会让旁人笑话。于是，张家提亲之事就被搁下。

提亲受挫，范氏心有不甘。为明了姜大先生的真实心理，摸清他到底要为女儿找个什么样的人家，特托人向姜玉兰父亲打听。姜大先生明确说一定要"门当户对，人能读书"。底细摸清，范氏底气十足。张、姜两家家业自然十分登对，而在读书进学方面，养子张廷举更是无可挑剔。她倒是想亲眼见见姜大先生视为宝贝的长女是个什么样子，一直想有个亲自相看之机。

不久，西营子屯宋六的姐夫范老万在呼兰城内做买卖。同姓范，便与范氏认成一家子。1908年，即姜玉兰23岁那年正月初二日，宋六之子娶亲，范老万和范氏都来乡下喝喜酒。席间，宋六和李大爷又将前次搁下的到姜家提亲话题提起。一心惦记着养子婚事的范氏便借故到姜家看人。看完后非常中意姜家家境，对姜玉兰不仅能识文断字而且针线也好，更是欣喜不已。返回呼兰就托宋六到姜家正式提亲。

姜文选从保媒者口中得知张家亦是高门大户，儿子又在省城念书，觉得非常合适。旋即和妹夫即姜玉兰姑夫中医傅八先生赶到呼兰相看。张廷举在卜奎念书，虽没有见到本人，但仅看相片就十分满意。紧接着，按照当时风俗，张家派张廷选和宋六给姜家送去了裹脚布和装烟钱。当年冬月，张、姜两家的儿女婚事就完全订妥。

1909年8月，张廷举、姜玉兰择定吉日完婚。当天下着大雨，姜家用两辆由炕席搭成的篷车送亲，队伍一共二十余人，包括姜玉兰姑夫傅八先生、七叔姜文喜、十叔姜文科、老叔姜文举、堂弟姜福贵、三妹姜玉凤、四妹姜玉英，以及堂姐"改子"、堂妹"领子"等。19岁就出嫁的姜玉环因在家坐月子，没能出席姐姐的婚礼。当晚，张家安排送亲队伍在王家店住了一夜，第二天是正日子。完婚当日仍在下雨，响时放晴，张廷举、姜玉兰趁机在亲友的祝福中拜完天地。张、姜两家婚礼，给众亲友留下了深刻记忆，除了婚宴之豪华，更有那两天的大雨。几十年后，姜家姐妹忆及大姐婚礼仍清晰如昨。

　　张家大院坐落在呼兰城南关龙王庙前长寿胡同。这座典型满清风格的北方院落建造于光绪三十四年（1908），张廷举、姜玉兰完婚时，工程尚未完全竣工。整座宅院占地七千多平方米，共有房舍 30 余间，分东西两部分。西院是张家库房和佃户居所，后来出租给一些做小生意的穷人。张家人自己居住的东院有五间正房，外加三间东厢房，正房后面是一个近两千平方米的后花园。五间正房为青砖青瓦土木结构，正中一间是厨房，前后门进出。前门是两扇对开格式的苏州门，但已分明显出北方风格；后门为对开的北方式木制门。整座院落透露出晚清北方小康之家的气派，殷实、安宁而富足。姜玉兰嫁到张家前，张维祯夫妇已经入住西头两间。婚后，本来应该按照"东大西小"之格局住居，但因张维祯夫妇不愿搬动，张廷举小两口就住进了东外间。

　　在姜玉兰眼中，老公公纯然是一个只求闲适不愿理事的殷实老者，为人老实，不会管家，终日手拿烟袋在院子里闲逛。而丈夫婚后教书，多半时间在外，亦无暇理家；婆婆范氏却是一把管财理家的好手，精明能干。姜玉凤面对访谈者谈起大姐的老婆婆，常常禁不住说："她老婆婆神神道道的，可神通了。"[1] 足见范氏精明能干给人印象之深。姜玉兰在家孝父母，出嫁敬公婆，深得张维祯夫妇欢心。晚上无论多晚如果公公婆婆不睡下，她就不躺下。夜里帮忙铺被子，早晨主动叠被子，天天如此。范氏悉心传授儿媳管家理财、应付人情之道。亲戚家有事，将她带在身边，学会应对场面。

　　1911 年，萧红出生在呼兰张家大院东边第一间炕头上。范氏基于乡土中国的普遍心理，冀望往后日子越来越好，荣华富贵不断，给诞生不久的长孙女起乳名"荣华"，亦唤作"荣华子"；三年后出生的长孙，便乳名"富贵"，只是不足两岁便不幸夭亡。除乳名外，按照宗谱书第六代范"秀"

---

　　① 王化钰：《采访萧红亲三姨——92 岁老人姜玉凤》，孙茂山主编《萧红身世考》，哈尔滨出版社 2003 年版，第 59 页。

字，且名字第三字都带有"王"旁，萧红大名"张秀环"。

据周围朋友回忆，萧红给人总体印象"不轻易谈笑，不轻易谈自己，也不轻易暴露自己的内心"[①]。这种性格很大程度上影响到人们对其身世的了解，甚至，一些最基本的信息亦变得扑朔迷离，比如生日。萧红到底生在哪一天，至今仍难定论。

关于萧红生日，有很多种说法。其中影响较大的有两种：其一是1911年6月1日（农历五月初五即端午节，当地称"五月节"）；其二是1911年6月2日（农历五月初六）。也有人撰文说是1911年6月2日，但将这天认定为农历端午节[②]。这显然有误，从万年历可以推知1911年的端午节是6月1日。然而，在端午节和6月2日之间，更有一种极为深入人心的折衷说法。那就是，萧红实际生于端午节，但呼兰本地风俗，认为端午节出生的孩子不吉利，于是就"往后串一天"，即五月初六日，也就是6月2日。

"端午节生孩子不吉利"之说，最早或许出自端木蕻良。20世纪50年代，他撰文指出"萧红同志，生于1911年。她出生的那一天，实际是端阳节。在旧中国人们都认为生在这一天是不祥的，所以要错开它，说她是阴历五月初八生的"[③]。此后，姜德明大约基于此加以引申、补充，强调"她（萧红）一生下来便受到家人的诅咒，因为按照旧时迷信的说法，端阳节生下的孩子是不吉祥的。因此，萧红连生日的自由都没有，她从小就被人们指定推迟三天出世，硬说生日是五月初八"[④]。此说虽全然拿不出任何证据但影响甚大，得到很多人呼应。很显然，这也成了萧红自一出生便遭遇不公平对待的有力证据之一，助长了人们日后对其幼时苦难的想象。

也就是说，萧红生日有一个公开的日子，亦即规避不吉利的日子，普遍认为是端午节的后一天（说端午节后第三天的只有端木蕻良和姜德明）；实际上她生于端午节，只是因忌讳而成了不能公开的"秘密"。然而，呼兰本地学者王化钰撰文指出，在呼兰从未有端午节生孩子不吉祥之说。或许，在

---

　　① 李洁吾：《萧红在北京的时候》，章海宁主编《萧红印象·记忆》，黑龙江大学出版社2011年版，第155页。

　　② 肖凤：《悲情女作家萧红》，文化艺术出版社2004年版，第5页。

　　③ 端木蕻良：《纪念萧红，向党致敬!》，《广州日报》1957年8月16日。

　　④ 姜德明：《鲁迅与萧红》，《新文学史料》第4辑（1978年8月）。

潜意识里，人们在为萧红生于五月节而在不经意地寻找合理的说词。近年，关于"不吉利"又另有新说。端木蕻良侄子曹革成援引萧红小姨梁静之回忆说："在当时，呼兰的老人们中有传说，男莫占三、六、九，女莫占二、五、八，说是女孩五月初五出生，很不吉利，所以萧红家人就说她是五月初六出生的。"① 不过，东北地区至今确乎流传此说。

出生于五月节，或许在呼兰当地人看来，确实是一种比较特殊的诞生，亦似乎暗示萧红甫一出世就如此不平凡，于是敷衍出种种说法就不足为奇。但是，端木蕻良是萧红生命后期最为亲密的人，对萧红身世信息的了解，比起他人自然更其充分、便利，其书面表述理当看重。而且，端木蕻良的文章发表时间离萧红弃世最近，就现有材料来看，是关于萧红具体出生日期的首度公开谈论。综合这些因素，端木蕻良明确说萧红出生在端午节，应该还是足资采信。因而，本书倾向认定萧红出生在 1911 年 6 月 1 日，旧历端午节。

在 20 世纪 50 年代就开始着手萧红研究的学者铁峰，一度坚持"端午节后一天"即"6 月 2 日说"。原因在于，他 1960 年秋寻访到张廷举老友于兴阁，对方说数月前张从呼兰返回沈阳途经哈尔滨，两人喝酒时，亲耳听萧红父说女儿是"宣统三年五月初六生人"②。此后，他找与萧红生前关系最好的堂妹张秀珉核实，对方"也恍惚记得是五月节的后一天，但不敢说准"③。据此，铁峰在《萧红传略》《萧红文学之路》等著述里，将萧红生日定为 6 月 2 日，如"清宣统三年五月初六，即 1919 年 6 月 2 日，萧红便在这个家庭里降生了"④。但是，两年后他在《萧红传》开头又明确指出："萧红出生在中国半封建半殖民地社会的新旧交错的时代。清宣统三年五月初五，即公元 1911 年 6 月 1 日"，并对此作注："本传根据萧红故居主任孙延林先生建议，采用《呼兰县志》的说法。"⑤ 可见，铁峰对自己所持看法亦不十分肯

---

① 曹革成：《我的姊姊萧红》，时代文艺出版社 2005 年版，第 4 页。

② 铁峰：《萧红生平事迹考》，萧红著《萧红全集·下》，哈尔滨出版社 1998 年版，第 1396 页。

③ 同上书，第 1397 页。

④ 铁峰：《萧红文学之路》，哈尔滨出版社 1991 年版，第 8 页。

⑤ 铁峰：《萧红传》，北方文艺出版社 1993 年版，第 1 页。

定，同样认为"萧红的生日究竟是哪一天，至今仍是个谜"①。

6 岁那年，萧红跟随母亲回娘家省亲，适逢二姨也在。当姜玉环得知外甥女大名"张秀环"，执意要姐姐给女儿改名。按照东北民间风俗，不同辈分的人，名字不能同字，碰到一起就是犯忌讳。"张秀环"和"姜玉环"犯了"环"字之忌。姜玉兰于是让父亲给女儿更名为"张廼莹"。

张廼莹这个名字，虽然脱开了张氏族谱的规约，但毕竟是硕学的外祖父所赐，所以得到了张家人的认可。当然，也可能因为是女孩之故，名字的家族特征没有像男孩那样重要。《东昌张氏宗谱书》至第五代才录入户主女儿名字，并夫家姓氏、地点以及毕业学校等信息，生卒年月则一概没有。五代以上，连名字都没有，只有夫家信息。童稚的张秀环自然不会想到，名字的修改似乎已然宿命般暗示，她在这个家族中将会成为一个异类。在张氏家族第六代齐整的名字行列中，"张廼莹"显得那么特别。联想张秀环日后命运，这是否是一个天意巧合？"张廼莹"这个名字伴随萧红从小学到中学的求学历程，后来渐渐被"萧红"所替代。其后，世人只知创作《生死场》、《呼兰河传》的"萧红"，鲜有人知其原名"张廼莹"，更不用说"张秀环"。

关于萧红幼时彰显家族特征的名字被改易，日后有人基于"张乃莹"作出一些附会性解释：乃，是秀的下半部；环，本为"带孔之玉"，《论语》中有"如玉之莹"之句。"乃莹"显示在改动中分别保有原名一半的字形和全部的意义，足见饱学的外祖父在给张秀环重新命名时的用心。此说被一些萧红传记作者采信②。实际上，张秀环被改后的名字是"张廼莹"而非"张乃莹"，这从解放前关于萧红的一些资料可以确证，足见以上说法为附会、生发性阐释，不足为据。

四　身世之"谜"

1978 年 8、9 月间，萧军辑存、整理自己所保存的一批萧红书简，并对

---

①　铁峰：《萧红生平事迹考》，萧红著《萧红全集·下》，哈尔滨出版社 1998 年版，第 1397 页。

②　叶君：《从异乡到异乡——萧红传》，中国社会科学出版社 2009 年版，第 7 页。

每封信加以注释。期间，这批萧红原信连带萧军注释在《新文学史料》上陆续刊出。9 月 1 日，在注释第 13 信时，萧军谈到萧红胞弟张秀珂曾疑心张廷举不是他和姐姐的亲生父亲，而是生母与雇主张廷举发生性关系后，伙同对方谋害了自己的丈夫，然后带着姐姐和自己来到张家，并改姓张。张秀珂于20 世纪 40 年代东北土改前夕告诉萧军其内心所生怀疑，事隔三十多年，萧军对这一问题"考证了又考证"，最后认定其所疑之事是"可能的"①。

注释中，萧军言之凿凿地说道：

> 张秀珂疑心以至确定他现在的父亲张选三并不是他和萧红真正的、亲生的父亲。这就是使他的精神造成如此混乱的状态的主要原因之一。据他的说法——而且有证可据，他真正的父亲可能是个贫雇农的成分，他的母亲因为和张选三有了"关系"，把他们的生父给谋害了，而后带领他和姐姐——那时全很小——就名正言顺地嫁到张家来。张家是呼兰县城头等的大地主，既有财，又有势……有谁肯于或敢于追查这件事呢？这很近于"公案"小说中的"谋妻害命"的故事。这类故事就是当时在那样现实社会中，也完全可以出现的，更何况属于地主恶霸阶级群队中？②

接着，萧军更其自信地提供"可靠的第一手材料为根据"，那便是在 20 世纪 30 年代初，萧红曾向他述及父亲对地户的残忍、伪善，以致"所表现的近于兽类的、乱伦的行径"③。萧红所提供的素材被萧军写进 1933 年在《国际协报》连载的小说《涓涓》。然而，这次旧事重提，他十分确定地说："从她述说她父亲张选三对于她曾经表现出企图乱伦的丑恶行径，这可证明后来张秀珂疑心张选三不是他们的生父——也可能就是谋害他们亲父的仇人！——是有根据的。"④

---

① 萧军：《萧红书简辑存注释录》，黑龙江人民出版社 1980 年版，第 46 页。
② 同上。
③ 同上书，第 47 页。
④ 同上。

以萧军的特殊身份和影响，加上原始信息的传出又源自萧红胞弟，因而，当年萧军的"爆料"无疑传出关于萧红身世的惊天秘密。萧军文字在《新文学史料》第 3 辑（1979 年 5 月）发表后，引起广泛关注。萧红父亲张廷举"霸妻害夫""奸女乱伦"的恶行恶德，自然是极其抓人眼球的话题。此说一出，令海内外对萧红有所关注的人们大为震惊，特别是萧红家乡呼兰。

萧军此说一出，马上得到陈隄、蒋锡金、方未艾等人响应、支持，并从不同侧面进行补充，使其更加完善可信。黑龙江大学教授陈隄撰文指出，萧红"1911 年 6 月 2 日（阴历五月五日）降生在呼兰一个贫农家里。这个贫农是呼兰城内官僚地主张选三的地户。她的母亲是个性情暴躁、脾气不太正常的人，对于她没有什么体贴、'慈爱'可言。她的母亲因为和张选三有了'关系'，把她和她弟弟张秀珂的生父谋害死了，而后带领着她、弟弟（那时全很小）嫁到张选三的家来。张选三便成了他们的继父"①。陈隄此说似乎由来已久。稍前，他模糊提及，萧红"从小死去父母，由继父继母培养"②。甚至更早，他在一篇散文中写道："萧红刚懂事时，他父亲原因不明地死去了。她母亲带着她姐弟二人生活无着，只好嫁给张选三。"③

由此可见，从 1978 年初到 1980 年上半年，从记人散文到学术论文，陈隄对萧红身世始终持有不同看法，而萧军那似乎经过"考证"后的结论公之于众之后，陈隄的观点就由含糊一变为言之凿凿，每次都添加一些新的内容，使其更加完备，但始终不能说出根据为何？萧军"爆料"后，陈隄在重复、强化萧军观点之外，又确定萧红生父是张家的地户（雇工），为萧红生母与张廷举接触提供可能。

同样，受萧军说法影响，东北师范大学教授蒋锡金也发表文章指出：

　　现在一般的传记都说萧红出生在黑龙江省呼兰县张姓地主家庭，事实恐怕并非如此。第一，萧红虽然大家都知道她原名张乃莹，这只是她

①　陈隄：《萧红评传》，《东北现代文学史料》1980 年第 2 辑。
②　陈隄：《萧红早期文学创作》，《黑龙江大学学报》1979 年第 1 期。
③　陈隄：《走向生活的第一步——记萧红之一》，《北方文学》1978 年第 1 期。

随母亲到了张家之后，随了张家的姓取的名。她原有自己的父亲，她姓什么，也许姓张，也许不姓张，我不知道，萧红本人生前大约也不知道，能够知道的人很少，能知道而现在还在世者恐怕也不多了。因此，她原来可能还有个什么小名，她自己大概也不知道，只有她死去了的自己的父亲能够知道。第二，她的母亲也并不是生了萧红以后很快就去世了的……萧红的母亲在丈夫死后，带了两个孤儿，进了张姓地主家，又有了这个父亲，所以这两个孤儿都姓了张。①

这段话主旨极其含糊、飘忽，原因显然就在于作者对自己的说法无法拿出确凿依据。结论明显来自萧军，是对其观点的转抄。然而，蒋锡金是萧红、萧军在武汉期间最为熟识的朋友之一，三人在一起共处了很长时间，他的话仅次于萧军，貌似也应该有较大权威性和可信度。

其间，萧红异母弟张秀琢力图有所澄清，指出"关于姐姐的身世，报刊上有的说她原来可能不姓张，他和弟弟是随着母亲一起到张家来的，这种说法与事实不符。还有的说，萧红的父亲对萧红的母亲系属逼婚，这就更荒谬可笑了"②。但是，这种声音在当时显得十分微弱，少有人关注。

面对有人以《东昌张氏宗谱书》以及萧红本人的作品为根据，证明姜玉兰是张廷举原配夫人，萧红是其亲生女儿的质疑，陈隄予以回应时强调：

家谱是后人修的，是对自己祖先的歌颂工具，反正家谱是留给后人看的，起到一点"慎终追远"的作用就行了，写的是真是假，也没有人去追究。萧红既然在张家生活过，家谱里写上她是完全可以理解的，但决不能据此断定她一定是张廷举的亲生女。萧红的生身母亲是否姜玉兰，也很难说。阔人的家谱，为了美化自己，往往搞出移花接木的把戏，比如萧红的生身母不是名门出身，被张廷举强占为妻，不入家谱而代之以所谓"千金小姐"的姜玉兰未尝不可。至于通过萧红的文学作品来断定萧红是张家后代，又是张廷举的亲生女，那可靠性还应考虑。不

① 蒋锡金：《萧红和她的〈呼兰河传〉》，《长春》1979 年第 5 期。
② 张秀琢：《重读〈呼兰河传〉回忆姐姐萧红》，《海燕》1979 年第 5 期。

错，文学作品，往往有作者自己的影子在内，郁达夫曾说过作品往往是作家的自叙传。但要知道，文学作品究竟是文学作品，它允许虚构与夸张，它和一个人的传记，在真实性、可靠性方面毕竟有所不同，我们决不能将萧红所写的文学作品就作为她的身世绝对可以信征的材料。利用家谱或者引述萧红作品，那都属于形式逻辑的范畴，是不足为训的。①

前文说过，实际上《东昌张氏宗谱书》并没有关于萧红的任何记载，可见陈隄当时并没有见过张氏宗谱书。而批驳"养女说"者，只是想以家谱证明，张廷举原配是姜玉兰，但陈隄对此也以自己的武断予以否认。既然家谱不可信，萧红的作品又"决不能""作为她的身世绝对可以信征的材料"，那么，陈隄认为什么又是可信征的呢？自然，他认为可以信征的材料，还是出自萧军的那两段文字以及上文所引蒋锡金原话。事实上，蒋锡金的话还是源自萧军。也就是说，在相信萧军还是相信张氏家谱上，陈隄没有任何调查就完全采信于萧军。

在《漫话写萧红》一文里，除征引萧军、蒋锡金的话作为自己最有说服力的证据之外，陈隄也做了一些情理上的分析，以证明张廷举并非萧红生父。

　　张廷举对萧红有无乱伦行为，姑且不说，如果萧红真是张廷举的亲生女，当一九三二年萧红困居于东兴顺旅馆半年多，几乎被押入妓院，呼兰与哈尔滨仅距六十华里，交通极便，哈尔滨又有很多张家亲故，难道张廷举一无所闻？在哈尔滨所谓萧红的亲故也一无所闻？即使亲父女关系坏到不可再坏程度，获悉自己女儿有入火坑危险，并有损于乡绅门楣岂能坐视不救？所欠旅馆六百余元，以张廷举之财势偿还此款，不过九牛一毛，亲生父亲真就见死不救，一毛不拔？再说萧红与萧军同居于商市街二十五号一年多，那种超常的困窘，萧红的师女尚肯资助，难道生身的父亲，真就不肯去探望一次或者资助些许？

---

① 陈隄：《漫话写萧红》，《学习与探索》1980 年第 1 期。

　　一九四六年四月东北人民代表大会在宾县召开，张廷举以开明仕绅
资格参与盛会。笔者也曾在会上碰到张廷举，那时，笔者告诉张廷举
说，萧红已于一九四二年一月病逝于香港，但张廷举听完之后毫无表
情，别说自己生身父亲，就是一般爱好文学的人，一听到萧红的死讯，
也都为之怆然，难道听说自己的女儿已离人世，真就一点也不表现
悲痛？

　　这些都说明萧红不是张廷举的亲生女，应是确定无疑的了。①

　　20 世纪 80 年代初，萧红及其作品渐渐为学界关注，并形成一股研究热
潮，关于其身世的"养女说"随之愈演愈烈。赞成者和质疑者为此争论不
休，莫衷一是。据中国作协黑龙江分会的《创作通讯》1981 年第 4 期文章
可以看出海外学者对此亦十分关心，美国学者葛浩文曾致信国内萧红研究者
说："这个谜是否有解开的可能性？我不得而知。光靠当前所有的资料，现
在很难断定谁是谁非，而这个问题对萧红作品研究有着它的重要性。"②

　　稍后，陈隄就此再次发表文章，除仍以萧军、蒋锡金材料强调自己的观
点之外，又引述了萧军好友方未艾 1982 年 1 月 15 日写给他的一封信佐证自
己的说法。因方未艾是萧军、萧红当年在哈尔滨结合在一起的见证人之一，
他自然成了继萧军、蒋锡金后，再次提供有力证据者。陈隄引述原信内容
如下：

　　　你看过萧军写的《涓涓》吗？那里的莹妮就是乃莹，小珂就是秀
　　珂，达三就是选三。萧红写的《王阿嫂之死》里的张地主的佣人中有个
　　姓王赶马车的遭遇。她的生母没有像王阿嫂那样刚烈反对张地主，竟带
　　着她和她的弟弟嫁给张地主了。她最初知道她不是张地主生的，是她生
　　母死了以后，她十一岁时她的继母骂她是带犊子，又用棍子打她，她的
　　祖母用针狠毒地刺她，张选三也不把她当亲生女儿关怀她。她就感到她

　　① 陈隄：《漫话写萧红》，《学习与探索》1980 年第 1 期。
　　② 孙茂山：《萧红身世之争的由来》，孙茂山主编《萧红身世考》，哈尔滨出版社 2003 年版，
第 5 页。

成了外人，怀疑她自己是不是张家的骨肉。带犊子这句话，她问过她的聋祖父，他支支吾吾，含混其词，不肯明说，有一次在学校和一个同学争吵，才把她骂明白了，她是她母亲改嫁到张家带去的孩子。到了十三、四岁她成长了，张选三又对她像萧军写的那样，她就更证实了。后来被逼订婚，所以她就坚决反对，并决心离开了那个可恶的地主家庭。①

由于在萧红身世上持"养女说"者大多与萧红生前有亲密接触，且是20世纪80年代初有一定影响的文化人，所以影响较大。东北之外的人们出于对萧红身世的陌生，少有怀疑者。虽然亦有国内学者对"养女说"产生质疑并进行驳斥，但一时相持不下。而来自张氏家族的声音又非常微弱，经过媒体报道和学术争论，舆论甚嚣尘上。在这种情势下，张氏家族成员拿着《东昌张氏宗谱书》找到呼兰县政府有关部门，自述萧红身世，请求帮助澄清传说。

作为从黑土地走出的知名作家，萧红是新编《呼兰县志》入传的重要人物之一。为此，新编《呼兰县志》的编撰者们为了将关于萧红的准确信息写进地方志，组织调查组进行了大面积走访，掌握大量第一手资料。他们先后在呼兰、阿城、哈尔滨、大连、北京等地遍访萧红亲属，如姜玉兰三妹姜玉凤（时年93岁）、堂妹姜玉坤（时年84岁）、萧红继母梁亚兰胞妹梁静芝（时年71岁）、萧红堂妹张秀珉（时年71岁）、张秀珂夫人李性菊等。此外，还调查了当年在呼兰、阿城张家干活的长工以及一些当年的街坊邻居。姜玉凤、姜玉坤详细描述了张廷举和姜玉兰订婚、结婚的全过程；而当年在张家干活的长工们则表示从未听说过张家三掌柜有"霸妻害夫"之事。大量人证、物证无可辩驳地表明，萧红是张廷举亲生女无疑，而养女一说纯属子虚乌有。

从情理上推断，这一说法亦不攻自破。前文说过，姜家在当地是富裕殷实的大地主，不可能把女儿嫁给一个无田无地的地户，而且是张家地主的地户。张、姜两家还隔着一段不算近的距离。更重要的是，1947年东北土改运

---

① 陈隄：《关于萧红研究的几个问题》，《东北师范大学学报》1983年第6期。

动可谓"暴风骤雨",当时,"左"倾路线使斗争扩大化,在农村"扫堂子",斗争对象扩大到中农,在城市触及90%以上的中小工商业者。福昌号屯张家老七张廷勖仅仅因为不务正业,在土改斗争中被群众打死。张廷举如果真有"霸妻害夫"的恶行和"奸女乱伦"的恶德,即便事发当时人们慑于其财势不敢声张,但毫无疑问无法躲过土改这一关。

而调查所得的实际情形是,1945年"八一五"光复后,共产党员钟声和苏联红军接管了呼兰维持会,建立了民主政权。紧接着开展了"清理反动党团组织""反奸锄霸,清剿土匪""土地改革""镇压反革命"四个比较大的运动。1947年呼兰进行了"砍挖"斗争。当时任呼兰县委书记的李建平(原煤炭部副部长)回忆说:"当时群众斗争了张廷举,拉走浮财。当然了,只是一般的斗争,没有打,一则张廷举没干过坏事,没有民愤;二则,他主动献出财产,除他本人的房子以外,其他房屋全部交出,并把他珍藏多年的《呼兰府志》交给了我,说献给政府。"① 而据土改工作队员回忆,张廷举是呼兰教育界知名人士,拥护共产党的主张,本人没有罪恶,更无民愤,被群众定为地方开明士绅。且有关资料记载,当时张廷举还被选为松江省参议员,于1946年4月以开明士绅的资格,参加了在宾县召开的松江省人民代表大会。

调查中,当问及张选三在日伪时期干过什么坏事没有,是否当过协和会副会长时,当年和他呼兰县教育局共事的陈治国老人回答说:"据我所知,他不是花钱当上副会长的。他不想干,推辞过多次,再推辞日本鬼子就屠了你……"并接着说:"当时要让我当,我敢放屁吗?我说不干,就活不到今天了。问题不是当不当这个副会长,关键是当了应付着没干什么坏事这就行。"②

当年的张家街坊,72岁的金景福也向调查组提供佐证说:"咱街开饭馆的宋唤图,在王家岗子有几垧地,斗争时,他的一些地户把他弄到农村去斗

① 姜世忠、刘惠周、王云:《萧红身世考》,孙茂山主编《萧红身世考》,哈尔滨出版社2003年版,第174页。
② 王化钰记录整理:《访陈治国老先生》,孙茂山主编《萧红身世考》,哈尔滨出版社2003年版,第197页。

争，被打死了。如果张廷举有害死地户的事，打死没'跑儿'，斗争很厉害，什么坏人能躲过？"①

在福昌号屯走访时，调查组倒是听到了另一版本的"霸妻害夫"故事。

71 岁的老党员、老支书，曾在福昌号屯腰院张家扛活十四年的李德祥，对调查组说到哥哥李德珍和嫂子郭氏婚后三年育有一女。后嫂子同当地二东家冯振国私通，勾搭成奸。冯既是帮长，又是协和会会长，有权有势，李家只好忍气吞声。不久，李德珍因患感冒，被冯振国在药壶里投毒，头天还下地干活，服药后一天一夜就死了，年仅 34 岁。冯振国趁机想霸占郭氏为妻，由于李家坚持不让，适逢光复土改工作队进驻，郭氏没有嫁成，另找主了。而二茬地主冯振国因欺男霸女，罪大恶极，旋即被阿城县人民法院判处死刑。② 这发生在张家大本营福昌号屯的故事，或许被人无意中安在了张廷举头上，"冯冠张戴"亦未可知。但是，冯振国最后被处决的结局，又从反面说明张廷举霸妻害夫的恶行不能成立。

然而，萧军的说法委实并非空穴来风。张秀珂的确向他表达过对生父的怀疑。某种意义上，关于萧红身世甚嚣尘上的"养女说"，始作俑者是其胞弟。张秀珂之子张抗撰文对其父从疑心生出到自我消释的经过，进行了详细描述。资料翔实、态度公允，令人信服。实际上，张秀珂疑心的产生，很大程度上源于家庭琐屑③。

张秀珂从对生父张廷举产生怀疑，并请萧军帮忙分析，到最后冰释疑虑，有一个非常婉曲的过程。张抗在文章中进行了比较详细的梳理。大致情形是，1945 年光复之后，张秀珂随部队（原新四军三师，后改为东北民主联军一部）返回东北，进驻齐齐哈尔。听说儿子回了东北，张廷举连续两次派家人接他回呼兰未果。不久，他亲自找到部队，在黄克诚陪同吃饭时，再次提出接儿子回家的要求。黄克诚考虑到前方在打仗，而张秀珂患有严重的心脏病，需要治疗和休养，便同意了这个来自下属父亲的请求。

---

① 姜世忠、刘惠周、王云：《萧红身世考》，孙茂山主编《萧红身世考》，哈尔滨出版社 2003 年版，第 174 页。
② 同上书，第 172—173 页。
③ 张抗：《萧红家庭情况及其出走前后》，《东北现代文学史料》第 5 辑（1982 年 8 月）。

　　回到阔别十年的故家，张秀珂感到父亲和继母对自己的关爱超乎想象。继母亲自下厨为他做饭并亲手为之煎药，父亲还从抽屉夹层里取出几张地契，作为为他准备好的养家糊口的家产。张秀珂生性敏感，觉得这种热情背后似乎隐藏着什么。联想自己在生母逝世，继母进门并有了自己的孩子后，自己所遭到的家庭冷遇，还有，因父亲长年在外，祖父沉迷于吸食鸦片，自己那没人关照的辛酸童年，张秀珂倍加觉得眼前一切的不真实。

　　张秀珂童年基本上跟家里的老厨子住在一起，小时候老厨子见他可怜，对他所说的一句话，令其印象非常深刻："你的命苦啊，没有亲妈，爹也不是亲爹。"下人这句或许信口一说，或许出于对地主的气愤而别有用心的话，引起了张秀珂对自己和姐姐身世的最初怀疑。而对照自己那近乎"寄人篱下，无人疼爱"的处境，他也就愈发强化自己的怀疑。

　　事实上，张廷举极力要儿子回家养病，固然出于对儿子的思念和照顾，但无可讳饰的是，亦另有隐衷。在土改运动即将开始的形势下，作为大地主，张廷举对家庭未来命运充满担忧，希望以儿子作为部队干部对自己和整个家庭有所庇护。极力接儿子回家，可以向当地政府显示张家作为军属的身份。这显然是张廷举内心最为明显不过的动机。当时，萧红虽然已经客死香港，但她作为在鲁迅指导下成长起来的"革命女作家"的名声早已传遍解放区，这也是张廷举足资利用的资本。1948 年春节，他在南大门上张贴对联云："惜小女宣传革命粤南殁去；幸长男抗战胜利苏北归来"；横批是："革命家庭"①。亦可见出，张廷举对局势的准确拿捏，以及对现有资源的利用。然而，父亲、继母一反常态的亲热，反倒令生性敏感的张秀珂强化了内心早就生出的怀疑。而一个偶然机会，他发现他们在背着自己商量什么，转身又装出一副笑脸面对。这让张秀珂更加坚定了自己的怀疑。

　　土改运动开始，张秀珂觉得以自己的身份不便久留家中，便决定返回部队。他将自己的决定告知父亲，临走要求父亲听从土改工作队命令，响应党的号召。当警卫员整理行装时，发现马褡子里塞满了绫罗绸缎、金银细软。很显然，张廷举是想在土改之前，通过儿子将家里的财产转移出去。张秀珂

---

① 王云：《萧红生平年谱》，孙茂山主编《萧红身世考》，哈尔滨出版社 2003 年版，第 226 页。

非但没有顺从父亲的意思，反而叫警卫员直接将这些财物送交给了工作队。张廷举夫妇对此自然大为不满，说了一些刻薄的话，恰又被儿子听见。

各种机缘合在一起，更加重了张秀珂对自己和姐姐身世真相的怀疑。对他无疑也是一种折磨。张秀珂之子张抗指出当时情形大致是："1947年左右，当时张秀珂尚未认识李性菊，正值离开呼兰不久。病情的折磨、远离部队战友的孤独、地方工作生活陌生、从呼兰带来的逐渐加重的疑问等等，都造成了他的思想压力和精神苦闷。"① 在哈尔滨恰巧碰到从延安来东北开展工作的萧军。张秀珂与萧军1936年在上海建立起的友谊，并没有因二萧的分手而终结。张秀珂确实将内心的怀疑说给了萧军，并请他帮忙分析。1951年，张廷举夫妇搬到哈尔滨与张秀珂全家住在一起。父子间有了更多交流，张秀珂对整个家族的历史与现实也有了更多了解，这一过程中，其内心已经开始消释此前的诸种怀疑。至于父亲、继母当年背着自己商量了什么，多年后，两位老人也对张秀珂夫妇说了实话。一是听到即将土改的消息后，知道地产房产留不住，便合计如何处理家里的"浮财"，一心想多藏一点以备生计；二是想法子留住儿子，企图利用这把"大红伞"保护住处于风雨飘摇中的地主家庭。当时传言，土改已经打死人，家里非常害怕。起码张秀珂在家，父母可以少遭罪。眼见儿子对土改的态度如此分明，做父亲的也没有商量余地，只好背地里同老伴商量，但又怕儿子知道，于是就闹出误会和尴尬。

1954年在北京治病期间，张秀珂已经完全否定了自己此前的怀疑。萧军当时不在北京，也就没有了当面解释的机会。不幸的是，两年后张秀珂病逝于哈尔滨。更没想到二十多年后，萧军却就张秀珂自己早已冰释的"怀疑"，以自己的理解将其公之于众，引起轩然大波。

值得一提的是，张秀珂之子张抗在《萧红身世释疑》一文的注释中指出：

> 萧军先生这个观点在20世纪70年代末就散见于很多报刊之中。作者曾于1979年萧军先生来哈尔滨时，向他说明了事实真相，希望他改

---

① 张抗：《萧红身世释疑》，孙茂山主编《萧红身世考》，哈尔滨出版社2003年版，第23页。

变结论，遗憾的是未能引起重视。1980 年 5 月，作者乘旅行结婚之便，到北京几次拜访萧老，再次谈到这个问题。萧老表示，作者提供的情况有助于澄清某些事实，表示他的作品以后修订再版时可予以吸收（黑龙江人民出版社出版的《萧红书简辑存注释录》此时业已付梓）。萧老还提出让作者写一篇文章说明史实，由他负责联系出版。回哈后作者遵嘱，写了一篇文章连同萧红幼时同生母的合影一并寄给了北京萧老，但却杳无音信。①

在呼兰县政府组织人员进行广泛调查的基础上，就调查所得《关于萧红身世问题》的资料，县志办公室编辑白执君加以整理成文，于 1984 年 8 月 30 日在《中国文学报》上发表《萧红身世真相大白》一文，文章一出，《文汇报》《天津日报》《羊城晚报》等多家报纸纷纷转载，让正确的结论迅速传遍各地，笼罩在萧红身上那莫须有的身世之"谜"彻底解开，也彻底终结了文学界多年来相持不下的争论。

在众多萧红传记中，鲜有对这段身世之"谜"的叙述。或许在很多作者、研究者看来，这段公案情理荒谬不值一提。然而，值得注意的是，这份身世之"谜"的出现却并非偶然，它其实基于人们一直以来关于萧红的整体性认知。在对萧红的认知上，一直存在一个莫大误区，那就是将其悲剧性命运往往仅仅归结为社会、他人对她的压制和迫害，很少考虑其个人性格因素的作用。迄今为止，人们在很大程度上仍还只是简单地将她看作一个饱受不公，被侮辱、被损害，令人同情的弱女子。这其中固然有其合理的一面，但是如果仅仅局限于此，恰恰是对其丰富内心的莫大遮蔽，也是对萧红这样一个如此丰富的现代女性形象的简单化。出于某种意识形态动机，人们往往在想象中不自觉地赋予她一些苦难。而这种言过其实的苦难，又几乎无一不归结为阶级对立，萧红个人对于命运的抗争自然演化为阶级反抗。在一次次先入为主的叙述中，其本来面目愈益模糊。萧红的诞生和弃世离我们如此之近，然而，在某种意义上，我们对她却知之甚少。

①　张抗：《萧红身世释疑》，孙茂山主编《萧红身世考》，哈尔滨出版社 2003 年版，第 22 页。

这份身世之"谜"的公案固然荒谬，但它何以产生却是我们重新面对萧红生平应该深长思之的问题。基于特定时代的观念，在某些人潜意识里，似乎本能想让萧红彻底摆脱地主女儿的身份。或许，在人们看来对家庭的反抗、出走，还不足以彰显所谓"三十年代著名左翼女作家"的光辉形象，她应该是个一无所有的雇农的女儿才更合乎逻辑。几十年的阶级斗争倡导，出身论早已潜移默化为一些人的思维定式。基于此，萧红与家族的关系亟待全新观照。

五　童年经验

萧红出生之前，呼兰张家大院长年在家的只有年迈的祖父、祖母和母亲，父亲任职在外。张廷举夫妇婚后三年才有孩子，自然让全家对萧红的出世寄予莫大期望，一旦发现是女孩，失望亦可想见。就张维祯这一支脉来说，太久没有出现男孩了。萧红的出世令祖母范氏尤其失望，但对于长期赋闲在家，懒散而寂寞的张维祯来说，还是喜出望外。此前，其落寞或许源于与养子不可能有太多交流，以及因不会理财动辄挨范氏数落。据张秀琢回忆，父亲曾对他讲述：."姐姐出生后不久，母亲在她睡前照例要用裹布缠住她的手脚以便使她安睡，她却拼力挣扎着，不让人抓住她的胳膊。来串门的大婶看到这个情况笑着说：'这丫头真厉害，长大准是个茬子。'由此，亲友们都说她这种倔强劲儿是'天生的'。"①

萧红两岁时，大弟富贵出生，庞大的宅院终于有了男孩，自然成了全家关注的重心，父母已不可能把更多注意力放在她身上。这也许是萧红幼时更多时候跟祖父在一起的客观原因。祖父实在太疼爱她，以至让萧红儿时觉得，"在这世界上，有了祖父就够了，还怕什么呢?"② 从《呼兰河传》的描写来看，祖父、后花园几乎是萧红童年记忆的全部。

据铁峰描述，旧时东北农村乡镇，殷实之家都有自己的宅院，其大小代

---

① 张秀琢：《重读〈呼兰河传〉回忆姐姐萧红》，孙延林主编《萧红研究》第 1 辑，哈尔滨出版社 1993 年版，第 89 页。
② 《呼兰河传》，《萧红全集》第 3 卷，黑龙江大学出版社 2011 年版，第 55 页。

表主人财势。宅院结构一般由高大的门楼、院墙、正房、前院、后院构成。正房居中，正房前为前院，供养家畜和作为人活动的场所；正房后为后院，俗称后园子，一般用以种植蔬菜或果树。这是自给自足的小农经济在民用住房上的体现。①

呼兰张家大院五间正房，中间是堂屋，北墙开了一个后门，通向后园子。园子非常大，东西北三面是半人多高的土墙，西北角有棵老榆树，东南角有李树一棵，中间，还有一株玫瑰和一棵年年开花却不结果的樱桃。这些花树、果树见证园子的变迁。范氏以前喜爱花草，后园种满了各种花草，是名副其实的后花园。后来，她兴趣转移，喜吃水果，于是种上满园果树。不几年，果树长起来，结实无数，招惹邻里孩子跳墙爬树来偷，弄得老两口日夜不得安宁。一赌气，便在里边养羊，果树被羊只啃光了皮，一棵棵死掉，只剩下硕果仅存的一棵李子，一树樱桃。不久，老两口发现，养羊太操心，园子里的气味也不好。于是又卖掉羊只，开始种蔬菜。黑土肥沃，满园蔬菜，足够一家人食用。不仅自给自足，而且伺弄菜园对张维祯来说乐趣无限。每年开春，下人有二伯就将用泥巴封了一冬天的后门打开，清除干净满园枯枝败叶，挖土、培垄，后花园便焕然一新。张维祯便整天呆在里边，帮二伯栽花种菜，成了消磨时光的最佳方式。②

萧红的童年记忆便从后花园开始。祖父在后花园干什么她也学着干什么，栽花、拔草、锄地。祖父和后花园给了儿时萧红一个自由无虑的特定时空，她以自由而任性的眼光看待里边的一切。那些美好的童年经验，后来被定格在《呼兰河传》里：

> 花开了，就像花睡醒了似的。鸟飞了，就像鸟上天了似的。虫子叫了，就像虫子在说话似的。一切都活了。都有无限的本领，要做什么，就做什么。要怎么样，就怎么样。都是自由的。倭瓜愿意爬上架就爬上架，愿意爬上房就爬上房。黄瓜愿意开一个黄花，就开一个黄花，愿意结一个黄瓜，就结一个黄瓜。若都不愿意，就是一个黄瓜也不结，一朵

---

① 　铁峰：《萧红传》，北方文艺出版社 1993 年版，第 6 页。
② 　同上书，第 7 页。

花也不开，也没有人问它。①

　　每当祖父挨祖母数落，萧红便拉着祖父的手，在祖母那顺带的"小死脑瓜骨"的温情数落中，进入后花园。后花园地面的宽旷、天空的高远以及颜色的鲜绿亮丽，给这一老一小永远的好心情。因为长孙女，张维祯晚年的寂寞得以消释。就这样，萧红一天天度过童年，正如她在弃世前对呼兰河进行精神返乡时所感慨的那样："就这样一天一天的，祖父，后园，我，这三样是一样也不可缺少的了。"② 然而，张维祯毕竟老迈，慈祥的面容、温和的性情，在让小荣华感受到爱与温暖，还有自由无虑的同时，事实上，也让她在娇惯中变得顽皮、任性。

　　三岁时，祖母给予的疼痛，始终横亘萧红记忆深处。祖母屋内的白净窗纸激发了她的破坏欲，只要一爬上炕，便往里边跑去，然后用小手指把窗纸按着窗棂一格一格捅破，听着悦耳的嘭嘭声，便更得意于自己的破坏。不忍呵骂的祖母无法制止她这小小的"恶行"，有一次等她上炕后，便拿根大针等在窗纸后边。当破坏的小手指碰到针尖之后，她马上明白"那就是祖母用针刺我"③。

　　这份疼痛让萧红始终不喜欢祖母，觉得祖母不爱她，甚至恶毒。许多研究者和《呼兰河传》读者往往据此将祖母的"虐待"视为萧红的童年苦难之一，恰恰忘了那只是一个一直备受宠爱的小女孩的童年经验。据萧红亲属回忆，祖母其实同样非常爱她，只是因为祖父近乎溺爱，而衬托出周围所有人似乎都对她不太爱。在张秀琢看来，"姐姐的自尊心非常强，谁要是说了她或是骂了她，她会几天不理睬你，整天噘嘴躲着你，除非你带有歉意，甚至赔礼般地哄她，方肯破涕为笑，和好如初"④。

　　铁峰认为，范氏此举恰恰说明对萧红的娇惯与溺爱。建国前东北农村相当贫困，20 世纪初叶，在像呼兰这样的小城里，除非官宦人家才有全部镶玻

---

①　萧红：《呼兰河传》，《萧红全集》第 3 卷，黑龙江大学出版社 2011 年版，第 47 页。

②　同上书，第 51 页。

③　同上书，第 49 页。

④　张秀琢：《重读〈呼兰河传〉回忆姐姐萧红》，孙延林主编《萧红研究》第 1 辑，哈尔滨出版社 1993 年版，第 90 页。

璃的窗子，就是那些富商人家也只是使用特制的窗纸裱糊窗户。那种用烂麻制作，又黑又厚的窗纸，富裕而讲究的人家一两年换一次，普通人家十年八年也换不起一茬，只是哪里破了哪里补上，像穷人的衣服一样破烂。萧红祖母裱窗的白纸当时比较贵重，涂上油之后既防雨又透亮，非上等人家不用。而拿针刺一下手指，也是东北老太太吓唬心爱的孩子不去捅窗纸惯用的恶作剧，在当时近乎一种民俗，就像吓唬夜哭的孩子谎称"狼来了"一样。① 张秀琢亦曾专就此事问过其父，张廷举笑着回答："哪能真用针扎她，奶奶看她用手指头捅窗户纸，就在她的对面拿针比划着，她就记住了，多少天不理奶奶。"② 事实上，祖母针扎手指情节，萧红日后在《呼兰河传》里叙述时明显带有诙谐、调侃，很多读者不注意语境，而简单认为是祖母的"虐待"。有萧红传记作者借以发挥，据此认为："这种没有抚爱、没有温情的不正常的感情生活，深深地刺伤了她的幼小然而敏感的心灵。"③ 这自然是对萧红"苦难童年"一厢情愿的想象。

萧红的童年记忆还与祖母、母亲房间后边那两间阴暗的小储藏室分不开。漫长的冬天，后花园被冰雪封住，储藏室便成了她的神秘乐土，在里边"探险"是不能进入后花园的最大快乐代偿。阴暗的储藏室内堆放着数不清的记载家族兴衰的旧器物。当她好奇地一件件翻出来拿给祖父、祖母看时，不禁勾起两位老人尘封已久的家族往事和对早已出嫁的女儿们以及夭殇小儿子的点滴记忆，在怀旧中引发无尽感慨。"这是你大姑在家里边玩的"，"这是你二姑在家时用的"④，萧红从诸如大姑的扇子、三姑的花鞋等旧物无意间触摸着家族记忆。

六岁那年，萧红独自上街冒险买皮球，结果迷路被一位好心的车夫送了回来。心急如焚的祖父、祖母、母亲一拥而上。忙乱中，车子突然停放，她不小心从车斗里摔了下来。祖父将内心的焦灼、气恼与心疼，都发泄在车夫身上，上前不由分说给了一记耳光。不仅没有感谢，连车费也没给，就将其

① 铁峰：《萧红文学之路》，哈尔滨出版社1991年版，第11—12页。
② 张秀琢：《重读〈呼兰河传〉回忆姐姐萧红》，孙延林主编《萧红研究》第1辑，哈尔滨出版社1993年版，第90页。
③ 肖凤：《悲情女作家萧红》，文化艺术出版社2004年版，第7页。
④ 萧红：《呼兰河传》，《萧红全集》第3卷，黑龙江大学出版社2011年版，第54页。

赶走了。祖父的举动给了童年萧红莫大刺激，一向性情温和的祖父，给了她一个霸道而浅显的道理："有钱的孩子是不受什么气的。"①

萧红或许由此意识到人与人之间的分野，对她而言，慈祥的祖父那虽然充满爱意的过激之举，却让她始终难以释怀，成了深刻的童年记忆。这一事件也让她日后将目光更多投向住在西院的那些"没钱人"，充满同情与关爱，而不愿显示自己是个"有钱的孩子"。张秀琢忆及姐姐"从不歧视贫苦人，而且尽自己的力量去帮助他们，由此大家都说她不像有钱人家的姑娘"②。作为作家，萧红日后之所以能够塑造出有二伯、冯歪嘴子、王大姑娘、小团圆媳妇等形象，或许亦与这童年期的"创伤性记忆"不无关联。

萧红对于父母的童年记忆模糊而抽象。有传记作者的叙述是：父亲是"冷淡"的；母亲则是"恶言恶色"③。实际上，张廷举是个虽新还旧的人物，一方面维持传统礼教，略具家长作风；另一方面，他毕竟是接受了新式教育，受到辛亥革命和五四新文化运动影响的知识分子，自然习染革新思想。而呼兰作为偏远小城，经济和文化都相当落后，张廷举或许基于固有的男尊女卑思想，以及幼时所遭遇的苦难，还有严厉家教的影响，对萧红表现出冷淡也极有可能。

但不可忽视的是，接连不断的家庭变故，让这位父亲很长时间可能没有好心绪。作为不谙世事的小女孩自然无法体察。萧红四岁时大弟富贵不幸夭折，五岁时二弟连贵即张秀珂出生，六岁时祖母病故。张廷举自己就因为伯父张维祯膝下无子而过继立嗣，因而，在这个家庭里男孩的出世和夭折，无疑是牵扯家族神经的大事，喜悦和伤痛自然非同一般。祖父对萧红的溺爱，也让张廷举因过继子身份而不敢过多干涉。在这种意义上，"冷淡"抑或是作为父亲严厉之爱的体现。亦有呼兰本地学者认为，张廷举一心想把女儿培养成大家闺秀，看不惯她那任性撒野的样子，故而有所疏远。④

① 萧红：《蹲在洋车上》，《萧红全集》第 1 卷，黑龙江大学出版社 2011 年版，第 290 页。

② 张秀琢：《重读〈呼兰河传〉回忆姐姐萧红》，孙延林主编《萧红研究》第 1 辑，哈尔滨出版社 1993 年版，第 92 页。

③ 肖凤：《萧红传》，《散文》1980 年第 1 期。

④ 王化钰：《萧红生父张廷举其人其事》，孙茂山主编《萧红身世考》，哈尔滨出版社 2003 年版，第 147 页。

任性的小女孩对母亲的管教自然也看成"恶言恶色"，认为母亲也不爱她。姜玉兰对萧红在祖父母溺爱下的成长，充满隐忧。姜玉凤回忆，姐姐每年都要带女儿回娘家一两次，常对娘家亲人说："荣华这孩子都让他们（指萧红祖父、祖母——论者注）给惯坏了，说话都学着咬舌了，可惯不得。"①四五岁的时候，姜玉兰就十分注重女儿的文化教育，省亲时带着识字的字块②。现存一张萧红三岁时与母亲的合影，小女孩穿戴整齐利落，衣服质地跟妈妈一样，十分讲究，抿着小嘴显得自信而灵气。很难想象是那种从小不被父母关爱，甚至遭虐待的孩子。

成名后，萧红在一些文章里不时谈到父母，如"父亲常常为着贪婪而失掉了人性"③；"母亲并不十分爱我，但也总算是母亲"④。许多传记作者和研究者据此认为，萧红拥有一个极其不幸的童年，而最主要的原因便是父母之爱的缺失。一些传记作者如此描述："她早年丧母，父亲是一个冷漠、趋时的官僚"⑤；"封建顽固的父亲对她很刻薄，只有年老的祖父才疼爱她"⑥。萧军则透露，"据她说，在十岁左右母亲就死去了。即便不死，这位母亲是性情很暴躁，脾气不太正常的人，对她并没有什么体贴'慈爱'可言。父亲是个溻憨、庸俗的人，虽然也算个中等的知识分子——当过教员，巴彦县城的教育局长之类——但却没什么'知识'可言，而且还染上了一些土官僚气"⑦；生母去世后"她的父亲并不关心她，相反却很憎恶她，只有祖父很疼爱她"⑧。这类描述显然多有不实。萧红自己对亲生父母的描述，产生于和家庭彻底决裂之后几年间，她对家庭的仇恨和敌对心态显然左右了对于父母的情感判断。而在写于 40 年代初其弃世前不久的一些文章中，萧红对父母的童年记忆，在情感态度上有明显变化。

理性而公允地说，萧红拥有一个幸福的童年，且祖父母的溺爱不觉中让

---

① 李重华：《漫论萧红》，《齐齐哈尔师范学院学报》1986 年第 4 期。
② 同上。
③ 萧红：《永久的憧憬和追求》，《报告》第 1 卷第 1 期（1937 年 1 月 10 日）。
④ 萧红：《感情的碎片》，《大公报》（上海）副刊《文艺》1936 年 11 月 29 日。
⑤ 赵凤翔：《萧红论》，《开封师院学报》1979 年第 1 期。
⑥ 丁言昭：《萧红年表》，《东北现代文学史料》1980 年第 1 辑。
⑦ 萧军：《萧红书简辑存注释录》，黑龙江人民出版社 1980 年版，第 45 页。
⑧ 同上书，第 171 页。

她养成了任性、倔强的性格。这份任性对她日后悲剧性命运的形成，并最终过早客死异乡，是不可忽视的因素。很多萧红传记作者或研究者过于采信萧红与家庭决裂之后对于家人的谈论，不觉中夸大了其童年苦难，并由此形成一种认知定式，实则非常荒谬。如在萧军看来，萧红幼年时期的生活"是黯淡的，孤零的，无助的；在精神上不被理解的。既无母爱，也无父爱，几乎等于生活在瑟瑟秋风的荒原上或沙漠中一株茬弱的小树！或者是生活在冰天雪地里一只畸零的小鸟！"[1] 张秀琢却认为，恰是"幼年丧母的过分悲痛，使她的性格变得孤独、倔强，爱反抗。好像什么都不顺她的心，不中她的意"；而从家境来看，"我家生活状况是比较优越的，从某种意义上讲，对姐姐也算得上娇惯了"[2]。同样，据萧红堂妹张秀珉、堂弟张秀琳等人说，萧红从小就得到家庭的喜爱和娇惯，长大后在他们兄弟姊妹排行中，也被长辈们高看一眼。直到她逃婚后，给家人造成了很大的损伤，家人才仇恨她，憎恶她[3]。

1917 年，祖母范氏病故，萧红搬到祖父房间。祖父开始口授千家诗。张维祯那幼读诗书十余年的中国传统诗歌教育派上用场。无需课本，只是他念一句，孙女儿跟着念一句。让一个全然不识字的小女孩学诗，对于张维祯来说，在给小孙女进行原始诗教的同时，亦是他排遣内心寂寞的手段。中国古诗顿挫谐和、琅琅上口的音韵之于儿时萧红，是一种轻易就能掌握、新鲜无比的语言游戏，兴致越发浓厚。祖父的初始诗教，也是萧红的文学启蒙。

1919 年 1 月初，萧红三弟连富出生，但张家大院再添男丁的喜悦并没有维持多久。8 月 26 日姜玉兰不幸染上霍乱，三天后撇下八岁的萧红和三岁的张秀珂离开人世。母亲突然病故是萧红无以言说的伤痛。张廷举强忍丧妻之痛料理完丧事，而后，又把嗷嗷待哺的三子送至阿城四弟家，不久夭殇。萧红的童年就在这生离死别中终结。家的结构因母亲弃世而全然改变，更重要的是，母亲的过世也带走了家里的所有欢乐。

---

① 萧军：《萧红书简辑存注释录》，黑龙江人民出版社 1980 年版，第 20 页。
② 张秀琢：《重读〈呼兰河传〉回忆姐姐萧红》，孙延林主编《萧红研究》第 1 辑，哈尔滨出版社 1993 年版，第 89 页。
③ 铁峰：《萧红生平事迹考》，萧红著《萧红全集·下》，哈尔滨出版社 1998 年版，第 1401 页。

短短四年间，张廷举历经丧子、丧母、丧妻和不得已把儿子送人旋即夭殇的打击，那份沮丧与伤痛非常人所能想象，面对家庭琐屑有时难以控制自己的情绪。而其本身就是个不善掌家理财的"书呆子"，长年任职在外，丧妻后偌大的家业全靠他支撑、打理，公干之余，回家面对的只有70岁的继父、八岁的女儿以及三岁的儿子。姜玉兰生前管家理财都是精明能干的好手，突然撒手西去，家里屋外张廷举顿失方寸，心力交瘁。他对养父和女儿大不如从前，内心苦闷无处宣泄，有时一些家庭琐屑往往触他勃然大怒。萧红明显感到，母亲逝世后"父亲也就变了样，偶然打碎了一只杯子，他就要骂到使人发抖的程度"①；她更畏惧父亲那凶狠、冷漠、傲慢的眼光，每每他从身边经过，便感到身上有如针刺。妻子死后，张廷举不得不与家里租住的房客打交道，收取租金、管理家业。在对待房客的态度上，他与养父常常意见相左。他那不近人情的强硬与冷漠让张维祯不满，但在孩子的眼里，萧红觉得父亲因贪婪失掉了人性，而每每触怒父亲挨打后，无可奈何的祖父往往将那满是皱纹的双手放在她肩上，轻轻安慰说："快快长吧，长大就好了。"②

毫无疑问，父亲因频遭家庭变故而生出的暴戾，在母亲死后真正给了萧红一段创伤性童年记忆，也加速其童年的终结。她意识到"人是残酷的东西"，并渐渐以一种偏执的眼光看待其家族和亲人。而且，这份遭遇也渐渐将她磨砺得任性而刚毅。对于萧红而言，这才是她人生苦难的真正开始。

姜玉兰弃世后，张廷举迫切需要一个主持家政的女人。于是，1919年12月15日姜玉兰百日忌刚过，张廷举便续娶呼兰当地人梁亚兰（1898—1972）。梁本人亦幼年丧母，很了解无母孩子的痛苦，与张廷举结婚前，其父一再嘱咐要好好待先房两个孩子。当时，张家情形比较凄惨，梁亚兰几十年后仍清晰记得结婚当天情形："荣华的鞋面上还缝着白布，别人觉得不好才撕掉了，领到我跟前认母磕头，秀珂是别人把着给我磕的头，我还抱了连富算是当了妈。"③ 然而，萧红不久便感受到她和母亲的区别，觉得继母对自

---

① 萧红：《永久的憧憬和追求》，《萧红全集》第4卷，黑龙江大学出版社2011年版，第165页。

② 同上书，第166页。

③ 张抗：《萧红家世及青少年时代补遗》，《黑龙江文史资料》第8辑（1983）。

已很"客气"，即便责骂也是委婉曲折的。她进而意识到与继母的隔膜——"客气是越客气了，但是冷淡了，疏远了，生人一样"①。梁亚兰嫁到张家后生有三子二女。有了自己的孩子后，她对萧红姐弟自然愈加疏远、忽视，而呼兰张家的家景亦每况愈下，除了一个老厨工做饭、有二伯管杂役和菜园子之外，家里已经没有长工或短工，粮食多由福昌号屯定期送来接济。不久，祖父染上抽大烟的恶习，对萧红姐弟亦无暇顾及。好在那时萧红已经出门上学，开始了相对独立的生活。弟弟张秀珂则更为真切地感受到家景败落和丧母的凄苦。他对自己上学后的生活日后有过描述："爷爷后来有了嗜好（抽大烟），我就搬到下屋里和老厨子睡在一起，我的被子凉冰冰滑腻腻的，黑得发亮，我和大厨子身上的虱子来回爬"；"我和姐姐的学费，纸笔费，都是父亲年初离家时算好的，没有多少余头。有一次馋糖吃，只好抽空偷个小瓶子来换糖球，糖球中间还粘着草棍，放到嘴里含着慢慢品尝着甜味"②。

萧红和继母的关系，许多学者均持"继母阴毒"说。多半是以现代人的眼光对八十多年前人物的一种苛求。作为一个无知无识的旧式妇女，当后母能够做到萧红儿时所感受到的"客气"已非易事，甚至可以说难能可贵。当然，1937 年 5 月 10 日署名"悄吟"，发表于《新少年》第 3 卷第 9 期上的短篇小说《两朋友》，明显源于萧红儿时记忆，写到继母对"华子"的阴毒、刻薄。此时萧红已然成名，心智成熟，写下这些足见其儿时跟继母之间应该还是有一些不愉快的记忆。20 世纪 50 年代中期，张秀珂回忆说："母亲死后，我们的生活虽然没有怎样挨饿受冻，但条件的确是恶化了，失去母爱，无人照顾，给我们身体和精神造成了很大损失"；"每当萧红在吃饭时向父亲和继母吵着要念书而受到驳斥的时候，总是由祖父出来维护圆场，这才能把饭吃完"③。

中国人本来就有关于继母的固有认知。阴私、狠毒、虐待丈夫前妻的孩子，似乎是认知继母的心理定势，有人以这种认知模式去想象梁亚兰和萧红

---

① 萧红：《祖父死了的时候》，《萧红全集》第 4 卷，黑龙江大学出版社 2011 年版，第 155 页。

② 张抗：《萧红家庭情况及其出走前后》，孙延林主编《萧红研究》第 1 辑，哈尔滨出版社 1993 年版，第 66—67 页。

③ 张秀珂：《回忆我的姐姐——萧红》，章海宁主编《萧红印象·记忆》，黑龙江大学出版社 2011 年版，第 311 页。

的关系也就不足为奇。更有甚者，将梁的到来视为萧红人生苦难的开始，因为她不断挑拨萧红与父亲之间的关系。这种说法似乎也不太符合事实。张廷举性情变化始于姜玉兰逝后，实际上并没有因梁亚兰的到来而有所好转。萧红也看出，即便在后母面前，父亲同样表现出家长式的专断，"喜欢她的时候，便同她说笑，他恼怒时便骂她，母亲也渐渐怕起父亲来"①。

　　梁亚兰妹妹梁静芝与萧红是同龄人，亦是其青少年时代挚友。萧红与梁静芝交往密切，寒暑假从哈尔滨回来两人吃睡都在一起无话不谈。以此反观，萧红和继母的关系应该比较融洽，起码说不上恶劣。萧红也可能把父亲对自己的责骂都想当然地归结为继母的唆使。而据梁静芝回忆，姐姐自进张家到萧红出走，对萧红没有一次恶言厉色，更不用说打骂了②。呼兰本地学者还通过大量走访，了解到萧红和继母梁亚兰相处融洽。③ 这些说法虽然不尽可信，但似乎也可由此了解到萧红与继母关系的另一面。

　　1919 年，萧红就这样在无法阻遏的家庭变故中彻底终结了童年。而与萧红童年生活在一起的不仅有家人，还有佣人、租客。这些"家族以外的人"，同样成就了她日后关于故家动人的文学想象。萧红小说中一再出现的有二伯确有其人，不过姓李，而不姓有。因其乳名"有子"，大家叫惯了倒忘了他的真姓，因年龄上是父辈，萧红和弟弟妹妹们都称他"有二伯"，其身世不可考。张秀琢撰文回忆，只知道他无依无靠没有什么亲人。三十岁就到了张家待了三十年，最后死在张家。形式上是张家人，实际上是一个不挂名的长工④。

　　有二伯的工作主要是耕种后花园，作物有蔬菜、苞米还有黄烟等。每天很早就起来伺弄园子，张家相当部分的蔬菜来自他在后花园的努力经营。有二伯的劳动换来的只是张家所提供的一份吃穿，不再另付工钱。在张家，他自然地位卑微，忙完活计到吃饭的时候多半和老厨子一起吃几口，穿用破旧

---

　　① 萧红：《祖父死了的时候》，《萧红全集》第 4 卷，黑龙江大学出版社 2011 年版，第 157 页。
　　② 梁静芝口述，王化钰记录整理《回忆我的挚友萧红——我所知道的姐姐与萧红的一些情况》，孙茂山主编《萧红身世考》，哈尔滨出版社 2003 年版，第 65 页。
　　③ 王化钰：《萧红家世及其青少年时代》，孙茂山主编《萧红身世考》，哈尔滨出版社 2003 年版，第 157 页。
　　④ 张秀琢：《重读〈呼兰河传〉回忆姐姐萧红》，孙延林主编《萧红研究》第 1 辑，哈尔滨出版社 1993 年版，第 91 页。

不堪。萧红在《呼兰河传》里写道："有二伯的行李，是零零碎碎的，一掀动他的被子就从被角往外掉着棉花，一掀动他的褥子，那所铺着的毡片，就一片一片的好像活动地图似的一省一省的割据开了。"① 这也可能是萧红在生命后期，在遥远异乡，对儿时故家人物的文学想象。而陈治国老人，对来访者说出了有二伯在张家的另番情景："外屋南炕是厨子和有二伯住，被褥全是新的，若像萧红书上写的那样被褥露棉花，有二伯穿着前露脚趾头后露脚跟的破袜破鞋，那不丢张选三的脸面吗？"②

《呼兰河传》里，萧红十分风趣地写到幼时在储藏间偷墨枣，碰见有二伯从里边偷锡火锅、铜酒壶等日用品出去换钱的情景。更写到有二伯挨父亲打骂时的无助，还有虚张声势跳井寻死的滑稽与辛酸，字里行间充满同情和悲悯，给中外读者留下无比深刻的印象。有二伯因之成了一个不朽的文学形象。张秀琢回忆，离家出走后，萧红还经常打听有二伯的情况，始终惦记着他，足见这个家族以外的人是其童年经验中极其重要的一部分。

成就萧红日后文学想象的还有那些租户。呼兰张家西院租住着好几户人家，其中李家、崔家最穷。据张秀琢回忆，李家男主人在外边打短工，有时卖点蔬菜，女主人在家里帮别人缝洗衣服以维持极其艰窘的生计。夫妻俩从早忙到晚，仍养不活一家人。一年过去，转过新的一年，照旧缺吃少穿。③《呼兰河传》里的冯歪嘴子、王大姑娘、小团圆媳妇等形象，应该就是以西院租客为原型创造出来。

六　升学与订婚

1926 年 6 月末，萧红高小毕业，但她到哈尔滨继续读中学的愿望遭父亲、继母反对。她以冷战的方式与家长抗争无果，于次年夏扬言仿效同学田慎如到天主堂当修女，张廷举被迫妥协一改初衷。秋，萧红进入哈尔滨"东

---

① 萧红：《呼兰河传》，《萧红全集》第 3 卷，黑龙江大学出版社 2011 年版，第 118 页。

② 王化钰记录整理：《访陈治国老先生》，孙茂山主编《萧红身世考》，哈尔滨出版社 2003 年版，第 197 页。

③ 张秀琢：《重读〈呼兰河传〉回忆姐姐萧红》，孙延林主编《萧红研究》第 1 辑，哈尔滨出版社 1993 年版，第 91 页。

省特别区区立第一女子中学校"（简称"东特女一中"）就读，该校前身为
私立"从德女子中学"。

　　有些萧红研究者质疑张廷举刻意阻止女儿到哈尔滨上中学的真正原因。
似乎仅仅基于父女俩观念上的差异，以及张廷举和兄长的思想保守，不足以
解释这一事件。查《东昌张氏宗谱书》，萧红二伯父长女张秀珉、四叔独女
张秀琴都毕业于东特女一中，而大伯父次女张秀珠毕业于东省特别区第二女
子中学。这些叔伯妹妹都可以到哈尔滨读书，而为何独独萧红不可？呼兰张
家虽早呈衰败之势，但不让萧红到哈尔滨读初中，还不至于出于经济实力的
考量。既然如此，作为在萧红父辈唯一一个接受了新式学堂教育的维新人
士，张廷举如此坚决地阻止女儿到哈尔滨上学似乎有违情理。何况，萧红高
小同学到卜奎升中学的占绝大多数。

　　个中是否还有其他原因？怎样才能更加合理地解释这一问题？

　　对此，长期以来，有一种貌似十分合乎情理的说法在流传，那就是，萧
红上中学前就已经订婚了。铁峰考证，萧红是在 1924 年亦即初小毕业时
"由父亲做主，将她许配给省防军第一路帮统王廷兰的次子王恩甲为未婚
妻"①。绝大部分萧红传记（如影响较大的季红真《萧红传》）和论著（如黄
晓娟《雪中芭蕉——萧红创作论》）都采信此说。或许，因为铁峰是哈尔滨
本地研究者之故，其《萧红传》《萧红评传》《萧红文学之路》诸作是外地
萧红研究者必读之书，采信于他貌似比较可靠。

　　然而，一些哈尔滨和呼兰本地学者通过严谨调查、访问得出的结论是，
萧红于 1928 年订婚，未婚夫名叫汪恩甲②。于是，在萧红订婚问题上，有两
种很容易令人混淆的说法，即"王恩甲说"和"汪恩甲说"。另有一说：
"萧红的家中早已将她许配给汪家少爷，叫汪殿甲，是法政大学的学生。"③
这显然是讹误。毋庸置疑，这位未婚夫对张廼莹此后人生遭际起到至关重要
的作用。某种意义上，他的出现彻底改变了张廼莹的人生轨迹，是其悲剧人

---

　　①　铁峰：《萧红生平事迹考》，萧红著《萧红全集·下》，哈尔滨出版社 1998 年版，第 1412
页。

　　②　何宏：《关于萧红的未婚夫汪恩甲其人》，孙延林主编《萧红研究》第 1 辑，哈尔滨出版社
1993 年版，第 85 页。

　　③　丁言昭：《萧红传》，江苏文艺出版社 1993 年版，第 25 页。

生的转捩。可以说，张廼莹此后的所有"故事"都是从他的出现开始。然而，这么关键的人物到底是"王恩甲"还是"汪恩甲"，很长一段时期一直是个难以索解的谜案，敷衍出很多说法。

持"王恩甲说"者认为，张廼莹高小毕业，王家催促她与儿子早日完婚，正中继母梁氏下怀，早点将丈夫前妻的女儿嫁出去，了却一桩心愿，以免再做过多无意义投入。即便不马上完婚，因女儿有婚约在身，再到哈尔滨上中学，张廷举担心她与别的男生接触过程中，会产生感情，致使婚事节外生枝，"与王廷兰交恶，不好在呼兰立足"①。基于这两方面考虑，张廷举坚决不让女儿继续到哈尔滨念书。持此说者还认为，萧红父最后改变主意，是因为王家也听到准儿媳要出家当"洋姑子"的传闻，便派张廷举老友于兴阁（铁峰说此人也是张廼莹与王恩甲订婚的证婚人，与张家关系密切，廼莹以二姨父称之。他也是王恩甲之父王廷兰的军中好友，铁峰并说自己在1960年秋还寻访到此人②）前来问讯，这给了张廷举来自王家的莫大压力③，怕伤了自家颜面，更怕伤了王家的脸面，所以立即向女儿屈服，并迅速接洽好学校。

这一说法貌似合理，给了很多问题，特别是张廼莹上学这一问题十分完满的解释。但是，张家族人或亲戚都清晰地记得萧红是在上初二那年（即1928年）的寒假订婚的，从未听说过她上小学期间就已订婚。萧红堂妹张秀珉和小姨梁静芝在呼兰上小学时都寄住张家，她们晚年接受访谈时，都说未听说萧红初小毕业时订婚之事，而且都认定是在1928年与哈尔滨顾乡屯的"汪恩甲"订婚。梁静芝谈到，旧社会女子订婚是一件大事，从"相门户"到"过小礼"、"过大礼"都有比较大的举动，老亲少友没有不知道的。那时她和张廼莹关系亲密，同一铺炕睡觉，同一桌吃饭，廼莹什么时候订婚毫无疑问无法瞒过，况且这样的家族喜事也没必要隐瞒，她肯定地说萧红是在18岁那年订婚④。张秀珂1955年回忆萧红时也提到姐姐订婚人家姓汪⑤；

①　铁峰：《萧红传》，北方文艺出版社1993年版，第30页。
②　铁峰：《萧红生平事迹考》，萧红著《萧红全集·下》，哈尔滨出版社1998年版，第1396页。
③　铁峰：《萧红传》，北方文艺出版社1993年版，第33页。
④　李重华：《漫论萧红》，《齐齐哈尔师范学院学报》1986年第4期。
⑤　张秀珂：《回忆我的姐姐——萧红》，孙茂山主编《萧红身世考》，哈尔滨出版社2003年版，第12页。

而且，张廼莹中学时代好友（李洁吾、高原）、同学（如徐薇、刘俊民、沈
玉贤）都忆及她在中学读书期间与一个姓"汪"的男子订婚，她们有的亲
眼见过汪恩甲本人。这些都表明与张廼莹订婚的男子应该是汪恩甲。一个人
的姓氏是非常重要的信息，况且，北方话中"汪"和"王"的区别非常清
楚，应该不存在将二者混淆的可能。

解开"王恩甲之谜"对于萧红一生的叙述至关重要，它也可以解开笼罩
在她身上的那一系列令人困惑的谜案。原呼兰县志办公室主任、《呼兰县志》
主编、呼兰河萧红研究会理事姜世忠先生为此做了大量调查取证工作，在
"解谜王恩甲"上功不可没①。

既然王恩甲的父亲是王廷兰，姜先生的调查就从王廷兰入手。他查阅编
纂于民国十八年（1929）的《呼兰县志》卷七载："王廷兰，字子馨，呼兰
籍，陆军少将衔骑兵上校、游击队帮统官、警备队统带官。"呼兰当地的老
人们都说，在 20 年代，就王帮统在呼兰的身份、地位来看，比张廷举要高，
可比起平民百姓来，两家还可说是门当户对。将女儿小时就许配人家，也是
当时呼兰本地风俗。因此，传说将 13 岁的张廼莹许配给王帮统的儿子为妻
似有可能。然而，事实并不符合人们的推断和想象。

民国时期，因剿匪和维持社会治安，王帮统在呼兰声名显赫、家喻户
晓。"九一八"事变后，他跟随马占山将军抗日，"江桥抗战"失败转而随
马占山退至海伦一带。1932 年 5 月，国联调查团专门委员海伊林等五人飞赴
齐齐哈尔调查，马占山派王廷兰前往齐齐哈尔寻找机会面见调查团，揭露日
本武装侵略东三省，制造伪满洲国的罪行。王廷兰到达齐齐哈尔，因叛徒出
卖，被日伪特务捕获。他不惧威逼，虽受尽酷刑仍坚强不屈，结果被敌伪装
在麻袋里，从高楼推下，壮烈殉国。

王廷兰本为呼兰籍，家喻户晓，在他自己和家人身上敷衍出一些故事亦
不足为怪。持"王恩甲说"者都认为张廷举把女儿许配给王家次子，是为了
巴结县里军方人士，以壮家族声势。这自然也是当时中国父亲包办儿女婚姻
时的一种惯常考量，甚至是一种被普遍接受的逻辑。最早为萧红立传的骆宾

---

① 姜世忠：《萧红生平考订（节选）》，孙茂山主编《萧红身世考》，哈尔滨出版社 2003 年版，
第 187—189 页。

基，就以这种逻辑展开关于萧红婚姻的想象，他叙述萧红升学受阻时说：

> 实际上，她的父亲，这时候已经在布置她的未来的命运了，那就是说预备给她订婚。男方的家长当时是东三省有名的一个将领，而日后是作为支持伪满的一个有力的奸细。①

或许"王恩甲说"的根据，最早便源于此。只是，后来又有学者在为张廷莹这位"准公公"正名，说他并不是汉奸而是一位烈士。而王廷兰壮烈殉国的时间，刚好与王恩甲将张廷莹一个人留在东兴顺旅馆从此人间蒸发的时间相一致。因而，这一正名亦为解开王恩甲何以"抛弃"张廷莹找到了一个比较合理的解释。那就是，由于父亲被日伪特务捕获，自己和家人受到威胁，不能再跟她在一起而突然消失。

关键是王廷兰是否有一个名叫"王恩甲"的儿子？

姜世忠几年间通过走访王帮统的女儿、孙子、侄孙子、侄孙女等多人，终于对烈士后人有比较清晰的了解。王廷兰只有一个儿子和一个女儿，儿子叫王凤桐，女儿叫王凤霞，并没有第二个儿子。因而，所谓将张廷莹许配给王廷兰次子一说自然不成立。那么，当年张廷莹是否许配给王凤桐了呢？事实亦非如此。王凤桐生于 1908 年，年龄上与张廷莹相当。他虽然比萧红大三岁，但结婚较早，1924 年 16 岁时便与住在呼兰北街、开皮铺的孟氏结婚，次年就有了儿子王玉春。1928 年王凤桐考入齐齐哈尔东北讲武堂黑龙江分校，1930 年 8 月，第九期毕业分配到张学良部队。1932 年 5 月，其父王廷兰被日本人杀害后，日伪特务多次来家搜查，王凤桐举家逃往关内，投奔张学良参加抗日部队，建国后在北京汽车五厂工作，病逝于 1986 年。从王廷兰独子王凤桐的生平来看，他与萧红的婚姻没有任何关系，因而，"王恩甲之谜"应该就此解开，以防谬误进一步流传。

以上大量征引材料，姜先生于 1997 年 4 月以《萧红生平考订》为题公开发表在《呼兰今古》上，可惜采信者并不多。许多有关萧红的传记或论著

---

① 骆宾基：《萧红小传》，建文书店 1949 年版，第 22 页。

一仍其旧地坚持"王恩甲说"。但是，最合理的想象终究并非事实。令人感慨的是，2007 年 8 月 19 日，我在萧红故居向一位负责人询问萧红未婚夫到底是"王恩甲"还是"汪恩甲"时，她毫不犹豫地回答说："汪恩甲"，随即又补上一句："他的父亲是呼兰的汪帮统。"呼兰历史上并不存在一位姓汪的帮统，对方显然把"汪恩甲说"和"王恩甲说"混为一谈。

　　然而，更有意思的是，曹革成为了更好地解释张廷举阻止女儿升学，对萧红订婚王帮统儿子一说又有新的折衷，如"据说当时呼兰县保卫团的帮统王廷兰，已有意让萧红做他未来儿媳妇，张家也同意，但关系没有明确，因为那年她才上高小二年级，虚岁 13 岁"①。也许，这种没有正式约定的婚姻后来不了了之，但当时于兴阁到张家施压的情节，却可以合乎情理地利用。此说拿不出任何证据，也只是"据说"而已。由此可见，"王恩甲之谜"变异之后还可能继续传说下去，不断敷衍出新的说法。实际上它早该解谜。

　　还是回到张廷举阻止女儿升学问题上来。

　　既然经济不成问题，订婚之说亦是空穴来风，那么就只剩下观念问题了。人是既复杂又简单的动物，人们试图为张廷举这个不乏维新之举的父亲阻止女儿升学寻找更合理的理由与动机，其动机其实非常简单，那就是对新的社会风气和年轻男女交往的排斥，还有他那比什么都看得重要的家族和个人颜面。他或许早就意识到放女儿去哈尔滨就是家族灾难的开始。由此可见，萧红和父亲之间不可调和的矛盾根源于父女间的观念差异，而前文说过，父女俩的倔强、固执却不相上下。

　　据张廼莹东特女一中同学傅秀兰、沈玉贤，以及萧红亲属的回忆，大致可以获知萧红当年订婚的具体情形。上中学后，家人发现她和男同学时有往来，张廷举害怕风言风语传出，大约于 1928 年底 1929 年初，也就是张廼莹读完初二上学期，回家过寒假的时候，家人给她订下了一门亲事。男方是哈尔滨顾乡屯的汪恩甲，又名汪东海，六叔张廷献为保媒者。

　　说起这桩婚事，还颇有渊源。张廷献与汪恩甲之兄汪大澄是当年在阿城吉林省立第三师范学校读书时的同班同学，一起排演过话剧，彼此十分熟悉。毕业

---

①　曹革成：《我的婶婶萧红》，时代文艺出版社 2005 年版，第 20 页。

后，汪大澄在哈尔滨道外区基督教教会创立的三育小学任校长。不久，张廷献出任道外税务分局局长。两人同处一区，过从甚密。张廷献一个人住在水晶街，萧红时常去六叔居所看望。1927 年，汪恩甲步哥后尘，从吉林省立第三师范学校毕业后亦来到三育小学任教。汪大澄托老同学给弟弟保媒，张廷献自然想到在哈尔滨读书的侄女。而后，张廷献赶到呼兰与三哥商量。张廷举考虑到对方家境很不错，汪氏兄弟都受过较好的新式教育，且都从事教育工作与自己算是同行，其父是顾乡屯的一个小官吏，两家可谓门当户对，加之由六弟保媒便迅速同意。这样张、汪两家正式订下婚约，等张廼莹初中毕业再约定婚期。

萧红对这门婚事并未表示任何异议。可能一来与她当时的交际面还比较狭窄有关，况且，东特女一中严格限制学生与男性交往；二来，她实际上也比较满意汪恩甲。对方除受过新式教育，拥有比较体面的职业外，据见过汪恩甲本人的梁静芝晚年回忆，小伙子"也算相貌堂堂"①。订婚后，两人往来密切，除见面外，亦经常通信，萧红还给汪织过毛衣。汪父过世，在继母带领下，萧红到顾乡屯参加丧礼。没过门的儿媳居然为公公戴"重孝"，她因此广获好评，汪家赏钱 200 元。

东特女一中不少学生有未婚夫，且大多在哈尔滨工业大学、法政大学念书，按当时的社会评价，这叫天造地设、门当户对的金玉良缘。可能出于想为自己挣得脸面，抑或源于张廼莹的鼓励，订婚不久汪恩甲也进入法政大学（夜校）念书。但在与汪恩甲较为密切的交往中，对方身上的一些纨绔习气以及不时表现出的庸俗令张廼莹心生不满，并发现汪有抽大烟的恶习。这让她无论如何都难以接受，厌恶之感日渐滋长。

另外，毋庸讳言，张廼莹对汪恩甲的情感波动，更源于在校期间学生运动的参与。"一一九"运动和"佩花大会"让她有机会接触到哈尔滨一些高校的优秀男生。他们有头脑、有学识、见解深刻、有组织能力，常常令她心生崇拜；而她的干练与激情也给一些男生留下深刻印象，甚至心生爱慕。陆哲舜正是在"佩花大会"上走进其情感世界。两人在其后不长时间的交往中互生好感。陆哲舜 1929 年毕业于哈尔滨道外区三育中学，后进入哈尔滨东

---

① 李重华：《漫论萧红》，《齐齐哈尔师范学院学报》1986 年第 4 期。

省特别区法政大学（即原中俄法政大学）就读。对萧红心生爱慕时早已家有妻室，但他丝毫不顾及这些，一心鼓励她跟随自己一道到北平读书。很显然，陆的出现更加影响到萧红对汪恩甲的感情，以及对这桩婚事的看法，渐渐萌生解除婚约之念。萧红东特女一中同学亦曾指出，张廼莹是因为陆表哥的关系"才不喜欢汪"①。为了坚定萧红反抗包办婚姻，并追随自己到北平读书的决心，陆哲舜主动先从法政大学退学，于1930年4月到北平就读于中国大学，为她来北平做准备。

　　1930年夏，临近毕业，家人以一场预期已久的婚姻企图终结其少女时代，当萧红向父母表达了初中毕业后到北平继续读高中，并与汪家解除婚约的想法。父母极为震怒，严加责斥。本来，她在哈尔滨参加学生运动，就已经让张廷举大为不满。萧红再次与父亲、继母尖锐对抗，其倔强与过激令她在整个家族和亲戚中都十分孤立，也让父亲、继母更其坚定了早点将其嫁出的想法。随着初中毕业的临近，张、汪两家都在为萧红的嫁、娶做准备。

　　萧红面临追随陆哲舜到北平念书和遵循家族意愿与汪恩甲完婚两种选择。她意识到前者将是以叛离家族并与之决裂为代价；后者则是牺牲自己的自由与幸福。此时，她还谈不上多么热爱陆哲舜，只是心里始终存有一个宏大的求学梦想。据当年同学回忆，陷于两难的张廼莹变得忧心忡忡、喜怒无常，夜里常常独自饮泣，甚至躲在宿舍抽烟、喝酒。周围同学看在眼里，都觉得她变了②。帮助张廼莹最终作出属于自己的决定，除她那尽乎与生俱来的逆反、任性和抗争性格外，还有另一种重要力量，便是娜拉的激励。20世纪20—30年代，易卜生笔下的娜拉毫无疑问成了中国一代新女性"自我塑型"（self-fashioning）的榜样，纷纷效仿其出走。此时张廼莹已不是三年前那个只是一味要求"我要上学"的小女孩。中学是其"自我塑型"的重要阶段，在朋友眼中，萧红"富于理想、耽于幻想，总好像时时沉迷在自己的向往之中，还有些任性"③。

---

　　① 何宏：《关于萧红的未婚夫汪恩甲其人》，孙延林主编《萧红研究》第1辑，哈尔滨出版社1993年版，第86页。

　　② 沈玉贤：《回忆萧红》，章海宁主编《萧红印象·记忆》，黑龙江大学出版社2011年版，第184页。

　　③ 李洁吾：《萧红在北京的时候》，章海宁主编《萧红印象·记忆》，黑龙江大学出版社2011年版，第155页。

而"自我塑型"的力量，常常令年轻女孩混淆文学人物创造与个人自我性格塑造之间的差异，往往根据文学艺术中的想象性形象或人物模式来塑造自己。

毕业之际，汪家正式提出完婚要求，萧红不得不作出选择时，要好的同学们都鼓励她做现实中的娜拉出走北平，跟随陆表哥逃婚。在这群少不更事的少女眼中，这自然是最富时代色彩的浪漫选择，新鲜而刺激。她们甚至不知天高地厚地认为"可以写稿子"[①]，解决在北平的生计。张廼莹最终选择了这纯然娜拉式的出走，成了现实版的子君。其出走很有策略性，与家长不再采取生硬对抗，而是假意改变态度，满心欢喜地同意与汪恩甲结婚，从家里骗出一大笔钱，旋即伺机偷偷离开哈尔滨。萧红三姨姜玉凤晚年接受访谈时，谈及萧红当年离家出走的情形："萧红走后，听她爸爸告诉我，是从哈尔滨她姑姑家走的。"[②] 所谓萧红"姑姑家"，自然是指陆哲舜家。

值得注意的是，萧红如何离开东特女一中，至今众说纷纭。《萧红小传》提及萧红是在1930年夏天"就退学了"，原因是"家里不让念了"，家里之所以这样做，却是与汪家订婚[③]。孙陵却说是在民国二十年（1931）秋天，张廼莹因跟自己的一位老师"发生了暧昧关系，被学校开除了"[④]。萧红初中同班同学沈玉贤20世纪80年代初接受访谈提及："初中毕业那一年，不知她是什么原因，没有参加初中毕业考试就走了。后来，听说她去了北京。"[⑤] 而梁静芝则提到萧红在反对日本"强修五路"的游行示威中，因"散发传单被校方开除在家闲待"过[⑥]。另外还有一种说法："由于她（萧红——论者注）还与叔伯姑姑的儿子陆哲舜有点爱情瓜葛，汪家很不满，便与她父亲商议、合谋，并征得校长孔焕书同意，取消了她的学籍。"[⑦] 但是，

---

①　李丹、应守岩：《萧红知友忆萧红——初访徐薇同志》，孙延林主编《萧红研究》第1辑，哈尔滨出版社1993年版，第41页。

②　王化钰：《采访萧红亲三姨——92岁老人姜玉凤》，孙茂山主编《萧红身世考》，哈尔滨出版社2003年版，第58页。

③　骆宾基：《萧红小传》，建文书店1949年版，第21—22页。

④　孙陵：《我熟识的三十年代作家》，台湾成文出版社有限公司1980年版，第1页。

⑤　王化钰：《访问沈玉贤同志》，孙茂山主编《萧红身世考》，哈尔滨出版社2003年版，第200页。

⑥　王化钰：《访梁亚兰亲妹梁静芝及其丈夫马天浩老师》，孙茂山主编《萧红身世考》，哈尔滨出版社2003年版，第72页。

⑦　王化钰：《萧红家世及其青少年时代》，孙茂山主编《萧红身世考》，哈尔滨出版社2003年版，第161页。

萧红东特女一中另一位女同学刘俊民，同样在 80 年代初接受访谈时着意指出："有人说萧红没有毕业，被开除了……这是不对的，我们三个人（指张廼莹、沈玉贤、刘俊民）都毕业了，而且还拍了毕业照片……沈玉贤可以证明这一点。"[①] 这些说法相互抵牾，但时间大多指向 1930 年夏，即萧红初中毕业之时。而离开原因却各有说法，里边不乏后人记忆讹误和人为编撰。张廼莹当年是否取得学籍无从查究，然而，可以明确的一点是，她离开东特女一中时确实非同寻常。

七 求学梦的破灭

到北平后，萧红就读于"国立北平师范大学附属女子中学"。该校创办于 1917 年，萧红入学时一度更名为"北平大学女子师范学院附属女子中学"。学校设初、高中部，开设有国文、外国文、数学、历史、地理、物理、生物、中国文学史等二十多门课，比起东特女一中，自然丰富得多；教学设施也更加完备，有礼堂、理化实验室、图书处等[②]，让萧红耳目一新。萧红与陆哲舜租住二龙坑西巷一座小院。为了不引起旁人猜疑，他们对外宣称甥舅关系。小独院只有八九间房，一道矮矮的花墙将其分为里外两院。两人分住里院的两间北房，还请了一个北平当地人耿妈照料饮食起居。安顿妥当，萧红便赶忙给沈玉贤写信，让老同学分享自己勇做娜拉的兴奋与喜悦：

> 我现在女师大附中读书，我俩住在二龙坑的一个四合院里，生活比较舒适。这院里有一棵大枣树，现在正是枣儿成熟的季节，枣儿又甜又脆，可惜不能与你同尝。秋天到了！潇洒的秋风，好自玩味![③]

---

① 刘俊民讲述，何宏整理：《我的同学萧红》，章海宁主编《萧红印象·记忆》，黑龙江大学出版社 2011 年版，第 186 页。
② 章海宁：《萧红画传》，黑龙江大学出版社 2011 年版，第 62 页。
③ 沈玉贤：《回忆萧红》，《哈尔滨日报》1981 年 6 月 16 日。

除了生活舒适，每到周日小独院高朋满座。李洁吾、苗坤、石宝瑚、李荆山（李镜之）等一批在北平的哈尔滨三育中学校友，每每聊到听见打更人的梆子声才踏月星散。李洁吾晚年回忆，这些人虽然不是每周日都来聚会，但总能碰到三五人，而他则一直是个"全勤生"，从未缺席。大家聊谈的内容无所不包，热闹非凡，萧红每次都坐在固定位置上，身世似乎是她谈话的禁忌，周围人从她口中只得到只言片语的了解①。

萧红、陆哲舞对他们之间的关系，认知上存有一定程度的错位。也许，自奔向北平那一刻，萧红就意识到自己到底不是易卜生笔下的娜拉或鲁迅《伤逝》里的子君。她明白自己并没有真正爱上对方，来北平的主要目的是读书，而不是与有妇之夫同居；但陆哲舞的所有努力，却基于对萧红一时狂热的爱慕，认为她既然能够追随来北平，便是对其爱慕的回应。随即出现子君与涓生式的同居才合乎当时新女性、新青年的逻辑。萧红来北平不久，他便写信回家要求与妻子离婚。在这小独院内，两人虽各处一室，但孤男寡女共同生活俨然同居，难免令陆怀有非分之想。但是，令他没想到，他和萧红之间似乎应该顺理成章的事情却遭到严词拒绝。不仅如此，萧红还给李洁吾写信，愤怒控告陆对自己的"无礼"，等李再次来访，刚一进屋就将信交给他。陆哲舞极其尴尬，李洁吾读完信后当场将之大骂一顿，令其羞愧得哭起来。萧红之所以这样做，一来是向陆明示她对两性关系的严正态度；二来则为了杜绝对方再生非分之想。

据李洁吾回忆，北平期间，萧红给人的观感是"眉宇间时常流露出东北姑娘所特有的那种刚烈、豪爽的气概，给人一种凛然不可侵犯的庄严感"②。当他说到祖父的严厉，却勾起萧红对祖父的怀念；而当他谈及自幼丧父，母亲含辛茹苦之不易，萧红却脸色阴沉、表情抑郁，沉默无语。李洁吾意识到她明显并不热心谈论自己的母亲。李洁吾晚年回忆："祖父对她好，她永远不能忘记；母亲待她很淡漠，她不愿提及；父亲待她很坏，使她几乎不相信世界上会有好父亲！这三种鲜明的爱憎情感，当时给了我

---

① 李洁吾：《萧红在北京的时候》，章海宁主编《萧红印象·记忆》，黑龙江大学出版社 2011 年版，第 157 页。

② 同上书，第 155 页。

很深很深的印象。"①

萧红的出走让张廷举苦心经营的"清白门风"顷刻荡然无存。张氏族人亦承载着巨大的舆论压力，甚至影响到福昌号屯整个张氏家族。旋即，张廷举因教子无方被解除省教育厅秘书一职，调任巴彦县督学兼清乡局助理员。在呼兰上学的张家子弟亦不堪舆论压力，纷纷转校离开家乡。张秀珂随父亲由北满特别区第一中学转至巴彦县立中学。张廷举担心儿子一个人会孤单，遂将二哥出继给四弟在东省特别区第三中学读书的儿子张秀琳也转至巴彦。

萧红出走自然也是汪家最不能接受的事实。汪恩甲之兄汪恩厚一心想解除与张家的婚约。萧红父给陆家施加压力，陆家最终探到儿子住所，寄信催逼、警告无效，不久断绝其经济来源。萧红和陆哲舜在北平勉强撑到学期结束。临近寒假，陆家发来最后通牒：如果两人寒假回东北就寄来路费，不然，从此什么都不寄。捉襟见肘的生活本来就已令生活一向优裕的陆哲舜难以坚持。最终，他决定还是向家里妥协。这是萧红最不愿看到的结局，但陆决心已定，她亦无可奈何。据萧红中学同学刘俊民回忆，"此时，汪恩甲赶到北京，乃莹在逆境中，只好同他返回哈尔滨，在东兴顺旅馆同居"②。依据刘俊民的说法，萧红就有前后两次跟汪恩甲在东兴顺旅馆同居的经历。不知是否出于记忆误差。不过，关于萧红第一次从北平返回哈尔滨到底住在哪里，跟谁在一起，除刘俊民的回忆外，一直没有其他佐证。刘的回忆大致能够填补萧红1930年底回到哈尔滨后这段经历的叙述空白。而且，她在写给萧红另一位中学同学沈玉贤的信中也谈到这一点，所述情形基本一致。

从刘俊民口头、笔下可以获知萧红1930年底至1931年初的大致经历：她跟汪恩甲在东兴顺旅馆同居遭家人反对，一次，汪回家取钱被家人扣留，萧红找到汪家，被汪母和妹妹骂出。回旅馆后，萧红自觉遭到奇耻大辱，状告汪恩厚代弟休妻。庭审当天萧红父、继母还有刘俊民本人都曾到场，法庭上"汪恩甲为了保全哥哥汪大澄的名声，在法院不得不承认是自己要离婚，

---

① 李洁吾：《萧红在北京的时候》，章海宁主编《萧红印象·记忆》，黑龙江大学出版社2011年版，第158页。

② 刘俊民讲述，何宏整理：《我的同学萧红》，孙延林主编《萧红研究》第1辑，哈尔滨出版社1993年版，第24页。

于是法院判了离婚。虽然下堂之后，汪恩甲再三向乃莹解释，这个离婚不算，但乃莹是倔强的，一气之下便与他家永远分开了"[1]。刘俊民在给沈玉贤信中，还提到萧红官司失败之后，第二次离开哈尔滨到北平的细节："1931年春，她上火车前，来校告诉我说火车票表哥早买好，马上就去火车站，并嘱如汪来打听，只说乃莹未来。"[2] 萧红与汪家是否有过这场官司，在萧红生平研究中多少令人生疑。但是，刘俊民的说法在张秀珂回忆萧红的文章里似乎得到印证："又如不愿意同家庭订的汪姓人结婚，那就'离婚'好了，何必要打官司告状呢?"[3]

　　萧红 1930 年底从北平返哈，到 1931 年初再返回北平，期间是否回过呼兰家里，因资料缺失至今不得而知。但萧红返平之后的情形，在好友高原、李洁吾的文章里，有比较详细而明确的叙述。高原述及曾到萧红住处拜访正好碰上"密司特汪"，而当他将所遇见的情形写信告知萧红同学徐淑娟，徐回信认为萧红已被汪的眼泪所软化而做着"良妻"了，并为之痛心："廼莹，或者说是廼莹的事，对我是一把利斧! 这伤痛，这鲜血，永远镂在心上……"[4] 李洁吾亦述及大约 1931 年 2 月末，突得陆哲舜电报告知萧红已经乘车返北平，他前往看望，并于大约一周后碰见汪恩甲闯入的情形。[5] 由此可见，萧红第二次返回北平也是在陆哲舜帮助之下。据文章记载，萧红这次离开哈尔滨之前，她和陆在沈玉贤家吃过饭。[6] 李洁吾文中提到，萧红于 1931 年 3 月末一天突然来北大找他借钱，而问及"上学的事解决了吗"，她只回应说"目前都谈不到了"，拿着凑在一起的不到一块钱匆匆走了。几天后，他到萧红住处打听，耿妈说"小姐他们"回东北了。李洁吾困惑于萧红

---

　　① 刘俊民讲述，何宏整理:《我的同学萧红》，孙延林主编《萧红研究》第 1 辑，哈尔滨出版社 1993 年版，第 24 页。

　　② 何宏:《关于萧红的未婚夫汪恩甲其人》，孙延林主编《萧红研究》第 1 辑，哈尔滨出版社 1993 年版，第 86 页。

　　③ 张秀珂:《回忆我的姐姐——萧红》，章海宁主编《萧红印象·记忆》，黑龙江大学出版社 2011 年版，第 312 页。

　　④ 高原:《离合悲欢忆萧红》，《哈尔滨文艺》1980 年第 12 期。

　　⑤ 李洁吾:《萧红在北京的时候》，《哈尔滨文艺》1981 年第 6 期。

　　⑥ 何宏:《关于萧红的未婚夫汪恩甲其人》，孙延林主编《萧红研究》第 1 辑，哈尔滨出版社 1993 年版，第 86 页。

的不辞而别，他记得她这次北平之行"时间是一九三一年的初春，二、三月间"①。

萧红这次返回北平，一来可能无法继续和汪恩甲待在旅馆，官司输了没脸回家，长时间待在同学家终究不便，无处可去只好返回租住地，很可能除火车票外，陆哲舜在她离开哈尔滨前有所资助。二来还是想"继续读书"②。《国立北平师范大学附属女子中学概览》规定，每学期开学交学费等各种费用共21元，未交清不得入学，而旷课一周即"命其退学"③。萧红赶回北平可能想继续注册上学，其后，汪恩甲赶至，或许一方面为自己在法庭上撒谎而心怀愧怍，想有所补偿；另一方面他也许还是比较珍惜与萧红的姻缘，虽遭家人强烈反对，还是不想放弃。至今没有资料说明他就是一个纨绔恶少。他毕竟接受过新式教育，且从事教书育人的工作。优裕的家境可能让这个汪家小儿子染上了些许纨绔习气。对于萧红，以当时人们普遍存有的性道德，他也不能放弃，因为两人已经同居。

萧红与汪恩甲在北平待了将近一个月，期间，萧红可能还是想极力说服他一起在北平念书。但汪心里显然没有真正留下读书的打算，只想将其带回哈尔滨同居，慢慢说服家人，只是虚与委蛇，消磨时日。直至3月末两人最终闹翻，萧红不得不中断学业，匆匆离开再次返回哈尔滨。李洁吾所关心的"读书的事"，因为到了3月底开学将近一个月，旷课三周，汪恩甲不愿意帮助，萧红自然无计可施，又赶上学校新换主任（据《国立北平师范大学附属女子中学概览》记载，民国二十年二月，杨主任辞职，由秘书宗真甫代行主任职务④），通融余地也没有。萧红的求学梦只好这样绝望放弃。三月末，她最终回到呼兰老家——已经没有地方可去，也没有男人可以追随，可以指望，可以倚靠。

所以，在我看来，抗婚并非萧红离家出走的真正目的，而其真正的愿望是读书。没有家族的支持，她只好倚靠陆哲舜、汪恩甲等人，其梦的破灭很

---

① 李洁吾：《萧红在北京的时候》，《哈尔滨文艺》1981年第6期。
② 章海宁：《萧红画传》，黑龙江大学出版社2011年版，第68页。
③ 《国立北平师范大学附属女子中学概览》（内部印刷1932年7月版），第6—8页，转引自章海宁《萧红画传》，黑龙江大学出版社2011年版，第68页。
④ 章海宁：《萧红画传》，黑龙江大学出版社2011年版，第104页。

大程度上在于这些人看重的只是一个女性的身体。萧红的悲剧,事实上是当时代女性的悲剧。1938 年 12 月 22 日,她在重庆塔斯社分社接受 B. H. 罗果夫访谈时,还不无遗憾地说道:"我很想上大学,但是无法实现。"①

　　萧红求学梦的破灭究其根本,或许在于她遭遇了那样的父亲。张廷举怕女儿再次离家出走又闹出令家族尴尬的事情来,而自己又在外县,于是决定让梁氏带着孩子们搬至福昌号屯居住。作为张氏家族的发祥地、大本营,阿城福昌号屯地处偏僻、交通不便,居住着张廷举的两个同胞哥哥,四个异母弟弟、一个异母妹妹和继母徐氏,外加众多堂兄弟,容易对女儿形成监视、管教。福昌号屯张家由萧红二伯父张廷选当家,族里年轻的堂兄弟妹都在外地上学。张家宅院,四围都是十分宽厚的高墙,只有一个大门进出,日夜都有护院持枪把守。在这里萧红与外界完全隔绝,平素只有 27 岁的未婚姑姑张廷宾和过门不久的七婶王氏与之年龄相仿,偶尔说说话。

　　萧红虽然避开了呼兰关于自己出走逃婚、败诉被休甚嚣尘上的议论,但家族同样将其视为辱没家族名声的异类。在众人监视下,不能与外面有任何联系,过着与外界隔绝的软禁生活。在家族内部,继母徐氏严厉禁止女儿、儿媳与之接触,时常监听她们的谈话,并强令她晚上与自己睡在同一炕上。萧红常常委屈地靠着墙根哭泣,徐氏更是动气,揶揄道:"你真给咱家出了名了,怕是祖先上也找不出你这个丫头。"②

　　在福昌号屯近七个月的软禁生活,为萧红日后的写作积累了重要素材,如《王阿嫂的死》《夜风》《看风筝》《生死场》等小说都取材于此。有些人物就是以伯父或叔父为原型。禁闭的日子无疑是一种折磨。她常把自己关在屋内不出门,继续争取出去念书的可能。脾气暴躁的大伯父得知后动辄赶过来殴打,没处躲避只好跑到七婶房里。东北旧俗大伯子不能进入兄弟媳妇的卧室。萧红一天到晚不敢出门,饭菜都由小婶送进来。百无聊赖便帮小婶织一些大人孩子的手套、袜子打发时日。这样的日子实在无法过下去,逃离的念头越来越强烈,她宁愿在外流浪也不愿呆在这样的家里。她十分清楚地看

　　① [苏] B. H. 罗果夫:《记萧红的谈话》,章海宁主编《萧红印象·记忆》,黑龙江大学出版社 2011 年版,第 172 页。
　　② 萧红:《夏夜》,《萧红全集》第 1 卷,黑龙江大学出版社 2011 年版,第 264 页。

到，自己与家族的对立已然无法调和，如果不逃出去将会在这里窒息。

萧红到底是如何离开福昌号屯的，一直是萧红研究者们争论不休的话题之一。作为当事人，萧红姑姑和七婶1960年接受铁峰访谈时回忆，"九一八"事变前后，东北农村经济危机十分严重，日用品价格飞涨，粮食大幅度贬值。张廷蕙想将经济危机造成的损失转嫁到佃户身上，决定增加秋租，削减长工工钱，遭到佃户和长工的联合反抗。萧红同情佃农，劝大伯父不要加租再次将其惹怒，不仅被暴打了一顿，还派人给张廷举发电报让他回来处置女儿。萧红跑到七婶屋里躲起来，没有退路可走，决计在父亲回来之前逃离。姑姑和七婶非常同情其遭遇，于10月3日夜里，将她藏在一户长工家的柴火堆里，次日清晨再将其藏在往阿城送秋白菜的大车上离开福昌号屯到了阿城，然后乘火车逃往哈尔滨。[①]

然而，此说遭到一些呼兰本地学者的质疑。李重华认为此说脱离萧红思想、生活的实际，不足为信。因为她"当时只是一个一心想求学的女学生，又长期在严父和继母的家庭中生活，从未参与过'家政'，更何况又是根本与她无关的'家政'"，所以，她向大伯父建议不要加租"是根本不可能发生的事情"[②]。这一分析显然很有道理，在"以阶级斗争为纲"的20世纪60年代，强调萧红的离家出走是对地主家庭的反抗，显然是时代留下的烙印，也是出于政治意识形态对萧红的美化，就正如前文那莫须有的"身世之谜"。

2007年9月18日，笔者有幸从张廷选第三子张秀琰老先生口中了解到萧红在福昌号屯的一些情形。张先生在"秀"字辈排行第十一，萧红在福昌号屯的时候，他还在襁褓之中。张先生告诉笔者，他了解的情况是：福昌号屯虽然由其父张廷选当家，大伯父张廷蕙不多参与家政，但长兄如父，其威信颇高。而一向脾气暴躁的张廷蕙此时患有轻度神经病，面对萧红的种种"忤逆"之举，经常扬言要在家族内部将其弄死了事。为了逃避大伯父的毒打，她只好躲在"老婶"（七婶）房里不敢出门。在这种情况下，老婶和姑姑担心她真的遭遇不测，所以安排藏在往阿城送大白菜的车子里逃出。张秀琰亦认为铁峰所谓萧红阻止家长加租一说过于牵强。福昌号屯土地千垧，张

---

① 铁峰：《萧红传》，北方文艺出版社1993年版，第74页。
② 李重华：《漫论萧红》，《齐齐哈尔师范学院学报》1986年第4期。

家并不收租，而是包给其他富户管理，不与佃户打交道①。

20 岁的张廼莹从此彻底切断与家族的联系，走上一条不归路。从巴彦赶回的张廷举对女儿彻底失望，盛怒之下宣布从此开除其族籍，日后族谱上不记载萧红的任何信息。对此，张秀琭也有所否认，说张家 1935 年修家谱时，萧红已是左翼作家，日伪特务多次到呼兰张家搜查，家里怕日本人找麻烦，才故意不写"张廼莹"的名字，并非出于开除其祖籍②。张秀琭的说法或许不无道理，但并不能让人信服。萧红侄子张秀珂之子张抗 20 世纪 80 年代初撰文明确提及："萧红走后，父亲便宣称'开除她的族籍'。后来萧红在哈尔滨贫困交加，父女在街头相遇，双双冷眼相对而过。"③ 而且，张廷举决定开除萧红族籍还有一个原因，那就是修家谱之前，萧红在哈尔滨时期的一些以福昌号屯生活为素材，以身边伯父、叔父们为原型的小说，有"侮辱家长"之嫌。因而，张廷举对女儿的评价是"大逆不道、离家叛祖、侮辱家长"，宣布开除其族籍④。萧红离家出走后，她和父亲之间彼此的仇恨却是显见的事实。张廷举在心理上，就当没有生养这么个女儿。这位一心维护家族脸面和荣光的父亲对女儿的行为也是万般无奈。

害怕其他孩子有所仿效，张廷举在家里将流浪哈尔滨街头的大女儿视为洪水猛兽，严令子女不许与之来往，对张秀珂的监管尤为严格。萧红曾给弟弟来过信，但信件被父亲拿到，他用手挡住信封下边的发信地址质问儿子："这是谁来的信？"张秀珂从字迹上看出是姐姐，但不敢如实回答，强装不知。张廷举继续严厉责问道："这是逆子写的，你给她写过信吗？"面对震怒不已的父亲，张秀珂吓得两手发抖，颤声回答："没有。"张廷举仍不忘警告道："那好，你如果同她来往，这个家也是不要你的。"⑤

萧红胞弟张秀珂，生于 1916 年 11 月 18 日，毕业于北满特别区第一中学

---

① 章海宁：《萧红画传》，黑龙江大学出版社 2011 年版，第 71 页。

② 同上。

③ 张抗：《萧红家庭情况及其出走前后》，孙延林主编《萧红研究》第 1 辑，哈尔滨出版社 1993 年版，第 67 页。

④ 王连喜：《萧红被开除族籍前后》，孙延林主编《萧红研究》第 1 辑，哈尔滨出版社 1993 年版，第 263 页。

⑤ 张抗：《萧红家庭情况及其出走前后》，孙延林主编《萧红研究》第 1 辑，哈尔滨出版社 1993 年版，第 68 页。

高级文科。虽然，张廷举严令禁止儿子跟姐姐联系，但到底割不断萧红与张秀珂之间的姐弟亲情。1934 年，在齐齐哈尔念高中的张秀珂读到报纸上署名"悄吟"与"三郎"的文章，后得知"悄吟"就是姐姐很是兴奋，便投书报社探询。不久，便收到了姐姐来信，并劝自己转学到哈尔滨。与姐姐取得了联系，给苦闷中的张秀珂以极大的鼓舞。

姐弟俩从此音讯不断。而等到张秀珂秋天转学至哈尔滨，萧红和萧军已经去了青岛。即便离开了哈尔滨，萧红对弟弟仍然倾注了满腔的牵念，经常给他写信，指导他阅读文学作品。不久，张秀珂还收到姐姐自上海寄来的《生死场》《八月的乡村》和《丰收》等作品。高中毕业后，张秀珂于 1936 年到日本东京留学。

1936 年春夏，二萧陷于感情危机。萧红非常痛苦，见她一时难以摆脱低靡的精神状态，黄源建议到日本住上一段时间。朋友的建议让萧红颇为心动，想到自己老是处于这样一种精神状态，将会一事无成。荒废了自己也打扰了周围朋友的生活。她觉得需要一个全然属于自己的空间和时间来疗治心灵创伤。另外，她也很意外地收到一封张秀珂寄自东京的信，告知姐姐自己在东京念书。离家出走多年，不知弟弟现在该是什么样子，无限伤感中的萧红也自然想到了亲情，到日本可以见到多年未曾谋面的胞弟，不免对东京之行充满期待。1936 年 7 月 17 日乘船赴日，开始其蛰居东京的日子。

一到东京萧红就给弟弟去信，两人住处相隔很近。她本来可以让朋友带着直接与之见面，但考虑到自己以民国公民身份来日本，而弟弟的身份却是满洲国公民"已经不是一个国度的人了"①，直接见面怕给他带来不便，就先写信约两天后下午六点在一家饭馆见面。当日，她特别穿了一件红衣裳五点钟就在饭馆里等，但快到七点仍不见弟弟来。萧红不免失望，转念又想弟弟大概来过，可能因没认出自己而错过。

次日，萧红亲自找到张秀珂所在的神田町住处。一位穿着灰色大袖子衣裳的老太太告知秀珂月初就离开了东京。她看见弟弟曾住过的房子还放着竹帘子，里面静悄悄的，好像正在睡午觉。张秀珂是否出于考虑到姐姐和自己的安全，

---

①　萧红：《"九一八"致弟弟书》，香港《大公报》副刊《文艺》第 1186 期（1941 年 9 月 20 日）。

故意让老太太这么说亦未可知。据他 1955 年 4 月 28 日在病床上的口述，当时，他知道姐姐在东京，只是"怕特务发觉"，"竟未敢去找她"①。由此可见，他对与姐姐相见似在故意回避，而这与当时日本政府对国内民众的高压政策分不开。1936 年冬，张秀珂转道东北跑到上海，只比萧红从日本回上海早两个月。萧红在生命后期深情详述与胞弟的这段交往，文章见报后数月便与世长辞。②

张秀珂到上海后与萧军建立起深厚友谊。1937 年初，萧红自日本回国遭遇的却是更大的情感打击，为此，二萧之间经常发生争吵。张秀珂难以理解姐姐，面对二人间经常的争吵，他不明白为了什么，却常常"拥护萧军，不赞成萧红"③。

抗战爆发不久，张秀珂带着一封萧军写给红军里熟人的信离开上海去了西安。姐弟俩一别而成永诀。到西安后，张秀珂还常与二萧通信。而一个月后，当他随着新改名的八路军渡河东下，姐弟俩就断了音讯。不久，部队绕到汾阳、孝义进行战后整军，张秀珂竟不知道姐姐就在附近的民族革命大学任教，以至失之交臂，未能见上一面。④

1938 年春天，在临汾，每天早晨，一队队战士跑步练操，民大呈现一派热闹欢腾、进取向上的景象。萧红深受感染，每天看着一群群与弟弟一般大小的年轻人，快乐而活泼地做事，快乐而活泼地唱歌，她看到了祖国的前途，真切感到有这样的年轻人"中国是不会亡的"⑤。眼前的年轻人亦激起她对弟弟的思念。听说弟弟就在洪洞前线，离临汾很近，萧红托人转去一封信，原以为姐弟俩不日就可以见面，不想预期竟然再次落空。不过看见眼前的小伙子们如此快乐向上的样子，萧红心想弟弟一定也像他们一样，没什么不放心的了。⑥

---

　①　张秀珂：《回忆我的姐姐——萧红》，章海宁主编《萧红印象·记忆》，黑龙江大学出版社 2011 年版，第 312 页。

　②　萧红：《"九一八"致弟弟书》，香港《大公报》副刊《文艺》第 1186 期（1941 年 9 月 20 日）。

　③　张秀珂：《回忆我的姐姐——萧红》，章海宁主编《萧红印象·记忆》，黑龙江大学出版社 2011 年版，第 313 页。

　④　同上。

　⑤　萧红：《"九一八"致弟弟书》，香港《大公报》副刊《文艺》第 1186 期（1941 年 9 月 20 日）。

　⑥　同上。

此后四年多，萧红与弟弟始终没有联系上。不久，在苏北新四军某师工作的张秀珂偶然看到当时军部出版的文艺副刊载有萧红困居香港的消息。张秀珂曾给姐姐去信，请她来根据地，但端木蕻良后来表示没有收到那封信。1942年夏天，张秀珂在该副刊上看到了悼念萧红的启事。

获悉姐姐已经病逝，张秀珂悲痛难抑。他自然不知道四年多来，姐姐一直惦记着自己这个音信杳无的弟弟。加之自身辗转床榻不胜忧闷，1941年"九一八"前夕，萧红抱病撰写了《"九一八"致弟弟书》抒发内心。与当时一般政治动机明显的"九一八"纪念文章不同，此文虽是公开信，但同样亲情缱绻，读之令人动容。萧红抒发了与弟弟分手后的种种心情，以及两次失之交臂的遗憾，还有如今音信杳无的无边挂念。表达了与张秀珂之间的姐弟情深，文字真挚动人，富有感染力。

这篇公开信发表于9月20日的香港《大公报》副刊《文艺》和9月26日桂林版《大公报》，可能是萧红一生最后完成的作品，是她作为作家留下的"绝笔"。东北解放后，张秀珂从朋友那里陆续打听到姐姐与自己分开之后的生活情形。特别是1954年到北京治病后，接触到更多姐姐生前熟人，对姐姐的了解也就更加详细。为此，张秀珂沉痛地写道："听友人说，萧红直到最后还经常怀念我这个弟弟，而我除了幼稚、浅薄的误解和怀疑外，竟对她丝毫也没有帮助。每当我想到这里，常引起我的自恨与自责。"①

八 从对立到精神和解

1931年10月，张廼莹开始了在哈尔滨的流浪。其实，她在这座城市里亲戚众多，在道外区水晶街还有张氏家族经营的粮米铺和皮铺，但她再也不想与庞大的家族有任何瓜葛。最初住在中学同学家里，但时间一长，即便人家不说什么她也觉得尴尬。为了尽可能地少在同学家吃饭，每天一大早她就出门在街市游荡，等到同学晚上放学回来，才回到同学家跟着吃顿晚饭。张家众多子弟在哈尔滨各大中学念书，他们对流浪街头的"二姐"比较关心。

---

① 张秀珂：《回忆我的姐姐——萧红》，章海宁主编《萧红印象·记忆》，黑龙江大学出版社2011年版，第313页。

据当年在东特女一中亦即萧红母校读书的堂妹张秀琴晚年回忆:"我在哈尔滨读书时,曾去看过二姐,还给她带些钱,劝她回去。二姐说:'这个家我是不能回的,钱我也不能要。'"① 为了自食其力,她曾想到工厂当女工,甚至在街边当缝穷婆。

　　1935年初冬,萧红偶然遇见在东省特别区第一中学校读书的堂弟张秀璠(二伯父张廷选长子,后毕业于东省特别区法政大学本科)。见二姐衣着破旧、面容憔悴,一副失魂落魄的样子,张秀璠非常难过。两人在中央大街一家咖啡店坐下来。然而,即便面对友好的堂弟,萧红仍感到似与所对立的家族坐在一起。面对堂弟的回家劝导,她不假思索地摇头拒绝。甚至哀怨地想,在这个家族里,读书似乎是别的孩子天经地义的事情,而作为自己的唯一诉求,却无人理会。她沉浸在心痛与怨恨里,听不进弟弟在说什么,正如日后她对当时心情的描述:

　　　　我仍搅着杯子,也许漂流久了心情,就和离了岸的海水一般,若非遇到大风是不会翻起的。我开始弄着手帕。弟弟再向我说什么我已不去听清他,仿佛自己是沉坠在深远的幻想的井里。②

　　张秀璠所有说服的努力终告失败,临分手还是将那句重复了数次的话再说了一遍:"莹姐,我看你还是回家的好!"而她的回应却是更加坚定的拒绝:"那样的家我是不能回去的,我不愿意接受和我站在两个极端的父亲的豢养……"③ 然而,这来自家族的关爱在萧红内心,也并非全然了无痕迹。五年后,她撰文回忆道:"弟弟留给我的是深黑色的眼睛,这在我散漫与孤独的流荡人的心板上,怎能不微温了一个时刻?"④

　　流浪之初,萧红就这样因自尊与执拗拒绝了与家族和解的任何可能,宁愿在哈尔滨街头做一个女浪人。家,在她逃离的那一刻就已经永远回不去

---

　　① 张抗:《萧红家庭情况及其出走前后》,孙延林主编《萧红研究》第1辑,哈尔滨出版社1993年版,第67—68页。

　　② 萧红:《初冬》,《萧红全集》第1卷,黑龙江大学出版社2011年版,第292页。

　　③ 同上书,第294页。

　　④ 同上。

了。在了解自己的同时，她也更了解自己的父亲。毋庸置疑，张廷举自然知道女儿在哈尔滨街头形同乞丐，然而，不可理喻的固执，遮蔽了父女间的亲情。他以及张氏家族长辈对萧红的冷漠同样不可理喻。

萧红在写于1935年2月的散文《过夜》里，详述冬夜流浪时，幸亏被一位年老色衰的暗娼收留，才不至于冻毙街头的经历。这让她意识到自身处境的绝望。据台湾作家孙陵记载，萧红日后在汉口对他谈及这段流浪经历时说："民国二十年的那个冬天，真是难过呀！我只有一个姑母在哈尔滨，有时候深更夜半还没吃饭，去敲姑母底门，但心里也不愿意！有时候鼓起勇气去敲一阵，等到敲出人来问谁的时候，却又转过身跑了。这样子在马路上转一夜，第二天去找同学，也得躲躲藏藏，怕被学监看到。找到相好的同学，便给我一顿饭吃；她去上课，我便在她底床上睡一觉……"① 孙陵说，讲到这里，萧红便忍住眼泪，讲不下去了。

"九一八"事变后，整个东北的局势迅速恶化。萧红流浪哈尔滨期间，黑龙江守军与日军之间爆发了著名的"江桥抗战"。11月中旬，"江桥抗战"失败不久齐齐哈尔沦陷，日军大量集结兵力进逼哈尔滨，形势十分危急，各大中学提前放假。因而，除寒冷外日趋紧张的时局无疑也增加了其生存压力。萧红本能意识到，在如此混乱的时局下流浪下去将自寻死路。而要活下去，必须作出选择：回家抑或再次投靠汪恩甲。然而，此时她对家族的仇恨与厌恶，更甚于汪恩甲的庸俗。随即，在生路的抉择上，她选择了后者——那个多次破灭其梦想，令她鄙夷但或许仍然爱她的男人。汪或许还念着往日情谊，抑或依然心怀在法庭上违心作证的歉疚，还是背着家人慷慨接纳了她。11月中旬，两人再次住进位于哈尔滨道外区正阳十六道街的东兴顺旅馆。萧红从此结束街头流浪的日子。他们的住宿、饮食开销都是挂单消费，汪恩甲有时还向旅馆支钱，满足两人的日常开销。旅馆方面之所以如此优待，除了老板清楚张、汪两家殷实的家庭背景之外，还与"九一八"事变后，哈尔滨客商锐减，住宿业极不景气有关。

旅馆同居的"寓公"生活，让萧红暂时没有衣食之虞，更重要的是躲过

① 孙陵：《我熟识的三十年代作家》，台湾成文出版社有限公司1980年版，第7页。

了严酷的冬天。然而，这到底不是她想要的生活，看不到任何前途与出路。汪恩甲的庸俗和恶习依旧，萧红陷于无边的精神苦闷。但在当时，对她而言活着大于一切，精神的苦闷或许已然是一种奢侈。她想用麻醉排遣苦闷而彷徨无着的内心。据孙陵日后回忆，困处东兴顺旅馆期间，萧红也吸食鸦片："也正是这个时候，她的鸦片烟瘾，已经养成，并且，'九一八'事变发生了。"而这养成的烟瘾，后来住在裴馨园家期间，硬是在裴馨园夫妇两杆烟枪面前生生禁掉了。① 孙陵所述似不太可信。

1932 年 2 月，哈尔滨最终被日军占领。"九一八"事变后，这个东北地区的临时安全岛亦不复存在。困居旅馆的萧红同样感受着因时局变化而来的巨大心理压力。据小姨梁静芝晚年回忆，1932 年春萧红曾回过呼兰一次。那天上午刮着大风，天昏地暗，她衣着不整，头发蓬乱地闯进梁家院子。一个相貌堂堂的小伙子下午找来。进屋后，两人在里屋小声谈了很长时间，饭后便一起走了。梁家人后来才知道来人就是汪恩甲，且了解到他们"已经结合"②。所谓"结合"，显然是指萧红与汪恩甲已公开同居。

萧红这次回呼兰的真实意图，外人一概不知。她为何只到继母家而不回自己家？还有，汪恩甲何故找到梁家？这些至今都是无法索解之谜。近年，有学者揣测萧红此次回呼兰可能是想同家人商量与汪恩甲结婚的一些具体事宜。或许，她想请继母家人作为自己和父亲之间的调解者。但是又为何没有下文？另有一种解释是，她和汪恩甲的旅馆同居生活并不和谐，这次回呼兰可能又是她的一次负气离开，汪还是像以前那样找她回去。本书比较倾向此说。

此时，萧红的悲剧或许在于，汪恩甲是她既想摆脱，然而又不得不依靠的男人。实际上，她单独离开汪恩甲回呼兰之举亦非偶然。据张秀珉回忆，1932 年春萧红同样突然找到她的宿舍。来时，她和同学都还没有起床，面前的二姐衣着破旧，蓬头垢面，狼狈不堪，样子令人非常痛心。张秀珉连忙去找在同校就读的姐姐张秀琴商量。姐妹俩决定将二姐留下，且将各自的衣物、被褥拿出一部分供她穿用，又征得训育主任和校长同意，让她在高中一

---

① 孙陵：《我熟识的三十年代作家》，台湾成文出版社有限公司 1980 年版，第 2 页。
② 李重华：《漫论萧红》，《齐齐哈尔师范学院学报》1986 年第 4 期。

年级插班。过了十多天，姐妹俩发现二姐早已不辞而别①。

萧红此次不辞而别另有隐衷。在东特女一中住下来不久，她发现自己怀孕了，自然不便久留，愁苦之际汪恩甲又找了过来，就只好再次随他回东兴顺。如果前文所说她回呼兰的日子是在发现自己怀孕之后，那么，萧红回呼兰或许因为发现自己有孕在身，需要家庭出面让她和汪恩甲正式完婚，因而回家在亲戚中斡旋亦未可知。

萧红困居东兴顺旅馆这段生活留下了太多未解之谜，而最大的谜案，莫过于汪恩甲的消失。1932 年 5 月，萧红已身怀六甲，身形笨拙。困居旅馆半年多，两人欠下食宿费 400 元，老板开始催逼债务。一天，汪恩甲出门后就再也没有回来，从此人间蒸发。汪恩甲此次外出，多年来在萧红研究者中存有多种说法，多半倾向为筹钱还债。而其一去不返，绝大多数萧红研究者则认为是为了逃避债务，故以借口筹钱，丢下重孕在身的女人弃之不顾。多年来他一直背负着"无耻""负心"的恶谥。更有人认为，他之所以接纳张廼莹并与之在旅馆同居，本身就是对其逃婚、与表兄出走北平的刻意报复。如果真是如此，正如有论者所认为的那样，那么，汪真的不仅是个具有刻毒报复心，而且极有毅力将之转化为行动的人。

汪恩甲何以抛下大腹便便的女人和腹中骨肉一去不返，并再也无人知其下落，或许是萧红研究中最令人沮丧的谜案。关于这方面的材料至今仍是一片空白。不过，当时在日军占领下的哈尔滨局势混乱，和平市民失踪被杀的事件屡有发生。从这个角度看，汪的失踪似又不是什么令人大惊小怪的事。他是否故意抛弃张廼莹，在没有确凿证据的前提下，应另当别论。

值得注意的是，萧红在一些自述文章中谈人说事真率、坦荡，可信度极高。但关于汪恩甲，在其著作、信件中却找不到只言片语，哪怕影射的话亦不可见。爱憎分明如萧红，如果汪真是始乱终弃，她不可能在文字里没有丝毫的情绪流露。这从另一侧面表明，萧红对汪的态度，远非人们所想象的基于对方始乱终弃的怨恨那么简单。然而，汪恩甲到底是怎样一个人，只有萧红自己最清楚，她一向对此讳莫如深，外人也就不得而知。

---

① 铁峰：《萧红传》，北方文艺出版社 1993 年版，第 93 页。

　　值得一提的是，关于汪恩甲，近年作家曹革成及其弟弟曹建成进行了深入调查，初步获得一些信息。据曹建成调查，汪氏家族于乾隆年间来到阿勒楚喀（现黑龙江省阿城县），为满族正白旗，清末民初迁至哈尔滨顾乡屯。汪家并非骆宾基《萧红小传》所描述的"官宦之家"，而是务农为本的地主家庭。汪恩甲兄弟三人，大哥（汪恩广）务农，二哥（汪恩厚）和他本人都接受了新式教育。过去，研究者常将汪恩甲想象成一个"抽大烟、不学无术"的纨绔子弟，汪家后人否认这一点。汪恩甲确实抽过大烟，但那是在国外留学回国以后无所事事、心情苦闷时才染上烟瘾的。汪本人身高约1.80米，脸型稍长一点，非常英俊，毕业于吉林第三师范学堂（阿城），曾在滨江县（现哈尔滨市道外区）三育小学（私立）教书，其二哥汪恩厚是滨江县教育局的一位官员。据汪家后人介绍，汪恩甲与萧红定亲后辞去教职，到法政大学（哈尔滨）读预科，1932年春离开萧红时，正是法政大学读预科期间。其家族后人称，1932年8月松花江哈尔滨段江堤决口时，汪恩甲并没有回家，当时与萧红之间到底发生了什么，不为外人所知。

　　另据曹建成调查，汪恩甲于1933年赴欧洲求学（大约是法国）1937年回国，曾到过阿城汪家老家，当时穿着翻领的猞猁皮大衣，一副绅士派头。汪家后人称汪恩甲会七国语言，说明他的外语能力很强。回国后，汪一直闲赋在家，有时做点翻译工作，但没给伪满政权做过事。大约在1946年，国民政府发给他一张"接收大员"委任状，他未及上任哈尔滨就解放了。中共在哈尔滨建立政权后，其曾因接受"委任状"一事被告发，旋即被捕入狱，50年代初病逝狱中。因汪恩甲离世较早，其后人对他与萧红的那段感情纠葛亦不太清楚。所以，这个问题还有待进一步调查研究。[1]

　　萧红困处东兴顺旅馆期间，大约于1932年7月9日投书《国际协报》副刊主编裴馨园求助。11日，裴馨园带领编辑孟希（外号南蛮子）等三人找到东兴顺旅馆探访，了解到萧红当时极其糟糕而险恶的处境，但实际上爱莫能助。据孟希晚年回忆，当年，他住在道里区西六道街路南靠近新城大街

　　① 　毕诗春等：《与萧红的一场精神约会》，《黑龙江晨报》2013年3月26日第6版。

的一栋公寓楼的二楼。楼下便是道里区税务局，局长姓张，其兄从呼兰来哈尔滨做客。这位乡绅每晚都和他在门前乘凉聊天，似乎很谈得来。从东兴顺旅馆回来当晚，他颇以为参与了一件好事，饶有兴致地向那位乡绅聊起白天的经历。谁知对方竟没有听上几句便不辞而别，令他一时大惑不解。次日问裴馨园，才知道那位税务局长就是悄吟六叔，而那位乡绅就是她的父亲。孟希后来仔细一打听果真如此。①

今天看来，孟希所忆这段近乎"小说家言"的掌故似在真假之间，但还是有比较大的可信性。毋庸置疑，萧红困处旅馆这么长时间，张家肯定十分清楚。特别是汪恩甲走后这两个月女儿的危难之境，生父张廷举应该有所耳闻。然而，女儿如此危难终究不能打动他那毕竟血浓于水的亲情，甚或一点恻隐之心。家族脸面真的就让这位父亲恨不得女儿早日死掉，或者，在其心中这个女儿已然死掉。从这一角度来看，这位温文尔雅的乡绅委实是位极度冷漠的父亲，在对待女儿的态度上，似乎难以见到一点的人性光芒。然而，这样的父亲在当时却非个例，太多在旧式婚姻中挣扎的女性的悲剧，往往就因为遭遇如此冷血的父亲。

1986 年 6 月，当呼兰本地学者访谈张廷举生前同事陈治国老先生，问及萧红与其父之间为何有矛盾时，陈老先生却站在一个父亲的角度，说出了这样一番话：

> 你想一想，张选三是旧社会成长起来的知识分子，封建思想比较严重，也比较浓厚一点。挺大个姑娘随便就跟人家同居，也不和家里打个招呼，想结婚就光明正大嫁人，可她偏不，同居怀孕后生了孩子不久又跟着萧军同居了，你说，别说张选三，就是你和我，咱们女儿要这么干生不生气？是不有点丢人现眼？她父亲对她管束严了点，不对她心思，她就不满，十分任性，不服"王朝"管了。张选三修家谱时，一是怕引来杀身之祸，二是怕丢人，所以家谱中没她的名字。

---

① 孟希讲述，何宏整理：《萧红遇难得救》，孙延林主编《萧红研究》第 1 辑，哈尔滨出版社 1993 年版，第 101 页。

如果还原到当时的处境，这或许是对萧红父的一种理解。

1934 年 6 月，二萧离开哈尔滨之后，家族成了萧红内心最为讳莫如深的心痛，即便对周围最为亲密的朋友也不愿谈及。然而值得一提的是，1941 年 7 月 1 日，萧红在《时代文学》第 2 期发表《小城三月》。这个著名的短篇小说是她继《呼兰河传》之后又一巅峰之作。小说娓娓叙述了呼兰小城的风土人情，特别是对北中国春天来临时乡野风物的描写极其细腻、精到，纤细的笔触流露出淡淡喜悦。这是身处遥远异乡的萧红，对梦中故土与家族的精微触摸和深情回忆。除了故乡风物，萧红第一次在作品里正面描写了父亲、继母、叔叔、伯父、姨母还有堂兄妹之间温馨和煦、其乐融融的家庭生活。在她笔下，此前那个严厉、固执，自己与之势不两立的父亲，那个刻薄、冷漠、伪善的继母不见了。取而代之的是父亲开明而温和，支持继母在小城第一个穿高跟鞋；继母温和、宽容，家庭氛围令人陶醉；堂兄妹们则在一起开家庭音乐会、打网球、讲英语或俄语。

《小城三月》松弛地叙述了翠姨的故事。翠姨原型是萧红继母梁亚兰的继母所带来的女儿，梁氏叫她"开子姐"，萧红叫"开姨"。萧红在小说里将这层关系交待得非常清楚，且翠姨和现实中的开姨都英年早逝，开姨死于肺结核①。而"我"和翠姨的关系非常亲密，这自然是现实中萧红与开姨关系的投射。既然与继母没有血缘关系的姐姐都如此和煦、亲密，可见萧红与继母之间自然也拥有非常人所能想象的亲近。翠姨与堂哥那场朦胧而含蓄的爱恋虽然悲剧，但字里行间的感伤极其淡远，读者更多为文字间所流露出的喜悦和家庭成员间的平和、温馨而心生无限想象。

《小城三月》充分流露出萧红那身处异乡的寂寞和对故土与家族的无限留恋。一向个性好强如她，此刻亦毫无保留地显出其灵魂深处无限柔情的一面。连年的战争，无边的异乡流亡，苦难的情感经历，让此前那个任性的孩子已然成熟，内心深处与此前深恶痛绝、势不两立的家族彻底和解，才有如此温情弥漫的文字。回家，是萧红此时最大的愿望。太想见见父亲、继母，还有众多兄弟姐妹；太想重开那样的家庭音乐聚会，吸引来伯父、继母还有

---

①　王化钰：《访梁亚兰亲妹梁静芝及其丈夫马天浩老师》，孙茂山主编《萧红身世考》，哈尔滨出版社 2003 年版，第 73—74 页。

一向严厉的父亲；太想再次感受"被杨花给装满了"的小城三月；想看看呼兰河发河冰时"冰块顶着冰块，苦闷地又奔放地向下流……"①

1941 年 12 月 9 日，被疾病折磨了半年多的萧红躺在病床上，听着太平洋战争的炮声，情绪凄迷，若有所思地对骆宾基说："……现在，我已然惨败，丢盔弃甲，我要与我的父亲和解。我的身体倒下了，想不到我会有今天！"并不断强调"我要回到家乡去"②。萧红与家族所达成的这份精神和解也许自她创作《呼兰河传》时就已然开始。长篇小说《呼兰河传》的创作无疑是一次精神返乡之旅。

余　论

萧红辞世后，陈隄 20 世纪 80 年代初撰文忆及，1946 年 4 月在宾县召开的东北人民代表大会上，他和以开明士绅资格与会的张廷举相遇。当他告知对方萧红已于 1942 年 1 月病逝香港时，萧红父听后"毫无表情"。陈隄对此非常不理解："难道听说自己的女儿已离人世，真就一点也不表现悲痛？"③不知陈隄是否因撰文当时对萧红父的恶感，而影响了当年的记忆。

呼兰当地学者王化钰 1989 年亦撰文忆及 1951 年与张廷举的浅浅交往。多次聊谈，渐渐熟悉之后，当问及"萧红为什么离家出走"时，张廷举回答说："萧红是搞写作的，她走是去参加革命。为了打日本，许多青年都去寻找革命了……"别的一字不提。但却让人感觉得到，其"心灵深处埋藏着隐痛"。1956 年，张廷举、梁亚兰老两口离开呼兰到哈尔滨住进张秀珂家养老，不久张秀珂病故，他们又离开哈尔滨搬至沈阳投奔儿子张秀琢，临走曾对邻居老王太太讲："我女儿萧红还留下一部《呼兰河传》呢！"④ 四年后，萧红父病逝于沈阳。

---

① 萧红：《小城三月》，《萧红全集》第 4 卷，黑龙江大学出版社 2011 年版，第 112 页。
② 骆宾基：《萧红小传》，黑龙江人民出版社 1981 年版，第 99 页。
③ 陈隄：《漫画写萧红》，《学习与探索》1980 年第 1 期。
④ 王化钰：《萧红生父张廷举其人其事》，孙茂山主编《萧红身世考》，哈尔滨出版社 2003 年版，第 149—150 页。

第二章　萧红与萧军

萧军（1907—1988），原名刘鸿霖，现当代著名作家，代表作有《八月的乡村》《五月的矿山》等，祖籍辽宁义县。1907 年 7 月 3 日出生于沈家台镇一个名为"下碾盘沟"的偏僻、贫困的小山村。当地土地贫瘠，民风剽悍，崇武好斗，加之时局混乱，崇山峻岭间活跃着一群群杀人越货的土匪，人们称之为"红胡子"，其构成多为困于生计、铤而走险的农民和破产手工业者。萧军不少亲属、邻人就是这样的"绿林"人物。他晚年自述，"坦率地说，我幼年时也是崇拜这些'英雄'的"①；丛莽中不时传来的枪声和惊现的火光，成了他深刻的童年记忆。

萧军出生不到七个月，母亲不堪父亲的暴虐吞食鸦片弃世。据说，萧军母亲刚烈而绝望地结束自己的生命之前，也将鸦片喂到孩子嘴里，想将襁褓中的儿子一同带走。大概因为鸦片味道太苦，孩子本能吐出，哭闹中抹了满嘴，刚好被前来的五姑发现，才幸免于难。② 稍稍懂事后，萧军从周围人零言碎语中，渐渐获悉母亲含恨弃世的真相，激起对父亲的深深仇恨。特殊的身世和寄人篱下的苦难童年，让他日后养成了一种豪狠坦直、打抱不平、尚武好斗的性格。

1925 年春，萧军进入驻吉林城的军阀部队，成为一名骑兵。然而，军中生活却激发了他创作旧体诗的兴趣，过了一段闲散的"兵营中的诗酒生涯"③。不久，他更名"刘羽捷"应沈阳东北陆军讲武堂"宪兵教练处"招考，以第八名的成绩被录取。1928 年春，在哈尔滨的宪兵实习生活，让他充

---

① 萧军：《我的文学生涯简述》，《吉林大学社会科学学报》1979 年第 5 期。
② 张毓茂：《萧军传》，重庆出版社 1992 年版，第 12 页。
③ 同上书，第 50 页。

分了解到都市底层的生存图景，特别对那些不得不靠出卖肉体为生的落难女子格外同情；而对身边那些吃娼、靠赌、贩卖鸦片的宪兵小头目则格外憎恨，对自己的职业亦心生厌恶，几个月后离开哈尔滨，终结了这段特殊的都市经历。然而，军队到底对青年萧军有着巨大吸引力，同年冬，再次改名"刘蔚天"考入东北陆军讲武堂第九期炮兵科。但军旅生涯不能泯灭其文学爱好，所见不平更激发他那强烈的表达欲望，1929 年 5 月 11 日在《盛京时报》副刊"神皋杂俎"上发表处女作散文《懦……》，署名"酡颜三郎"。稍后又有多篇作品见报。次年春，萧军因替一个战友打抱不平冒犯上级，被讲武堂开除。被学校开除，在萧军，也不是第一次，此前因为打架也有两次被学校开除的经历。"九一八"事变爆发，他和马玉刚、方靖远等人力图策动舒兰驻军起而抗战。旋即事败，萧军带着家小流落哈尔滨。1932 年初，哈尔滨陷落，他将妻小送回老家，与方靖远在哈尔滨流浪，伺机参加打游击的队伍，期间，以笔名"三郎"卖文为生。4 月，萧军在《国际协报》副刊《国际公园》，发表散文《飘落的樱花》，主编裴馨园（笔名老斐）赏识其才华，邀请编辑该报《儿童特刊》，兼任专访记者。

在萧红一生中，萧军毫无疑问是对其影响最为深刻的男性。从 1932 年夏天相识，到 1938 年春天分手，两人在一起生活长达近六年。二萧的遇合，带有极大偶然性和戏剧性，但是萧军的出现，对萧红而言，在拯救同时，亦给她带来极为深巨的精神苦难。长期以来，在萧红传记研究中，人们往往过度传说、渲染萧军对萧红于水深火热之中的拯救，对两人关系形成先入为主的认知定势，而忽视萧军在另一维度对萧红的"雕刻与造就"。

在中国现代文学史上，萧红与萧军的苦难、奋斗与成名，早已演绎为近乎完美的传说。然而，扫开岁月风尘，稍稍留意那些被人们有意无意忽视的细节，或许就可以呈现出二萧六年共同生活中诸多不为人知的侧面，从而让我们更加接近萧红的生存真相及其生命中那个真实的萧军。

一　初识与狂恋

1932 年，萧红与萧军已然同处一城，两人的遇合契机，有如遥远天际的一朵云彩，慢慢飘移到他们头顶。

1931 年 11 月中旬，萧红和汪恩甲住进位于哈尔滨道外区正阳十六道街的东兴顺旅馆。萧红从此结束在哈尔滨的流浪，亦规避了冻毙街头的命运。次年 5 月，汪恩甲离开旅馆之后就再无消息，几近人间蒸发。萧红此时身怀六甲，且两人困居旅馆半年余，欠下食宿费 400 元。东兴顺老板加紧向她催逼债务，稍后，见汪返回旅馆的可能渺茫，便将其据为人质，从客房转至二楼甬道尽头一间发霉的储藏室扣押起来。基于早年在哈尔滨宪兵实习经历，萧军晚年谈到对哈尔滨旅馆业的认识："那时期，一些在大都市里开设旅馆或饭店的人，他们绝大部分是地痞、恶棍一流，和官府、流氓……全有勾结，有的就是'一家人'。"① 萧红当时的可怕处境，在于旅馆老板扬言汪恩甲如再不回来，就要以其自愿"押身还债"的名义，卖进道外妓馆区。

失去人身自由，重孕在身，萧红陷于难以想象的可怕困境。自 6 月下旬到 7 月中旬，哈尔滨始终阴雨连绵，萧红在无边焦虑中意识到危险一天天迫近，但她更意识到要离开这里，所能倚靠的只有自己。即便在无边困境中亦不肯束手待毙，这是萧红的性格，事后看来正是这种性格拯救了她自己。萧红于 1932 年 7 月 9 日左右向《国际协报》副刊主编裴馨园投书求救，讲述自己即将被卖的命运。之所以投书裴馨园，据萧军叙述在与之见面时，见到正在连载《孤雏》的《国际协报》，可以推知萧红和汪恩甲可能是副刊《国际公园》较长时间的读者。

孟希是当年陪同裴馨园到旅馆见过困厄中的萧红的当事人之一。据其讲述，1932 年 5—6 月间，《国际公园》编辑部还收到过一位署名"悄吟"的作者创作的小诗。这表明萧红困处东兴顺旅馆期间，可能还向经常看的报纸投寄过作品。这或许是她百无聊赖中打发时光的一种方式。这一说法应该有很大的可信度，萧红逝后，在其"自编诗稿"中，就有几首写于 1932 年二萧相识之前的小诗。孟希还透露，萧红写给裴馨园的信里有类似的句子："难道现今世界还有卖人的吗？有！我就将被卖掉……"② 而据裴馨园夫人

① 萧军：《萧红书简辑存注释录》，黑龙江人民出版社 1980 年版，第 156 页。
② 孟希讲述，何宏整理《萧红遇难得救》，《东北现代文学史料》第 5 辑（1982 年 8 月）。

黄淑英1982年回忆，1932年夏天，丈夫告诉她收到了一个女读者的来信，"在信里这个女读者似乎是指责了老斐，并写了'我们都是中国人'等样的话，老斐觉得很有趣"①。萧红求救信原文无从得见，而无论当事人孟希，还是裴馨园夫人黄淑英，回忆当年情景毕竟隔了漫长时空，他们所记得的只言片语或许与萧红原信有所出入，但是，两人的回忆里似乎可以确定的事实是：萧红充分意识到自己即将被发卖的命运，令她顾不得矜持。对善良者的责问一方面源于她那焦灼不堪的内心；另一方面也是她以尖锐的文字引起社会关注其处境的策略。孟希回忆，裴馨园见信与周围几位年轻编辑商量，决定到旅馆一探究竟，而第一次到旅馆探访的人中，除孟希、裴馨园之外，还有琳郎（方未艾）、三郎。

关于前往东兴顺旅馆对萧红的首度探访，萧红逝后有多种说法。骆宾基在《萧红小传》中写道："一九三二年的秋天，正是松花江洪水泛滥市区的时候，当时的哈尔滨国际协报副刊编者白朗，收到了萧红的呼援信。于是这消息，在这作为进步思想阵营之间散布开了。署名三郎的诗人，同时是散文作者刘君，和另一个诗人'黑人'就会同到萧红所困居的旅馆里来寻访。"②事实上，萧红投书求救时，松花江还没有"泛滥市区"，而且，白朗当时也并非《国际协报》编辑。骆宾基的叙述与史实存在明显出入，但是，他将对萧红的首度探访归为萧军和舒群。《萧红小传》是萧红逝后第一部相对完整的传记，流传甚广，对读者形成对萧军的感观和认知起到了非常重要的作用。不知是否受此影响，后来，持类似看法的还有姜德明。他在《鲁迅与萧红》一文中，述及萧红投诗《国际协报》副刊透露自己的处境，向社会求援，而"那时萧军、舒群都在哈尔滨，便去报社查明了地址，到旅馆去看她"③。亦有人明确指出，"萧红落难的情况从《国际协报》副刊传出后，第一个去旅馆探望萧红的人就是舒群"④。陈隄则撰文指出，当时萧红投书裴馨园求救，"适萧军在侧，闻讯拯救了她"⑤。其含糊表述似乎暗指第一个去东

---

① 黄淑英口述、萧耘整理《二萧与裴馨园》，《东北现代文学史料》第4辑（1982年3月）。
② 骆宾基：《萧红小传》，建文书店1949年版，第33页。
③ 姜德明：《鲁迅与萧红》，《新文学史料》1979年第4期。
④ 赵凤翔：《萧红与舒群》，《新文学史料》1980年第2期。
⑤ 陈隄：《萧红的早期文学创作》，《黑龙江大学学报》1979年第1期。

兴顺旅馆探访的是萧军，而且只有萧军。这并非偶然，萧军本人1979年回忆当年与萧红第一次见面的缘起，述及裴馨园收到一个女读者凄切动人的来信后，"和我商量一下，要我去看看情况是否属实，我同意了。由他写了一封'介绍信'，附上了几本书，在一个快近黄昏的时候，我到了哈尔滨道外正阳十六道街东兴顺旅馆"①。这里亦似在说明，裴馨园并没有去东兴顺旅馆，对萧红的首度探访只有萧军自己。

以上所引材料，除骆宾基的叙述年代较早之外，其他包括当事人萧军，还有萧红研究者的叙述，毕竟隔了近半个世纪，与真相出入似乎难免。而三郎的《烛心》完成于1932年12月25日，文体虽是小说，但作者多次强调该篇是"实录文字"。萧军致萧红研究者铁峰信中便如是说②。与萧军往来密切的陈隄1992年撰文更强调《烛心》"是他（萧军——论者注）与萧红结合经过的记录。小说中没有一点虚构。小说中的春星、馨君、畸娜是萧军、老斐、萧红的代名"③。作为二萧当年见面情景的纪实小说，而且，完成于事件发生不到半年之后，距离如此之近，比起萧军或其他作者几十年之后的叙述，自然具有无可比拟的可信度。而且，早年萧军写作此文，不比晚年会对人事有更多的考量和牵绊，写作动机相对单纯、率真。因而，在萧红传记研究上，这篇"小说"实际上是一篇重要文献，透露出二萧爱情发生时太多非常值得解读的信息。此文1933年连载于《国际协报》副刊，后收入二萧合著的集子《跋涉》。但是，这篇文章似乎长久以来并没有引起萧红研究者们的足够重视。

三郎在文中写道："你（畸娜——论者注）第一次给馨君写的信，我们看了。馨君由你那里归来，向我们诉说你的现状，和你约略的过去。"④ 由此，可以明确获知，在二萧见面之前，裴馨园接到萧红求救信之后的确前往旅馆探访过，印证了孟希和黄淑英回忆之可靠。至于裴馨园与谁同去，一般倾向于一行共四人，除孟希外，一些萧红传记作者往往还提及舒群。如铁峰

---

① 萧军：《萧红书简辑存注释录》（四），《新文学史料》1979年第5期。
② 铁峰：《萧红生平事迹考》，萧红著《萧红全集·下》，哈尔滨出版社1998年版，第1450页。
③ 陈隄：《萧军在哈尔滨》，哈尔滨文学院编《萧军十年祭》（内部资料），第81页。
④ 三郎：《烛心》，萧军等著，梁山丁编《烛心集》，春风文艺出版社1989年版，第6页。

在《萧红生平事迹考》中写道："萧红给哈尔滨《国际协报》副刊编辑老斐（原名裴馨园，旧小说家）写信呼救，老斐与作者舒群（当时笔名黑人）去旅馆采访萧红。"① 至于同行者中是否有琳郎（方未艾）就不得而知，但萧军并没有同往，却是可以肯定的事实。

在《烛心》里，三郎坦承裴馨园邀请一同前往旅馆探访时，他"全推却"了，源于他限于自身经济上极度窘迫的处境，没有任何帮助别人的可能，便不愿"沽名的假慈悲"②。很显然，青年萧军对旅馆落难女子的冷漠，出于他做宪兵实习生期间，对哈尔滨底层社会有比较深入的了解。这份"冷漠"保持到裴馨园一行旅馆探访归来，召集身边几个编辑朋友在道外小饭店边吃饭边商量营救对策时，他对热情出主意的众人大泼冷水。二萧见面当天中午，萧军坐在裴馨园的位置代其整理外来稿件，心里知道几次打来电话的人就是昨晚众人议论的落难女子，但他全无答话冲动。

《烛心》记载，三郎和悄吟的见面以及随即的"狂恋"，发生在 1932 年 7 月 12 日黄昏。缘起于自裴馨园一行与萧红见面后，近乎绝望的萧红紧紧抓住这个可能帮助自己的人，随后不断打电话来。裴感受到她的急躁，甚至表现出有些"疯狂症"，觉得有必要对其进行精神安抚，于是托萧军送几本书给她。事实上，裴馨园和身边朋友当时对萧红能够做的亦仅止于此。孟希回忆，当年他们到了旅馆之后，裴找到东兴顺老板出示记者证，警告不得虐待被关在二楼的女子，照常供给伙食，一切费用由其负担。对方自然不愿听这样的话，但也不好表现出来，因为开旅馆的不敢轻易得罪"吃报饭"的。走出旅馆，几人便相对哈哈大笑，"因为老斐的最后一句是吹牛，我们三个有时连自己还吃不上饭，又怎能支援她呢？老斐虽然富裕一些，但也根本无法负担萧红的生活"③。萧红与汪恩甲所欠旅馆食宿费 400 元，对于老斐等人来说近乎天文数字，他们根本不可能为萧红争得自由。面对萧红落难旅馆的巨大困厄，他们深表同情，对社会深感激愤，但稍稍冷静之后除痛感无助亦别

---

① 铁峰：《萧红生平事迹考》，萧红著《萧红全集·下》，哈尔滨出版社 1998 年版，第 1438 页。

② 三郎：《烛心》，萧军等著，梁山丁编：《烛心集》，春风文艺出版社 1989 年版，第 7 页。

③ 孟希讲述，何宏整理《萧红遇难得救》，《东北现代文学史料》第 5 辑（1982 年 8 月）。

无可能。困厄中的萧红或许正是感受到了这一点，害怕被好不容易才出现的关注她的人们放弃，才表现出近乎疯狂的焦躁。基于《烛心》，二萧见面的日期是确定的，铁峰便将萧红写信求助的日子，大致推定为 7 月 9 日①，与之相应，裴馨园一行的首度探访大约发生在 7 月 10 日或 11 日，即收信当天或后一天。

对于二萧而言，东兴顺旅馆初识，毫无疑问是一个极其值得纪念的时间。但是，从目前材料来看，萧军日后三次提及这个时刻。1935 年 7 月 16 日，鲁迅在给萧军 12 日来信的回复中，特意提及"贺贺你们的同居三年纪念"②。萧军原信无从得见，但鲁迅的祝贺很明显基于萧军去信中或许提及写信当日是他和萧红同居三周年纪念日。当然，仅从鲁迅的回信，也可以理解为回信当日即 7 月 16 日是二萧同居纪念日亦未可知。联系鲁迅回信的语气，前种理解的可能性更大。二萧此时尚未分手。那么，一个可以肯定的事实是，二萧在一起时对他们初识的日子有所纪念，萧军致信鲁迅当日正值纪念日，所以信中特意提及。分手之后，萧军对这个日期的记忆便有了些微出入。1939 年 7 月 16 日，他在日记中提及"七年前的今天与红认识开始"③。而在 1941 年 7 月 13 日，他在当天日记开篇写道："今天是我和萧红八年前相识纪念日。"④ 这里的日子接近 12 日，但是他将"九年前"误为了"八年前"。萧红的离开与弃世，加上人事漫漶，让萧军渐渐难以准确记起那个曾经重要的日子，亦是人之常情。相比之下，写于相识当年的《烛心》所确定的日子就可靠得多，而三年后的 7 月 12 日在给鲁迅写信时有所提及就是很正常的了。1978 年 9 月，晚年萧军再忆当年与萧红的初识，只记得"一九三二年夏季间"，"在一个快近黄昏的时候"⑤。

当时，本来放下书籍就要立即离开的三郎，之所以有了短暂的逗留，还是出于近乎绝望的萧红对自己好不容易争取到的外人来访机会的拼命抓住。

① 铁峰：《萧红生平事迹考》，萧红著《萧红全集·下》，哈尔滨出版社 1998 年版，第 1450 页。
② 萧军：《鲁迅给萧军萧红信简注释录》，黑龙江人民出版社 1981 年版，第 200 页。
③ 萧军：《萧军全集》（1），华夏出版社 2008 年版，第 49 页。
④ 萧军：《萧军全集》（2），华夏出版社 2008 年版，第 467 页。
⑤ 萧军：《萧红书简辑存注释录》（四），《新文学史料》1979 年第 5 期。

裴馨园一行大约于 7 月 9 日左右初探东兴顺旅馆之后就再无音讯。这令她感到恐惧，害怕与外界联系再次断绝，所以多次打电话给裴，以至让对方感觉到她的"疯狂症"。可以想见，萧红在电话里所流露出的恐慌与焦虑。某种意义上，三郎的出现是她再次争取到的一线与外界的联系。当萧红从裴馨园信中获悉持信来访者名叫"三郎"，马上想到自己此前读过的出自对方之手的报载小说《孤雏》。眼见三郎意欲转身离开，她便有了策略性挽留，不是面对眼前的三郎本人，而是指着信纸上的"三郎"二字说："我很喜欢这个人，我要同他谈谈"，以引起对方的好奇，导入的话题自然是《孤雏》。面对陌生女子因文字而对自己生出了解冲动，以及所透露出的共同取向——"（《孤雏》）里面有对我的脾胃的几句话"，三郎选择了留下。

二萧初识当晚所发生的一切，毫无疑问就决定了萧红此后的命运。只是，一直以来，人们以各自的想象，将一个落拓文学男青年与一个遭遇困厄的文学女青年之间的关系不自觉诗意化了，何曾想到那是萧红害怕被整个世界彻底遗弃而做的尽力争取。作为实录文字，《烛心》对这一切做了充分而坦率的叙述，明确指出此前"冷漠"的三郎见到萧红后，之所以刹那间改变注意，却是因为看到眼前落难女子写在纸上的一首小诗还有半幅素描。也就是说，三郎是发现了萧红的艺术才华而生出拯救冲动，亦即，是一种特殊的情境，激发出他那路见不平拔刀相助，急人所难的激情，而不再考量自己是否具备拯救他人的能力。近半个世纪之后，晚年萧军还清晰地记得萧红那首令其改变观感，题为《春曲》的小诗：

> 那边清溪唱着，
> 这边树叶绿了，
> 姑娘啊！
> 春天到了。

这首小诗，萧红显然写于困处东兴顺旅馆时，在节候变化之际感受春天到来而生出的喜悦。萧军晚年还提及见面时令他留有深刻印象的另一首诗：

去年的五月，

正是我在北平吃青杏的时节，

今年的五月，

我生活的痛苦，

真是有如青杏般地滋味！

　　这首《偶然想起》同样创作于困处旅馆期间，萧红生前没有公开发表，后收入其自编诗稿。诗中流露出面对时光白白流逝的无奈与伤感。三郎、悄吟 1933 年自费印行诗歌、小说、散文合集《跋涉》时，悄吟特意收入那首改变了其命运的《春曲》，或许是想以此表达对三郎拯救自己的感念，亦是对两人遇合的纪念。在我看来，这是出之于文学考量之外的个人动机的驱使。值得一提的是，这部二人合集起初定名为"青杏"，后改为"跋涉"。总之，三郎和悄吟的人生际遇，因这些文本而定格，传载着丰富的信息。

　　随着坦率的交谈，三郎、悄吟彼此有了深入了解，正如三郎在《烛心》里的描述："我们似乎全成了一具水晶石的雕体。"① 相互倾诉让他们彼此产生深刻的知解，而彼此透明。他们由个体自身谈及外部世界，关于读书、新出现的作家、友人等，悄吟还谈到汪恩甲的毫无诗意。稍后，话题深入到她向对方请教其"爱的哲学"。对此，《烛心》的记述是，三郎对悄吟那面带微笑的发问"你对于爱的哲学是怎样解释呢"，报以粗豪而率直的回答："谈什么哲学，爱便爱，不爱便丢开！"② 这极其男性中心主义的观念和表述，让悄吟或许有些不适，随即又有了含有些许胆怯和困惑的追问："如果丢不开呢？"三郎对此的回答更为霸道："丢不开……便任它丢不开吧！"③ 在悄吟看来这样的回答"太中和了"，问答之后两人"全纵声大笑"。只是，这笑声之于三郎，是一种在女性面前彰显大男子主义粗豪的得意；而对于悄吟，误以为这是一个男人玩笑式的应对。自然，这是她对三郎只有短暂接触的不了解。

---

① 三郎：《烛心》，萧军等著，梁山丁编《烛心集》，春风文艺出版社 1989 年版，第 9 页。
② 同上。
③ 同上书，第 10 页。

在这个日后被人们刻意渲染的貌似"诗意"之夜，悄吟之所以有如此之问，以及三郎之所以有如此之答，都值得探讨。悄吟此时虽年仅 21 岁，但已然经历了复杂的情感纠结。1928 年底与汪恩甲订婚，次年参加学生运动及"表兄"陆哲舜的出现，令其萌生悔婚之意并愈益坚定；1930 年在陆的怂恿下，追随其出走北平后所发生的一切，再到与陆的分手，以及两次不得不对汪的投靠，以至于眼下身怀六甲却不见了腹中孩子的父亲……这些情感纠葛，或许让她对所谓爱情，早已生出无所适从的虚无。三郎的回答貌似玩笑，却是其情感取向的真率表白。二萧初识之前，萧军与女性的缘聚缘散早已发生多次。据张毓茂《萧军传》记载，萧军十岁时进入长春，读书期间与对门卖药道士家里的小女孩产生朦胧恋情，但小女孩的死，却将两个孩子之间的美好感情冷漠带走①。爱的萌生与失去，对于萧军而言就这样过早亦过于残酷地发生。萧军晚年仍不能忘怀女孩死后的情景，并认为会伴以终生。虽然，对小女孩的情愫，晚年萧军困惑于，是纯粹的友情"还是童年初恋的所谓爱情？"并表示，"我不能分析它"，"我也不愿分析它了"②。但对少年萧军来说，这份美好情愫旋生旋灭的残酷，或许对其情爱观念的形成，具有极为深刻的初始影响。在哈尔滨宪兵实习期间，萧军亦曾与"举止安详文雅""京戏唱得极好"③ 名为双凤的妓女产生感情，只是，他不满意于宪兵实习生的堕落生活，决意离开哈尔滨，也就终结了与双凤的爱恋。而"九一八"事变爆发后，流落于哈尔滨的萧军，将家里此前包办的妻子送回老家，然后去信告知自己行踪不定、生死难卜，请其另行改嫁不必等待。这或许是他那"不爱便丢开"的形象说明。

困处东兴顺旅馆半年多，对于年轻的张廼莹而言，或许是太过黑色的人生经历，除了"爱"的虚无，更有"生"的虚无。她亟须与人探讨，以便驱散。因而，接着突兀地问三郎："你为什么要活着？"④ 向一个刚刚认识的陌生男人追问如此庄严的问题，多少有些惊心动魄，由此反映出张廼莹当时

---

① 张毓茂：《萧军传》，重庆出版社 1992 年版，第 41 页。
② 萧军：《人与人间》，中国文联出版社 2006 年版，第 135 页。
③ 张毓茂：《萧军传》，重庆出版社 1992 年版，第 65 页。
④ 三郎：《烛心》，萧军等著，梁山丁编《烛心集》，春风文艺出版社 1989 年版，第 10 页。

内心虚无的浓重与无边际。可以想见，在追问三郎之前，她一个人早已问过自己多遍。对此，她太想得到一个明确的回应，紧接着强调："请不要用模棱两可的话来复我。"① 三郎报以反问："那你为什么要在这世界上留恋着？"并且指出对方求死的条件这样充足。三郎的反问，给了她一个表达活下去理由的机会——"这世界上，还有一点能使我死不瞑目的东西存在，仅仅是这一点。它还能系恋着我。"② 这是张迺莹被抛离于世界边缘时所坚守的一点信念，当她觉得自己重返这个世界时，自然是她首先需要确认的东西。而从作为作家的萧红的一生来看，她那所谓令其"死不瞑目的东西"，应该是她没有完成对这个世界的表达。然而，即便现景如何卑贱，三郎也表达了他那份生的坚韧："除开我不能抵抗的某种暴力之外——也不会使我自己去死掉啊！"③ 三郎"活下去"的态度，对于张迺莹而言自然是极其巨大的鼓励，更令其焕发活下去的愿望。如果说，重孕在身且即将被发卖妓院的命运，让张迺莹真切感受到自己处于被世界遗弃的边缘的话；那么三郎的到来，则让她看到了重回世界的希望，她觉得自己等到了一个能够拯救自己的男人。一个落难女子的激情追问与倾诉，激发出一个粗豪男人激情拯救的冲动，在那个特定的时间、空间，随即展开"两个人的传奇"。三郎临出门的拥吻预示着两人的"狂恋"拉开序幕。三郎走后，张迺莹兴奋地续写着一首首《春曲》，等待着基于爱的拯救而来的浪漫而诗意的命运改观。这或许最符合于一个年轻女子的想象与预期。

《烛心》同样记载着两人这份爱恋发展的迅速与狂野：

> 我们不过是两夜十二个钟点，什么全有了。在他们那认为是爱之历程上不可缺的隆典——我们全有了。轻快而又敏捷，加倍的作过了，并且他们所不能作，不敢作，所不想作的，也全被我们作了……作了……④

---

① 三郎：《烛心》，萧军等著，梁山丁编《烛心集》，春风文艺出版社 1989 年版，第 10 页。
② 同上。
③ 同上。
④ 同上。

青年萧军的魅力，我以为，除了多才多艺外，很大限度上源于他那令人
讶异的率真与坦直。这里所呈现的与张廼莹的初识，以及第二晚所发生的一
切，自然包括身体的接触。坦直让他无从顾及人们联想张廼莹重孕在身的情
形之下，如此表达所引起的恶感以及对其生出的道德谴责。铁峰所著《萧红
生平事迹考》中，在 1932 年条下的"本纪"部分陈述道："萧军因自己家
里有妻子儿女都照顾不了，对援救萧红本不感兴趣，见了萧红后马上转变态
度，并于翌日晚与萧红做爱。"① 作为研究者，铁峰对三郎、张廼莹见面第二
晚"做爱"细节有所着意强调，似乎唯恐读者对三郎《烛心》里的表述不
能坐实。铁峰的表述，明显带有着意消解二萧初识的浪漫与传奇色彩的动
机。如果说这里还只是所谓"春秋笔法"的话，那么，在其论著里，这一动
机有更其明确的表达："由于读者不了解萧红与萧军是怎样结合在一起的，
而一些研究、评论文章又有意'净化'，把他们的结合写得非常纯洁高尚，
致使很多人不理解这对患难夫妻为什么会产生裂痕。"② 对于三郎和张廼莹的
初识与结合，他认为"无论是萧红，也无论是萧军，都可以说是爱情也是需
要"③。铁峰明显想表达而又语多委婉曲折没有明说的是，三郎和张廼莹的
"狂恋"，在情爱背后之于三郎存在肉欲需要，而之于张廼莹则有现实处境需
要——作为女人，她除了身体一无所有，想以身体坚定男人对自己的拯救。
铁峰在论著里一再强调萧红身上存有一方面追求自由解放，另一方面又不能
将追求放在"自立的基点上"，"总是想依附、借助于男性的支撑"，坚强与
软弱并存的双重性格。铁峰的观点稍嫌刻薄，但比较富于理性，是二十多年
前就力图让二萧传奇祛魅的努力，可惜萧红传记研究者们不很在意这一
声音。

然而，极度困厄中与三郎"狂恋"背后，性与生殖的纠结对于张廼莹意
味着什么？萧红从未正面谈及。几十年后，端木蕻良夫人钟耀群在《端木与
萧红》一书中却有所披露。钟著述及 1938 年 5 月下旬，端木蕻良与怀着萧

① 铁峰：《萧红生平事迹考》，萧红著《萧红全集·下》，哈尔滨出版社 1998 年版，第 1438
页。
② 铁峰：《萧红文学之路》，哈尔滨出版社 1991 年版，第 66 页。
③ 同上。

军骨肉且已显身形的萧红，在汉口大同酒家举行婚礼。当晚，端木考虑到萧红有孕之身主动不与之同房，并告知萧红性与生殖的禁忌。萧红为此感动得哭起来，在端木的询问下抽咽着说："我想起在哈尔滨快生第一个孩子的时候……"① 众所周知，端木、萧军在二萧情感变故之后素来不睦，形同陌路，钟耀群的叙述材料所据自然来自端木，其叙述略近小说，大概涉及他人隐私，因而尽可能委婉，但她又极其想将这段只有端木可能获知的公案公之于众，虽然表述策略性地婉曲，但所指却又十分昭然。鉴于端木、萧军几十年的交恶，这段毕竟出自端木夫人之手的文字，似有揭萧军之短的嫌疑。然而，我认为钟耀群的叙述非常可信。萧红生前不愿向人倾诉，关于其自身至今有很多不为人知晓的谜案，何况这性与生殖的隐私。事实上，与三郎相识第二晚所发生的性关系，亦即，萧军叙述里豪气冲天地说别人"所不能作，不敢作，所不想作的，也全被我们作了……"对当时重孕在身的张廼莹而言，委实是难以启齿的苦难。萧红日后无法正面表述，但在小说《生死场》里却有关于性与生殖的充分言说。在我看来，《生死场》主题就是"性与生殖"。

1934 年 4 月 20 日至 5 月 17 日悄吟连载于哈尔滨《国际协报·国际公园》上的小说《麦场》，即 1935 年上海荣光书局初版《生死场》前两章《麦场》《菜圃》。小说《麦场》的具体写作日期不详，大致可以推知在 1933 年底或 1934 年初，大约在三郎、张廼莹东兴顺旅馆"狂恋"之后一年余。《生死场》初版第二章写到成业和金枝在河边幽会，金枝怀孕，以及成业强行与怀孕的金枝发生性关系。在后者的场景里，萧红将怀孕的金枝描写为"病的姑娘"②。而将怀孕表述为"病"，似乎是萧红特有的表达方式。1938 年春，在西安与萧军彻底分手，但怀着对方骨肉的萧红和端木一起回到武汉后，向好友梅林表示："现在我痛苦的，是我的病……"③ 此时对于"病"的焦虑，是因为穷困以及其他条件不成熟，萧红眼睁睁错过堕胎机会。关于性与生殖的愚昧纠缠，《生死场》第六章《刑罚的日子》更写到重孕在身的

---

① 钟耀群：《端木与萧红》，中国文联出版公司 1998 年版，第 38 页。
② 萧红：《生死场》，《萧红全集》第 1 卷，黑龙江大学出版社 2011 年版，第 60 页。
③ 梅林：《忆萧红》，季红真编选《萧萧落红》，人民文学出版社 2001 年版，第 110 页。

金枝，在几句温存话语的蛊惑下"被男人朦胧着了"，"立刻，那和灾难一般，跟着快乐而痛苦追来了"。王婆帮助早产的金枝把孩子生下来，警告他们："危险，昨夜你们必定不安着的。年青什么也不晓得，肚子大了，是不许那样的。容易丧掉性命！"① 萧红似乎着意将金枝和成业的性关系向动物还原，紧接着写道"牛或是马在不知觉中忙着栽培自己的痛苦"，并进而发出她那沉重而令人震悚的感叹："在乡村，人和动物一起忙着生，忙着死……"②

毫无疑问，《生死场》里萧红关于女性性与生殖的黑色图景的呈现，其直接经验显然源于自己在东兴顺旅馆与萧军初识之后。《生死场》的写作距离萧红的亲历如此之近。萧红在成名作里如此深入地纠结于性和生殖的黑暗，无疑就根源于那对她来说非常可怕的性体验。萧红以小说的方式观照笔底女性的性与生殖，婉曲传达着自己的经验，也就是说，表面上她写金枝，实则在言说自己。这似在消解萧军那"拯救与被拯救"的豪迈与诗意。

所谓"烛心"，不仅是三郎对自身心灵的烛照；亦是对张廼莹心灵世界的洞穿。与三郎的肉欲色彩不同，从三郎的记述里，我明显读出张廼莹堕入真爱后的惶恐。激情过后，当他们在地狱般人间一角相拥着醒来，畸娜对春星所说的第一句话却是："星，我们错了"，错在"不该爱了我所爱的人"③。"实录文字"里女主角的这份惶恐，自然出于对自己现景和对对方真爱的考量，怕自身连累了所爱的人。由此可以看出，虽然此前存有与未婚夫汪恩甲、"表哥"陆哲舜的情感纠葛，但张廼莹真正爱上的人，却只是在危难中试图将她拉回世界的三郎。这份爱自萌生便不渝，萧红生前和死后，萧军亦多次表达世界上真爱自己的人唯有萧红。追求一份尽性的真爱，是张廼莹堕入爱河之后所传达的"爱的哲学"，然而，她亦宿命般意识到自己"只该去爱我所不爱的一些东西们"④。基于爱之态度的错位，似乎本源性地决定了她日后巨大的人生悲剧。

---

① 萧红：《生死场》，《萧红全集》第 1 卷，黑龙江大学出版社 2011 年版，第 83 页。
② 同上。
③ 三郎：《烛心》，萧军等著，梁山丁编《烛心集》，春风文艺出版社 1989 年版，第 13 页。
④ 同上。

　　数十年来，始终遭到热爱二萧爱之传奇的人们选择性忽视的是，男主角对这场"狂恋"的终结之念实在来得出乎意料地早。《烛心》分明记载着春星在 7 月 16 日，亦即相识第四天的心理活动：

　　　　……我们就是这样结束了吧！结束了吧！这也是我意想中的事，畸娜，你不要以为是例外……①

　　　　……你爱我的诗，也只请你爱我的诗吧！我爱你的诗，也只爱你的诗吧！除开诗之外，再不要及到别的了……不要及到别的了！总之在诗之领域里，我们是曾相爱过……②

　　　　这样爱之交代，是很合乎我的爱之原则的——爱便爱，不爱便丢开——至于我爱你的主因，恕我不能说给你，但我却想不到我交代，竟办得这样顺手啊！③

　　而自以为寻得真爱的张廼莹沉浸在对爱的表达中，激情续写《春曲》，任性让她幻想着对所爱者身体和情感的独专："我不许你的唇再吮到凭谁的唇！"④ 而急于在这场"狂恋"中全身而退的三郎，以讲述自己曾经的爱恋力图泯灭一个落难姑娘对他的纯美想象："我已不是如你眼中所看到的什么处子诗人啊！"⑤ 这来得太快的情感变故，对于张廼莹来说无疑是巨大的心灵打击。然而，面对初识之夜就已然对自己的情爱态度有坦然交代的男人，她还能说什么？游戏的前提和总规则，在进入游戏之前就已然告知。听完三郎的情爱经历，张廼莹除了淡淡的揶揄："唔……！你还是一位唯情至义的人儿呢"；剩下的就只是难言的创痛："嗳！好残忍的人儿哟！"⑥ 意识到未来的晦暗，她只有以对当下的沉湎而获得片刻的安慰："我们只享受这今朝吧——来拥抱我……紧些啊……"但是，男人此时内心里不断重复的却是：

① 三郎：《烛心》，萧军等著，梁山丁编《烛心集》，春风文艺出版社 1989 年版，第 15 页。
② 同上书，第 16 页。
③ 同上。
④ 同上。
⑤ 同上书，第 18 页。
⑥ 同上书，第 19 页。

"我们就这样结束了吧！"①

　　基于三郎的"实录"文字，他与张廼莹的初识与"狂恋"得以完整呈现。我无意谴责萧军什么，更不愿意把自己放在一个道德的制高点上，苛责前人。在自身生活都朝不保夕的情形下，萧军也实在没有拯救一个怀有他人骨肉的落难女子的能力。出于对弱小的同情还有对美好的怜惜而生出的拯救激情，以及理性恢复之下的知难而退，都是可以理解的人性本色。只是后来的二萧传记作者，对此做了太多渲染，一厢情愿的想象成就了萧军那"英雄救美"的美好传说，全然遮蔽了真相，即便当事人坦诚的叙述亦视而不见。事实上，《烛心》也是解读萧红、萧军日后情感悲剧的重要切入点，两人日后的情感纠结由此可以得到一种始源性解答。在我看来，由此切入对二萧六年共同生活的观照，他们在情感上发生任何变故都不显突兀。

　　三郎对"狂恋"强烈的终结之念，带给张廼莹的是什么无从想见。只是，她那沉湎于初恋而激情谱写的"春曲"，写至第六首便戛然而止。半个月后的7月30日，她创作了长诗《幻觉》。诗歌对"我"的情人爱上年轻漂亮、能歌善舞的少女 Marlie（玛丽）虽然表示理解并给以祝福，希望"把你的孤寂埋在她的青春里。我的青春！今后情愿老死！"但是，诗人又多么希望，梦中的景象只是"幻觉"。也许，出于对三郎所告知的"爱的哲学"的了解，加以自身的处境，张廼莹即便献出了身体，但是面对情人的移情别恋也无法找到一个怨尤的理由。体现于这首诗里的情绪就只是平静面对的无奈以及独自的哀痛。这是一首强忍着眼泪写给自己的诗，是无奈背后的自我安慰。

　　然而，这梦中的景象到底不是"幻觉"，舒群晚年介绍 Marlie（玛丽）姓李，"是位气质极佳的大家闺秀。当时她主办的文艺沙龙，在哈尔滨极有名气，一批正直、健康的男士围拢在她周围"②，暗恋、追求者甚众。以三郎当时的条件，他可能只是李玛丽的暗恋者之一，而据《漂泊诗人——塞克》一书作者里栋先生回忆，诗人塞克更是李的狂热追求者，李后来去了上海，塞克亦追至上海③。

①　三郎：《烛心》，萧军等著，梁山丁编《烛心集》，春风文艺出版社1989年版，第19页。
②　曹革成：《我的婶婶萧红》，时代文艺出版社2005年版，第54页。
③　章海宁：《萧红画传》，黑龙江大学出版社2011年版，第80页。

1940 年 4 月初，萧军从成都来到重庆，与舒群等几位哈尔滨旧友在"重庆茶楼"叙谈哈尔滨往事，玛丽可能是中心话题之一。关于玛丽，萧军当天日记写道："我还是觉得她是美的，美于所有的女人们。群说她对于我的印象一直是好的，虽然我们并没有交谈过，这是一个被摧毁的天才者。"[①] 足见萧军对玛丽之倾倒。

二　祛魅与还原

关于萧军"三郎"笔名的由来，据方未艾（又名方靖远、方曦，笔名琳郎）撰文述及，1926 年两人在吉林城当兵期间，步兵营副营长胡廷祯多次提议与之结为异姓兄弟，"在交往中他自称大哥，称我为二弟，称萧军为三弟"[②]。萧军大约据此自称"三郎"，他又有喝酒脸红的特征，发表处女作便署名"酡颜三郎"。这过于像是日本名字，就简称"三郎"。陈纪滢、孙陵都是从哈尔滨走出，新中国成立后定居台湾的东北籍现代作家。依据陈纪滢的说法，在二三十年代的哈尔滨文坛，比起萧军、萧红、舒群、罗烽等人，"以年龄与写文章的辈分而论，我属于老一辈"[③]，孙陵则与二萧等同辈，且多有交往。陈、孙对二萧的回忆不约而同述及张廼莹落难旅馆时另一重情感纠葛，在萧红的情感经历上平添暧昧。陈纪滢撰文回忆，当年大郎、二郎、三郎一起流落哈尔滨，大郎外号"青衣大郎"，"比三郎长得斯文，悄吟其初是爱大郎。但因三郎表现得直爽，所以就移情别恋。后来他们便同居"[④]。孙陵的叙述亦与此类似，但更翔实且戏剧性：

> 林郎会唱京戏，绰号青衣大郎。刘均一喝酒就上脸，绰号酡颜三郎。[⑤]
>
> 悄吟本来钟情于大郎，因大郎比三郎斯文得多，但是三郎当着大郎

---

①　萧军：《萧军全集》第 18（1）卷，华夏出版社 2008 年版，第 262 页。

②　方未艾：《我和萧军六十年》，哈尔滨文学院编《萧军十年祭》（内部资料），第 9 页。

③　陈纪滢：《三十年代作家记》，台湾成文出版社有限公司 1980 年版，第 111—112 页。

④　同上书，第 113 页。

⑤　孙陵：《我熟识的三十年代作家》，台湾成文出版社有限公司 1980 年版，第 26 页。

的面，逼着悄吟表示态度，他们俩兄弟，她究竟爱哪一个？悄吟在反对"旧礼教"这一点上，是很坚定勇敢的，但是在真正爱情面前，她是懦弱的，她没有勇气说明她真正是爱哪一个人，她只会用哭泣和眼泪隐藏她的真正感情。

　　三郎看她不说话，便当着大郎的面抱住她亲一个嘴，决定了他们之间的关系。①

　　陈纪滢"九一八"事变后就离开哈尔滨，当年底接受天津《大公报》聘任，稍后随报纸撤至上海，在哈尔滨不可能与三郎、张廼莹有接触，他对两人在哈尔滨期间的记述，自然来自他人，而与孙陵文字对比，我认为陈的信息很可能源于后者。前文已经指出，"九一八"事变后，萧军、方未艾策动军队抗战事败，流落哈尔滨，困处小旅馆。后两人分别栖身于《国际协报》副刊、《东三省商报》副刊，靠编报卖文维持生计。陈、孙所指的"青衣大郎"显然是指方未艾，二人所述张廼莹在他和三郎之间的选择，很大限度上带有附会成分，而且他们都谈到张廼莹因作风不检点被东特女一中开除，也与事实似乎不符。但此说流传到国内，让人们对萧红情感世界另外增添了许多想象。

　　那么，方未艾与张廼莹之间存有怎样的交往？方自述，"这年七月间萧军认识了困在道外十六道街东兴顺旅馆里的萧红。他介绍我也认识了她。我们读了她写的新诗。看过她绘的图画，听过她谈的遭遇，我们发现她具有文艺才华，对她的处境引起了同情。我们常去看她，给了她一些精神上的安慰，一些尽可能的各种援助"②。这段文字方未艾反复强调"我们"，意在明示与萧红的交往不是其个人行为以规避嫌疑。事实上，他所供职的《东三省商报》社位于道外十四道街，与张廼莹落难处仅隔两道街；而《国际协报》位于道里新城大街，距东兴顺旅馆有三十分钟电车车程，步行则需一小时。正因为方未艾与张廼莹近在咫尺，他在 20 世纪 90 年代初给陈隄信中，第一次透露当年张廼莹曾给他写过两首五言旧诗：

---

　①　孙陵：《我熟识的三十年代作家》，台湾成文出版社有限公司 1980 年版，第 29 页。
　②　方未艾：《我和萧军六十年》，哈尔滨文学院编《萧军十年祭》（内部资料），第 41 页。

高楼举目望，咫尺天涯隔。百唤无一应，谁知离恨多。（其一）

困居客舍久，百感动心间；两鬓生白发，难明长夜天。①（其二）

前者似在表达张廼莹对他百唤不应的懊恼，似有钟情于方的暧昧；后者则是心灵自诉。关于前诗创作缘起，陈隄说："方靖远知道萧军和萧红急骤发展的爱情，萧红再找方靖远出来散步，方靖远总是拒绝，认为大伯子跟兄弟媳妇来往不太合适，为此，萧红还批评过方靖远，说他封建。但是他还是疏远了她。"② 方未艾致陈隄原信无由得见，但陈隄文中所述显然是方未艾书信内容的转述，也就是说张廼莹、三郎"狂恋"期间，她亦曾属意方未艾，只是没有得到方的回应。陈隄文章似乎轻描淡写，但此料报出，秋石则在二萧传记中将这段"鲜为人知的故事"隆重推出，视为二萧研究的重大发现之一，并对第一首诗解读为："萧红于百无聊赖中三约方曦来会，而方则囿于伯婶之嫌予以三拒之。于是萧红乃讥方曦为封建顽固分子。诗中所言两人居住近在咫尺，实则远若天涯，欲见而不得，心中未免滋生怨恨之意，遂以此委婉诗句责备之。方曦得诗后，曾将上述两诗报以萧军。"③ 秋石的信息不知源于陈隄还是方未艾，但他们三人，在萧军逝后对这段"鲜为人知"的公案的传扬，似乎是对台湾陈纪滢、孙陵等人的别样呼应，而始作俑者则是方未艾本人。显见的事实是，方未艾、陈隄、秋石都是萧军的虔诚崇拜者，特别对于秋石而言，其解读明显着意导引人们生出萧红大有勾引方未艾之嫌。

以目前所能见到的萧红文字而言，不存在一首类似上文比较规则的文言诗，其自编诗稿中有一首生前未发表的《静》，略似文言诗，但内质是类似五四之初胡适尝试写作的白话诗而已，且五言五句，并不遵守文言旧诗的任何规则。萧军一生喜好旧诗写作，萧红与之共同生活六年，亦不见其沾染这一喜好。我以为，以上两首旧诗不太可能出自萧红之手，很可能出于同好旧诗写作的方未艾自己的臆造。

---

① 陈隄：《萧军在哈尔滨》，哈尔滨文学院编《萧军十年祭》（内部资料），第82页。

② 同上。

③ 秋石：《两个倔强的灵魂》，作家出版社2000年版，第23页。

　　换一角度，既然一开始在与张廼莹的交往中，方未艾就注意到伯姊之嫌，那么，张廼莹这两首诗，何以在近六十年后他还记得如此清楚？难道他留有原诗底稿？20 世纪 90 年代，中国大陆一度萧红研究大热，很多人都想与之有所粘连，亦是人之常情，但方未艾此说笔者以为编造太过，事实上也让一些好事者对萧红产生阴骘而恶劣的想象，据此更加认定萧红是个在两性关系上保持开放态度的女人。这或许为方未艾始料不及。而还原张廼莹当时情景：危难中所爱的男人一下子热度陡降，并对两人关系有终结之念，她再次感到前景黑暗以及被世界抛却的恐慌，在此情形下，她或许想距离自己两条街的另一个熟识的朋友来聊，也是完全正常的心理反应。处于极度危难中的张廼莹太害怕被世界遗弃，而后人太多时候以平常心理，揣测在大困厄中非常态的萧红，自然得出一些有悖于常理的臆度。无可否认，萧红逝后亦常常受到这种臆度的伤害。

　　萧红自编诗稿中倒有一首写于 1932 年的《可纪念的枫叶》：

　　　　红红的枫叶，
　　　　是谁送给我的！
　　　　都叫我不留意丢掉了。
　　　　若知这般别离滋味，
　　　　恨不早早地把它写上几句别离的诗。①

　　这首诗，一段时期以来多认为萧红写给汪恩甲②。实则不然，1936 年 8 月 27 日萧红在东京致信在青岛的萧军时，提及对方来信中夹寄的"两片红叶子已经干干的了，我记得我初认识你的时候，你也是弄了两张叶子给我，但记不得那是什么叶子了"③。由此推知，这"可纪念的枫叶"应该是三郎送给初识的张廼莹的。张廼莹这首诗自然是写给三郎的。而从诗中传达的情绪来看，应该就是在三郎的狂恋热度消退之后，两人见面日稀，重回孤寂中

　　① 萧红：《萧红全集》第 4 卷，黑龙江大学出版社 2011 年版，第 239 页。
　　② 叶君：《从异乡到异乡——萧红传》，中国社会科学出版社 2009 年版，第 68 页。
　　③ 萧军：《萧红书简辑存注释录》，黑龙江人民出版社 1981 年版，第 22 页。

的张廼莹似乎意识到这段恋情可能到来的终结，即其所谓"不留意丢掉"。可见，此时她给方未艾写诗是子虚乌有的附会，而对三郎倒是有《春曲》之后的另番吟咏，充满思念与伤悼。

很明显，对真相的去蔽与还原，很大限度上消解了萧军之于萧红那"拯救与被拯救"的美丽神话。而实际情形，张廼莹在东兴顺旅馆的巨额欠款，对于裴馨园及周围朋友三郎、舒群等人来说，是完全不可能解决的难题。他们或出于义愤对困厄中的女人心生同情；或因怜惜落难女人有写诗、画画、写字的才华，而涌起基于怜才的责任感。但这些情绪或冲动只能出之一时，因为他们每人都面临着巨大的生存压力。时日稍长，无论义愤还是怜惜，都会慢慢淡漠。与之有身体接触的三郎那如火般炽烈的"狂恋"尚且如此，何况周围人？

三郎爱的热度迅速减退，以及移情别恋倾向，或许让张廼莹更加痛切地感到，自己的命运到底只能由自己把握，寄予任何他人都不可靠；而当时对她来说，能做的似乎只有等待。1932 年自 6 月下旬至 8 月初，整个松花江流域罕见地持续降雨，导致 8 月 5 日、7 日松花江决堤，12 日哈尔滨在大洪水中彻底倾覆，道里、道外两区一片汪洋。毋庸置疑，1932 年的大洪水最终拯救了在绝望中等待的张廼莹。洪水淹没旅馆一楼后，面对仍不断上涨的水势，老板最终放弃了对她的看守与债务追逼。8 月 9 日，张廼莹终于被搜救难民的船只从东兴顺旅馆二楼窗户救走，终结了困处旅馆数月的"寓公"生活。这显然是一段噩梦般的经历。她找到三郎寄居的裴馨园家，裴夫人说三郎去旅馆"伴"她去了，两人定是途中错过了①。

半年后的 1933 年 4 月 18 日，张廼莹将自己如何离开东兴顺旅馆的经历，清晰而翔实地记录在长篇散文《弃儿》里。该文发表于 5 月 6 日至 17 日的长春《大同报》副刊《大同俱乐部》，署名"悄吟"。因为不能确定《王阿嫂的死》的写作日期，亦有研究者认为《弃儿》可能是萧红的处女作。萧红特色鲜明的散文多叙述自身经历，在我看来可信度极高。萧红研究界此前过于倚重萧军的说法，但是，越来越多的证据表明，萧军对人对事的说法存

① 萧红：《弃儿》，《萧红全集》第 4 卷，黑龙江大学出版社 2011 年版，第 136 页。

有太多不确之处，近年来在处理萧红传记研究里的一些问题时，更多研究者越发看重萧红自己的叙述，如《弃儿》里明确提到一共欠下旅馆"四百块钱"，就被当今研究者采信，而放弃延用很久的萧军的说法：六百块。

《弃儿》分明写道："许多救济船在嚷，手里摇摆黄色旗子"，"住在二层楼上那个女人，被只船载着经过几条窄窄狭的用楼房砌成河岸的小河，开始向无际闪着金色光波的大海奔去"①。也就是说，在这篇明显带有文艺腔调的散文里，作者清晰道出自己如何离开东兴顺旅馆的真实过程。这没有太多争议，应该被萧红传记研究者采信。之所以如此强调，就在于当年张廼莹如何离开东兴顺旅馆附会了太多传说，莫衷一是，且自相抵牾。

骆宾基《萧红小传》载有："据说，他们（萧军、萧红——论者注）是趁着旅馆忙于戒备泛滥市区的水患，偷偷逃出来的。"② 这应该是距离张廼莹重获自由最近的传记叙述。可能作者其后就意识到，其叙述出于自己的臆想明显有违事实，所以在后来的修订版中将这一说法更改为：

> 据说，萧红是正值松花江水暴涨，洪水泛滥哈尔滨市区的时候，旅馆的茶役等人都已各自四散逃命去了，她才独自逃出来的。逃出之后，就直接按萧军留下的友人地址——即《国际协报》副刊的主编人老斐的家里了。③

对比《弃儿》，修订版《萧红小传》的说法基本与之接近。在旅馆方面没有明确准予张廼莹自由的情形下，她因偶然机缘离开，自然可视为"逃出来"。然而，后续萧红传记作者通过对舒群、萧军等人的访谈，力图重现这一对萧红来说重大历史细节时，一场"罗生门"便开始上演。访谈，本是传记作者为力图还原真相所做的努力，但他们过于看重被访谈者那其实早已靠不住的记忆而忽视死者生前的自我陈述，结果导致事与愿违。另外，每位被访谈者在接受访谈的当下，那或许连自己都不曾意识到的个人动机，也极大

---

① 萧红：《弃儿》，《萧红全集》第 4 卷，黑龙江大学出版社 2011 年版，第 136 页。
② 骆宾基：《萧红小传》，建文书店 1949 年版，第 35 页。
③ 骆宾基：《萧红小传》，黑龙江人民出版社 1981 年版，第 30—31 页。

地影响到他所说的话的真实性。

葛浩文在影响巨大的《萧红评传》里写道："据舒群说，他和萧军先送她（张廼莹——论者注）东西吃，想办法把她救出来，而刚好，哈尔滨当时涨大水，二位男'救星'趁店主顾不及'人质'之时，雇了一只木划子，便把萧红接出来。立刻送她进产科医院，凑了一笔钱，帮她解决生产问题。"① 基于面对面的访谈，葛氏比较认同舒群的回忆，认为"理应当没问题"②。暂不评价舒群的说法与事实到底有多大出入，而仅就萧红如何离开东兴顺旅馆与舒群的关涉而言，还有一种流传更为广泛的版本。我以为，同样出自舒群之口无疑。《萧红与舒群》一文中述及：

> 萧红落难的情况从《国际协报》副刊传出后，第一个去旅馆探望萧红的人，就是舒群……用组织（当时舒群是第三国际情报员——论者注）上发给他的出差生活费，给萧红买了两个馒头、一包烟，那时大水早已漫过了头顶，舒群就把这些东西捆在脑袋上，游着泳来到了旅馆……舒群因为在街上游过泳，弄得浑身上下都是泥，这个救助别人的青年，就在这样狼狈的情况下与萧红见了面。那时天色已晚，外面是一片黑洞洞的汪洋，舒群无法再回去，就在这座倒霉的旅馆里蹲了一夜。萧红向他诉说着自己的处境，希望他能够把她领走，但是他的全家也正无家可归，他实在找不着能够妥善安置萧红的地方。③

这段信息很可能源于作者赵凤翔对舒群的访谈，里边最为明显的错误在于，据一些资料显示，舒群第一次探访张廼莹是和裴馨园一起，而不是哈尔滨发大水之后，时间前后相差一个多月。基于如此常识性的错误，自然让人怀疑这段话所呈现的生动细节的可信度。然而，这篇文章发布的杂志较为权威影响面大。因之，《萧红与舒群》一文流传甚广，近二十年来被众多萧红传记作者采信，如丁言昭《萧红传》（江苏文艺出版社 1993 年版，第 38 页）、

---

① ［美］葛浩文：《萧红评传》，北方文艺出版社 1985 年版，第 25 页。

② 同上。

③ 赵凤翔：《萧红与舒群》，《新文学史料》1980 年第 2 期。

季红真《萧红传》（北京十月文艺出版社 2000 年版，第 109 页）、肖凤《悲情女作家萧红》（文化艺术出版社 2004 年版，第 33—34 页）、叶君《从异乡到异乡——萧红传》（中国社会科学出版社 2009 年版，第 85 页）等。

关于舒群在大洪水中探望、救助张廼莹的传奇故事，萧军早在 1978 年就予以否认。当年 7 月，他回信答复黑龙江大学中文系教授陈隄所提问题时说：

> 由东兴顺旅馆是萧红自己逃出来的，舒群并未去接，那时道外大水已涨到了旅馆的二层楼，旅馆的人全跑了，也不监视她了，跳船跑到了老斐家中。等我搭船和泅水去接她时，旅馆中已经没有人了。①

萧军在私人信件里表达的意见，在没有公开发表之前别人无由得见，影响自然非常有限。但萧军此信所述，显然是对《弃儿》相关叙述的印证。萧军所述平实、理性，极为可信。近年，另有材料指出："萧军说舒群泅水看望萧红的故事，是舒群酒后醉话，此前舒群既不认识萧红，也不会游泳。"②如果这真是出自萧军之口，又似有夸张之嫌。

然而，舒群泅水看望张廼莹，近年又演绎出新的结尾。即第二天天亮，有救生船路过，舒群劝萧红跟他上船，萧红怕萧军寻她不着坚持让他先走，自己留在旅馆等萧军③。有意思的是，这一有了新结尾的故事，亦演绎在方未艾身上。《两个倔强的灵魂》一书述及，大水淹至东兴顺旅馆后，方靖远曾划船看望萧红，了解到旅馆只剩下她和老茶房，便劝老茶房放人，对方同意后，萧红在收拾东西准备跟随方离开时，转念想到已与自己"誓订终身"的萧军一定会前来接她，便拒绝了方的好意坚持等萧军前来，方在返回路上就碰到了前来的萧军④。该书作者秋石所据大约源自王德芬发表于《东北文学研究丛刊》第二辑（1985 年 10 月）《萧军年表》的相关内容，并着意渲

---

① 萧军：《萧军全集》第 15 卷，华夏出版社 2007 年版，第 434 页。
② 章海宁：《萧红画传》，黑龙江大学出版社 2011 年版，第 105 页。
③ 同上书，第 81 页。
④ 秋石：《两个倔强的灵魂》，作家出版社 2000 年版，第 24 页。

染。《萧军年表》里的这一信息亦被丁言昭采信，她在《萧红传》中提到"方未艾也划小船去找萧红，但萧红想等萧军来接她"①。然而，方未艾本人对此的说法却是，哈尔滨大洪水后"东兴顺旅馆，两层楼房被淹了底层，萧红乘船离开，在道里裴馨园家找到了萧军"②。我想说的是，张廼莹困处东兴顺旅馆数月，好不容易碰到前来营救的人却主动放弃，就因为要等萧军。于情于理的悖逆，不知王德芬当时依据什么样的材料才能大胆作出。萧红自然没有想到，她所经历的苦难身后被人如此戏说。

无论《弃儿》，还是萧军本人书信透露，张廼莹离开东兴顺旅馆时，萧军正好与之错过。但是，一些萧军传记作者自然不会放过这样一个渲染传主的机会。张毓茂《萧军传》就认为，在哈尔滨大洪水的混乱中，"萧军乘势把萧红救出牢笼，逃到裴馨园家里"③。当萧军赶到东兴顺旅馆时，张廼莹已然离开自然是事实，至于萧军如何前往，有人说是驾船，有人说是泅水。亦有更加戏剧性的渲染说，当天"萧军在正阳大街西尽头和一个摆渡的商量，去十六道街接一个人，回来给五块钱。由于发大水，旅馆里自然也没有人监视萧红了，很容易地就救出了她。可是，当摆渡人伸手要钱时，萧军歉意地笑着说'我哪有五块钱啊？'那人气得动起手来，然而，他哪里知道对手竟是武术教师呢？只好愤愤离去"④。这则讲述里，不仅戏剧性呈现萧军如何前往东兴顺旅馆，而且还让萧军直接救出萧红，以便让这一传奇更有观赏性和戏剧性。讲述的后半部分因与两人错过的事实明显不符，所以丁言昭处理这一材料时，就只使用了前半截，说萧军与一个摆渡的人商量，要去救个人，事毕付钱五元⑤，但是萧军到了旅馆发现萧红已经离开。

张廼莹一直在旅馆茶房的监视之下，三郎如何确信就能将之救出？后人渲染萧军英雄之举时，几乎无一例外地忽视了《弃儿》里一个用词细节：那就是非（裴馨园）夫人对芹（张廼莹）说，蓓力（三郎）"去'伴'你来，

① 丁言昭：《萧红传》，江苏文艺出版社 1993 年版，第 38 页。
② 方未艾：《我和萧军六十年》，哈尔滨文学院编《萧军十年祭》（内部资料），第 42 页。
③ 张毓茂：《萧军传》，重庆出版社 1992 年版，第 98 页。
④ 孟希讲述，何宏整理：《萧红遇难得救》，孙延林主编《萧红研究》第 1 辑，哈尔滨出版社 1993 年版，第 101 页。
⑤ 丁言昭：《萧红传》，江苏文艺出版社 1993 年版，第 38 页。

不看见吗？那一定是走了岔路"①。裴馨园夫人口里的"伴"字，显然更符合实际情形。也就是说，大洪水后，三郎亦不知旅馆情形，惦记着张廼莹的安危，所以前去陪伴她，恰在此时对方获得机会离开，因而与之错过。

总之，这些传说与传说之间的辗转沿袭、变更，以及对部分事实的附会、点染，让张廼莹被天灾和当时社会的人道所救的事实，演变成一场名副其实的"罗生门"。而仅仅简单的史料罗列，叙述者各自背后的动机已昭然若揭。这也是几十年来萧红传记写作中最为吊诡之处，那就是，那些不断问世的书，表面上叙述的是萧红一生，实则写作者出于各自的动机，利用这一场文字叙述，替与萧红关涉的那些男性渲染。在哈尔滨 1932 年大洪水已然拯救张廼莹的前提下，她如何离开东兴顺旅馆似乎已经不太重要。但是，通过对这一历史细节不无任性的考证，却可以传达出丰富的信息。而在帷幕重重的文字叙述背后，真相其实不难通过自己的判断得出，只是需要一颗不偏倚的心灵，还有，就是让我们的关注回到萧红自身。关于萧红传记不能回到萧红自身，坦率地说是我对几十年来萧红传记写作最为不满和失望的地方。其实，关于萧红自身，她生前很大限度上都真实谈过。只是，萧红自己的声音很长时间一直淹没于喧嚣中，我想做的，某种意义上就是力图让人们重视萧红的自我言说。

三 安家商市街

在我看来，萧军之于萧红那"拯救"神话的破灭，并不影响三郎的出现对于张廼莹人生际遇改变所具有的重大意义。继天灾、人道的拯救，如果没有三郎的接纳，张廼莹此后的人生图景毫无疑问全然另番模样。

离开东兴顺旅馆对于张廼莹意味着人生掀开全新一页。她和三郎在裴馨园家住了不长时间便阵痛发作，在水灾刚过的危难中三郎将其送至哈尔滨市立医院，于 1932 年 8 月底产下一名女婴。考虑到自身糟糕的处境，同时也完全没有做母亲的心理准备，产后三天张廼莹便将孩子送人。而由于无法缴

---

① 萧红：《弃儿》，《萧红全集》第 4 卷，黑龙江大学出版社 2011 年版，第 136 页。

纳住院费用，9 月下旬在三郎的武力强横下，院方放弃收费将其驱离。

入院前，两人与裴馨园家人之间的矛盾已然产生，出院后在裴家逗留数日，与裴家人的矛盾加剧，裴只好让孩子送给三郎一封信夹带五元钱，让他们另寻住处。其后，两人在欧罗巴旅馆暂栖月余，靠三郎给人当家庭教师和向熟人借债勉强度日。11 月，三郎被中东铁路哈尔滨铁路局王姓科长聘为家庭教师，教授儿子国文、武术。王家提供一间半地下室耳房，"房租与薪金两相抵消"①。三郎和张廼莹从此安家商市街 25 号，主要生活来源靠三郎多处家教以及向熟人借贷。很显然，在三郎努力下，自 1931 年 11 月逃离福昌号屯流落哈尔滨整整一年来，张廼莹终于在这个城市有了落脚之处，享受着虽然贫困但稍稍安稳的正常、向上的生活，让她在哈尔滨这个城市有了一个追梦的起点。而这是她此前遭遇的陆哲舜、汪恩甲等男性所无法给予的。

如果说，安家商市街只是三郎尽其所能给予张廼莹的物质呵护的话；另一方面，他也同样没有忽视她作为一个知识女性的精神诉求。1932 年底，陈稚虞接替裴馨园编辑《国际协报》副刊，方未艾为其助理②。该报举办新年征文，考虑到张廼莹一个人长时间呆在家里不免空虚、自闭，而举办方有熟人，三郎和周围朋友鼓励她动笔试试。不久，张廼莹以小说《王阿嫂的死》应征，深得方未艾赞赏，发表在《国际协报》新年增刊上。萧军认为这是萧红"从事文学事业正式的开始"③。

值得注意的是，据萧军回忆，萧红处女作是《春曲》，而从现存 20 世纪 30 年代报纸所能见到的萧红第一篇公开发表的文字是前文所提及的《弃儿》④，另有一说《王阿嫂的死》完成于 1933 年 5 月 21 日⑤，但不知其写作日期，也找不到初刊报纸。但可以肯定的是，无论《王阿嫂的死》还是《弃儿》，这初始的写作是萧红开始文学活动的第一步。这第一步同样源自三郎的鼓励与导引。写作之于张廼莹的巨大意义在于她因之慢慢找到了自身在社会上的角色定位，逐渐发现自己的天赋和热爱所在，从而一点点找回自

① 章海宁：《萧红画传》，黑龙江大学出版社 2011 年版，第 85 页。
② 铁峰：《萧红传》，北方文艺出版社 1993 年版，第 134 页。
③ 萧军：《萧红书简辑存注释录》，黑龙江人民出版社 1980 年版，第 157 页。
④ 章海宁：《萧红画传》，黑龙江大学出版社 2011 年版，第 106 页。
⑤ 杨雪平：《萧红的处女作——〈春曲〉》，《东北现代文学史料》第 6 辑（1983 年 4 月）。

信。由此前那种被世界遗弃的状态，慢慢以自己对世界的表达而逐渐回归以至融入其中。正因如此，她开始走出商市街 25 号，参与"左"倾朋友圈子"牵牛坊"的沙龙和演剧活动。同时，在写作上更是一发不可收。同样源于三郎的导引，张廼莹在长春《大同报》文艺副刊《大同俱乐部》上发表系列文章，"悄吟"逐渐成了北满文坛一个令人瞩目的新晋女作者。

　　大量文章发表，不仅增强了张廼莹文字表达的自信，亦激发她和三郎对梦想的追逐。1933 年 10 月，在舒群等朋友帮助下，悄吟、三郎合著的《跋涉》自费印行，旋即引起满洲文坛注意。有人甚至认为"当时最杰出的作家当首推三郎夫妇，自从他们的小说集《跋涉》出版了以后，不但在北满，而且轰动了整个满洲的文坛，受到读者们潮水般的好评……"并认为"悄吟的小说，在某一点来说，似乎有比三郎高出之处，《王阿嫂的死》《广告副手》，都是很好的作品……"① 多年以后，司马桑敦亦认为："平心而论，悄吟的文章，在析理的倾诉上不及三郎，但在小说安排和用字抒情上，却高出于三郎；尽管她的创作思想，许多地方是受三郎那股向现实挑战的冲力的感染而来的。"② 《跋涉》无疑是女作者"悄吟"向作家"萧红"演变的起始之点，亦是关键一步。基于共同爱好，三郎在悄吟文学起步上的范导、鼓励作用毋庸置疑。然而，无论二萧后来在上海滩的立地成名，还是在哈尔滨的文学起步，萧红所表现出的文学天分远在萧军之上，却也是明显的事实，时间也证明了这一点。

　　《跋涉》准确地说是悄吟、三郎小说、散文、诗歌的合集，收入悄吟五篇小说和小诗《春曲》；三郎收入其中的六篇作品，大多介于小说和纪实散文之间，多叙述自己的亲身经历和情感体验。值得注意的是，悄吟特地将与三郎初见时，改变对方观感的四句小诗《春曲》收入其中，或许源于她想以这种方式表达对三郎的强烈感念，回想落难东兴顺旅馆时的绝望，如果没有他的出现自然就没有今天。这是完全出于个人私密动机的纪念，而其余五篇小说则是 1933 年 5 月至 9 月间比较重要的作品，可以看出某种明确的挑选意图。它们都略嫌隐晦地切入阶级斗争的宏大叙事。这自然出于伪满时期政

---

　　① 秋莹：《满洲新文学的踪迹》，《明明》第 1 卷第 6 期（1937 年 7 月）。
　　② 司马桑敦：《三郎、悄吟的〈跋涉〉岁月》，香港《明报月刊》第 183 期（1981）。

治意识形态的现状。

两个人的遇合犹如两个天体间的吸引与排斥，而最终改变彼此的运行轨迹。事实上，三郎在接纳张廼莹，并鼓励其走上写作道路之时，他自己也慢慢偏离了此前一直存有的武人报国梦想，而走上写作之途。半个多世纪后，晚年萧军回首人生道路选择，很有感触地说："坦率地说，尽管我从事文艺写作已经有了几十年的历史，在起始是由于偶然的情况，但我却一直'不安心'也'不甘心'……似乎觉得这并非是我应干的终生'职业'，做一个'作家'也不是我终生的目的。而觉得自己并非是一个适于做这类工作的人或这类'材料'。我就是这样矛盾了几十年……"① 只是，青年萧军在解释导致人生道路改变的"偶然的情况"时，将个中原因完全归之于对张廼莹的接纳。

1936 年 7 月，在上海滩立地成名的二萧，因情感纠葛理性分开一段时间。萧红东渡扶桑，而在青岛的萧军 9 月创作了小说《为了爱的缘故》。42年后，晚年萧军谈及此作，说"这小说的素材，绝大部分是取汲于我们生活中真实的遭遇，有些人物也确属实有其人……这可以说算不得文艺作品，只能算为我们之间生活的'实录'，因此她（萧红——论者注）说我还记得很清楚，有些细节连她自己都'模糊'了"。②《为了爱的缘故》实际是萧军在时隔三年之后，对自己与萧红遇合初始基于自身维度的审视。此时两人已经历了多次情感变故，且此文问世期间，亦正是两人之间再次出现较大情感裂痕，彼此理性冷处理之时。这自然让萧军不自觉地以当时写作的心态和情绪，反思他和张廼莹的初始遇合。

在这又一篇文字"实录"里，受过良好军事训练的男主人公，流浪哈尔滨期间偶然拯救了一个有才华的落难弱女子芹，并堕入爱河。周围朋友鼓励他在民族危亡面前，应一同前去磐石打游击。这样，摆在其面前一个两难：为一个人留下，还是为民族危亡而离开。病中的芹虽有诸如"不要管我……亲爱的！我累赘了你"③ 的鼓励与自责，但男主人公还是"为了爱的缘故"

---

① 萧军：《萧红书简辑存注释录》，黑龙江人民出版社 1980 年版，第 87 页。
② 同上书，第 86 页。
③ 萧军：《为了爱的缘故》，《十月十五日》，山东人民出版社 1983 年版，第 79 页。

而留下，为此遭到同伴们的嘲笑。萧军在小说里为男主人公也为自己的这一选择，作了一番辩解和自嘲：

> 一个人为了解除多数人的痛苦，创造多数人的幸福……比较起来只是为了一个人……这总是有价值的……伟大的……比方你们现在就是走的这第一条路。而我呢，正好作着你们这伟大的陪衬……更可以对比我的猥琐和渺小……不过，陨落下来的星石，在过去它也是有过光辉的……虽然这星石它也不能就以它那过去的光辉来抵补现在的暗淡和无用。①

这段文字里，萧军明显透露出被动作出人生选择的无奈，以过去作为武人的"光辉"对比当下人生的"暗淡"。只是，他将这一人生选择的被动作出，完全归于芹（萧红）的出现，自然有失公允。然而，以萧军后续人生经历作为参照，1932 年他与张妪莹同居后没能将去磐石打游击的想法付诸实际，应该基于多重因素的考量，不能撇下张妪莹可能是其中主要考量的外在因由，但或许也有当时主客观条件的制约。事实上，萧军打游击的梦 1938 年再次萌生，但到底还是没有成行，同样也还是出于别种层面的考虑。在这段大道理的阐释里，明显存在萧军出于当时情绪的言不由衷。

萧军将刊发该文的杂志邮至日本。萧红读后重温那段经历，不敢相信当年的自己，回信说："芹简直和幽灵差不多了，读了使自己感到了颤栗，因为自己也不认识自己了。"而基于萧军那番宏阔的道理，让她对自己与萧军间的情感变故，似乎有了一种始源性的理解："我想我们吵嘴之类，也都是因为了那样的根源——就是为一个人的打算，还是为多数人打算。"很明显，萧军的那番阐释，对其产生了深深的伤害。萧红进而幽怨而坚定地说："从此我可能就不愿再那样妨害你了。你有你的自由了。"② 由以上梳理可以看出，萧红和萧军在一起生活不久，爱和怨的纠结，就已然开始。

三郎对张妪莹的接纳，并"像春天的燕子似的：一嘴泥，一嘴草……终

---

① 萧军：《为了爱的缘故》，《十月十五日》，山东人民出版社 1983 年版，第 102 页。
② 萧军：《萧红书简辑存注释录》，黑龙江人民出版社 1980 年版，第 85 页。

于也筑成了一个家"①。而他在写作上的范导与鼓励,让张廼莹获得了一个写作者的角色定位和实现人生价值的方式。写作为她赢得尊严,随着大量文字在长春、哈尔滨报纸上流传,张廼莹这个名字逐渐被人们淡忘,取而代之的是她给自己的第一度命名:悄吟。靠着写作和家教以及其他收入,三郎、悄吟在商市街 25 号的家庭生活渐趋安稳。两人的收入虽然微薄,但安身立命的方式却是他们所爱,两人对前途充满信心,物质上的清贫难掩精神上的快乐。这极为短暂的快乐给旁人留下了深刻印象。据萧红东特女一中同学杨范回忆起当年在中央大街上见到他们的情形:"萧军脖子上系了个黑蝴蝶结,手里拿了个三角琴,边走边弹,萧红穿着花短裤,下着一条女中学生通常穿的黑裙子,脚上却蹬了双萧军的尖头皮鞋,看上去特别引人注目。他们边走边唱,就像流浪艺人一样。"②

两个人的落拓自然不是短时间可以改变的现实,但悄吟这即便短暂的快乐亦未必真实。比起东北作家群诸位,萧军的文学起步更早,在哈尔滨文坛是继陈纪滢、赵惜梦、孔罗荪等人之后,享有较大名气的后起作家。而且,青年萧军(即三郎)善武术,好京戏,能旧诗,表现出多方面才华,足以弥补其貌不扬的缺憾而吸引年轻女性。而他身上急人所难、抱打不平的正义感,以及豪放乐观,天不怕地不怕的性格,更彰显其特有风度。陈纪滢、孙陵等人定居台湾后,出于政治意识形态上的偏颇,对留在大陆的 30 年代作家多有恶感,他们对萧军私生活描写多用语刻薄,但谈及萧军做人品格倒是不乏美誉。

三郎个人魅力对女性的巨大吸引,自然给生活稍稍安稳的悄吟带来巨大潜在焦虑。然而,三郎对于与之生活在一起,真爱他的女人而言,更大的灾难在于,他那与生俱来的对漂亮女性强烈的追逐欲望。孙陵不无刻薄地谈及:"三郎几乎是见到漂亮一点的女人便要追逐,他从不考虑可不可追,他只想到要不要追。"③ 事实上,三郎对心仪女性的占有欲望,结合他那几乎完全没有道德考量的"爱的哲学",是萧红短促一生继被弃东兴顺旅馆,最为

---

① 萧军:《为了爱的缘故》,《十月十五日》,山东人民出版社 1983 年版,第 108 页。
② 丁言昭:《萧红的朋友和同学》,《东北现代文学史料》第 2 辑。
③ 孙陵:《我熟识的三十年代作家》,台湾成文出版社有限公司 1980 年版,第 32 页。

深巨的悲剧。而她和三郎的初识，便是悲剧的开始。

萧红与陆哲舜的求学悲剧，与汪恩甲的婚姻悲剧，只是遭遇人生挫折的暂时剧痛，而且她还有愤怒、谴责的权利。然而，她与三郎这"爱的悲剧"，则是漫长而无言的钝痛，直至其生命的终结。这份痛在吞噬其所有快乐的同时，还令她输掉对三郎的道德谴责，亦无法表达愤怒。就因为，这个自认为拯救了她的男人，早已将自己放在一个道德制高点上，认为张廼莹的一切都拜他所赐。而且，如果两个人的爱恋是一场"游戏"，那么，在三郎、张廼莹的"倾城之恋"里，规则早已被强势的游戏者告知，她只是没有悬念地去接受那定然会"输"的结局。这场游戏，考验的是其忍痛力到底能持续多久。我想，这也是萧红逝后多年，人们对其难以忘怀的内在原因，除了她那不朽的文字之外，更有对其忍痛人生的唏嘘、怜爱与疼惜。

三郎、悄吟安家商市街 25 号不久，房东三小姐便对两人稍稍安宁的家庭生活产生了淡淡滋扰。据孙陵透露，三郎的家教对象"是一个刚刚十岁的小学生，小学生有个三姐，名字叫王丽，在哈尔滨很出风头，身长大概有一百七十公分，够得上是亭亭玉立。鸭蛋型的面孔，眼角修长，伶俐活泼，笑的时候有一对酒窝，还有一副整齐的牙齿。于是她便成为他追逐的新目标"[1]。萧红在散文集《商市街》里多次提到抽烟卷，服饰时潮，举止洋气，用流利俄语在中央大街上与外国人自如谈笑的房东小姐"汪林"。萧红笔下的汪林应该就是孙陵所谓房东三小姐王丽无疑。萧红还谈到"汪林的二姐"[2]，而房东小儿子则称汪林为"三姐"[3]，可见汪林在汪家姐妹中排行第三，更其印证了孙陵的说法。悄吟于 1935 年 5 月完成散文集《商市街》的写作，同月，三郎以悄吟在书中称呼他的名字"郎华"为笔名，写了一篇"读后记"，认为《商市街》"是不折不扣的生活纪录"[4]。这也足见"商市街系列散文"记述的真实性。

《商市街》1936 年 8 月由上海文化生活出版社初版。同年 5 月，萧红书

---

① 孙陵：《我熟识的三十年代作家》，台湾成文出版社有限公司 1980 年版，第 30--31 页。
② 萧红：《他的上唇挂霜了》，《萧红全集》第 1 卷，黑龙江大学出版社 2011 年版，第 169 页。
③ 萧红：《搬家》，《萧红全集》第 1 卷，黑龙江大学出版社 2011 年版，第 158 页。
④ 郎华：《读后记》，《萧红全集》第 1 卷，黑龙江大学出版社 2011 年版，第 242 页。

中《春意挂上了树梢》《公园》《夏夜》等文，以"随笔三篇"为题，发表
于上海《中学生》杂志第 65 期。三篇文章集中述及她和三郎与房东三小姐
的交往，出之于三郎之口，说出了他与汪林那最终被理性范囿的恋情。《夏
夜》写到夏天三人常常下午一起在松花江上划船，夜里在院子里乘凉聊天。
汪林有诉说不尽的"少女的烦闷"，"我"却瞌睡难耐，早早回屋睡下，院
子里就只剩下倾谈的郎华和汪林。如此数天，郎华和"我"之间便有了意味
深长的对话：

> "她对我要好，真是……少女们。"
> "谁呢？"
> "那你还不知道！"
> "我还不知道。"我其实知道。①

　　萧红毕竟是三年后对这段过往的回顾，况且，三郎和王丽之间的爱恋毕
竟没有成为事实，所以，叙述的语调不无调侃与轻松。然而，从"我其实知
道"可以看出，她对三郎与其他女性已然发生在自己眼前的爱恋，那十分无
助的隐忍，转而以轻轻的调侃掩饰内心难以言说的婉曲："很穷的家庭教师，
那样好看的有钱的女人竟向她要好了。"②

　　从萧红的叙述来看，三郎与房东三小姐恋情的萌生，源于即便大出风头
的富家小姐，也被三郎吸引而心生爱慕。对此，三郎的态度是："我坦白的
对她说了：我们不能够相爱的，一方面有吟，一方面我们彼此相差得太
远……你沉静点吧……"③ 这与孙陵的说法似有出入。然而，三郎与房东三
小姐之间淡淡的情感纠缠，无论源自三郎的追逐，还是对方的爱慕，出于多
重因素的考量，最终有了理性的结束，不至于对悄吟产生伤害却是事实。在
萧红的文章里，也写到汪林不久便有了情感归宿，与报社编辑陵堕入爱河。
正因如此，她才在三年后，将这段三人故事坦然公开发表在杂志上。

---

① 萧红：《夏夜》，《萧红全集》第 1 卷，黑龙江大学出版社 2011 年版，第 208 页。
② 同上。
③ 同上。

　　值得注意的是，房东三小姐王丽对于悄吟来说，到底是一份挥之不去的记忆，某种意义上甚至是一种精神伤害。这并非出于她与郎华的暧昧，而在于她在悄吟面前表现出的巨大优越。从"商市街系列散文"之一《搬家》可以了解到，王丽还是张廼莹东特女一中时期的低年级同学。两人初见，王丽给她的印象是"完全是少女风度"①。这让张廼莹在自己与对方的两相对比中，自然生出深深的自卑和巨大的挫败感。对比现景也更容易让她意识到自己此前那富家子弟身份。在另外篇什，悄吟更是多次写到房东三小姐的时尚与优越，文字间充满落寞与忧伤。然而，"商市街系列"散文写于1935年悄吟成名上海滩前夕，社会地位和物质条件都有了巨大改观。对三年前那段生活的念念不忘，或许是现景改观后，自然生出的对过往苦难的触摸，多篇文字絮絮不忘"汪林"，无疑是其隐秘内心的流露。

　　然而，王丽之于三郎、悄吟，孙陵的回忆文字却呈现别样图景。在对三郎外貌一番刻薄形容之后，他将住在王家"院子里西北角上两间小房子里"的三郎和悄吟，比喻成主人豢养的"一对野兽"，"王丽经常偷偷地察看他们"那近乎"兽类"的生活，以之作为她在朋友们面前的谈资，诸如悄吟用电线作为帆布鞋带，有男客来访三人睡在一张床上等②。孙陵更提到：

　　　　她（王丽——论者注）经常穿着跳舞的晚礼服向他们示威、挑逗。后来，萧红在上海果然做了那么一件红色的拖到地板的礼服，不想在重庆举行的萧红追悼会上，还被胡风指责一番。其实，他怎么知道，她当年为了衣服鞋子受过多少奚落？她是多么羡慕那种衣服？她还写过一本《商市街》，在那本书里，屡屡提到这位使她妒嫉的三小姐。③

　　无论在哈尔滨还是上海抑或重庆，作为二萧比较熟悉的同龄朋友，孙陵的叙述对于今天的读者了解二萧当年的生活和情感状态，无疑具有比较大的

① 萧红：《夏夜》，《萧红全集》第1卷，黑龙江大学出版社2011年版，第158页。
② 孙陵：《我熟识的三十年代作家》，台湾成文出版社有限公司1980年版，第31页。
③ 同上。

价值，即便存有政治意识形态上的偏见，但是其对私人生活的描述估计不会产生太大的影响。而立场不同，恰恰也可以提供一种别样参照。萧红逝后，孙陵撰文悼念，说到两人"交情说不上深厚"，但清晰地记起到商市街访问她和三郎的情形。文中说到"你（萧红——论者注）和三郎住在外国四道街（商市街）一个朋友家里"①，由此可以看出，王丽或其家人可能也是孙陵的朋友。既然如此，孙陵对三郎和悄吟在商市街的生活的描述应该有充分依据。某种意义上，王丽的映衬更加让悄吟感受到贫困对一个追求美好的女人的伤害。当然，如果她能感受到心爱男人的爱，物质上贫困或许可以某种程度地忽略。而一旦这爱的悲剧重演，那么对于萧红来说，又能剩下什么？

　　之所以倾向采信孙陵关于萧红当年衣着这一细节，原因就在于，关于衣着，萧红挚友白朗透露过另一个细节，连在一起会让人看到其中的关联性。1938年春，二萧在西安劳燕分飞，5月萧红与端木蕻良在汉口举行婚礼。但是，二萧的传说过于深入人心，萧红、端木的正式结合，反倒遭遇朋友们的"友情封锁"。这让萧红非常痛苦。9月她一个人来到重庆，旋即去江津白沙镇在白朗家待产。这一个多月或许是萧红精神上最为灰颓的时期之一。在白朗看来，与萧军分手在萧红是"幸福之杯的粉碎"，而与端木的结合，则又传说"爱上了一个她不喜欢的人"②。此时，白朗眼里的萧红情感突变明显，暴躁易怒，而在心情平复时，曾对她说："贫穷的生活我厌倦了，我将尽量地追求享乐。"③ 这在白朗看来非常怪异、反常，她感到此时的萧红"对一切都像是怀着报复的心理"，而她断定这源于与萧军的分手所带来的"无可医治的创痛"④。

　　萧红的反常，固然是出于与萧军的分手，但是我想或许也有对于贫困过于深刻记忆，那记忆或许就与王丽有关。只不过，当时有三郎的爱足以抚慰贫困的隐痛，而现在这份爱彻底失去，贫苦成了她难以抵御的伤痛。当时，萧红对"享乐"的所谓尽量追求，不过是在写作、写信之余，为自己自裁自

---

①　孙陵：《悼念萧红》，章海宁主编《萧红印象·记忆》，黑龙江大学出版社2011年版，第102页。

②　白朗：《遥祭——纪念知友萧红》，《文艺月报》第15期（1942年6月15日）。

③　同上。

④　同上。

缝一件绣上精致花边的黑丝绒旗袍。萧红产后在重庆市区，穿着这件旗袍给绿川英子、梅志等友人都留有深刻印象。这件旗袍是否就是孙陵所谓在王丽晚礼服刺激下所生成的"情结"，是对当年那份隐痛的补偿，亦未可知。

至于，胡风在萧红追悼会上的指责，《胡风回忆录》载，1945 年 12 月 22 日经骆宾基多方奔走筹划，重庆举行萧红纪念会，胡风与会讲话，说"萧红后来走向了脱离人民脱离生活的道路，这是毁灭自己创作的道路，我们应该把这当作沉痛的教训。"[①] 孙陵所指应该就是这次，因为太平洋战争爆发，胡风香港脱险之后，1943 年才回到重庆，1946 年初就离开了，其间，关于萧红的纪念会只有这一次。而胡风对萧红后期所谓"脱离人民脱离生活"的指责，或许萧红在重庆期间服饰的变化就是他的根据之一。

四　一个南方的姑娘

散文集《商市街》里，有篇文章题名《一个南方的姑娘》，着意提及出现于作者和郎华生命中的"程女士"。与叙述房东三小姐"汪林"的那种坦率、明了不同；作者对程女士的叙述却显得隐晦、弯曲，欲言又止。究其原因，在于这位程女士是三郎、悄吟一起生活之初，切切实实与三郎发生情感纠葛，而给悄吟带来深深伤害的女性。1934 年 5 月 27 日，悄吟将写于 1932 年 7 月 30 日的《幻觉》在《国际协报》副刊《国际公园》上公开发表，在我看来，是她利用旧作，对此期心态的曲折表达。也许，在悄吟心理深层，她还是希望所经历的只是一场"幻觉"。但不幸的是，三郎与"程女士"的遇合，是他与悄吟一同生活之后，践行其"爱的哲学"之开始。而从后续事实看来，程女士的出现宿命般决定了二萧此后的人生轨迹。

悄吟笔下的"程女士"，原名陈丽娟，浙江宁波人。1917 年 1 月 6 日生于上海，解放后从事电影翻译工作，曾用笔名小猫、一狷、女客、涓等，"陈涓"亦是其笔名，后为通用名[②]。1933 年秋，陈涓初中二年级失学北上，

---

① 胡风：《胡风回忆录》，人民文学出版社 1993 年版，第 351 页。
② 丁言昭：《萧红传》，江苏文艺出版社 1993 年版，第 53 页。

寻找在哈尔滨邮政局当职员的哥哥陈时英①。20 世纪 80 年代初，陈涓在来访者丁言昭准备好的萧红纪念卡上，题写小诗一首，表达与萧红的缘聚缘散：

> 如同两只小舟，
> 我们漂泊在茫茫黑夜的人海上，
> 你的灯光，一度照亮过我；
> 然而刮来一阵猜忌的风，
> 小舟各分东西了……
> 安息吧，悄吟！②

陈涓与三郎、悄吟的相识，至今有两种说法。一说，十六岁少女陈涓到哈尔滨之后，适值哥哥出差，由堂兄照顾。半个月后某天，与堂兄的一位王姓朋友同逛同发隆商店，无意中发现寄售的《跋涉》。封面上"三郎"的名字引起她的好奇，正好陪同者与三郎相识，毛遂自荐介绍他们相识并向作者讨书。这样，陈涓不久在朋友陪同下来到三郎家，与三郎、悄吟相聊甚欢，并获赠《跋涉》数册。初次见面，悄吟让陈涓觉得"就像大姐姐一样"③；此说，源于陈涓 1944 年致"某作家（实指萧军——论者注）"的自述，以及 80 年代初丁言昭对其访谈。这一说法无意间似在强调，陈涓在友人介绍下，同时与悄吟、三郎相识。

然而，悄吟自己在《一个南方的姑娘》里的叙述，却是另番情形。她某天被学开车回来的三郎告知，新认识一个来自上海的女中学生，且过两天上门拜访。也就是说，三郎在汽车驾驶学校就被熟人介绍已与陈涓相识。悄吟散文里貌似无关紧要的细节，往往有无可争辩的真实性。此处提到的三郎学开车，当时还被人在报纸上撰文调侃："决不会凭着汽车的技艺把他（三

---

① 季红真：《呼兰河的女儿——萧红全传》，现代出版社 2011 年版，第 222 页。
② 丁言昭：《萧红传》，江苏文艺出版社 1993 年版，第 52 页。
③ 丁言昭：《萧红的朋友和同学——访陈涓和杨范同志》，《东北现代文学史料》第 2 辑。

郎——论者注）的艰苦穷途上跋涉的时间缩短吧。"① 在悄吟的叙述里，陈涓第三天来访时三郎并不在家。在老王带领下，陈涓特来拜访她。进屋后，陈涓自述此前因老王介绍已与郎华见过，缘于报纸上正因戏剧开着笔战，她因文章而同情作者郎华本人，碰巧王与之相识。悄吟的叙述，明显透露陈涓与三郎相识在前，而对自己的拜访，也可理解为对三郎生活更深一步的进入。

当时，悄吟自然意识不到，这个不满十七岁的上海小姑娘的到来对自己意味着什么。事实上，从萧红短促而悲剧的一生来看，陈涓无疑是关涉其命运，貌似不起眼实则很重要的人物。如此理解，陈涓本人自然不会认可，但事实就是如此。陈涓与二萧之间，到底有怎样的情感纠结？作为女性，她和悄吟基于各自立场的叙述，提供了最为基本的切入，从中可以解读出非常丰富的信息。

悄吟"商市街系列散文"里的《一个南方的姑娘》写于 1935 年 5 月左右，相距陈涓进入其生活不过一年余。而且，写作当时，萧军与陈涓在上海的后续情感纠葛还没有展开。文章简短，表意弯曲，确如陈涓所言文字间含有对她的揶揄②。这段情感纠葛，对于三郎、悄吟而言，属于深度隐私，但悄吟却以这种方式公之于众，足见其不吐不快。而他们三人相识十年后的1944 年春，陈涓在上海《千秋》杂志创刊号上推出万字长文《萧红死后——致某作家》，详细叙述与二萧结识、交往始末。这封写给萧军的公开信，明显出于为自己申辩的目的，一些地方情绪激动。在笔者看来，文章虽有同情自己的倾向，但内容真实可信，只是相较悄吟而言事隔久长，某些细节或许有记忆不确之处，对他人的揣度也可能出于自身的隐秘心理而有所不察。此文发布之时，萧军挈妇将雏远在千里之外的延安乡下务农；而萧红客死香港已两年余。陈涓何以选择此时旧事重提，不得而知。在笔者看来，此时针对萧红作出的解释抑或申辩早显虚无。正如其自我质疑："说这一些话作什么，既然她（萧红——论者注）已经死了?!"③ 今天，二萧、陈涓早已

---

① 邓立：《萧军与萧红》，转引自《萧红全集·下》，哈尔滨出版社 1998 年版，第 1464 页。

② 一猖：《萧红死后——致某作家》，《千秋》创刊号（1944 年 6 月）。

③ 同上。

作古，关注逝者私人交往的枝节，对我而言亦感虚无。对于逝者，我不愿意做任何道义上的评判，只是关心悄吟当年到底遭遇了什么？

悄吟叙述，1933 年秋某日傍晚，程女士与三郎预约的来访对她来说并不愉快。虽然三郎不在家，可能自恃与三郎已然熟识，程进屋后毫不见外过于大方，丝毫没考虑与女主人只是初见。见此情景，悄吟自然会想到，对方该是与三郎相熟到何等地步。旋即，她们之间有各怀心思的相互关注："我慢慢的看着她，大概她也慢慢的看着我吧！"① 女主人眼中的少女访客"很漂亮，很素净"。其隐秘焦虑亦在于此。天真的少女无从觉察，以至于"到晚上，这美人似的人就在我们家里吃晚饭"②。这没有留客愿望的夜饭，显然已让女主人不悦，只是没有表现出来。

稍后，她更发现前来邀约郎华溜冰的房东三小姐与程早已相熟于舞场。这让她对来客更无好感，坦率写道："汪林是漂亮的小姐，当然程女士也是，所以我就不再留意程女士了"，原因在于"环境和我不同的人来和我做朋友，我感不到兴味"③。悄吟的自尊，让她敏感于自己与他人生活背景当然主要是物质背景的差异。因为，穷困对少女张廼莹的侮辱和损害实在太过深刻。前文谈过悄吟在房东三小姐面前基于物质背景和外貌上的自卑，以至生出"情结"；而此时汪、程同时出现，自然引起她对程的恶感。只是，此时的程女士还没有了解面前女主人过往那太过黑色的人生遭际，以及三郎的情爱观念。经过因对李玛丽的单相思而移情别恋，以及与房东三小姐之间理性终止的暧昧，三郎与女性的接触，很显然难以让与之生活在一起的悄吟有任何安全感和信任感，而出于女性的防御本能，她自然无法对程真正热情。出于人之常情，在她好不容易建构起来的稍稍安稳的生存空间里，如何欢迎一个给她时刻带来自卑感、危机感的少女到来。稍加分析，悄吟的叙述无疑坦荡而率真。接着，郎华回家后，在"带着西洋少妇风情"的房东三小姐和程女士面前兴致高涨的京剧表演，更让她觉得多余，更真实地感受到面前程、汪

---

① 萧红：《一个南方的姑娘》，《萧红全集》第 1 卷，黑龙江大学出版社 2011 年版，第 227 页。
② 同上。
③ 同上。

"绝端两样"① 的美，对自己的无形挤压。

　　然而，陈涓十年后忆及与悄吟、三郎的初识，却仍是无比欣悦："我真是怀着孩子样地喜悦，因为你们——你与'她'（萧红——论者注），与你的朋友待我都很亲切，很真诚，我那时候真是幸福呀。"② 这自然不是陈涓日后的矫情，完全可能是她当时真实的感观，可能源于她作为刚出校门步入社会的少女，缺乏必要的人情世故。她也不断强调自己当年的"幼稚"与"实在单纯极了"③。换一角度亦可看出悄吟当时对内心不快的深度掩饰。正因为女主人的深度掩饰和年轻访客的不察，随后，陈涓与三郎有了更频繁的交往，常常留饭商市街 25 号半地下室，自谓将悄吟"当作亲姊姊那样看待"，"决没有想到我会有使她讨厌的一天"。在接受房东阿丽（即孙陵所说的王丽——论者注）发出的不能再与三郎亲近的警告之后，陈涓才渐渐地"也从她（悄吟——论者注）那掩饰的眼光中间觉察了些什么出来。是的，她憎嫌我，她对我感到不耐烦，她实在歧视我，因为你（三郎——论者注）的缘故而不得不理睬我。我感到很难过，以后，也就不大敢上你们那儿去了"④。

　　陈涓此行在哈尔滨逗留三个半月之久，在隐痛折磨下，悄吟的掩饰难以持久亦是必然。只是，在其叙述里，程女士与郎华的交往不只是常请后者教她溜冰，并留下一起吃饭那么简单。悄吟有时也参与一起溜冰，有趣的是在这里似乎是夏天他们与房东三小姐三人一起划船故事的重演；不同的是这个南方姑娘给她带来了深重的危机感："她渐渐对郎华比对我更熟，她给郎华写信了，虽然常见，但是要写信的。"⑤ 丈夫背着自己与一个住处相距不远，经常见面的少女写信，作为妻子自然无法无动于衷。甚至，程女士告辞走到门口，背着收拾家具的女主人，向送她出门的男主人问是否有信给她，对方马上将话题岔开，故意高声地说"没有"。而且，悄吟明显觉察到，郎华和程女士有越来越多刻意背着自己谈论的话题，一旦她出现，便"又在谈别

---

①　萧红：《一个南方的姑娘》，《萧红全集》第 1 卷，黑龙江大学出版社 2011 年版，第 228 页。
②　一狷：《萧红死后——致某作家》，《千秋》创刊号（1944 年 6 月）。
③　同上。
④　同上。
⑤　萧红：《一个南方的姑娘》，《萧红全集》第 1 卷，黑龙江大学出版社 2011 年版，第 228 页。

的"。丈夫和程女士之间这些常常让她看在眼里的"表演"场景,对于悄吟来说,无疑是难以说出的猜疑和伤害,她只是不愿挑明存在于他们情感上的暧昧——三郎行走于情感背叛的边缘。出于女性对于同类的知解,悄吟甚至发现"程女士"近些日子"'愁'更多了!她不仅仅是'愁',因为愁并不兴奋,可是程女士有点兴奋"①。在我的理解里,悄吟此处用语弯曲的"愁"和"兴奋",是点明初涉世事的中学生程女士在与郎华接触过程中显出情窦初开的表征。她更坦率述及"又过了些日子程女士就不常来了,大概是她怕见我"②,这亦与陈涓前文叙述相印证。

陈涓长文将与三郎的日常交往一概忽略。这封公开信毕竟是写给萧军的,自然没必要重复在作者看来的琐屑,而当年作为少女的陈涓,更不会想到自己与三郎貌似坦荡的交往,给另一个真爱他的女人的感受。所以,其笔下之所无,而在悄吟笔下有,也就不奇怪。但是,关于三郎那暧昧的书信,陈涓自己倒是有清晰的记录。她自述在哈尔滨"只待了三个半月就回南了",而作出南返决定的主要原因,在于"发现了人与人之间会有那样可怕的隔膜",进而"一天也不愿多待"③。陈涓所说的"人与人之间的隔膜",显然是指她与三郎的交往所引起的与悄吟之间那明显的紧张关系。初识时貌似亲如姐妹的友谊,至此几乎到了破裂的边缘。这一点,从悄吟事隔年余仍对她耿耿于怀,以至于形之于文字公之于世可以分明看出。

据陈涓自述,决定启程后,她头天傍晚来商市街告别,只见到窗前与舒群聊天的悄吟而不遇三郎,心存遗憾的她次晨再访,与三郎在门口交谈数语,听见女主人大约买菜归来的开门声,对方神情极不自然地急忙塞给她一封信。这尴尬一幕正好被悄吟撞见:"就在这个当儿她(悄吟——论者注)进来了,我(陈涓——论者注)的脸涨得通红,她也装作不看见,我就搭讪着告别走了。"④ 而三郎慌乱间塞给的信里,除一些慰勉的话,"还附有一朵枯萎的玫瑰花"⑤。这赤裸的爱之表白让陈涓不安,她自谓,为解除悄吟的疑

① 萧红:《一个南方的姑娘》,《萧红全集》第1卷,黑龙江大学出版社2011年版,第228页。
② 同上。
③ 一狷:《萧红死后——致某作家》,《千秋》创刊号(1944年6月)。
④ 同上。
⑤ 同上。

惑杜绝三郎的感情，不至于让她和三郎"走到了岔路上去"①，当天傍晚又带着在哈尔滨邂逅的恋人"×君"再临商市街，并在悄吟、三郎面前用俄语正式介绍："这是我的爱人。"然而，陈涓感觉三郎、悄吟听罢，"好像也心里觉得委曲，不大起劲"②。随后，主人虽买酒在商市街 25 号饯行，但气氛沉闷。

由此看来，悄吟委婉所指的"愁"与"兴奋"，委实是陈涓情窦初开之表征。只是，陈强调恋爱对象并非三郎而是"×君"，其离别的伤感和不舍也是因之而起，与三郎无涉。她这最后一次作别商市街的动机非常明显，引起悄吟、三郎不快亦是必然。在悄吟，此举或许难免"此地无银"之嫌；而在三郎收获的自然是满心失落。少女陈涓当时自然不可能了解孙陵日后所谓三郎对漂亮女性那"从不考虑可不可追"，"只想到要不要追"的个性。她没想到自己离开商市街后，三郎便追至其家，并借机第一次"强吻"，以作最后的告别。宿醉未醒，陈涓翌晨便"离去了这可怀念的松花江"③。然而，悄吟对陈南返前三次前来商市街的解读，却是"程女士要回南方，她到我们这里来辞行，有我做障碍，她没有把要诉说出来的'愁'尽量诉说给郎华。她终于带着'愁'回南方去了"④。

关于悄吟对这段十年前公案的叙述，陈涓评价道："综观这一篇记载，她除了俏皮地揶揄我之外，还相当地报了她的私仇。"⑤ 她无从想象自己的出现，以及三郎与之愈显暧昧的交往，给文章作者所带来的伤害和无以言说的隐痛。事实上，二萧情感就是因她而出现最初的裂隙。在哈尔滨期间，悄吟无法直接表达这份隐痛，只是将写于两年前的一首诗拿出来发表，借以传达内心婉曲；稍后，到了上海，生活稍稍安稳，忆及商市街往事，才用一篇不到两千字的短文，写写令其难忘的"一个南方的姑娘"。

值得注意的是，因为陈涓出现而在三郎、悄吟、其本人身上生成的情感滋扰，一向坦直的萧军没有作任何回应，而两位女性的叙述，却有着各自的

---

① 一狷：《萧红死后——致某作家》，《千秋》创刊号（1944 年 6 月）。
② 同上。
③ 同上。
④ 萧红：《一个南方的姑娘》，《萧红全集》第 1 卷，黑龙江大学出版社 2011 年版，第 228 页。
⑤ 一狷：《萧红死后——致某作家》，《千秋》创刊号（1944 年 6 月）。

立场。陈涓始终将自己放在无辜受萧军之扰、萧红之辱的位置；悄吟则弯曲传达了一个少女的爱河初堕，爱恋对象自然是自己的丈夫三郎。或许，对于三郎她早有心理准备，也就没有更多可说的话。实际这也是萧红一贯的态度，即便萧军其后有了更让人难以接受的背叛，她也只是隐忍不多指责——也无法指责。

之于萧红，陈涓近乎一种宿命般的存在。1933 年冬的南归，其与萧军的交往只是暂告一段落。1934 年她漂泊在奉天，从家信得知一个写文章的"老粗"曾来家找过，据此判断三郎、悄吟到了上海。她大约由此与三郎建立起书信联系。次年暮春，她在哈尔滨举行婚礼时，得到三郎、悄吟来自上海的贺信。三郎与陈涓的后续书信来往，很可能一如哈尔滨时期，仍是背着悄吟的私下举动。那封新婚贺信，大约是他自己以两人的名义发出罢了。而可以明确的是，悄吟对陈的耿耿于怀却毋庸置疑。"商市街系列散文"完成于 1935 年 5 月，《一个南方的姑娘》极可能写于三郎、陈涓重建书信往来期间。

1936 年初春，陈涓已为人母，带着孩子回上海省亲，其兄住在萨坡赛路 16 号，距二萧住处萨坡赛路 190 号很近。于是，她于二三月间，带着幼妹曾登门拜访。关于这次拜访，陈涓可能没有意识到萧红那明显充满防御的敌意，简单以为自己已然结婚生子，不会再令二萧误解。临别，她要求萧军送她们回家，萧军碍于萧红在场很艰难地答应了，一路上很少说话。陈涓自陈，对这一切没有多想，只想到"送人有什么关系呢？"[1] 两年后，她才从朋友口中了解到，此次登门正是二萧因她大吵之后，所以萧军送其回家如此为难。可见，萧军背后与陈涓的交往，此时引起了萧红的巨大不满。

然而，二萧为陈涓的再次出现而家庭矛盾公开化之后，仍丝毫不影响萧军对已为人母的陈涓的追逐。据陈叙述，此后，萧军得便常到陈家，或坐聊，或请吃饭。萧军那份追逐的疯狂，给她的感受是："当时我深深地觉得看见你很骇怕，你那固执的性格，你那强烈的感情，使我感到烦恼。我知道你太把自己沉溺于幻想中了。我隐隐地觉得这事越来越糟，你那种倾向实在太可怕了。"[2] 而且，有时候萧军还故意将在萧红面前为前来相会而编的谎言

---

[1] 一狷：《萧红死后——致某作家》，《千秋》创刊号（1944 年 6 月）。

[2] 同上。

说给陈涓听，以显示对其情感的热烈。1936 年 3 月，二萧搬至北四川路 "永乐坊"，即便离陈家所在法租界比较远，萧军还是借在外应酬饭局之机不辞辛苦前来，并借机再次强吻。陈涓最终在丈夫不断催促之下，劳动节前离沪北上，萧军资助旅费 20 元。陈涓还述及，她为离沪前夜与一异性朋友告别遭到萧军无尽纠缠，而极为懊恼。

不容忽视的是，陈涓所述与萧军后续交往，是在 1935 年萧红以《生死场》、萧军因《八月的乡村》在上海滩立地成名之后。萧红本可以充分享受多年苦难换来的成为知名女作家的荣光和喜悦，摆在二萧面前的是极为光明的前景。但陈涓这宿命般的出现，旋即消解了萧红生命中少得可怜的喜乐与平静。陈涓何曾意识到这份喜乐与平静之于萧红是如此不易。正因为她与萧军交往的重续，导致萧军一步步走向情感背叛的边缘。如果说，在哈尔滨两人间的暧昧，对悄吟来说是难以言说的不快，那么，他们此时的交往已然对萧红产生极为深巨的伤害。

二萧有所不知的是，据陈涓自述，1936 年冬她和丈夫又漂泊至上海，1938 年春她从朋友口中才了解到，萧军大概知道其返沪，到处打听其地址，但是朋友们鉴于二萧情感几乎破裂的现状，没人敢告知，实际上他们还住在同一条路上。直到沪战爆发，陈涓和丈夫一起离沪回到乡下，才有人告知萧军，等到他来找，发现陈已经走了，从而错过再次见面。很显然，萧军没能与 1936 年冬重回上海的陈涓联系上，除了朋友们刻意隐瞒，还有一个重要原因在于萧红彼时在日本，而他自己又陷于与许粤华更不堪的情感出轨中，早已移情别恋。陈涓还述及因一个儿童剧本的投稿，曾分别致信萧军、舒群求助，但石沉大海。1937 年初，及至萧红获悉萧军在上海所发生的一切而返回，萧军又忙于纪念鲁迅以及处理与许粤华、黄源之间的矛盾。此时的陈涓对于萧军来说，或许早已成了他那 "不爱便丢开" 的对象，也就没了旁顾的兴趣。

陈涓无从想象自己给萧红带去了什么，但她倒是清晰表达了《商市街》出版后读到《一个南方的姑娘》时的愤怒。认为该文是萧红对其施放暗箭的攻击，是对自己与三郎交往行为的侮辱，视他们的交往为 "喊喊喳喳，勾勾搭搭"；她更生气于萧军没有 "警告" 萧红，实际上 "将错就错一误再误"①。她还坦言，即便 1944 年春写这封公开信的当下，仍然"很不痛快"。此时，已事隔十年，且萧红已死，但她"倒希望她（萧红——论者注）还活着，更希望她还能看到我这篇不通的信，把事实弄清楚，别带了有色的眼镜来观察世人，我扪心自问，没有作过一件对不起她的事，即使是很细微的举动，也都没有。她以为我会掠夺她的'所爱'，未免神经过敏得太厉害"②。

陈涓万字长文，始终将自己置于无端受过的位置，愤怒便源自她那份无辜。然而，这份理直气壮的申辩，似乎难以得到他人发自内心的同情。她甚至还写到当年第一次从哈尔滨返沪，亦曾无辜受到在青岛的舒群那貌似暧昧的邀请。舒群邀其同游崂山的计划落空之后，还恼怒地来信责骂。也许，陈涓所述都是真实，但是，无论萧军还是舒群，他们对这些交往不置一词。在与萧军交往中，陈涓做了什么，而在给舒群的信中她又说了什么无从获悉。我无法判断，在与异性交往中，陈涓对尺度和分寸的把握，是否足以杜绝引起男性的非分之想，但是，从她那坦率的自述里，可以发现她与萧军似乎亦有相似之处。一如萧军，陈涓也是一个对情爱有自己观念的女性。在这封发表在报纸上的公开信里，27 岁的她坦承：

> 我并非说我是一个矫情的人。相反地，我还是一个在情场中浮沉过的人，不敢说懂得情之真谛，也自有我偏执的观念。我总认为男女之间是不能太随心所欲的。所以对于任何人的感情也都是"发乎情止乎礼"，同时把情与欲的界限也分得相当严格。我总觉得"情"是一种高贵之极的东西。假使这个"情"要发出去是很不容易，既然发出去了，是绝不希冀对方有所报酬，好像打牌一样，输是名分，胜是意外。但"欲"就不可同日而语了。它只是向对方"要什么"，若对方真给了什么，欲望已经达到，也就什么都完了……因此，她（萧红——论者注）对于我的误解，我认为很痛心，不要说我从来未向你们表示过友情以上的言行，居然会要夺人之"所爱"。即在我热恋过的情人中，也有是有过太太的，

---

① 一狷：《萧红死后——致某作家》，《千秋》创刊号（1944 年 6 月）。

② 同上。

当我对他们的感情高升到九分九的时候，就自动压制了。所以这样做的缘故，是因为我个性如此：同情另一女人命运的心胜过一切，绝不作"把自己的幸福建筑在别人痛苦的身上"那样自私自利的梦。也许你会嘲笑，"那样你还是别和人发生感情的好"，但我要说：人总是人，能无情更好，若避免不了，则发乎情止乎礼，又有什么不可呢？

读到这里，让我感受到民国女子率真而不流俗的可爱。在陈涓，虽然将情与欲分开，但对于与未婚或已婚男性，如果不能规避情感的发生，只要不逾越"礼"的规约亦无不可。她自然没有意识到自己这份关于爱的"偏执的观念"的悖谬之处，只要与一个已婚男子有爱情发生，实则已经逾越了道德的规约，对旁人的伤害已然产生。持如此观念的女性，在与萧军交往中，将萧军对其感情的萌生，一股脑儿归结为来自男性的疯狂，恐怕难以让人信服。抑或是"当局者迷"？

而作为真正的无辜者，萧红到底遭遇了什么，陈涓自然无从顾及与考量。虽然，在这封公开信里也不时表达歉意，企求上帝的"原恕"。但正当二萧分手的 1938 年春，陈涓从乡下返回上海，从朋友口中听到一些"传说"：

> 说你们俩离婚了，原因是为了我。在离婚的那天还上法庭去，两个人都大哭一场。云云。我对于这个离奇的谣言，在 h 地就听得一个从南方北返的朋友说过，当时很觉得诧异。因为我始终认为我对你们从未有过超越友情以上的表示，何以空穴来风，突加上这个罪名到那越海过洋，爬山攀岭地我的身上来？再说你们根本就没有结过婚，怎么又要离婚呢？况且在《跋涉》中，你们的恋爱观写得明明白白："爱就爱，不爱就丢开"何必要离婚？而且，既然要离婚，干吗还要大哭一场？"不爱就丢开"算了吧！这样作未免太富于戏剧性了！

从这段话后半段的揶揄和讽刺以及刻意歪曲里，我似乎读出了一个女人的不善良。她明知道"爱便爱，不爱便丢开"是萧军的"爱的哲学"，而故意说成是"你们的"。可见，萧红死后，陈涓终于在报纸上报了来自萧红文字伤害的仇恨，是名副其实的"以牙还牙"。这绝非善类的言词，又如何让人相信，她所申辩的无辜？

陈涓给萧红带来了什么，记录在萧红生前未曾发表的组诗里。《苦杯》写于1936年夏，无疑是陈涓离开上海不久。这组记录心灵苦痛的文字收入萧红自编诗稿中，让人们看到1935年底《生死场》问世的喜悦早已荡然无存。不知始终自感无辜的陈涓日后是否读到，如果读到又该作何感观？是否意识到上文所引的揶揄、讽刺以及报以牙眼的快意，对于真正无辜的第三方而言，确乎太过残酷？

> 带着颜色的情诗，
> 一只一只是写给她的，
> 像三年前他写给我的一样。
> 也许人人都是一样！
> 也许情诗再过三年他又写给另外一个姑娘！　　　　（一）

这是诗人无助地看着所爱之人开始其另一场爱的追逐，她似乎只能悲伤地等待着那"不爱便丢开"的结局的到来：

> 已经不爱我了吧！
> 尚与我日日争吵，
> 我的心潮破碎了，
> 他分明知道，
> 他又在我浸着毒一般痛苦的心上，
> 时时踢打。　　　　（四）

> 往日的爱人，
> 为我遮蔽暴风雨，
> 而今他变成暴风雨了，

让我怎样来抵抗？
敌人的攻击，
爱人的伤悼。　　　　　　　　　　　　　　　　　（五）

　　而当"遮蔽暴风雨"的爱人变成"暴风雨"，萧红在刻意吞咽眼泪背后，存有关于所谓爱情的浓重虚无。由此可以看出，即便在东兴顺旅馆初识之夜，三郎就告知了爱的规则，很显然，因为对男人感念背后的真爱存在，萧红还是对他寄予了所有关于爱的美好。陈涓的出现，让这一切美好的寄予破灭得太快。

泪到眼边流回去，
流着回去浸食我的心吧！
哭又有什么用！
他的心中既不放着我，
哭也是无足轻重。　　　　　　　　　　　　　　　（九）

说什么爱情！
说什么受难者共同走尽患难的路程！
都成了昨夜的梦，
昨夜的明灯。　　　　　　　　　　　　　　　　　（十一）

　　从《苦杯》可以了解到，萧军的暴虐让萧红非常失望，觉得自己又回到了无望的从前，没有丝毫安全感，整个心灵被无边的失望、哀怨和郁闷笼罩。这隐秘的苦闷，无法向人诉说，而且以萧红的个性，也不愿向别人诉说。二萧成名后的生活全然没有了往日的生气，沟通机会越来越少，隔阂越来越深。女性的世界终究狭小，在上海滩即便二萧齐名，但在萧红的世界里仍只有萧军，一旦对她的情感出了变故，便自感失去了整个世界；而成名对于萧军却全然是另一番图景，社会地位的提高，经济收入的增加，社交范围的扩大，让他拥有了一个更广阔、丰富的世界。萧红内心那份世界将失的惶恐与幽怨，只能吟唱给自己听：

> 我没有家，
> 我连家乡都没有，
> 更失去朋友，
> 只有一个他，
> 而今他又对我取着这般态度。　　　　　　　　　　（八）①

　　这些感伤、哀怨的诗句，最为明白不过地宣示萧红、萧军之间，一场情感危机的肆虐。茫茫大上海对她来说，唯一可去的地方便是鲁迅寓中。萧红频繁来访，且逗留时间较长，给忙于照顾重病中的鲁迅的许广平带来负担，以至心生埋怨。不久，萧红察觉自己的迷茫与萎顿不仅伤及自身，也影响了周围朋友的生活，便接受黄源建议，与萧军分开前往东京住上一段时间。1936 年 7 月 17 日，萧红离开上海，开始了预期一年的疗治心灵之伤的旅程。也就是说，1936 年陈涓离沪两个半月之后，不堪情感风暴的巨大打击，萧红也离开了上海。然而，对于二萧的感情变故而言，这只是多米诺骨牌倒伏的开始。

五　自我命名背后

　　从 1932 年夏到 1938 年春，萧红和萧军在一起生活了将近六年，《生死场》《八月的乡村》的印行是二萧人生的巨大转折。而从两人的情感历程来看，这也是一个转捩点。在我看来，张廼莹对成名之前与三郎那段患难与共的岁月的纪念，曲折表现在她对自己郑重的二度命名上。

　　1935 年 12 月，《生死场》作为"奴隶丛书"之三自费印行，萧红一举成名，奠定了在中国现当代文学史上的地位。《生死场》作者署名"萧红"，这是张廼莹第一次使用"萧红"这一笔名。此前最常见的作品署名是"悄

---

①　萧红：《苦杯》，《萧红全集》第 4 卷，黑龙江大学出版社 2011 年版，第 253 页。

吟"，《生死场》之后偶尔还用。1936 年 8 月，上海文化生活出版社初版
《商市街》，作者亦署名"悄吟"。也可能《商市街》完成于 1935 年 5 月，
在《生死场》之前，交到出版社时仍用原来笔名，只是出版时间迟至《生
死场》印行之后。《生死场》印行之前，鲁迅在书信、日记中对张廼莹最常
见的称呼是"悄吟""悄太太"或"悄吟太太"，1936 年夏，萧红离沪去日
本与鲁迅疏于联系，10 月 5 日在致茅盾信中似乎第一次一改称呼，提及"萧
红一去以后，并未给我一信……"①

何以在《生死场》出版前夕，张廼莹给自己另起笔名"萧红"？

对此，季红真认为其意在"和萧军的名字联系起来，就正正当当地谐音
作为'小小红军'了"②。这一说法的始作俑者是萧军，季红真在其阐释之
上又作了进一步发挥。一段时间以来，萧红、萧军谐音为"小小红军"说法
得到了萧红传记作者们较为普遍的认同，也构筑起二萧的"革命"神话。究
其原委，在于 1980 年 3 月 13 日萧军为鲁迅写给自己的信作注时说道：

> 后来《八月的乡村》又用"田军"，一面为了避免国民党文艺检查
> 官们的注意（《八月的乡村》系非法出版）；另方面又算为农民的军队，
> 后来《生死场》出版时和萧红的笔名连系起来，就正正堂堂作为"红
> 军"了。这种天真的想法和举动，如今想起来，也有点"幼稚病"得
> 怪可笑。不过那是国民党正在江西一带"剿共"，因此就偏叫个"红
> 军"给他们瞧瞧。③

在我看来，这显然是萧军基于后续情势，对"萧红"这一笔名刻意进行
的带有政治意识形态色彩的解读，附会痕迹明显，其意图无非唯恐萧红和自
己不够革命、激进。铁峰亦认为"文化大革命"时有人指控二萧的名字意在
"消灭红军"，以及萧军后来的因反对"剿共"而偏叫"红军"的解读，"都

① 鲁迅：《鲁迅手稿全集·七》，文物出版社 1980 年版，第 204 页。
② 季红真：《萧红传》，北京十月文艺出版社 2000 年版，第 217—218 页。
③ 萧军：《鲁迅给萧军萧红信简注释录》，黑龙江人民出版社 1981 年版，第 171 页。

是牵强附会而已，不足为据"①。

要厘清这个问题，得从梳理萧军的几个笔名开始。"萧军"这个名字第一次出现于1934年10月三郎致鲁迅先生第一封信中。在哈尔滨期间，他最常用的笔名是"三郎"，在上海《文学》杂志上公开发表的第一篇小说《职业》，作者署名仍是"三郎"。萧军表示偏爱这个名字，"是为了纪念两个朋友"②。他所纪念的大约是"大郎"、"二郎"两位结拜兄弟。青岛时期，萧军化名"刘均"，鲁迅致二萧信中多称其为"刘军"。而他正式使用"萧军"这个名字，是在署名"田军"出版《八月的乡村》之后，即便到了武汉，在主要场合人们或许还是出于《八月的乡村》的影响，仍称其为"田军"。

三郎在上海开始用笔名"萧军"，是由于他采纳鲁迅1935年3月31日来信的建议，为的是与上海一个名叫"李三郎"作家相区别。萧军晚年说"既然有李三郎去捣乱，就只好改一下"，似乎暗指他在上海才开始使用笔名"萧军"，实则不然。这个笔名常用于1938年他到达临汾兰州以后③。由此可以看出，萧红、萧军故意谐音为"小小红军"，以支持第二次国内革命战争中的红军实乃无稽之谈。之所以如此说在于作为笔名，"萧军"早于"萧红"一年多出现，而且"萧红"伴随《生死场》出现时，"萧军"这一笔名并不常用。晚年萧军认真解释了"萧军"的命名缘起："'萧'字的来源，是我很喜欢京剧《打渔杀家》中的萧恩；'军'是为了纪念我是个军人出身的一点意思，并无其它'奥秘'在其中。"④ 关于笔名，萧军另有与此大同小异的解释。1980年8月21日，他在致《诗刊社·笔名考释》编辑部的一封信中解释说："萧是我喜欢京剧《打渔杀家》中的萧恩，又因我家是东北辽宁义县，这地方曾为辽国京城，辽为萧姓。军是我的出身，表示不忘本。"⑤

再回到"萧红"这一名字上来。实际情形是，作为"奴隶丛书"的《八月的乡村》《丰收》因关涉抗日，一开始就知道无法通过国民党的书报审查，于是直接假借"荣光书局"之名自费印行。而《生死场》（出版前的

---

① 铁峰：《萧红传》，北方文艺出版社1993年版，第184页。
② 萧军：《鲁迅给萧军萧红信简注释录》，黑龙江人民出版社1981年版，第171页。
③ 曹革成：《我的婶婶萧红》，时代文艺出版社2005年版，第78页。
④ 萧军：《鲁迅给萧军萧红信简注释录》，黑龙江人民出版社1981年版，第171页。
⑤ 转引自陈漱渝：《萧军四题》，《天津日报》2009年5月26日。

书名为"麦场"）一开始想争取正式渠道出版，1934 年 12 月生活书店表示
愿意出版，送呈国民党中央宣传部书报检查委员会半年之后，终未获出版许
可。稍后，鲁迅又介绍到《文学》《妇女生活》等力量能及的杂志，均被退
回。萧红没想到书稿获正式出版如此之难，鲁迅能够动用的关系也都试过
了，终是无能为力，她于是仿效萧军、叶紫，作为"奴隶丛书"之三自费印
行。因是非法出版物，为了作者的安全以及书稿的命运，自然需要变换一个
陌生的笔名。二萧都以原来常用的笔名"三郎"、"悄吟"在上海发表过一
些文章，为了避免引起国民党文艺检查官员们的注意，他们此时故意使用一
个全新的名字就很必要。上文提及萧军在近五十年后的解释貌似合理，实则
并不可信。长期以来，人们往往习惯于将二萧连在一起看待，而萧红弃世过
早，其后萧军的说法似乎就具有绝对权威性。然而，值得注意的是，萧红、
萧军毕竟是两个性情很不一致，且自主性都很强的人。事实上，萧红那过于
强大的自主性，某种意义上也是其人生悲剧的根源之一。我想说的是，当年
的悄吟何以使用笔名"萧红"，萧军并非当事人。

　　在我的理解里，当年刘均第一次给鲁迅先生写信时，使用了"萧军"这
个名字，他后来表达了对这个名字的偏爱。或许，悄吟当年知道了这个于己有
"拯救"之恩的男人的内心，当出版《生死场》需要一个陌生的作者署名时，
就根据"萧军"衍生出"萧红"，这样让人们永远将他们联系在一起。他沿用
了男人喜爱的"萧"，而"红"大约是女性的表示。铁峰亦认为"萧红"的名
字，"大概是从萧军的署名而来的，'红'者'红颜'也，即'军'的妻子之
意。意指萧军、萧红是夫妻罢"①。在我看来，"萧红"的署名，或许就只是当
年的悄吟太太，想以自己的方式表达对萧军的感激，同时也是二人生活在一起
的纪念。张廼莹对自己的二度命名，或许是一个历经磨难的女人在成名上海滩
前夕最为复杂、婉曲的内心的流露，而并非关涉其他。事实上，萧红、萧军这
两个名字此后就真的连在了一起，更多时候，人们喜欢并称他们为"二萧"或
"两萧"。这应该是悄吟太太当年那没能明确表达的婉曲意图的成功实现。

　　而赋予二萧笔名所谓"红军"的影射，于情理上也经不住推敲。两人当时

---

① 铁峰：《萧红传》，北方文艺出版社 1993 年版，第 184 页。

明知道自己的书是遭到当局禁止的非法出版物的情势下，应该全然没有必要以那种刻意招摇的方式，表达其政治取向而以卵击石，给好不容易自费印行的新书带来更不可测的命运。所谓"红军"之说，完全出于一种后续立场的附会，当时的二萧也不一定具有完全同情中共的政治倾向。况且，"萧红"这个名字伴随《生死场》出现，已是《八月的乡村》面世近半年之后，是否用"红"字，全然取决于萧红，并非萧军。因而，萧军事隔多年的阐释，自然是一种"过度阐释"无疑。况且，印行《八月的乡村》时作者署名是"田军"，并不是"萧军"；而已然的事实是，当时上海国民党当局，并没有就此作"红军"联想。不然，这套虽然非法但大卖的"奴隶丛书"的命运应该是另番情形。

对于萧红而言，《生死场》奠定了她在中国现代文学史上的地位，同时，让人们渐渐忘记了那个名叫"悄吟"的女作者，只知道文坛崛起了一个名叫"萧红"的女作家。这是个重大的文学事件。这个名字从此广为人知，流传至今，成了呼兰、哈尔滨以及黑龙江的文化印记——那是她自 20 岁离开就再也不曾返回过的故乡。而这个女性化的名字，至今仍令人自然关联到另一个男性化的名字：萧军——那是她曾经挚爱过的男人。"萧红"这个名字，至今还是中国现代文学研究者们常常不禁触摸的心理情结，召唤出迁延不尽的阐释，居留在他们的精神故乡。

六　东京与上海

在我看来，1936 年 7 月至 1937 年 1 月（具体为 1936 年 7 月 17 日离开上海，1937 年 1 月 9 日离开日本）近半年蛰居东京的岁月，是萧红一生中极为重要的时期。只是，长期以来较少引起萧红传记研究者们应有的重视。关于这一时期萧红的生活样貌和思想状态，有幸历经战争和多次政治运动，萧军仍然保存了萧红在日本期间写给他的书信 35 通。1978 年 8 月 26 日至 9 月 16 日，他对这批信件加以辑存、注释，并于次年在《新文学史料》上公开发布。萧军的注释，实际上是 42 年后受信人与写信者的对话，他站在后续立场对萧红的理解以及对往事的回忆，同样传递出非常丰富的信息。解读萧红原信和晚年萧军注释，自然成了今天认知萧红此段人生经历，体察二萧关系的重要切入点。

萧红第一封信 7 月 18 日发于船上，寥寥数语简述海上航行感受。萧军就此信注释萧红此行缘起："一九三六年我们住在上海。由于她的身体和精神全很不好，黄源兄提议，她可以到日本去住一个时期。"① 晚年萧军对萧红何以"身体和精神全很不好"故意语焉不详。承前文论述，萧红此行实则源于萧军对陈涓的追逐而给她带来心灵巨创，以至生活秩序大乱，影响了健康。东京之行，是黄源作为朋友不忍眼见萧红长期陷于痛苦，不仅身心受折磨而且浪费了生命，希望她早日超离眼前一切而提供的建议。在萧红，这很显然是一次预期疗治心灵之伤的旅程。而黄源之所以有此建议，基于上海距东京不太遥远，东京生活费用不比上海高多少，不但环境安静便于写作、休养，还可以学日语等多方面的考量。另外，黄源夫人许粤华彼时正在东京学习日语，便于照应。

黄源的建议令萧红心动，可能她也意识到自己长时间处于萎靡、灰颓中，将会一事无成，期望早日走出，开始创作。因为有《生死场》带来的成名效应，作品发表对她来说已不成问题，但是此期除完成《手》等很少几篇作品外，大量光阴就虚掷于哀怨和伤感中。荒废了自己，亦干扰了周围朋友，特别是重病中的鲁迅先生一家的生活。恰在此时，萧红收到自离家后就未曾谋面的胞弟张秀珂寄自东京的信② 伤感中念及亲情期待与弟弟相见，也可能是促成萧红此行的又一重要原因。当然，能否成行还得看二萧当时的经济条件是否允许。据萧军回忆，《八月的乡村》和《生死场》在书店代售，刚好结算了一笔约"三、二百元"③ 的书款。内在诉求加上外在物质条件的具备，最终玉成萧红的蛰居东京之旅。萧军透露："经过反复研究商量，最后我们决定了：她去日本；我去青岛，暂时以一年为期，那时再到上海来聚合。"④ 二萧就这样以预期一年的分离来理性处理两人之间第一次出现的严重情感危机。

一旦分开，时空距离便迅速消抹了萧军所带来的伤害与隐痛。从第二封信起，关心萧军的日常生活起居便是萧红这批书信的一个重要内容。这显然是其

---

① 萧军：《萧红书简辑存注释录》，黑龙江人民出版社 1981 年版，第 6 页。
② 萧红：《"九一八"致弟弟书》，《萧红全集》第 4 卷，黑龙江大学出版社 2011 年版，第 233 页。
③ 萧军：《萧红书简辑存注释录》，黑龙江人民出版社 1981 年版，第 7 页。
④ 同上。

内心对萧军的强烈爱意以及自身妻性的自然流露。写于离沪第四日的第二信一开头便急切地问："你的身体这几天怎么样？吃的舒服吗？睡得也好？"信尾又殷殷提醒："你的药不要忘了吃，饭少吃些，可以到游泳池去游泳两次，假若身体弱，到海上去游泳更不能够了。"① 稍后，8 月 17 日寄至青岛的信中，更是"庄严"而焦灼地告诫萧军一定要买个软枕头和稍厚的带毛的单子。萧红挂念硬枕头损坏了他的脑神经和在海边受凉。担心对方敷衍，她在信中注明一定要在回信中说明是否照办，如果嫌麻烦，她可以在日本买好寄回。而 11 月 24 日，在寄至上海的第三十信中，还惦记着这枕头："你一定要去买一个软一点的枕头，否则使我不放心，因为我一睡到这枕头上，我就想起来了……"② 由这分手之后萧红对萧军的挂念之情亦可看出，两人在一起生活时，她在日常生活上对萧军的悉心照顾。1936 年 12 月 15 日，萧红致信萧军，由东京的夜"也是凉凉的"，想到他在上海的被子"不用说是不合用的了"，因而告诫买一些棉花让朋友淑奇加进去，也可以直接买张被子，免得劳烦他人③。而她不知道此时萧军却陷于更恶劣的情感背叛中。

在晚年萧军的"注释"里，自然不会流露注释此信时读到此处联想自己当年所作所为的感想。然而，在常人看来，萧红在书信里爱意与妻性的流露，萧军 1978 年 8 月 27 日注释第五信时却别有看法："她常常关心得我太多，这使我很不舒服，以至厌烦。这也是我们常常闹小矛盾的原因之一。我是一个不愿可怜自己的人；也不愿别人'可怜'我！"④ 一个月后，他又似乎明显带着情绪说：

> 鲁迅先生曾说过，女人只有母性、女性，而没有"妻性"。所谓"妻性"完全是后天的，社会制度造成的。（大意如此）
> 萧红就是个没有"妻性"的人，我也从来没向她要求过这一"妻性"⑤。

---

① 萧军：《萧红书简辑存注释录》，黑龙江人民出版社 1981 年版，第 9 页。
② 同上书，第 94 页。
③ 同上书，第 98 页。
④ 同上书，第 17 页。
⑤ 同上书，第 158—159 页。

　　不知萧军所指的"妻性"到底是什么？如果此处所引文字出于其本心，那么，很显然即便晚年萧军对于"妻性"的理解也是迥别于常人，只是为何他又没有说出。以常人眼光来看，悉心照顾男人生活起居，帮助抄写小说原稿，在写作上给予鼓励，无论体力上的付出，还是精神上的支持，萧红如此爱着一个男人，怎么"就是个没有'妻性'的人"？但是，1954年萧军在《〈八月的乡村〉后记》里，亦情深款款地写道："感念已故的萧红，她那时代我辛苦地缮清原稿，并给了我以决定性的鼓励！因为自己写完这小说后，心情很坏，不满意它，曾想焚毁，或者重新写过，是她阻止了我，才得和读者见面，才得流传到今天。"① 可见，萧军对萧红的评价，也常常受一时情绪左右。总体来看，晚年萧军对萧红书信的注释文字，明显带有当时情势之下，对死去多年的萧红的情绪性看法。很多时候，对萧红的评价缺乏理性，似乎不像一个古稀老人对人、对事应有的态度。

　　到日本一个月后，许粤华就因黄源父亲病重，经济上难以支持返回国内，萧红不得不苦熬一个人身处异国的孤寂，加之病痛折磨，因而在致萧军信中，常常倾诉在精神和肉体双重摧折之下，身处异国举目无亲的苦寂与无助。萧军分析萧红的病弱源于自幼不堪的遭遇，在他看来，萧红的人生遭际，在于"精神上是被摧残的，感情上是被伤害的，人格上是被污蔑的，肉体上是被伤毁的！"② 萧红也意识到自身心灵的敏感与纤弱，致萧军第九信中自省道："灵魂太细微的人同时也一定渺小，所以我并不崇敬我自己。我崇敬粗大的、宽宏的！……"③ 针对萧红的性格特点，萧军坦言"我爱的是史湘云或尤三姐那样的人，不爱林黛玉、妙玉或薛宝钗……"④ 可以明显看出，萧军1978年重读旧信的注释，似乎不时在力图解释他们40年前劳燕分飞的深层原因，有时候似乎过于敏感。1936年12月31日，萧红致信萧军身体安适，勿劳挂念，并与萧军对比略生感慨："你亦人也，吾亦人也，你则健康，我则多病，常兴健牛与病驴之感，故每暗中惭愧。"⑤ 这封原本带有戏谑性的

---

① 萧军：《后记》，《八月的乡村》，人民文学出版社2005年版，第216页。
② 萧军：《萧红书简辑存注释录》，黑龙江人民出版社1981年版，第20页。
③ 同上书，第33页。
④ 同上书，第114页。
⑤ 同上书，第105页。

报平安的短信，萧军却引发一番唯物、唯心的哲学阐释，在一个本质层面上认知他和萧红的关系："我和她之间，全是充分认识、理解到我们之间具有不可调和的诸种矛盾存在着的。后来的永远诀别，这几乎是必然的、宿命性的悲剧必须演出：共同的基础崩溃了，维系的条件失去了！"① 二萧的分手，实在是他们两人的私人生活，孰对孰错旁人自然无权指责，但是晚年萧军似乎不时刻意在为当年的分手寻找合理性。如果说，两人仅仅因为身体强弱差异而导致悲剧的"必须演出"亦未免也太过牵强。

在身体强壮、意志坚强的萧军面前，萧红的"弱"成了一种反衬。这让两人在达成相互理解上存在不可通约的阻碍。萧军坦言，萧红的"弱"让他"从来没有把她作为'大人'或'妻子'那样看待和要求的，一直把她作为一个孩子——一个孤苦伶仃，瘦弱多病的孩子来看待的"②。二萧一起生活时，这或许也是萧军对萧红的一种纵容和娇惯，以致她初到异国有难以面对改易的无助。萧军更谈道，"由于我像对于一个孩子似的对她'保护'惯了，而我也很习惯于以一个'保护者'自居，这使我感到光荣和骄傲！"③ 笔者以为，萧军此处坦言的情形，应该出现于萧红来日本之前。一起生活的男女，女性的柔弱激起男性的保护冲动，也是正常的心理反应。何况，在萧军看来，萧红除了身体的"病弱"外，还有意志的"软弱"。1978 年 9 月 28 日，他对萧红一生结论道："在个人生活意志上，她是个软弱者、失败者、悲剧者。"④ 萧军以保护者自居，某种意义上是他对萧红表达爱意和在家庭生活中体认自我价值的方式。

然而，一如他对萧红那基于女性纤细、柔弱的心灵而来的在日常生活中的叮咛与关切而厌烦，不大能体会到那是对方爱的表达一样，从萧军的叙述里同样可以了解到，他的粗豪、冷硬、霸道，有时也让萧红难以接受，曾骂他是"具有'强盗'一般灵魂的人"。萧军因此很受伤害。他委屈于当年如果不是自己的豪狠，就无法让萧红脱离那巨大的困厄："如果我没有类于这

---

① 萧军：《萧红书简辑存注释录》，黑龙江人民出版社 1981 年版，第 106 页。
② 同上书，第 103 页。
③ 同上书，第 36 页。
④ 同上书，第 159 页。

样的灵魂，恐怕她是不会得救的！"① 萧军的自辩不无道理。施爱者最怕得不到理解和回应，而无从顾及爱的方式是否合适。正如他不喜欢萧红的琐碎，萧红也可能不太适应这份粗豪。洞察与盲视，往往取决于观照的角度。

由此可以看出，直到晚年萧军一直以萧红的拯救者自居，始终葆有一份道德优越。笔者认为，这或许才是二萧在一起时，让萧红真正难以接受之处。生活在一起的男女，男方永葆一份道德的优越，而女方则始终要表现出感谢拯救之恩的谦卑。两人之间爱的成分自然在这一过程中快速消耗。况且，前文论及二萧之间的实际情形也并非完全像萧军所理解的那样，某种意义上那只是因口口相传的传说而虚构出的事实。正因有了这种道德优势，一旦萧红对其表达爱的方式有所不满，萧军便感到委屈，以当年的激情作为来回护，让自己永远处于道德制高点上。在对待萧红的情感和态度上，这或许是萧军一生都难以走出的自我局限。即便古稀之年，面对逝者早逝亦难有一份平和与宽容，如"我曾经有自知之明地评价过自己，我是一柄斧头，在人们需要使用我时，他们会称赞我；当用过以后，就要抛到一边，而且还要加上一句这样的诅咒：这是多么蠢笨而蛮野的斧头啊！"② 我想指出的是，1936 年 8 月，25 岁的萧红平静地反省到自己灵魂的纤弱；而 1978 年 8 月，71 岁的萧军，却仍然基于道德优胜的自我观照，生出一番指桑骂槐的感慨。这不得不令人想象，萧红与这样一个始终对自己葆有道德优越的男人生活在一起所经受的另一种精神折磨。这自然是萧军所不可能认知到的萧红那真正的人生悲剧。

初到日本的一个多月，因难以适应独处异国的孤寂，萧红在致萧军信里不时流露中途返回的想法。担心她过于自苦，萧军劝她如果不能坚持就放弃。但是，到了 1936 年 9 月初，萧红又坚定了坚持住满一年的原初计划，而语言学校开学在即，一个人的生活也会更加充实。萧军收到萧红写于 9 月 6 日表达坚持原初意愿的第十二信后，对她的理解却是："她是有矛盾的，但为了自尊，还是隐忍地要坚持原来的计划——住一年，因此我也不便勉强她回来。'逞强'这也是她性格中的一个特点。"③ 萧军这一揣度，显然出于

---

① 萧军：《萧红书简辑存注释录》，黑龙江人民出版社 1981 年版，第 36 页。

② 同上书，第 37 页。

③ 同上书，第 42 页。

对萧红的片面认知，言语间明显带有对女性的蔑视。

　　9月12日，萧红遭到东京刑事骚扰安全感顿失，以致当天致萧军信中满怀焦虑："不知以后还来不来？若再来，我就要走"，并由此更进一步谈到，即便周围"连一个认识人也没有"，"也倒不要紧，我好久未创作，但，又因此不安起来"①。由此看出，萧红在东京真正害怕的并不是孤寂，而是焦虑于长久没有创作。半个月前，她还为自己一天的写作超出十页稿纸而感到"大欢喜"②。警察的骚扰扰乱了慢慢沉静下来创作的心境，这是萧红最难以接受的现实。随即，她在这封信里也说出了蛰居东京的真正动机："我主要的目的是创作，妨害——它是不行的。"③ 可见，孤寂并不是她真正的困扰，这可以调整和战胜，而来自政治的压迫，让她没有了人身安全以致影响此行目的，才是她最真切的焦虑。那么，在上海因陷于情感折磨而无心创作，是萧红内心另一重巨大的痛苦。蛰居东京是疗伤之旅，然而对萧红来说，疗伤的最好方式就是尽快进入创作状态。这源于她对生命的珍视，还有对创作的热爱。端木蕻良晚年忆及萧红对待创作的态度："创作，是萧红的'宗教'。她经常流露出她对创作有一种宗教感。"④

　　东京刑事骚扰过后归于平静，尔后，历经获悉鲁迅之死的震惊与哀痛，萧红想从繁重的语言学习中规划出更多时间来创作。此时，令她感到安慰的是日语的进步非常快速，虽然枯寂的处境仍旧。萧红从黄源信中了解到，萧军在上海又开始喝酒，为的是报复自己在东京抽烟。1936年12月5日在写给萧军的第三十一信中，萧红那宽容而温柔的规劝，至今读来令人动容："这不应该了，你不能和一个草叶来分胜负，真的，我孤独得和一张草叶似的了。我们刚来上海时，那滋味你是忘记了，而我又在开头尝着。"⑤ 虽然孤寂仍旧，但此时萧红应对孤寂的方式和内心力量与此前全然不同。十天后，对萧军再次来信催促其返回上海，萧红认真回应道："我没有迟疑过，我一直是没有回去的意思，那不过偶尔说着玩

---

① 萧军：《萧红书简辑存注释录》，黑龙江人民出版社1981年版，第57页。
② 同上书，第33页。
③ 同上书，第57页。
④ 端木蕻良：《萧红和创作》，香港《龙之渊》第10期（1988年10月）。
⑤ 萧军：《萧红书简辑存注释录》，黑龙江人民出版社1981年版，第97页。

的。至于，有一次想回去，那是外来的原因，而不是我自己的自动。"① 在这封信里，萧红稍后也议论到自己感受到日本国民灵魂的病态。有意思的是，1978年9月11日萧军注释此信时，谈到催促萧红回国的原因，是因为"她由一个病态的国度，又到了另外一个病态的国度，而她又是病态的……因此，我也曾几次催促她回来，不必'逞强'再呆在那里了，但她却总在矛盾着"②。

我以为，萧军事实上始终不恰当估计了萧红精神层面的"弱"，而没有注意到她那坚韧、强势的一面。萧红如果只有萧军眼中的那一面，那么，萧红很显然永远成其不了萧红。二萧虽然在一起生活了六年，但是，萧军可能从未真正认识到萧红性格的多面。究其根源，应该是他那骨子里浓重的大男子主义倾向，以致在现实和精神层面生出对萧红的无端轻视。这也是萧红深受伤害的另一根源。

与此前担心萧红在异国自苦而催其回国不同，1936年12月前后再次催萧红回国，之于萧军实际另有隐衷。萧军所注释的原因显然是故意不言或避重就轻。真实情形是，因与许粤华、黄源等人一起参与鲁迅治丧和纪念，萧军与许粤华产生了恋情，"为了要结束这种'无结果的恋爱'，我们彼此同意促使萧红由日本马上回来"③。萧军说出这一真正催促萧红回国的原因，是在1978年9月19日注释萧红跟自己1937年春平沪之间的第四信时，不过距离前一说法不过一周而已。

萧军1936年底对萧红的回国催促引出萧红真诚的解释，让人们了解到其精神世界坚韧、执著的另一面。而她于1937年1月9日突然离开东京前往横滨搭乘"秩父丸"邮船回上海，显然与她初步了解到萧军在上海到底发生了什么有关。现存萧红自东京写给上海的最后一封信是1937年1月4日，告知萧军新年无事可告，只是2日便接到了他和弟弟秀珂的来信，并特地附上秀珂在信中对他的印象。以此推测，在4日和9日之间，萧红应该还收到过一封来自上海的信，获悉了一些内幕，让她立即放弃能够忍受枯寂而坚持的计划。萧红1月4日的信，上海的收信日期1月12日；而她1936年12月

---

① 萧军：《萧红书简辑存注释录》，黑龙江人民出版社1981年版，第98页。

② 同上书，第101页。

③ 同上书，第120页。

31 日发自东京的信，萧军回复于 1937 年 1 月 10 日，可见，萧红对上海情况的了解并非来自萧军。极可能 4—9 日间，上海有朋友来信透露了萧军跟许粤华的恋情，让萧红仓促回国。亦有论者认为，1937 年 1 月 2 日张秀珂信中"已经隐约地告诉了萧红，萧军的情感又发生了波动"①，其根据是从张秀珂对萧军的描述中可见端倪："昨天我们一同吃西餐，在席上略微饮点酒，出来时，我看他脸很红，好像为一件感情所激动，我虽然不明白，然而我了解他，我觉得喜欢且可爱！"② 当然，张秀珂自然不知道，萧军当时"为一件感情所激动"与姐姐无关；萧红更不可能由此推知在萧军身上到底发生了什么。否则，她不会将这段话录给萧军看。

　　一如组诗《苦杯》，萧红将感受萧军情感背叛的伤害，记录在组诗《沙粒》里。关于《沙粒》的写作缘起，萧红于 1936 年 11 月 24 日致萧军信里提及："现在我随时记下来一些短句，我不寄给你，打算寄给河清（黄源——论者注），因为你一看，就非成了'寂寞寂寞'不可，生人看看，或者有点新的趣味。"③ 获知萧军与许粤华的恋情，对于她来说，自然不啻晴天霹雳。虽然，萧军此前因移情别恋而伤害过她，但她无论如何不敢相信他这次爱恋的对象，竟是密友的妻子、妻子的女友。悲愤中，萧红写下大量言辞凄苦、情绪悲观的短诗保留在《沙粒》里。

　　值得注意的是，《沙粒》组诗共 38 首，其中 34 首首刊于 1937 年 3 月 15 日《文丛》第一卷第一号，署名"悄吟"，诗后标明作于 1937 年 1 月 3 日，东京。《沙粒》组诗因创作时间不同，一些诗歌所表达的情绪也有很明显的差异；但是，其中有多组短诗传达出几至绝望、极度厌世的心情，自然与在东京的她获悉萧军与许粤华的恋情有关。从诗歌所注明的写作日期来看，萧红是在 1937 年 1 月 3 日获知真相之后，最终完成《沙粒》的创作。那么，萧军在 1 月 2 日信中坦率告知了一切亦未可知。当然，也有可能萧红从其他渠道获悉。因材料缺乏，这些细节至今不甚了了，但《沙粒》足以成为萧红在东京一个人的"诗史"：

---

① 章海宁：《萧红画传》，黑龙江大学出版社 2011 年版，第 167 页。
② 萧军：《萧红书简辑存注释录》，黑龙江人民出版社 1981 年版，第 107 页。
③ 同上书，第 94 页。

今后将不再流泪了，

不是我心中没有悲哀，

而是这狂飙的人间迷惘了我了。　　　　　　（《沙粒》之十一）

此刻若问我什么最可怕？

我说：

泛滥了的情感最可怕。　　　　　　（《沙粒》之二十七）

只要那是真诚的，

那怕就带着点罪恶，

我也接受了。　　　　　　（《沙粒》之三十二）

我本一无所恋，

但又觉得到处皆有所恋。

这烦乱的情绪呀！

我诅咒着你，

好像诅咒着恶魔那么诅咒。　　　　　　（《沙粒》之三十三）

什么最痛苦，

说不出的痛苦最痛苦。　　　　　　（《沙粒》之三十四）

很难想象，萧红一个人在东京该如何承受如此沉重的打击。轮船离岸时，她意识到就这样结束了近半年的东京蛰居。虽是蛰居，却丝毫都不平静。给她无限帮助、有求必应，精神上一如祖父的鲁迅先生死了。她一时难以想象没有了鲁迅上海对自己来说，该是怎样深刻的变化。而萧军的再次越轨事实上导致了二萧间永远都不能弥合的情感裂痕。这是他们情感历程的转捩，两人从此渐行渐远直至最后分手。上海已是没有鲁迅的上海；萧军却是真正爱上了别人的萧军。

但是，蛰居东京对于萧红的人生却是一个转捩，意义深远。在其此前的人生经历中，无论求学还是摆脱困厄，都无从规避对男性的依附，如父亲、陆哲舜、汪恩甲、萧军；在她，一个看起来极为合理、正当的诉求，往往因为所依附的男性之故，变成一桩巨大的麻烦，以致引导至更大的困境甚至绝境中。与此前不同的是，蛰居东京是萧红全然独自一人面对疾病、孤独、哀痛、突发事件以及学习与创作的焦虑的过程。在这一过程中，她获得更多自我反省的机会，内心随之渐渐变得强大，如果不是萧军的情变，很显然这一历炼还将持续。作为女性，当26岁萧红独自面对这一切，加以对过往人生的反省，蛰伏其内心的女性意识亦渐渐苏醒。这不到半年的时间，在我看来是萧红人生前后期的过渡，对她日后的价值取向、情感取向以及写作立场都影响深巨。

1936年11月19日，在致萧军长信里，萧红述及自己常常喜欢在东京寂静月夜下的自省：

> 窗上洒满着白月的当儿，我愿意关了灯，坐下来沉默一些时候，就在这沉默中，忽然像有警钟似的来到我的心上："这不就是我的黄金时代吗？此刻。"于是我摸着桌布，回身摸着藤椅的边沿，而后把手举到面前，模模糊糊的，但确认定这是自己的手，而后再看到那单细的窗棂上去。是的，自己就在日本。自由和舒适，平静和安闲，经济一点也不压迫，这真是黄金时代，是在笼子过的。从此，我又想到了别的，什么事来到我这里就不对了，也不是时候了。对于自己的平安，显然是有些不惯，所以又爱这平安，又怕这平安。
>
> 均：上面又写了一些怕又引起你误解的一些话，因为一向你看得我很弱。①

正是历经太多超出常人想象的磨难，所以，萧红对眼前的自由与平静格外珍视，以致怀疑眼前一切的真实性。"爱这平安"，是对这经过大悲苦换来的一切的安享；而"怕这平安"则是担心平安易失。由此更可以看出，萧红在东京真正害怕的并不是孤寂，相反，她由受孤寂的熬煎进而充分享受一个人面对自我的愉

---

① 萧军：《萧红书简辑存注释录》，黑龙江人民出版社1981年版，第91—92页。

悦；她真正担心的是，当下的拥有如何久长。这份省思让其心灵慢慢变得"强"起来。这或许超出了萧军自始至终对一个女性的想象，对于引文里的最后一句话，晚年萧军注释道："她说我把她一向看得很弱，和我比较起来，无论身体和意志，她确是很'弱'的，在信中她还有点不服气的样子。"①

七　上海与北平

梅志晚年忆萧红提及："她去日本不久，鲁迅先生逝世了，这在她是一个不小的精神上的打击。听和她一起到日本的朋友的爱人后来说，她似乎在日本也没能安心下来好好学习，又加之生病，就老想家、想祖国，没到这年冬天就又回来了。"② 从前文可以推知，梅志不愿直接说出姓名的那位跟萧红"一起到日本的朋友的爱人"应该是指黄源。可见，萧红之所以提前回国的真正原因，只是二萧和黄源夫妇最清楚，对外则极力掩饰。这显然是为了顾及他们作为知识分子的脸面。再者，还有一重考虑大约出于二萧、黄源都是鲁迅生前最为亲近的朋友，发生在萧军和黄源妻子之间的不伦之恋如果传扬开来，势必成为上海那些打击左翼文学的猎奇小报的谈资，对刚刚逝世的鲁迅也会带来不好影响。

回到上海后，在经常于许广平宅中相遇的梅志眼中，萧红"恢复了过去的样儿，穿着简单朴素，头发也是平顺的短发，使我感到她又平易可亲了。这时上海文坛向他们敞开了大门，不但许多刊物向他们约稿，有的还拉他们做台柱儿。所以在名誉和金钱方面他们是双丰收的。萧红心情非常好，比他们刚到上海时还好"③。二萧被追捧的场面以及他们在一些场合的表现，让梅志甚至觉得萧红当时"可以说过得既丰富又热烈，有许多新朋友像捧角儿似的捧着他们，使他们都有点飘飘然了"④。

梅志所见，无疑只是萧红返沪后生活情形的表面。她毕竟曾离开此前熟

---

① 萧军：《萧红书简辑存注释录》，黑龙江人民出版社 1981 年版，第 93 页。
② 梅志：《"爱"的悲剧——忆萧红》，章海宁主编《萧红印象·记忆》，黑龙江大学出版社 2011 年版，第 27—28 页。
③ 同上书，第 28 页。
④ 同上。

悉的文人圈近半年，即便能够再次完全融入也需要一段时间。况且，这个圈子发生了巨大变故，最主要的当然是鲁迅之死。人所共知，鲁迅生前对萧红极为赏识并大力揄扬，当她重新返回，对她来说上海已经是"没有鲁迅的上海"，其内心里的失落自然难免。她旋即敏感到周围朋友基本上以萧军为交往核心，自己似乎永远只是一个从属或附庸。然而，不可忽视的是前文论及，蛰居东京亦是萧红在思想上渐趋成熟的时期，作为一个成绩斐然且历经磨难的年轻女作家，萧红那潜藏于灵魂深处的女性意识亦渐渐苏醒。返沪后面对朋友圈的变故，她明显感受到来自周围男权社会的挤压，本能意识到女性生存空间的局促。同是知名作家，作为独立个体，她渴望得到周围人的认同，而不是基于萧军的影响。

正因如此，萧红事实上一时难以融入往日朋友圈子。而萧红的难以融入还在于这个文人圈的生态早已全然改变，灵魂人物鲁迅的消失固然是一方面；萧军、许粤华之间的"恋爱"，无疑是发生在这个圈子里的最大绯闻，最直接的无辜受害者莫过于萧红与黄源。圈内朋友对此自然当面讳莫如深，背后或许早已成为热门谈资。萧军和许粤华之间的关系，黄源已经了解，需要戒备的对象就只有萧红。所有这些让怀着巨大虚无、灰颓之感回到上海的萧红，或许在踏上码头那一刻，便感受到与这个曾经因为有鲁迅而让她享有归属感的城市之间，有了一道难以言说的隔膜。

在胡风眼中，二萧在上海崛起文坛之后"卖稿不成问题，还有人拉拢捧场。这时生活好了，不用发愁了，同时也滋生了高傲的情绪。尤其是在他们夫妇之间……反而没有患难与共时那么融洽那么相爱了"[①]。胡风所说应该是实情。表面上二萧作为一个整体被人谈论，实际上两人之间存有巨大差异。他们基于萧军绯闻而产生的情感裂隙已难弥合。萧红甫回上海，无论萧军还是黄源，大家都在规避尴尬和不快，但是，那已然发生的事实并不因为刻意规避而不存在。时日稍长，萧红自然一点点获知具体情形，伤痛亦由此不断生成。出于敏感和自尊，萧红不愿让内心苦痛有所流露，更无法向别人诉说，郁闷和心痛只好埋在心底。跟萧军一起拜谒鲁迅墓后，萧红于1937年3

---

① 胡风口述，梅志整理《悼萧红》，章海宁主编《萧红印象·记忆》，黑龙江大学出版社2011年版，第45—46页。

月 8 日创作《拜墓》一诗，首节写道：“跟着别人的脚迹，/我走进了墓地，/又跟着别人的脚迹，/来到了你墓边。”① 现实中的萧军已经变成了“别人”。“别人”的反复出现显然是萧红在精神层面对萧军所生成的隔膜以及内心失落的自然流露。这是二萧间的情感裂隙形之于文字的症候，看似突兀实则必然。隔膜的生成，导致萧红在萧军面前的沉默，“然而这沉默并没有给萧军过分注意的”② 鲁迅逝后在与二萧特别是萧红过从甚密的日本友人鹿地亘眼中，胡风、萧军、萧红等数人奉鲁迅为偶像，但又是一群自以为是的文人③。由此可以看出，二萧还是习惯性地被人们当作一个整体，即便裂隙已然生成，而此时萧红对一起生活了五年的男人也感到陌生，最强烈的感受就是“他太自信了”④。鹿地亘更直截谈到萧军成名后的狂妄：“那轻率而又带有无政府主义色彩的萧军竟狂言：‘只有我们才懂文学’，我深深懂得萧军是如何被牵入此圈内的。”⑤

萧军与黄源夫妇的情感纠葛，毕竟也不会轻易终结。萧红有时不得不面对别样的屈辱与伤害。《萧红小传》有如下记载：

> 那一次，萧红一个人走到她的友人 H 家宅里去。那友人是一个有名杂志的编辑。一上楼，萧红就欣喜着，在 H 的寝室里，有萧军和 H 以及 H 夫人的谈话声。但萧红一出现这谈话就突然停止了。萧红当时并不惊疑，这在妇女的生活上已经习惯了的。她向 H 夫人说：“这时候到公园去走走多好呀！”仿佛是 H 夫人躺在床上，而且窗子是开着。她说：“你这样不冷么！”要把大衣给她披上，就在这时候，H 说话了：“请你不要管。”

> 萧红立刻从三个人的沉默而僵持的脸色上发觉存在这之间的不愉快是什么了。萧红悻悻地走出来。她当时想，这和我有什么关系呢？H 是作为萧军的“弱”的地方，在她头上显示他的气愤。而在这里萧红的附

---

① 萧红：《拜墓》，《大公报·文艺》（上海）第 327 期（1937 年 4 月 23 日）。
② 骆宾基：《萧红小传》，建文书店 1949 年版，第 98 页。
③ ［美］葛浩文：《萧红传》，复旦大学出版社 2011 年版，第 73 页。
④ 骆宾基：《萧红小传》，建文书店 1949 年版，第 98 页。
⑤ ［日］鹿地亘：《萧军与萧红》，《中国现代文学选集月报》第 8 号（1962 年 9 月 5 日）。

属性是再明显不过了。①

《萧红小传》完成于 1946 年 11 月，距萧红弃世不过四年余，作者又是传主弃世前接触最多的人。关于此事的记载应该具有极高的可信度。文中虽以字母对当事人刻意掩饰，其实不难看出所指是谁。作为萧红的友人，且"那友人是一个有名杂志的编辑"，可以看出应该指的就是黄源；而 H 夫人自然是许粤华了。《萧红小传》后文亦提及萧军"确实是向 H 夫人'进攻'过"②。如此，所指就更其明显。由此可见回到上海不久，萧红在表面一团和气的朋友关系中，渐渐体察到异样，并深深感到一种说不出的屈辱与伤痛。萧军与黄源夫妇这次不愉快的交谈究竟说了些什么，今天不得而知。当事人已然作古，即便健在，关涉如此私密的话题，自然也是避之唯恐不及。

萧军当时正忙着和朋友们编辑《报告》杂志，十分忙碌。他与许粤华那段"无结果的恋爱"③虽然出于道义结束了，但后续影响远未终结。据季红真教授对梅志的访问中了解到，"许粤华（笔名雨田）却已珠胎暗结，做了人工流产手术，萧军又忙着照顾她，根本无暇顾忌萧红"④。萧红在黄宅卧室所撞见的不宜其听知的话题是否就关乎此不得而知。

萧军的确是他那惊世骇俗的"爱的哲学"的努力践行者。"爱便爱，不爱便丢开"是其奉行不渝的信条。值得一提的是，经过与萧军的这段爱恋，许粤华不久与黄源分手。晚年黄源在回忆录中对二人分手的原因同样讳莫如深。萧军、许粤华之间的这段情感纠葛应该是主因。不过，从《黄源回忆录》可以了解到当年黄、许的自由恋爱同样真挚而炽烈⑤。然而，许粤华之于萧军，并非基于"不爱"而丢开，所以即便出之于伦理规约而理性分手，但在萧军心里，她仍然占有一席之地。萧军为之牵念不已。11 年后的 1948 年 7 月 24 日，中年萧军在给鲁迅写给自己和萧红的一批书信作注释时，发现鲁迅一封来信中提及俄国作家波里包衣（Novikov – Priboi）。许粤华曾翻译

①　骆宾基：《萧红小传》，黑龙江人民出版社 1981 年版，第 66 页。
②　同上书，第 67 页。
③　萧军：《萧红书简辑存注释录》，黑龙江人民出版社 1981 年版，第 120 页。
④　季红真：《萧红传》，北京十月文艺出版社 2000 年版，第 268 页。
⑤　叶君：《从异乡到异乡——萧红传》，中国社会科学出版社 2009 年版，第 231 页。

过波里包衣的《小鸡》等作品，这自然引发萧军对许的无限思念，情深款款地写道："据说波里包衣（Novikov－Priboi）已故去，这位伟大的海洋小说家的作品我是喜爱的，更是他有几个短篇——其间有《小鸡》和《歌者》——曾被译出发表于《译文》上……而《小鸡》译者雨田先生是否尚在人间或流浪何方？……也是我深深系念着的。"① 季红真认为"萧军是多情的，抱定了'爱便爱，不爱便丢开'的原则。但对他所钟情过的女人，都会终身怀念"②，由此可见一斑。言辞如此恳切，足见萧军对许的情感付出之巨。当时，萧红已弃世六年余。而在距离写下上述文字 30 年后的 1978 年 9 月 19 日，晚年萧军在注释萧红信件时，明确道出这段恋爱完全是在主观意志规约下的人为终结，并坦言"这种'结束'也并不能说彼此没有痛苦的！"③

由此看出，萧军对许粤华的爱恋源自真心，动了真情，并非仅仅出于年轻时的浪漫、多情，这与他和陈涓的故事完全两样。亦正因如此，萧红才感到更为深巨的伤痛。回上海之初，她或许并不了解萧军、许粤华之间的爱恋到底发展到了何种程度，产生了怎样的后果。然而，随着那令人难以置信的后果在她面前一点点浮出水面，萧红一方面要说服自己萧军还是爱自己的；另一方面也要面对其他敌意。她近乎绝望，自然无法容忍丈夫无视自己的存在，忙着照顾人工流产的情人，何况还是自己在日本时的亲密朋友。作为公众人物，在一些公开场合，他们还是尽力保持着亲密和谐，但在文艺观念或对某些作品的评价上，如果有了自己的想法，萧红不再附和萧军，观点相左时常常针锋相对。

萧红将《沙粒》组诗略加修改，1937 年 3 月 20 日发表于《文丛》第 1 卷第 1 号，署名"悄吟"。以往，面对萧军的情感出轨，她只是一个人自怨自艾地创作《幻觉》《苦杯》等诗篇给自己看，聊以纾解心痛。《沙粒》组诗的公开发表，在明示其态度的同时，也将两人情感上的不和谐公之于众。很显然，对于萧军的这次背叛，她虽然哀怨、伤感依旧，却选择了一种完全

---

① 萧军：《鲁迅给萧军萧红信简注释录》，黑龙江人民出版社 1981 年版，第 169 页。
② 季红真：《萧红传》，北京十月文艺出版社 2000 年版，第 268 页。
③ 萧军：《萧红书简辑存注释录》，黑龙江人民出版社 1981 年版，第 120 页。

不同于以往的直面姿态。

　　一些材料表明，二萧私下形同陌路，频繁发生激烈争吵。当时亦在上海的张秀珂往往难明究竟，很是不解，只觉得姐姐动辄与萧军闹意见。即便在亲弟弟面前，萧红也不愿袒露内心苦痛，外人就更无从知悉。时间稍长，张秀珂也渐渐不太赞成姐姐的做法，觉得她过于敏感，甚至有些无理取闹。他哪里知道姐姐心中那无法言说的痛苦，始终在折磨着她。1955 年 4 月 28 日，张秀珂卧床口述回忆萧红的文章时沉痛说道："直到十年后，我才知道他们那时闹意见，并不是完全怨萧红的。"① 晚年萧军更愿意将其与萧红之间矛盾的生成，归之于"性别与性格的区分"②，而不反省其"行为和手段，实在令人诟病"③。

　　据身边朋友观察，二萧的家庭争吵偶尔还发展为家庭暴力。梅志回忆，1937 年春天有位日本进步作家来上海游历，很想见见许广平及周围朋友。除二萧外，还有胡风、靳以等人欢聚在一间小咖啡室里。在众人面前，萧红极力掩饰青紫的左眼背后所遭遇的家庭暴力。然而，萧军会后当着众人的关心和萧红的隐瞒，故意说出那是萧红遭其酒后殴打的结果④。关于萧红这次挨打，作家靳以亦有类似梅志的叙述⑤。对此，萧军晚年似乎着意澄清，说"一次在梦中不知和什么人争斗了，竟打出了一拳。想不到这一拳竟打在了她的脸上，第二天她就成了'乌眼青'；于是人们就造谣说我殴打她了，这就是'证据'！"⑥ 萧红好友李洁吾记述，萧红亦曾对他说起萧军脾气暴躁，夜里乱梦与人打架，一次竟一拳打到她的脸上，以致很长时间脸都是青的⑦。这似乎是萧军并非有意殴打萧红的印证，但也并不能否认二萧间家庭暴力的

---

　　① 张秀珂：《回忆我的姐姐——萧红》，章海宁主编《萧红印象·记忆》，黑龙江大学出版社 2011 年版，第 313 页。
　　② 萧军：《萧红书简辑存注释录》，黑龙江人民出版社 1981 年版，第 92 页。
　　③ 章海宁：《萧红画传》，黑龙江大学出版社 2011 年版，第 174 页。
　　④ 梅志：《"爱"的悲剧——忆萧红》，章海宁主编《萧红印象·记忆》，黑龙江大学出版社 2011 年版，第 28 页。
　　⑤ 靳以：《悼萧红》，章海宁主编《萧红印象·记忆》，黑龙江大学出版社 2011 年版，第 70 页。
　　⑥ 萧军：《萧红书简辑存注释录》，黑龙江人民出版社 1981 年版，第 104 页。
　　⑦ 李洁吾：《萧红在北京的时候》，章海宁主编《萧红印象·记忆》，黑龙江大学出版社 2011 年版，第 164 页。

存在。对于萧红的遇人不淑，孙陵概括道："三郎爱她，不过是爱她有女人之用，端木蕻良爱她，只是爱她有女作家之名。都不是真正的爱她。她终于在三郎的殴打、端木的冷淡之下，衔恨以终。"① 孙陵的判断或许有所夸大，但他毕竟是二萧在哈尔滨和上海期间非常熟悉的朋友。可见二萧间家庭暴力的存在或许在朋友圈并非什么新闻。

萧红没想到与萧军长久的分离，却换得心灵再遭重创，且创痛远甚于去日本之前。她咀嚼着无边的屈辱，难得片刻安宁，什么事情都做不进去。偌大上海唯一可去的地方仍只有许广平家。梅志回忆，有时萧红向许广平倾诉也不回避自己，而梅志和许广平都不知怎么劝导萧红，只能给以言语上的安慰。她们都极为惋惜这对如此让人羡慕，大有前途，且经历了那么多磨难的作家夫妇，怎么会在生活中如此不协调？②

与萧军在一起，萧红更多时候表现出难觅共同话题的沉默，内心涌起离开萧军的愿望。《萧红小传》记载，报纸上的一则犹太寄宿画院的招生广告曾吸引了萧红，她最终作出离家出走的决定，则是缘于晚间萧军及其朋友们在饭桌上背地里对其创作的鄙薄。躺在床上的萧红悲哀地想到，自己每天像家庭主妇一样地操劳，换来的却是萧军和朋友们享用现成酒饭之余对自己的鄙薄。但是，出走画院三天后她就被萧军的朋友如同"俘虏"般地带了回来。而前一刻画院主持者十分诧异地对她说："你原来有丈夫呀！那么你丈夫不允许，我们是不收的。"③

萧红此次离家出走非但没能引起周围朋友的同情、理解，反倒招来更多非议，成了她孤僻、倔强、不合群的口实，也成了猎奇者的谈资。她愈益苦闷不知该如何重新打理自己的生活和调整自己的情绪。许广平仍处于鲁迅逝世的巨大悲痛中，而且还有许多纪念鲁迅的繁重工作要做，不能再去打扰她了。一如去年心灵受伤后逃往日本，眼下她仍然想到必须离开萧军一段时间，从而再好好舔舔自己的伤口。萧红想暂时逃离上海这个以萧军为交往核

---

① 孙陵：《我熟识的三十年代作家》，台湾成文出版社有限公司 1980 年版，第 29 页。
② 梅志：《"爱"的悲剧——忆萧红》，章海宁主编《萧红印象·记忆》，黑龙江大学出版社 2011 年版，第 30 页。
③ 骆宾基：《萧红小传》，黑龙江人民出版社 1981 年版，第 68—69 页。

心的朋友圈，而在去向的选择上她想到当年在北平念书时，经常往来的一些哈尔滨籍朋友，他们才是真正基于自己的交往而建立起的纯真友谊。不久，萧红作出了到北平访友、散心的决定。对萧红此举，萧军比较赞同，虽然坦言第一次到北平收获的印象不太好，但还是同意陪她住上一段时间。两人的计划是萧红先期北上，萧军处理完一些事情，随后跟至。

1937 年 5 月，萧红离开上海独自前往北平，开始又一次疗治心灵之伤的旅行，自然也是又一次逃避情感困境的旅程。在萧红传记研究上，二萧平沪间往还的书信是了解萧红从日本回国后情感波动及思想变化非常值得解读的重要文献。萧军编著的《萧红书简辑存注释录》里，收入萧红自北平致上海书信七通，"附录"自己自上海致北京书信四通。近年，《萧军全集》公布了萧军 20 世纪 30、40 年代部分日记。这批日记、书信相互参照更有助于揭示萧红当时的内心世界。从萧红自北平致萧军第一信发信日期以及信中提及的日期线索推测，她离开上海是在 4 月 23 日前后①；而萧军日记明确记载萧红自平返沪的日期是 5 月 22 日②。由此推知，萧红此番离沪返沪刚好一个月。李洁吾亦回忆萧红第三次北平之行"从来到去（1937 年 4 月底—5 月中旬），在北京大约住了二十天左右"③。

萧红第一信写于火车上，完成于 4 月 25 日抵达北平当晚。她叙述在火车上的心情："一切欲望好像都不怎么大，只觉得厌烦，厌烦。"④亦可想见，她一月中旬自东京回国至此三个多月里情绪的烦乱以及精神的灰颓。萧军记述的一则"趣谈"，似是萧红此期心态的印证："记得一九三七年她由日本回到上海……一时写不出文章来，而我还是照常写作着，这使她'生气'了，就把我光着背脊戴着一顶小压发帽的背影用炭条速写下来，据她说这是对我一种嫉妒的'报复'！"⑤萧军 1978 年 9 月 17 日注释此信，谈及萧红此行缘起，仍故意王顾左右，说成是一次轻松的访友、怀旧之旅："她为

① 萧军：《萧红书简辑存注释录》，黑龙江人民出版社 1981 年版，第 108 页。
② 萧军：《萧军全集》第 18（1）卷，华夏出版社 2008 年版，第 14 页。
③ 李洁吾：《萧红在北京的时候》，章海宁主编《萧红印象·记忆》，黑龙江大学出版社 2011 年版，第 165 页。
④ 萧军：《萧红书简辑存注释录》，黑龙江人民出版社 1981 年版，第 108 页。
⑤ 同上书，第 35 页。

什么要去北京呢？据说她很怀念这地方，也想住一住。"① 事实上，萧红到北平后在好友李洁吾家大约只住了一天，很快发现与李氏夫妇之间因生活方式的差异而生出的巨大隔膜。时过境迁，她和李都难以回到以前的读书时代。

而在写于 4 月 27 日的第二信里，萧红对萧军表达找房子的焦虑，透露此行的另外动机。到北平后，一个人租房子比较困难，萧红又不愿意长住李家，于是决意搬进每月 24 元的北辰宫公寓。在李家暂住，只是等北辰宫有房间空出。长住公寓的代价太高，如此决定，萧红也是"思索了半天才下了决心"，原因在于"或者能够做点事，有点代价就什么都有了"②。萧红所谓以高额代价换来的"能够做点事"，自然是指她始终无法放下的写作。信尾，她仍焦虑于到北平"已是一个礼拜了，还是安不下心来"③。

无论因为陈涓而东渡扶桑，还是因为许粤华而北上北平，萧红作为女性之"弱"在于，萧军与这些女性的情感纠葛，不仅给她带来心灵巨创，更扰乱了她作为一个痴心于创作的作家的生活方式。对她来说这是非常无情的双重困扰和折磨。其每一次逃离，一方面是在追求"眼不见为净"的自我麻痹；更主要的，却是为了寻得一个可以安宁心境的处所进入写作状态，以达到对现实一切的暂时忘记。因而，无论东京还是北平，对于萧红来说是逃离更是找寻，伤痛和焦虑始终伴随着她。5 月 3 日第三信里，她自述"心情又和在日本差不多，虽然有两个熟人，也还是差不多"，同时更加明确地意识到："我一定应该工作的，工作起来，就一切充实了。"④

收读前两信后，萧军于 5 月 2 日回信提及，送萧红北上当晚回家，在日记里记下当时心情："她走了！送她回来，我看着那空旷的床，我要哭，但是没有泪，我知道，世界上只有她才是真正爱我的人。但是她走了！……"⑤ 对比晚年萧军对萧红北上缘起的讳饰，青年萧军当时的回信，坦率说出了其内心所存有的一份愧疚，以及对萧红情感世界的真切感知。他也谈到心境的烦乱，以及同样难以开始工作的焦虑。

① 萧军：《萧红书简辑存注释录》，黑龙江人民出版社 1981 年版，第 111 页。
② 同上书，第 112 页。
③ 同上书，第 113 页。
④ 同上书，第 115 页。
⑤ 同上书，第 136 页。

　　或许，两人同在上海期间，萧红无法当面向萧军直陈所受到的伤害以及内心到底如何伤痛。一旦分开，时空间隔，萧红再次独自面对自我，终于有机会缕清内心伤痛，并通过纸笔向萧军倾诉。5月4日第四信基本上没有了前三封信里的寒暄，直截表达内心苦痛的深巨。这在二萧书信中非常罕见：

　　　　我虽写信并不写什么痛苦字眼，说话也尽是欢乐的话语，但我的心就像被浸在毒汁里那么黑暗，浸得久了，或者我的心会被淹死的，我知道这是不对，我时时在批判着自己，但这是情感，我批判不了，我知道炎暑是并不长久的，过了炎暑大概就可以来了秋凉。但明明是知道，明明又做不到。正在口渴的那一刻，觉得口渴那个真理，就是世界上顶高的真理……

　　　　这几天我又恢复了夜里骇怕的毛病，并且在梦中常常生起死的那个观念。

　　　　痛苦的人生啊！服毒的人生啊！

　　　　我常常怀疑自己或者我怕是忍耐不住了吧？我的神经或者比丝线还细了吧？

　　　　我是多么替自己避免着这种想头，但还有比正在经验着的还更真切的吗？我现在就经验着……

　　　　这回的心情还不比去日本的心情，什么能救了我呀！上帝！什么能救了我呀！我一定要用那只曾经把我建设起来的那只手把自己来打碎吗？①

　　在这封沉痛倾诉内心的长信里，萧红很显然让长久以来积压的隐痛，有了一次痛快地"说"出，文字因情感起伏而错落有致，但在痛诉里也充满了理性的力量，不再是此前《苦杯》或《沙粒》那般哀怨。这封信是萧红与自己拉开距离之后的深刻观照。某种意义上，痛苦让她对自己甚至女性的命运有了更其深切的认知。这封信似乎逼着晚年萧军无法回避萧红痛苦呼告的

---

① 　萧军：《萧红书简辑存注释录》，黑龙江人民出版社1981年版，第116—118页。

根源，注释时坦率说出，与解释其北上原因的支吾、讳饰完全不同。1978 年 9 月 19 日，他坦率承认自己爱情上对萧红曾有"不忠实"发生："那是她在日本期间，由于某种偶然的际遇，我曾经和某君有过一段短时期感情上的纠葛——所谓'恋爱'……"① 他对因此而给萧红带去的"刺痛"引为终身遗憾，但他随即也还是极力对几十年前的逝者，尽可能保持那份道德优胜："除此以外，我对于她再没有什么可遗憾的地方：——对于她凡属我能尽心尽力的全尽过所有的心和力了！"② 人之晚年，似乎恩怨早该平淡，但萧军却仍力图从有限的自责中，尽力找到对于萧红的道德优胜，从而达到心理平衡。

很显然，晚年萧军所谓与某君的"恋爱"，虽然发生在萧红旅日期间，但其后续影响却在萧红返沪后很长时间内。从萧军日记来看，甚至萧红从北平返沪之后，两人仍不时因许粤华的存在而发生严重冲突。自东京回到上海，萧红和萧军的生活、写作都陷于巨大混乱中，萧红再次离沪其实是二萧力图重新厘清头绪，调整生活的一种努力。作为无辜者，如果说萧红此时是独自品尝伤痛的话；那么，作为当事人的萧军，则似乎再次陷于"失恋"的苦痛。

萧军日记 1937 年 5 月 4 日载有，头天许广平劝其珍惜才华"不要为了爱就害了自己"，应该"把失恋的痛苦放到工作方面去"。对于许的劝告，他亦坦率相告："我但愿自己渐渐就会好起来的，不过，自己总是不能把握自己的热情……"③ 为了让自己早日超离"失恋"的痛苦和人事纠缠，萧军在 5 月 5 日的日记里记载着其自创的摆脱痛苦的方法，那就是每天早晨告诫自己要"健康"、"安宁"、"快乐"。当然，正阅读《安娜·卡列尼娜》的他，次日更反省自己"不适于做一个丈夫，却应该永久做个情人"④。当天下午，他回复一封长信，除介绍萧红所挂念的朋友们的现状之外，也谈到自己对《安娜·卡列尼娜》的痴迷，自觉渥伦斯基"好像是在写我，虽然我

---

① 萧军：《萧红书简辑存注释录》，黑龙江人民出版社 1981 年版，第 119—120 页。
② 同上书，第 120 页。
③ 同上书，第 8 页。
④ 萧军：《萧军全集》第 18（1）卷，华夏出版社 2008 年版，第 10 页。

没有他那样漂亮"①。他还谈到如何实践自己摸索出的，调整自我情绪的方法以及所取得的效果。而且，他还把作为一个作家看待情感变故的应有态度介绍给萧红：

> 我现在的感情虽然很不好，但是我们正应该珍惜它们，这是给与我们从事艺术的人很宝贵的贡献。从这里我们会理解人类心理变化真正的过程！我希望你也要在这时机好好分析它，承受它，获得它的给与，或是把它们逐日逐时地纪录下来。这是有用的。②

在这段明显带有规训意味的文字里，居高临下地传达出一个极其怪异的逻辑：规训者的情感出轨，对于被规训者同时也是无辜受伤害者及他自己这种"从事艺术的人"，都是一种很有益的经验，应该坦然接受"好好分析"。命令的语气（"好好分析"、"逐日逐时"还带有着重号）和霸道的逻辑，自然让人难以接受萧军的自恋与狂妄。此时，始终看不到青年萧军因自己的作为而应该对深受其伤害者说出的那声"对不起"。这一方面归之于萧军成名后的狂妄、自恋；另一方面又不得不归之于他当年对张廼莹那"爱的哲学"的告知。萧军此时的自恋之态常流露于日记：5 月 15 日，他首先对萧红作出一种居高临下的判断，认为她"是一个不能创造自己生活环境的人，而自尊心很强，这样人将要痛苦一生"；接着更有一段对镜自怜："我有真挚的深厚的诗人的热情，这使我欢喜，也是我苦痛的根源。晨间在镜子，看到自己的面容，很美丽，更是那两条迷人的唇……清澈的眼睛，不染半点俗气，那时我的心胸也正澄清。"③ 所谓"真挚的深厚的诗人的热情"，无非是他常常情感出轨的根源所在。可见，青年萧军内心里将自己的多情视为一种可炫耀的浪漫，而不愿反省自己的作为给他人带去的伤害和永久苦痛。直到渐近中年，其心态或许有所变化，1941 年 4 月身在延安的萧军听说黄源死于"皖南事变"，心有所感在 26 日的日记里写道："听说黄源在乱军中死了！不知道

---

① 萧军：《萧红书简辑存注释录》，黑龙江人民出版社 1981 年版，第 139 页。
② 同上书，第 140 页。
③ 萧军：《萧军全集》第 18（1）卷，华夏出版社 2008 年版，第 13 页。

是否真确。我对他是抱着终身歉疚的。"①

正因此时的狂妄与自恋，萧军无从体会自己给萧红带来的到底是什么。6 日信中，在大段逻辑霸道的规训之后，还有类于"领导视察工作"般的指示："注意，现在安下心好好工作罢，那时（指大约两个月后萧军自己也来北平——论者注）我要看您的成绩咧！""注意"下面还加了着重号。萧军还写到自己躺在大床上看窗外的天空而让心情变得宁静的经验，同时，也提供报载经验，说女人每天看天一小时，一周后会变得婴儿般美丽。他还要萧红试试自己所提供的心灵安宁之法，并强调"这是心理治疗法，不是迷信或扯蛋"②，临了不忘告知在学习"足声舞"。

5 月 9 日对萧军 6 日信进行回复之前，萧红说到自己收读对方两信哭了两回，6 日自己也有一封信，只是因为流着眼泪写的没有寄出，怕自己的恶劣心情影响到他，而等到情绪稍稍平复回复萧军此信却是另番滋味。萧军信中的规训和命令显然激起萧红的巨大反感。这是二萧在面对同一场情感危机时心境的错位。对于萧军所谓每天看天一小时变成美人的建议，萧红不无讥讽地回应道："这个是办不到的，说起来很伤心，我自幼就喜欢看天，一直看到现在还是喜欢看，但我并没有变成美人，若是真是，我又何能东西奔波呢？可见美人自有美人在。"③ 而对那即将视察其长篇创作计划的"命令"，萧红更是将新旧账算在一起，语带双关反唇相讥道：

> 我的长篇并没有计画，但此时我并不过于自责"为了恋爱，而忘掉了人民，女人的性格啊！自私啊！"从前，我也这样想，可是现在我不了，因为我看见男子为了并不值得爱的女子，不但忘了人民，而且忘了性命。何况我还没有忘了性命，就是忘性命也是值得呀！在人生的路上，总算有一个时期在我的脚迹旁边，也踏着他的脚迹。总算两个灵魂和两根琴弦似的互相调谐过。④

---

① 萧军：《萧军全集》第 18（2）卷，华夏出版社 2008 年版，第 417 页。
② 萧军：《萧红书简辑存注释录》，黑龙江人民出版社 1981 年版，第 141 页。
③ 同上。
④ 同上书，第 121 页。

据书信原件，萧红将最末一句划掉了，并旁边注明"这一句似乎有点特别高攀，故涂去"①。前文提及在日本期间，萧红读到《为了爱的缘故》心里感到不快，小说里萧军所传达出的宏大而庄严的理想，让自己即便似乎卑怯的行为也变得无比冠冕，而如今，萧红似乎看穿了他那在革命和女色面前所表现出的空洞与虚伪。很显然，经历此前种种，萧红对萧军有了另一层面的认知。这封信自然伤及萧军的骄傲，萧红的话真切戳到其痛处，令他不知如何回复。于是 13 日日记载有："昨晚吟有信来，语多哀怨，我即刻去信，要她回来。"② 在我看来，萧军此时已经有些气急败坏，12 日致信萧红令其"见信后，束装来沪"的原因是他"近几夜睡眠又不甚好，恐又要旧病复发"；并说"本欲拍电给你，怕你吃惊，故仍写信"③。这显然是萧军急于召萧红返沪而编造的借口，是对此前两人计划的全然推翻。6 日信中，他还叮嘱萧红在北平租房，"如果房子比较好，可和他们订合同租一年或半年……冬天我们是准备在北平度的"④。这一切变故的发生自然源于萧红 5 月 9 日的回信。青年萧军的骄傲亦可见一斑。

萧军骄傲而难有自省、自责并非偶然。这在于他对"情"与"欲"的认知，11 日他在日记里认识到"获得'性'是容易的，获得爱情是艰难的。我宁可做个失败的情人，占有她的灵魂，却不乐意做个胜利的丈夫……"⑤正如前文萧军对自己所谓的"热情"的认知，可以肯定的是，当时萧军对于自己的情感出轨给他人所带来的苦痛的认识，亦非常有限。这自然让他不可能从萧红的角度来看待自己的作为。正因如此，他对萧红 5 月 4 日那封充满痛苦呼告的来信的回复，更充斥居高临下的规训。信头称呼由"吟"一变而为"孩子"。或许在他眼中萧红永远只是一个无知的"孩子"，其眼下责任是开出一个让她脱离痛苦的处方。处方在他似乎早就有了，所以开头一段就自信地写道："收到这封信——我想你的情绪一定会好一些。"⑥ 而萧军开出

---

① 萧军：《萧红书简辑存注释录》，黑龙江人民出版社 1981 年版，第 122 页。
② 萧军：《萧军全集》第 18（1）卷，华夏出版社 2008 年版，第 13 页。
③ 萧军：《萧红书简辑存注释录》，黑龙江人民出版社 1981 年版，第 146 页。
④ 同上书，第 141 页。
⑤ 萧军：《萧军全集》第 18（1）卷，华夏出版社 2008 年版，第 13 页。
⑥ 萧军：《萧红书简辑存注释录》，黑龙江人民出版社 1981 年版，第 142 页。

的应对痛苦的"处方"就是勇敢面对：

> 对无论什么痛苦，你总应该时时向它说："来吧！无论怎样多和重，我总要肩担起你来。"你应该像一个决斗的勇士似的，对待你的痛苦，不要畏惧它，不要在它面前软弱了自己，这是羞耻！人生最大的关头，就是死，一死便什么全解决了。可是我们要拿这"死的精神"活下去！便什么全变得平凡和泰然。①
>
> ……
>
> 我是用诸种方法来试验着减轻我的痛苦，现在很成功了。我希望你不要"束手无策"，要做一个能操纵、解决、把捉自己一切的人。不要无力！要寻找，忍耐的寻找力的源泉。神经过度兴奋与轻躁，那是生活不下去的，要沉潜下自己的感情，准备对一切应战！②

相对于前信，这封信里规训意味更其明显，满篇都是诸如"应该"、"不要"、"希望"、"要"之类带有命令语气的词汇，道理却极其宏大、空洞。收读这样的回信，萧红或许更加意识到自己与萧军的错位，在一个如此自恋的男人面前，已经无法取得真正的沟通。她所等待的或许只是对方一声发自内心里的道歉。但此时萧军没有这个意识，骄傲如他，"道歉"不在他的词典里。萧红也就觉得跟这样的男人说出更多真实所想也没有意义。5月15日，她只作了一个极简短的回复，述及同舒群同游长城的感受，并对萧军那热烈而庄严的规劝，冷淡回应道："我很赞成，你说的是道理，我应该去照做。"③ 不过，晚年萧军注释说，这不过是萧红的"反话"。

有意思的是，多年来，在萧红传记研究中，人们往往自觉不自觉地站在萧军立场上来理解萧红。即便对上面这封霸道的规训信件的解读亦是如此，无视二萧平沪书信往还的大语境，甚至对萧军的注释也不在意，作出完全背离实际的理解。丁言昭认为萧军这封信"写得有情有理有节，任何人看了都会动心，

---

① 萧军：《萧红书简辑存注释录》，黑龙江人民出版社 1981 年版，第 143 页。
② 同上书，第 144 页。
③ 同上书，第 125 页。

因此萧红收到这封'规劝的信'，说：'我很赞成'，你说的是道理，我应该去照做"①。而季红真更认为："萧军的这封信既诚恳地承认了自己的过失，也坦然地表达了对萧红情感的看法，重修旧好的愿望是明显的。萧红收到他的信以后，情绪有了好转：'我很赞成，你说的是道理，我应该去照做。'"② 两位在萧红传记研究上有巨大贡献的女性传记作者之所以犯下如此低级的错误，除了对材料语境的疏忽之外，还与对萧红此时思想状态的认知不足。很显然，如此回应源于萧红在日本期间的历炼与女性意识的生成。某种意义上，萧军霸道的逻辑和居高临下的规训早已令她厌烦，她在寻求人格的独立，从此也渐渐放弃了与萧军做更深入沟通的努力。或许，她由此看到了在狂妄、自恋的萧军面前，与之心灵通约的不可能。一年后，二萧的分手成为必然。

八　萧军日记里的二萧

一次别离确乎是二萧处理情感隔膜的方式。其间，或许萧军与黄源夫妇的主要矛盾也有了一个了结，萧军日记 1937 年 5 月 22 日开头载有："吟回来了，我们将要开始了一个新的生活。"③ 在日记里，萧军多有对自己待人接物的反省。6 月 2 日悟出"思而后做，多是不悔"，"做而后思，多是后悔"，而他常犯第二种毛病，萧红与之却恰成对比④。无论青年萧军在书信中、中年萧军在日记中，抑或晚年萧军在书信注释中，一向少有对萧红的正面评价。这与萧军那骨子里大男子主义倾向，加之成名后的骄傲分不开。6 月 2 日，除了认识到萧红在待人处事上优于自己外，可能基于一种特殊情境让他激发出对萧红的无限爱意，以及在情感上的回归，表达对未来爱情的不渝："我现在要和吟走着这一段路，我们不能分别。"⑤ 可见，萧红自平返沪正如俗说"小别胜新婚"，二萧都有一段情感上的新鲜感，因之激发彼此间的爱恋，企图抹平此前的情感裂痕。

---

① 丁言昭：《萧红传》，江苏文艺出版社 1993 年版，第 158 页。
② 季红真：《萧红传》，北京十月文艺出版社 2000 年版，第 279 页。
③ 萧军：《萧军全集》第 18（1）卷，华夏出版社 2008 年版，第 14 页。
④ 同上书，第 15 页。
⑤ 同上书，第 16 页。

从萧军日记来看，二萧间的和谐似乎只维持到 6 月 12 日左右。萧军曾将与萧红的关系，比喻成两个刺猬在一起："太靠近了，就要彼此刺得发痛；远了又感到孤独。"① 这或许是晚年萧军事后对与萧红相处的一种理性看待。本质上，萧红、萧军都是个性鲜明、充分尊重自身人格取向的人，萧红骨子里却极其不愿成为男性的附庸。当活着为生存第一要义的时候，这一切也许无从体现；而当他们各自追求自己的发展空间时，人格取向和艺术取向上的差异自然会凸显。这或许就是二萧为何能够度过艰难的商市街岁月，恰恰成名之后却劳燕分飞。这似乎并不只是夫妻间"只能共苦，不能同甘"的滥调。我认为，成名后二萧间最为根本的矛盾，除了萧军的情感出轨外，还在于他自认为对萧红的救赎，而始终将她当作一个"孩子"，一如导师般指导其人生，而不知道这个"孩子"在拜其所赐的苦难中早已长大。而无论私人道德还是艺术追求，在萧红面前，萧军又实在没有令对方景仰的资本。这就是萧红为何对他写给北平的信生出讥讽甚至鄙夷的原因所在。随着萧红自主意识的不断增强，两个人内在的角力自然不断增多。因而，裂痕的表面抹平只能掩饰两个人在精神层面的渐行渐远。

萧军 6 月 13 日日记有一段对自己帮助他人心理的剖析："一个人对旁人有过一下援助，如果被援助者反叛的时候，就要感到失望，伤心……接着就有一种'再也不援助任何人'的心理决定。可是过了不久，这决定又破碎了，又形成了……我是在这矛盾里常常苦痛着。人能做到伟大和深沉地容纳一切失望，百折不屈，百击不冷是困难的。不管其它，只求贯彻自己做人的主张，这就对了。"② 萧军这段话应该出于对被他援助过的人的失望有感而发，或许不只是针对萧红。但是，毫无疑问由一个落难旅馆险些被卖到妓院的潦倒女子到今天的知名女作家，在萧军看来，萧红自然是其援助的最大受益者，是他创造的一个救赎"奇迹"。而"被援助者反叛"明显暗示萧红此期对其说教生出的叛逆与冲撞。联系二萧当时的关系，分析其语境，这段话在我看来还是分明有所指。更重要的是，萧军还是将自己与萧红很自然地放在援助与被援助者的位置上进行道德衡量，其内心那份道德优胜实在太过分

---

① 萧军：《萧红书简辑存注释录》，黑龙江人民出版社 1981 年版，第 25 页。
② 萧军：《萧军全集》第 18（1）卷，华夏出版社 2008 年版，第 20 页。

明。当天日记紧接着这段话，他便重新观照自己和萧红的关系：

> 我和吟的爱情如今是建筑在工作关系上了。她是秀明的，而不是伟大的，无论人或文。
>
> 我应该尽可能使她按照她的长处长成，尽可能消灭她的缺点。①

　　将爱情"建筑在工作关系上"，意指两人在情感上的淡漠。这意味着他们近二十天的"蜜月期"即将终结，情感上趋于冷淡。萧军对萧红"人"和"文"，所谓"秀明"的评价，其实还是想说萧红的"弱"。正因为有了如此认知，才有了他那在萧红面前导师角色的定位。由此可见，二萧间，萧军此时以爱的名义力图指导萧红无论"人"或"文"的成长；而萧红却已然有了自己的取向和定位；更因为在伤痛的基础上，她渐渐丧失了对萧军的感激和崇仰，分明认识到知名男作家荣光背后的虚伪与幼稚。

　　萧军日记 6 月 25 日记载其散文集《十月十五日》出版后，他将每篇文章重读一遍，自觉"运用文字的能力确是有了进步，无论文法或字句，全没有什么疵"，"内容也全很充实"。在稍有写作经验的人看来，萧军这些明显带有自恋色彩的自我评价，恰恰是写作缺乏自觉性的表现。他接着分析，萧红却"全不喜欢"这本书的原因，"是她以为她的散文写得比我好些，而我的小说比她好些，所以她觉得我的散文不如她。这是自尊，也是自卑的心结吧"。他更谈到萧红"近来说话常常喜欢歪曲，拥护自己，或是故意拂乱论点，这是表现她无能力应付一场有条理的论争"。或许，萧军无从意识到，敢于批评，不附和，恰恰是萧红自主性增强的表征；而面对萧红这一悄然发生的变化，他仍以一个规训者和指导者自居："我应该明白她的短处（女人共通的短处——躁急，反复，歪曲，狭小，拥护自己……）和长处，鼓励她的长处，删除她的短处，有时要听取她，有时也不可全听取她。只是用她作为一种参考而已（过去我常要陷于极端的错误）当你确实认清了一个人的时候，你会觉得过去有的地方实在愚蠢好笑。"② 当天日记接着还记载了两人为

---

① 萧军：《萧军全集》第 18（1）卷，华夏出版社 2008 年版，第 20 页。
② 同上书，第 24 页。

描述一个日常情境所使用的一个词句孰高孰低，彼此都有些动气的争执。他们都认为自己的表达优于对方，最终在鹿地亘的调和下归于平静。从这近乎孩子气的争执里，可以见出二萧当时见解不能调和已是常态。

然而，除了人事、文学见解上的差异之外，横亘在他们之间的另一重因素，即萧军与许粤华的后续交往，更是导致二萧家庭冲突升级的导火索和心灵渐远的重要诱因。萧军日记 6 月 30 日记载了发生在两人之间一场严重的争吵，并说因此"决心分开"。争吵起因似乎在于，许到来之后同萧红说话，遭到不搭理的冷遇，这让萧军很受伤害，于是故意上前对许说将要和萧红分开，所以她和许之间也没有了友情，并且说对于许的事情以后还要帮助，并让她明天十点再来。这样说自然是故意刺激萧红，但萧军认为这是萧红逼他这么做。他还写到，眼见许流着眼泪无言走开，萧红也难过地哭了。稍后，当他们在池田幸子的调解下和好时，萧军坦言"我也哭了"。可能面对许粤华的处境，萧红申辩"为了爱，那是不能讲同情的吧？"换来的却同样是萧军一段规训："X 并不是你的情敌，即使是，她现在的一切处境不如你，你应该忍受一个时间，你不能这样再伤害她……这是根据了人类的基本同情……"并断言萧红"将永久受一个良心上的责打"，进而得出结论："女人的感情领域是狭小的，更是在吃醋的时候，那是什么也没有了，男人有时还可以爱他的敌人，女人却不能。"①

如果以人之常情看待，萧红面对丈夫与已然产生严重后果的作为有夫之妇的情人继续交往，所采取的态度似乎并没有过分之处。萧军对她的要求，对一个女人来说，虽然并非完全不能达到，但确乎是一种比较严厉的苛求。他那霸道的逻辑一仍其旧，今天的人们往往不理解的是，他当年似乎全然没有自责，而更多地责怪萧红做得不够。或许，萧军自此感到在这一点上，与萧红不可达成沟通和理解，以致产生深深失望。后续日记里不时出现少与萧红争吵的自我告诫。7 月 21 日写道："少与吟作无必要吵"②；24 日更写道："少和吟争吵，她如今很少能不带醋味说话了，为了吃醋，她可以毁灭了一

---

① 　萧军：《萧军全集》第 18（1）卷，华夏出版社 2008 年版，第 25—26 页。
② 　同上书，第 28 页。

切的同情。"① 1937 年 8 月 4 日萧军在日记里将对于萧红的失望，阐释得非常清楚：

> 　　她，吟会为了嫉妒，自己的痛苦，捐弃了一切的同情（对 X 是一例），从此我对于她的公正和感情有了较确的估价了。原先我总以为她会超过于普通女人那样范围，于今我知道了自己的估计是错误的，她不独有着其他女人一般的性格，有时还甚些。总之，我们这是在为工作生活着了。②

　　由此可见，至少沪战爆发前，二萧仍生活在萧军那"没有结果的恋爱"的后续影响下。萧军要求萧红给予给她带来巨大心灵创伤的丈夫绯闻女主角以同情和理解，而萧红做不到，让萧军失望于她缺乏超离于普通女性的品格。或许，萧军此时还怀着对许的牵念，不忍眼见许所遭遇的家庭困境和不堪的道德评价。在这方面，作为男性，萧军所承受的舆论压力自然要比许小得多。而萧红或许能原谅丈夫的再次出轨，但无法原谅这不伦之恋的后续牵连。萧军夹在萧红的嫉妒还有许的无助与可怜之间，可能也是一种煎熬。他一天天感到与萧红之间爱情的死亡，只是出于工作需要而生活在一起。

　　沪战爆发前，二萧的婚姻就这样走向名存实亡的边缘，分手只是时间长短问题，只是等待一个特定境遇的到来。以萧红的敏感，自然会感受到这一切，明了自己和萧军陷于婚姻的暗战。即便发生眼前的战争似乎也不能改变二萧日渐破裂的家庭。战争与离乱让他们这对本身就不存在安稳感的作家夫妇，更无望奢求更大的安稳。他们那等待分开的决心是多么坚决，全然不像《倾城之恋》里的男女主人公因战乱而生出一份对于爱的认真。足见虚构到底是虚构。经历"八一三"淞沪抗战，萧军 8 月 21 日日记结尾平静写道："对于吟在可能范围内极力帮助她获得一点成功，关于她一切不能改造的性格一任她存在，待她脱离自己时为止。"③ 显示出他在离开上海前往武汉前夕，对萧红蓄有离意

---

① 萧军：《萧军全集》第 18（1）卷，华夏出版社 2008 年版，第 29 页。
② 同上书，第 30 页。
③ 同上书，第 34 页。

的冷静。两天后，他进一步表达了对爱情的灰颓与不信任，以及对萧红那份可怕的冷漠："我此后也许不再需要女人们的爱情，爱情这东西是不存在的。吟，也是如此，她乐意存在这里就存在，乐意走就走。"①

沪战爆发，如果二萧不能离开上海，战争或许能够转移他们基于彼此观照而生出的失望，两人的分手或许不会来得如此之快。但是，战争促使他们转移，打破了两人那暗战僵持的格局，新的变数不断出现。

1937年9月二萧转至武汉，住进武昌小金龙巷，不久东北籍作家端木蕻良也应萧军邀请来到武汉，旋即也住进小金龙巷与二萧生活在一起。一个屋檐下生活，一张大床上挤睡的三人日久产生了情感格局的变化，由三人行渐至瓜前李下。更大的变动随即到来，1938年2月6日，萧红、萧军、端木蕻良、田间一行抵达临汾，任教于民族革命大学，旋即因为晋南战局变化，民大被迫转移，萧红、聂绀弩、端木蕻良等人决定跟随"西战团"前往运城，而萧军执意留下打游击，其长篇散文《侧面》记录了与萧红在临汾车站分手时萧红的缠绵、伤感与不舍。在萧军，这也许就是用一个冠冕的理由与萧红做出的心照不宣的分手。因为丁玲已告诉他实在没有打游击的基础，晋南各地"恐怕老百姓都跑光了"②。临汾火车站二萧分手的见证人之一聂绀弩，更是对萧军这蓄有离意的分别有详尽叙述。

当萧军坚持己见，在月台上将萧红托付给聂绀弩时，面对聂的诧异、不解，他说出了对萧红的总结性评价："她单纯、淳厚、有才能，我爱她。但她不是妻子，尤其不是我的！"并表达了与萧红分手的原则："我说过，我爱她；就是说我可以迁就。不过还是痛苦的，她也会痛苦，但是如果她不先说和我分手，我们还永远是夫妻，我决不会抛弃她！"③可见，萧军只是不愿担负在战乱之中抛弃女人的恶名，只等萧红说出分手的决定。临汾之别，亦可理解为萧军利用当时情势，一方面让自己仍然保持对萧红的道德优胜，另一方面又可以达到就此顺利离开萧红的目的。在这一点上，足见萧军的精明。

临汾一别，萧军去五台山打游击不成，后转至延安；萧红则随"西战

---

① 萧军：《萧军全集》第18（1）卷，华夏出版社2008年版，第35页。
② 萧军：《从临汾到延安》，山西人民出版社1983年版，第16页。
③ 聂绀弩：《在西安》，《新华日报》1946年1月22日。

团”到了西安。在西安，萧红与端木的恋情逐渐明朗，而在与聂绀弩的交谈中，她同样也有对萧军的总结性评价："我爱萧军，今天还爱，他是个优秀的小说家，在思想上是个同志，又一同在患难中挣扎过来的！可是做他的妻子却太痛苦了！我不知道你们男子为什么那么大脾气，为什么要拿自己的妻子做出气包，为什么要对自己的妻子不忠实！忍受屈辱，已经太久了……"①

这些都明示二萧情感世界再也没有修复之可能。1938 年 4 月初，当萧军跟随丁玲、聂绀弩一同回到西安的当天，萧红就当着众人面向萧军提出分手请求。以萧军的骄傲，自然是硬气答应，即便事后或许得知萧红怀有自己的孩子而有所反悔，但情势不可逆转，萧红与端木的恋情亦同时公之于众。萧红与萧军六年的共同生活从此彻底终结。不久，萧红与端木南下武汉，5 月在汉口大同酒家正式举行婚礼。萧军与一班文化人结伴西去，途经兰州与王德芬相识，旋即堕入爱河，6 月 2 日在《民国日报》上登载订婚启事，5 日正式结婚。

余　论

对于二萧而言，西安一别遂成永诀。两人后续也有一些间接关注。

1939 年 5 月 16 日，在成都的萧军于当天日记里仍带着情绪写下："他们说和我交友感到压迫，妨害了他们的伟大，红就是一例，她已经寻到了不妨害她伟大的人。"② 萧红此时已搬离重庆市区，住在嘉陵江畔的黄桷树镇。搬离前不久，梅志让前来看望的萧红，看了春天萧军、王德芬夫妇寄自成都的亲密合影，照片 1938 年 6 月摄于黄河边。拿着照片，萧红沉默良久，面无表情，脸色白里透青，木然呆坐石雕一般。梅志见状，非常惊慌，意识到此举是对她的极大打击。过了很久，萧红才醒过神来，逃也似的匆匆下楼而去。见萧红脸上写满了痛苦、失望与伤感，梅志为自己的"愚蠢"懊悔不已，自述没想到萧红"对萧军还有这么深的余情！"③

---

① 聂绀弩：《在西安》，《新华日报》1946 年 1 月 22 日。
② 萧军：《萧军全集》第 18（1）卷，华夏出版社 2008 年版，第 44 页。
③ 梅志：《"爱"的悲剧——忆萧红》，章海宁主编《萧红印象·记忆》，黑龙江大学出版社 2011 年版，第 38 页。

比较起来，王德芬自然并不比萧红具有更丰富的内心生活，从萧军日记来看，萧军与之一起生活不久，便产生了更为尖锐的矛盾，日记里一样记载着痛苦的呼告。同时，也不时生出对萧红的怀念，以及对已然失去的那段爱情的痛惜。1939 年 9 月 20 日，萧军深情写下：

> 夜间，偶然把红的信，抽出几页要看一看，但是我看不下去了，一种强烈的悲痛，击痛了我的心！我保存着它们，但又不敢好好地看它们一遍。不知她现在跑到哪里去了。我想无论怎样，大家全要怀着这个永久的悲剧的心，一直到灭亡！①

此后，萧军亦留意于从白朗等友人口中了解萧红的生活和创作的状况，关注其行踪。1940 年 2 月 24 日，萧军日记记载，他从周围人口中获悉萧红去香港，便"有一种可悲的感觉，觉得这个人是一步一步向坟墓的路上走了！"② 萧红最后的命运，被他不幸言中。

有意思的是，1940 年 10 月 7 日，萧军在延安与王德芬因为看戏而发生冲突，日记里他由此反思与王德芬以及此前与之生活过的女人的态度："我的咄咄逼人的态度，命令的声调，这是一个人不能忍受的，可是芬她能忍受，这使我更不能离开她，更深地爱着她。这似乎近于感恩。我又记起红说过：'一个男人爱女人，无非让她变成一个奴隶，这样他就更爱她了。'确的，不有奴隶忍受性的女人，是不容易得到爱了。"由此似乎可以更加深入地看出，萧红与萧军在一起时的悲剧根源。萧红毕竟不是王德芬，所以她得不到萧军那近于"感恩"似的爱，因为她成不了他的"奴隶"。二萧分手两年多后，写下这些，萧军也意识到自身强迫与自己生活在一起的女人所遵守的逻辑的怪异与霸道，不禁自问："这是什么逻辑?!"③

萧军也偶尔流露出从作家这一维度对萧红评价。1941 年 3 月 7 日，他在延安与 T（应该指丁玲——论者注）再次谈到萧红，当天日记载有："我告

---

① 萧军：《萧军全集》第 18（1）卷，华夏出版社 2008 年版，第 102 页。
② 同上书，第 236 页。
③ 同上书，第 341 页。

诉她，萧红是常常鼓励我的，她是有正义和文艺气氛的人，她和我离开，原因不怨我"，并接着感慨道："T 和红是不能相比的，红是有晶莹崇高感情的……"① 此时，二萧分手快三年，萧红在香港埋首创作，已完成《呼兰河传》《马伯乐》等巅峰之作。萧军是在让家庭生活中的王德芬以及作为作家的丁玲与萧红的对比观照中，看到了萧红作为女性的卓异之处。但即便此时，他对自己与萧红分手中所应该担负的责任，似乎难有一份平和而理性的心态，言下似乎更多简单归之于端木蕻良的出现以及萧红选择的草率。

1942 年 4 月 8 日，延安《解放日报》转载了萧红逝世消息。萧军当天日记载有"下午听萧红死了的消息。芬哭了"。两天后的日记里，他在 4 月 8 日的剪报下面写道：

师我者死了！
知我者死了！

前文论述过，无论为"人"还是为"文"，萧军在萧红面前总有一份无形的优越，直到萧红已死，他仍然将萧红看作他的效仿者和追随者。萧军完全无视萧红离开他之后的诸多杰作问世，他自然不可能认识到，恰恰是离开让萧红作为作家走向了成熟，写出了《回忆鲁迅先生》《马伯乐》《呼兰河传》《小城三月》等传世之作。此时他还认为萧红是"师我者"实在是一种难以言说的狂妄，不知这份底气从何而来？而从萧军目前公布的 30、40 年代部分日记来看，恰是二萧分手之后，他陷于更大的焦虑和纠缠中，创作上越发沉寂、平庸。写下这两句表明心志的话之后，他也记下当日心情："只是感到闷塞。我流了两次泪。对于她，我不是悲悼过去的恋情，只是伤怀她底命运。'我不杀伯仁，伯仁因我而死'，我不愿承担起这罪过和谴责。"②

回过头来再说萧红。她于 1941 年 11 月中旬再次住进香港玛丽医院，静养中受不了护士小姐和官气十足的医生的冷漠，再次吵着要出院。《萧红小传》记载，当时萧红想 T（指端木——论者注）"是绝对不会真诚的为她着

___

① 萧军：《萧军全集》第 18（2）卷，华夏出版社 2008 年版，第 387 页。
② 同上书，第 599 页。

想，他会推脱，会宽慰"，而事后她对 C 君（指骆宾基——论者注）说"当时我想到萧军，若是萧军在四川，我打一个电报给他，请他接我出去，他一定会来接我的"①。后来，萧红向前来探望的于毅夫诉说苦衷，于考虑到尊重病人的诉求，就基于同情将萧红接出医院。这过于感情用事的行为，让当时出钱并好不容易劝萧红再次住院的周鲸文很不以为然。萧红回家后病情再次加重。骆宾基的叙述明显带有对端木蕻良的不满和偏颇。萧红当时是否有可能这样说，实在值得怀疑。

无独有偶，1981 年除夕夜，胡风回忆 1941 年在香港看望病中萧红的情形时说到，萧红当时很兴奋地对他聊道："我们办一个大型杂志吧？把我们的老朋友都找来写稿子，把萧军也找来。"并说，当时站在旁边的 T（指端木——论者注）尴尬不乐，但萧红当作没看见，继续对他说，"如果萧军知道我病着，我去信要他来，只要他能来，他一定会来看我，帮助我的"②。这也是一条萧红传记写作中常被征引的史料，表达的意思与骆宾基所述比较近似，只不过前者呼唤萧军的原因更其琐细。胡风晚年历经常人难以想象的政治压迫，而所回忆的毕竟是整整四十年前的情景，其真实性在笔者看来亦值得怀疑。更重要的是，无论骆宾基还是胡风，他们在叙述时都缺乏起码的公正，带着明显的情绪，对端木蕻良的鄙夷与蔑视竟如此一致，连名字都用字母代替。我想，之所以有如此一说，不过还是源于在他们心中难以破灭对二萧一同历经磨难而成名的"神话"，始终不经意间在美化萧军。

不过，从这萧红临近生命终结而生出的对萧军的"想象"，1978 年 9 月 28 日萧军本人在对萧红一生作了一大段近于贬抑的评价之后写道：

　　　　尽管在她临终之前，她曾说过这样的话："假如萧军得知我在这里，他会把我拯救出去的……（大意如此，见骆宾基著《萧红小传》）"但是，即使我得知了，我又有什么办法呢？那时她在香港，我却在

---

①　骆宾基：《萧红小传》，建文书店 1949 年版，第 146 页。
②　胡风口述，梅志整理：《悼萧红》，章海宁主编《萧红印象·记忆》，黑龙江大学出版社 2011 年版，第 46 页。

延安……①

　　事隔几十年，萧军始终对萧红选择端木蕻良心怀忿忿，而不顾自己跟萧红在一起生活时，爱情一点点死亡的事实。萧军和周围人对端木蕻良的恶感一直延续到萧红弃世后几十年间。这段话似乎想说明萧红后续悲剧完全出于自己的不当选择。情绪性的话语背后，已难见到两人毕竟一起生活六年的情感余温。这与萧军在这段文字之前所说的"萧红就是个没有'妻性'的人，我也从来没向她要求过这一'妻性'"之类愤懑之情相一致。

　　不过，与初版《萧红小传》里的原文对比，萧军明显曲解了骆宾基所述萧红意。即便萧红原话为真，其意思也只是不愿意住院；觉得萧军会尊重她的意愿接她出院，而不是又一次被其"拯救"。可见，二萧之间，"拯救与被拯救"一直是萧军内心最自然的定位。萧红生前如此，萧红死后亦是如此。萧军此番叙述早于胡风，三年后胡风那萧红念及萧军旧好的回忆，是否是读了骆宾基和萧军文字之后的一种整合亦未可知。

---

① 萧军：《萧红书简辑存注释录》，黑龙江人民出版社 1981 年版，第 159 页。

第三章　萧红与鲁迅

近年来，"萧红与鲁迅"变成了一个十分暧昧而意味深长的话题。在2006年鲁迅先生逝世70周年前后谈论了一阵；2011年萧红诞辰100周年之际，又热闹起来。无论纸媒还是网络，不断有人撰文轻佻追问："鲁迅和萧红是啥关系。"① 谈论者绝大都基于男女关系层面，或臆断，或想象，或直觉，而努力的结果就是要得出萧红、鲁迅这两位不同辈分的现代作家之间定然存在恋情。那些基于阴私心理、人为制造名人婚恋话题的噱头，自然不值一驳，但也有貌似真诚而认真的臆测。在我看来，"萧红与鲁迅"倒真是一个值得探究的话题，前提自然要基于学术理路。

鲁迅之于萧红的重要性不言而喻。笔者以为，某种意义上没有鲁迅就没有作为作家的萧红。虽然，张廼莹当年以笔名"悄吟"在哈尔滨与萧军自费印行了诗歌、散文、小说合集《跋涉》，随即在北满文坛锋芒初露，但真正给她带来巨大声誉，崛起于上海文坛的，却是1935年12月在鲁迅大力奖掖、提携下自费印行的长篇小说《生死场》。从《跋涉》到《生死场》，前后不过两年；出版《生死场》时，张廼莹第一次使用"萧红"这一笔名。这部小说奠定了萧红在中国现代文学史上的地位，同时，让人们渐渐淡忘了那个笔名"悄吟"的女人，只知道文坛崛起了一个名叫"萧红"的女作家。这是一个重大的文学事件。这个名字随着其后一系列经典之作问世而广为流传。因而，可以这样说没有鲁迅，张廼莹或许就止于女作家"悄吟"，而不是"萧红"。

那么，鲁迅到底对萧红产生了怎样的影响？在价值取向、审美取向上，萧红又是如何做到对鲁迅的内在传承？还有，他们之间到底有着怎样的作为

---

① 　叶细细：《鲁迅和萧红是啥关系》，《中外文摘》2010年第5期。

普通人的交往？这些，都是本章力图探究的问题所在。

一　二萧与鲁迅夫妇

在充满喜感和娱乐精神的当下，即便已逝名人的婚恋，亦最易翻炒为热点。因逝者已逝，传说和噱头制造就更为便利。实际上，在笔者看来在与"二萧"的交往中，鲁迅与萧军这两个男人之间的关系更为动人，而非萧红。但前者缺少噱头，不被看重；而后者因关涉男女，却得到极尽能事的渲染。

臆测萧红、鲁迅间存有恋情，并非自余杰始，但他那流传于网络和一些杂志上的满篇臆断的短文《鲁迅与萧红：另一种情怀》（这篇文章似乎取自余杰自传体小说《香草山》，网络或纸媒编辑略有删改）无疑最具影响。文中，他"凭自己的直觉"一直认为"鲁迅和萧红之间，除了师生之情，还有别的精神和感情上的撞击"；并强调"我不想对此作一番学者式的'考据'，但我宁愿固执地保持自己的这一'发现'"。① 正因为没有作"学者式的考据"，余文立论依据无非：其一，萧红的《回忆鲁迅先生》远比许广平的回忆文字写得好，除萧红写作才能高于后者之外，更重要的原因是"萧红比许广平更加理解鲁迅、更加深入鲁迅的内心——尽管许广平是鲁迅的妻子"②；其二，"二萧"自第一次与鲁迅先生见面后，此后去得更多的是萧红一个人；其三，引用萧红《回忆鲁迅先生》中鲁迅不满意许广平对萧红头发的装饰而语带批评，令其发窘的细节，认为"很能够说明鲁迅心中复杂的感受。他想说漂亮而没有说，故意装出一副严肃的样子来，他想掩饰自己内心深处细微的波动，却更加明显地表露了出来"③；其四，许广平对鲁迅生命后期萧红常来鲁寓，并且拿梅志的话说"一坐就是半天"心生埋怨。

萧红一生的真实经历，往往在各种基于男性立场的叙述中被无情遮蔽。在众多萧红传记中，我们不时可以感受到这样的悖谬：传记作者往往借助这个女作家短促的一生，重心叙述其生命中的那些男人们，或萧军，或端木蕻

---

① 余杰：《鲁迅和萧红：另一种情怀》，《家庭·下半月》2002 年第 1 期。
② 同上。
③ 同上。

良，或鲁迅。余文浓厚的臆度色彩，或许源自对萧红一生那翻来覆去的惯性叙述，很多地方实在不值一驳。因许广平写不出《回忆鲁迅先生》这样的文字，就认定她不及该文作者理解自己的丈夫、深入其内心，这样的逻辑恐怕也太诡异了，如此结论亦实在武断得可笑。

二萧与鲁迅的书信交往始于青岛，时间是 1934 年 10 月。稍后，因局势有变，两人于 11 月 2 日流亡上海。与鲁迅的书信交往成了他们上海流亡之初的精神支撑。鲁迅对两人急于见面的请求态度审慎，除了从频繁的书信往还中对他们加以了解之外，还托胡风等人侧面打听二萧身份和可能存在的党派背景，确定没有问题才于 11 月 30 日安排全家与之见面，开始更深入的交往。为了将二萧介绍进入上海文坛，鲁迅于 12 月 19 日以为胡风初生子做满月的名义请客吃饭，将之介绍给茅盾、聂绀弩、叶紫等人。1935 年初，鲁迅开始推介二萧作品发表，直至分别作序极力揄扬《八月的乡村》《生死场》，二萧因之在上海滩立地成名。二萧第一次应邀到鲁寓做客夜饭是在 1935 年 11 月 6 日，此后偶尔前来坐聊。因两人此时住在法租界，离鲁寓路途遥远，来往不是很方便，与鲁迅更多还是保持书信往还，登门拜访的次数并不多，更不用说萧红一人前来。上海期间，二萧数次搬家。1936 年 3 月因鲁迅身体状况越来越差，为了便于来往，且免去鲁迅写信的劳累，同时，身强力壮的萧军想给鲁迅全家一些切实的帮助，他和萧红于是搬家至北四川路底，与鲁寓相距较近。此后，二萧前来鲁寓较为频繁。

萧红独自频繁出入鲁寓，似乎是包括余杰在内许多人想象萧红与鲁迅关系非同一般的一个极有说服力生发点。实际情形却远非人们想象。鲁迅日记是一部事无巨细一概录入的流水账，诸如理发、濯足之类日常琐屑都不放过，对来访者的记载自然大致不差。1936 年 1 月 22 日至 4 月 13 日间，《鲁迅日记》载有二萧同来鲁寓 15 次，3 月以后的记载明显密集，显然是二萧搬家之故。但这期间亦载有萧军独自前来 4 次、萧红 2 次，其中 1 月 22 日来鲁寓是为了给萧军送信。4 月 13 日以后直至 7 月 17 日萧红离开上海前往日本，《鲁迅日记》关于二萧的记载只有两处：7 月 7 日"萧军还泉五十"[1]（显然

---

[1]　鲁迅：《鲁迅日记·下》，人民文学出版社 1976 年版，第 1015 页。

萧军一人前来）；7月15日"晚广平治馔为悄吟饯行"① （应该是二萧同来）。

无论萧军还是萧红，何以4月13日以后一反常态不再造访鲁寓？

个中或许另有原因，但最主要的，毫无疑问则在于陈涓的介入打破了二萧成名后平静而和谐的生活。这个出现在二萧家庭生活中的"第三者"，亦彻底消解了萧红短暂享有的成名喜悦和幸福。前文说过，1934年元旦前后，在哈尔滨期间萧军与陈涓产生了一段情感纠葛，当时就给萧红带来一定程度的伤害。1936年初春，已为人妇、人母的陈涓返回上海，却令萧军旧情复萌。据陈叙述，交往中萧军表现出那近乎疯狂的异样让她"很骇怕"，而他那"固执的性格"和"强烈的情感"② 更令其烦恼，最终于5月1日北上摆脱纠缠。相对哈尔滨时期来说，萧军与陈涓这段更加狂热的情感纠葛给萧红带来了身心巨创，日本之行实际是疗治心灵创伤之旅。

显然，自4月13日至6月5日《鲁迅日记》不再有二萧造访记录，实在因为萧军此时陷于不可理喻的情感纠葛而不能自拔，萧红则陷于巨大的心灵苦痛而无暇他顾，即便是给了他们巨大帮助的精神导师鲁迅先生。鲁迅的身体状况之于此时二萧，已不是他们关注的重心。查《鲁迅日记》自5月18日起，逐日记载着身体发热的热度，直至6月5日以后鲁迅病重到连写了几十年的日记亦被迫中断。以鲁迅能够写日记的身体状况下的记录，不见二萧或他们当中的一个来看望，这份反常自然归结为发生在二人之间的情感变故之深巨。

那么，所谓萧红独自常到鲁寓"一坐就是半天"，也就只可能发生在鲁迅没有记日记的6月5日至月底期间——从7月起，鲁迅恢复了记日记。问题是，如果萧红果真长时间呆在鲁寓的情形发生在这期间，又与萧红对鲁迅或鲁迅对萧红的暗恋有什么关联呢？这里边，显然包涵着人们那种一厢情愿的想象，而这种想象源自人们对萧红性格的不甚了解。

据萧红生前为数很少的亲密友人如李洁吾、许广平回忆，萧红是那种从不轻易袒露内心的人，特别是受了伤害之后往往一个人埋在心底不愿诉说，

---

① 鲁迅：《鲁迅日记·下》，人民文学出版社1976年版，第1016页。
② 一狷：《萧红死后——致某作家》，《千秋》创刊号（1944年6月）。

以至关于她的身世，周围朋友知之甚少。这也是萧红虽然弃世时间不长，但身上仍有许多难解之谜的根源所在，如至今不知道她的生日到底是哪一天，彻底改变其命运的未婚夫汪恩甲到底是怎样一个人等。而在上海的现实情形是，二萧即便已然比肩成名，但两人的交际圈子仍以萧军为核心，萧红仍被看作是男人的附属，即便受了萧军的伤害，稍能振作便还要"替刘军先生整理、抄写文稿"①。也就是说，即便萧红愿意诉说，实际上也找不到合适的倾诉对象。何况，经历情感创痛对于此时的萧红而言，他不是第一次。

　　然而，萧红不愿诉说情感创痛，不被外人了解的更为深层的原因在于，1932 年 7 月 12 日，萧军决定拯救萧红的那个东兴顺旅馆初识之夜，就坦然亮明自己对婚恋的态度，即他那"爱便爱，不爱便丢开"的所谓"爱的哲学"。面对这样一个"拯救"了自己，对女人的伤害也伤害得如此坦荡，而自己又包含着"被拯救"的感激和发自内心的热爱的男人，萧红除了哀怨和独享那份宿命般的伤感，似乎也没有别的应对之法。对此，许广平看得最为清楚："萧红先生文章上表现相当英武，而实际多少还赋予女性的柔和，所以在处理一个问题时，也许感情胜过理智"；而作为萧红可以有限度倾诉的同性友人，许广平更看到"有一个时期，烦闷、失望、哀愁笼罩了她整个的生命力"②。呆在家里，来往的都是以萧军为交际核心的熟人；一旦出门，茫茫大上海之于萧红又是极为陌生的城市。在这个城市里，唯一可去的地方只有鲁迅家。萧红和许广平之间可以交流妇科病的治疗之法，也可以谈许多不让萧军、鲁迅听见的私房话，但对于情感的苦痛，许却仍不是她的倾诉对象。毫无疑问，这是萧红常来鲁寓最为深层的原因。而到来之后，虽然不愿诉说，但表情又在传达着内心之苦。陪她长谈的许广平，同样将这一切看得清清楚楚："她有时谈得很开心，更多的是勉强谈话而强烈的哀愁时常侵袭上来，像用纸包着水，总没法不叫它渗出来。自然萧红女士也常用力克制，却转像加热在水壶上，反而在壶外面满都是水点，一些也遮不住。"③鲁迅的身体状况固然为萧红所关心，但此时令其不堪忍受的是来自萧军的情感折

---

① 许广平：《追忆萧红》，《文艺复兴》第 1 卷第 6 期（1946 年 7 月 1 日）。

② 同上。

③ 景宋：《忆萧红》，《大公报·文艺》（上海），1945 年 11 月 28 日。

磨。在鲁寓一坐半天只是她无奈的规避。萧红内心的苦，反倒成了后人制造噱头、滋生想象的支点。这对于萧红来说，又何尝不是一种残酷？鲁迅家是萧红在上海的唯一去处，后来也得到了更加有力的明证。1937 年初萧红日本归来，但她和萧军之间的情感危机更甚，此时，鲁迅已逝，许广平陷于悲痛，没有去处的萧红不堪忍受情感折磨曾选择过离家出走，旋即被萧军友人找回，之后不久又到北平访友而再次离开上海。除了实在无处可逃外，萧红在鲁寓逗留时间过长，或许与她那任性的性格和较少人情世故有关。但她不久还是意识到了自己的行为对朋友生活的打扰，故而采纳黄源建议，独自去日本一段时间。

众所周知，20 世纪 30 年代，鲁迅在上海政治处境危难，而且上有老母下有幼子，一旦病重自然给许广平带来巨大焦虑。而因怕怠慢了心灵受伤的萧红，不得不陪其长谈。这就使许广平对萧红特殊时期长时间呆在寓中而心生埋怨。她日后撰文坦承，为了减轻鲁迅整天陪客的辛劳，她不得不在客室陪着整天呆在家里的萧红谈话。陪萧红和照顾鲁迅不能兼顾，往往令其不知所措，并举例一天就是因为陪萧红聊谈而忘了关窗户，结果害得午睡中的鲁迅受凉害病①。余杰文中亦征引了许广平文中原话，但故意暧昧地解读为，这是鲁迅夫人出于女人的敏感和嫉妒。跨越时空，他替许广平看出了萧红的举动是基于对鲁迅"没有表露出来的情感"②。之所以有如此解读，从余杰行文来看，似乎是把许广平原文"萧红先生无法摆脱她的伤感，每每整天的耽搁在我们寓里"中的"伤感"，理解为萧红为鲁迅而伤感。如果说，许广平自己的叙述还相对委婉，那么，梅志日后在回忆萧红的文章中，则将许的埋怨指向叙述得更加清晰③。不得不说，余杰此处的臆度实在有些庸人自扰。

值得注意的是，在对萧红的追忆中，许广平还清晰谈到她和鲁迅与朋友相处的原则："在多时的习惯，养成我们不爱追求别人生活过程的小小经历，除非他们自己报道出来，否则我们绝不会探讨的，就是连住处也从不打听一

---

① 许广平：《追忆萧红》，《文艺复兴》第 1 卷第 6 期（1946 年 7 月 1 日）。
② 余杰：《鲁迅和萧红：另一种情怀》，《家庭·下半月》2002 年第 1 期。
③ 梅志：《"爱"的悲剧——忆萧红》，季红真编《萧萧落红》，人民文学出版社 2001 年版，第 139 页。

下。就这样，我们和萧红先生成了时常见面的朋友了，也还是不甚了然的。"① 这表明鲁迅夫妇与无论多么亲近的朋友交往，还是刻意保持着一定的距离。这或许也是人与人之间杜绝情感纠葛的一种最为理性的方式。而萧红恰恰又是那种不愿"报道"自己的人。这样，萧红与鲁迅或与鲁迅夫妇之间，亦并不存在后人所想象的那份亲昵、随意。

　　许广平的话，在鲁迅与二萧书信交往中得到了最为清晰的印证。1934 年 10 月 9 日至 1936 年 2 月 23 日，鲁迅一共致信二萧 53 通②。其中，19 通以二萧为共同受信人，致萧军 33 通，单独写给萧红的信只有 1 封。这封开头称呼为"悄吟太太"，写于 1935 年 3 月 17 日的信，不过寥寥数语，告知来信和两稿收到，以及海婴因脚被沸水烫伤，一时不能来寓中看望，如此而已。行文语气可以分明看出鲁迅单独与萧红书信交往时极为明显的距离感。这种距离，除信头和语气外，更体现在"等他（海婴）能走路，我们再来看您罢"中敬语"您"的使用上。

　　撇开鲁迅写给二萧共同的书信不论，前文之所以说鲁迅与萧军之间的交往更为动人，就体现这些书信往还中。笔者认为，从鲁迅致萧军的文字可以看出，萧军似乎是鲁迅晚年真正作为倾心笔谈的对象之一。鲁迅与萧军的亲近反倒真是超出了人们的想象。即便隔了漫长时空，今天读来仍可让人感受到作为"人间鲁迅"那丰富的心理和日常生活侧面：诸如海婴脚被沸水烫伤后，作为父亲那既不满幼子淘气又难掩老年得子的心疼，还有对孩子的无可奈何，并进而反省自己对待父母的态度等等诸种不足为外人道的心理婉曲（第 21 信）；对自身作为"破落户子弟"的认知（第 39 信）；母亲即将南来给自己所造成的心理压力（第 21 信），等等，不一而足。这些作为一个男人似乎最为隐秘的内心，都呈现在那一封封或简短或翔实的文字里。写下这些，鲁迅已然 54 岁，一年后便告别了这个世界；而作为一代文化巨人的倾诉对象，萧军年仅 28 岁。动人之处便彰显于这巨大的落差中。当然，我们更可以看到鲁迅对萧军近于慈父般的关爱与悉心呵护，诸如建议根据不同的文章准

———————

　　① 许广平：《追忆萧红》，《文艺复兴》第 1 卷第 6 期（1946 年 7 月 1 日）。
　　② 萧军将这批书信按照写作日期编排顺序，并加以注释，结集为《鲁迅给萧军萧红信简注释录》，1981 年由黑龙江人民出版社出版。

备不同的笔名（第 23 信）；代寄稿费单子（第 31 信）；帮忙推荐作品发表并向杂志社催讨稿费（第 33 信）；还有面对萧军的告借，坦承自己一时也"手头很窘"（第 29 信），但 13 天后一旦稍稍宽裕就通知他到内山书店去取"所要之款"（第 30 信），等等。今天，了解当年这两个男人之间的交流，常常令人获得一种来自伟人的凡俗感动。当然，鲁迅对萧军作品的推介更是用力，萧军也以自己的勤奋，在鲁迅帮助下，获得了更多发表和结集出版作品的机会。鲁迅甚至爱屋及乌，推荐萧军朋友翻译家金人的稿子一样用力甚勤。

　　自然，人们也会质疑，当年崇拜鲁迅有志于文学的青年为数甚众，即便流亡到关内的东北作家亦不在少数，为何萧红、萧军独得机会？而因萧红是女性，这也成了一些人心生暧昧联想的又一支点。实际上，鲁迅接纳并帮助的文学青年远不止二萧，像柔石、叶紫等同样受惠于他。人与人的遇合多是不可理喻的机缘，但鲁迅对二萧的接纳实在并不突兀。鲁迅曾向他们告白："我最讨厌江南才子，扭扭捏捏，没有人气，不像人样"[①]；而当萧军因黄源指出自己身上的"野气"太重，难于融入上海文人圈而自卑时，鲁迅同样回信二萧，告知自己的看法："由我看来，大约北人爽直，而失之粗，南人文雅，而失之伪。粗自然比伪好。"[②] 或许来自关外沦陷国土上的二萧，让鲁迅看到了迥异于周围文人集团的"别样的人们"而心生亲近，而此时"二萧"在文学创作上的"左"倾倾向，更与鲁迅对于文学的价值取向一致，对他们的揄扬也就十分自然。在《八月的乡村》《生死场》未出版之前，1935 年初鲁迅读完二萧因生计所迫在朋友鼓励下寄来的小说后，给二人回信难掩发现的喜悦："小说稿已看过了，都做得好的——不是客气话——充满着热情，和只玩些技巧的所谓'作家'的作品大两样。"[③] 可见，是多重因素促使鲁迅成为萧红、萧军成名背后的有力推手。出于对丈夫深刻的认知，关于鲁迅与二萧，许广平撰文说："人每当患难的时候遇到具有正义感的人是很容易一见如故的。况以鲁迅先生的丰富的热情和对文人遭遇压迫的不幸，更加速两者间的

---

①　萧军：《鲁迅给萧军萧红信简注释录》，黑龙江人民出版社 1981 年版，第 119 页。
②　同上书，第 154 页。
③　同上书，第 144 页。

融洽。"① 而常常遭人忽视的是，鲁迅夫妇对二萧特别是萧红的接纳，更源自许广平的内心诉求。对此，许广平在《忆萧红》一文里有明确表露：

> 我们在上海定居之后，最初安稳地度过了一些时，后来被环境所迫，不得不度着隐晦的生活，朋友来的已经不多，女的更是少有。我虽然有不少本家之流住在近旁，也断绝了往来。可以说除了和鲁迅先生对谈，此外我自己是非常孤寂的。不时在鲁迅先生出外赴什么约会的时候，冷清清的独自镇守在家里，幻想之中，像是想驾一叶扁舟来压下心里汹涌的洪涛，又生怕这波涛会把鲁迅先生卷去，而我还在船上毫无警觉。这时，总时常会萌发一些希冀，企望户外声音的到来……
>
> 从此，我们多了两个朋友：萧红和萧军。②

可见，内心深处需要萧红的是许广平而不是鲁迅。这也许会让一些人失望。

综前所述，二萧走进鲁迅夫妇的生活，如果说萧军之于鲁迅是找到了一个用笔倾谈的忘年之交的话；那么萧红之于许广平，同样是其驱遣寂寞，诉说身世苦难不可替代的倾听者。鲁迅逝世十几天后，萧红自东京致信萧军，感叹许广平"命苦"，当同时代男性都基于宏大叙事，痛感鲁迅之死给民族国家带来巨大损失之时，似乎只有萧红想到大星陨落，那仍遗留于世间的孤儿寡母："L（鲁迅）没完成的事业，我们是接受下来了，但他的爱人，留给了谁呢？"③ 这自然是基于女性的细腻知解，透露出萧、许之间非同寻常的姐妹情谊。42年后，萧军注释此信，谈到萧红、许广平，说"她（许广平）和萧红感情是很好的，常常在一起'密'谈（不准鲁迅先生和我听或问），大概许先生把她的人生经历和遭遇全和萧红谈过了，因此，她们是彼此较多有所理解的"④。亦正因如此，鲁迅逝后第5天，萧红就致信萧军想到许广平的哀伤，并细心提醒萧军如何减轻鲁迅未亡人的痛苦："可怕的是许女士的悲痛，想个法子，好好

---

① 许广平：《追忆萧红》，《文艺复兴》第1卷第6期（1946年7月1日）。
② 景宋：《忆萧红》，《大公报·文艺》（上海），1945年11月28日。
③ 萧军：《萧红书简辑存注释录》，黑龙江人民出版社1981年版，第83页。
④ 同上书，第84页。

安慰着她，最好是使她不要静下来，多多的和她来往。"①

我想，鲁迅、许广平、萧军、萧红四人间的关系，只要不是基于一颗暧昧的心灵，完全可以达成对这些已逝历史人物的理解——理解他们的伟大与凡俗。自然，清白者自清白，暧昧者自暧昧。至于余杰文中引用的那个细节，真实情形或许是许广平以一种近乎恶作剧心理进行的小小搞怪，不过是偶然的童心勃发，想吸引鲁迅注意罢了。而鲁迅近乎生气的制止，只说明他当时缺少那份欣赏小搞怪的闲适心境或家居幽默。在鲁迅眼中，当时的许广平、萧红不过是淘气的孩子。然而，从这"家长"式的制止里，余杰看出了鲁迅对萧红欲言又止的爱恋，实在让人不明所以。任何一种叙述，都出于具体的原生的语境。断章取义或刻意附会，自然不足取，结论几近荒谬。但是，余杰之后，谈到鲁迅与萧红定有恋情发生不可的人们，亦常常仿效余文，拿这一细节说事，除了生硬的过度阐释，又实在没看到说出个所以然来。

二 传闻背后：萧红的深层悲剧

最近，在萧红与鲁迅的关系上再掀波澜的是老诗人牛汉。他毫不隐讳地述及当年访谈萧军获得的信息：

> 我曾经问过萧红和鲁迅的关系。我问：萧红和鲁迅很近，接触很多，但到日本以后为什么没给鲁迅写过一封信？萧军说：是鲁迅和萧红商定萧红去日本不写信的。鲁迅病重死了，她就立即赶回来了。但我还是觉得，萧红走后不写信，是不正常的，可以说明，她和鲁迅不是一般的关系。从萧军的口气也证明，萧红跟鲁迅的关系不一般。②

此言一出，作家李国涛 2009 年 5 月 20 日在香港《文汇报》上撰文，表示对牛汉这段话"迟迟不敢相信，但也无由排斥"，并认为"当然牛汉所言

---

① 萧红：《海外的悲悼》，《中流》第 1 卷第 5 期（1936 年 11 月 5 日）。
② 牛汉口述，何启治、李晋西编撰《我仍在苦苦跋涉——牛汉自述》，生活·读书·新知三联书店 2008 年版，第 197 页。

的'不正常'和'不一般'，或者可以理解为近似于爱情"①。李文装出一副质疑、求真的样子，但立场暧昧，实际上是对牛汉言论的放大，促其进一步传播。随即，关于萧红与鲁迅存有暧昧关系的"亦有可闻"，迅速在网络上蔓延。

以牛汉的身份、形象以及在中国当代诗坛的影响，况且年事已高，让人觉得正如李国涛所言不应该是"随风乱说的人"②。另外，他也是1978年向萧军约请在《新文学史料》上发表二萧书信及注释的当事人，和萧军并非浅浅之交。他晚年爆出此料，影响自然非同寻常。问题是，如果没有一点较真儿的精神，人们就真的为老诗人的话所迷惑。

所谓"鲁迅和萧红商定萧红去日本不写信"之说近乎荒谬。牛汉这里是转述萧军的话，然而，关于萧红为什么不给鲁迅写信，萧军本人有更加清晰无误的书面表述。1978年3月，萧军在给《鲁迅给萧军萧红信简注释录》一书撰写"前言"时明确写道："萧红临去日本前，我们决定谁也不必给先生写信，免得他再复信，因此她在日本期间，我在青岛期间，谁也没给先生写信。"③ 可见，萧红鲁迅之间不通信，不是鲁迅和萧红的商定，而是"二萧"出于爱护病中鲁迅的决定。前文谈及二萧与鲁迅通信较为充分，从中可以看出，即便萧红在上海期间，以她和萧军的名义给鲁迅去信也都是由萧军执笔。鲁迅对二萧的信几乎是见信即复，而从鲁迅对萧红只有一封回信来看，大约萧红单独致信鲁迅也只有一次。从鲁迅的回复推测，萧红去信所问大抵不过小说稿是否收到，另外邀请鲁迅全家来寓中做客之类。萧红个人与鲁迅通信频繁，实在是留给世人的一个错误印象。正因为鲁迅不知二萧之间的这一约定，1936年10月5日，也就是他逝世前半个月左右，给茅盾信中还提到："萧红一去以后，并未给我一信，通知地址；近闻已将回沪，然亦不知其详。"④

萧红于1936年7月17日离沪赴日，1937年1月中旬自日本返沪。鲁迅

① 李国涛：《亦有可闻·萧红与鲁迅》，《文汇报》（香港）2009年5月20日。
② 同上。
③ 萧军：《鲁迅给萧军萧红信简注释录》，黑龙江人民出版社1981年版，第3页。
④ 鲁迅：《鲁迅手稿全集·七》，文物出版社1980年版，第204页。

病死于 1936 年 10 月 19 日，只要稍有常识者就会明白牛汉所转述的出自萧军那"鲁迅病重死了，她就立即赶回来了"的说法不成立。几十年来，众多萧红传记关于萧红为什么在日本未住满预期的一年时间提前返沪讳莫如深。而从她自日本写给萧军的信来看，在适应了日本的孤寂生活后，虽然萧军怕她孤单一再劝其返沪，但她始终不为所动，并没有回国打算。然而，最终促成其突然提前返回的真正原因是，萧军在给鲁迅治丧以及后续操办纪念活动期间与密友的妻子许粤华发生了恋情，并产生了"珠胎暗结"的严重后果。大家想理性解决此事，才由萧军明确告知萧红家里的变故令她回国。

除转述萧军的话外，牛汉本人觉得萧红到日本后不给鲁迅写信就不正常，进而说明她和鲁迅"不是一般的关系"，实在也是非常诡异的逻辑。看来，在对名人男女关系的想象上，人的确不能免俗，与其形象和年龄没有关系。当然，说话有具体的语境，文字转述将丧失极大一部分重要信息。牛汉更强调萧军当时的口气，促成、印证了他的想象和感觉。就这一点，我倒并不怀疑牛汉的诚实。也就是，是萧军当时在撒谎，还是牛汉日后口述时在撒谎上，笔者更相信前者。不过，牛汉亦透露，当时"萧军说话很大声，笑声也很大，可能精神上有点问题，精神状态不正常"①。

牛汉对萧军的访谈应该在 1978 年前后，前文所引萧军原话亦写于 1978 年。问题是，萧军何以说给别人听，与写给别人看如此两样？牛汉口述透露的重要信息是，说鲁迅与萧红关系"不正常"的始作俑者似乎是萧军。这自然是让人非常难以接受的事实。然而，在我看来，联系萧军后来的一些做派，他有此一说或者这貌似不经意的散布，似乎并不突兀。在萧军的情感历程上，除了与陈涓的暧昧外；更甚者 1936 年，29 岁的萧军与密友妻子，妻子的友人恋爱；1951 年 44 岁的萧军在巨大困厄中，带着妻子王德芬以及五个子女在朋友张公度家做客期间，爱上其女张大学，并生下鲍旭东，其时张大学 25 岁②。试想，一个在两性关系上如此任性的男人，以己度人又哪有"正常"的异性交往？即便是萧红与鲁迅。另外，同样在 1978 年 8、9 月间，

---

① 牛汉口述，何启治、李晋西编撰《我仍在苦苦跋涉——牛汉自述》，生活·读书·新知三联书店 2008 年版，第 198 页。

② 鲍旭东：《母亲就这样与萧军不期而遇》，《东方早报》2010 年 5 月 19 日。

萧军注释萧红书信时，顺便"权威发布"了萧红生父张廷举"霸妻害夫"、"奸女乱伦"的恶行、恶德。其草率之举，随即引发关于萧红那"莫须有"的身世之谜的长期争论。面对张氏家族的质疑，萧军不做任何后续处理和澄清①。若干年后在呼兰当地学者的考证下，在丰富的证据面前，这一争论才渐渐平息，但其内在深远影响至今难消。

毫无疑问，萧红生前一方面被萧军"拯救"，另一方面无论肉体还是精神都受到这个"拯救"自己于危难的男人的伤害，尤以精神伤害最为深巨。而唯其被萧军拯救，这份伤害因难以言说而创痛更巨。唯其难以言说，后人自然就不可能清楚二萧之间到底发生了什么，包括萧红胞弟张秀珂亦不明白当年姐姐何以常常与萧军发生争吵，以致常常同情萧军，他真正明白姐姐的苦痛却是十几年后。萧红死后，萧军那"英雄救美"式的神话，却在人们的想象中得以不断完美。这自然是萧红的苦难。在我看来，萧军在萧红死后的这些信口胡说，又实在是对死者的再次"施虐"。

萧军何以要这样做？

除了独特的性格因素外，笔者认为，萧军这份"施虐"源自他对萧红极为隐秘的嫉妒。熟悉萧军的人都知道，他是那种具有极端大男子主义倾向的男人。坚信女性一定不如男性，只是附属。然而，自上海滩成名以来，在写作上，虽然其勤奋远远超过萧红，但在文字天赋和写作前途上，他实际上远不如萧红。这一点，胡风、鲁迅当面都有十分明确的表达，萧军不服气，他自然意识不到自己到底差在哪里。而从作品流传至今的效果来看，这早已是不争的事实。萧军那些大多平庸的文字早已淹没于时间之流，而《呼兰河传》《回忆鲁迅先生》《马伯乐》等经典却仍在与当代读者对话，而能与当代读者对话的现代作家屈指可数。萧军的不服气，旋即转为对萧红写作才能的轻蔑。骆宾基《萧红小传》载有，萧红曾听见萧军与友人饭后谈及其散文，萧军的评价是"她的散文有什么好呢"，朋友则附和说"结构却也不坚实"②。这同样给了萧红巨大的伤害，最终令她做出出走私人画院的决定。天

① 张抗：《萧红身世释疑》，呼兰萧红研究会编《萧红身世考》，哈尔滨出版社2003年版，第22页。

② 骆宾基：《萧红小传》，黑龙江人民出版社1981年版，第68页。

不假年，萧红弃世太早，但活在人世的萧军仍要常常面对人们对他和萧红写作才能的价值评判。牛汉同样写道："我对萧军说萧红的文笔比你的文字有感染力，'呵！'萧军大叫表示不服。"[1] 萧军此时已年逾七旬，对此仍耿耿于怀。不是说萧军一定是要刻意诋毁萧红、鲁迅什么，大约是其内心的这份因嫉妒而生的隐秘逆反，让他产生了一点点精神施虐的冲动，不经意间随口一说。然而，萧红的形象于是淹没于传说和暧昧的想象。我认为这是萧红更大的悲剧。

二萧与鲁迅之间有一个细节值得在这里公布。1936 年 7 月 17 日萧红离沪赴日头晚，黄源宴请二萧，饭后三人照相一张。萧军将这张相片的较小副本送给了鲁迅，现存于北京鲁迅博物馆。问题出在这张照片背后有一行题字："悄于一九三六年七月十七日赴日，此像摄于十六日宴罢归家时。"最早将这行题字的作者认定为鲁迅的，似乎是萧军之女萧耘。早在 1979 年她就在《哈尔滨文艺》第 4 期上撰文《鲁迅题字的一张照片——关于女作家萧红的一点史料》对此加以说明。其后，在 1981 年出版的《萧红书简辑存注释录》一书里收入了这张照片，明确指出"鲁迅先生在此照片后亲笔题字……"[2] 2003 年，萧耘、建中编著出版《萧军与萧红》一书，针对这张照片的图说，萧耘仍反复强调这行题字出自鲁迅之手："背后还有鲁迅先生的亲笔题字……"[3] "鲁迅先生在这张照片的背后这样写着……"[4] 因萧耘与这张照片存有较为特殊的关系，而且，一般人不可能看到现保存于鲁博的这张文物照片原件背后的笔迹。因而，几十年来，萧耘此说被许多萧红传记作者采信，2009 年 3 月出版的《从异乡到异乡——萧红传》仍沿用此说。

然而，萧耘认定这行字由鲁迅所题，不知所据为何？是出于自己的简单判断；还是来自父亲萧军的认定？没有考据，自然就令人生疑。为何质疑这一细节？实在因为，如果照片背后的题字出自鲁迅，那么，称萧红为"悄"，自然极易令人生发暧昧联想。问题是，鲁迅与萧红之间是否亲密到如此称呼的程

---

① 牛汉口述，何启治、李晋西编撰《我仍在苦苦跋涉——牛汉自述》，生活·读书·新知三联书店 2008 年版，第 197 页。

② 萧军：《萧红书简辑存注释录》，黑龙江人民出版社 1981 年版，第 73 页。

③ 萧耘、建中编著《萧军与萧红》，团结出版社 2003 年版，第 106 页。

④ 同上书，第 107 页。

度？稍作考证就可以发现，鲁迅从未如此称呼过萧红。鲁迅致二萧信，或单独致萧红信的称呼大致有：悄先生、吟先生、吟兄、悄吟先生、悄吟兄、悄吟太太等等；在致二萧信或单独致萧军信提及萧红，一般称为"悄吟太太"，最具玩笑的口吻也只是"吟太太"，独不见称"悄"。自然，称"悄"是萧红爱人萧军的"专利"。1937年二萧京、沪间通信，萧军绝大多数对萧红的称呼是"吟"，萧红对萧军则是"军"。可见，二萧之间有以单字彼此称呼以显亲昵的习惯，而萧军1932年中秋节赠给萧红的旧体诗，题目就是"寄病中的悄悄"。由此，这行题字归之于鲁迅似乎显得草率，而出自萧军之手倒是很有可能。并且，从语气看也不应该出自鲁迅。更重要的是，最近萧红研究学者章海宁先生在鲁博看到了这行钢笔题字，据鲁博资深鲁迅研究者的说法，这行字不可能出自鲁迅。除笔迹与鲁迅相去甚远，而与萧军非常接近外；还有一个常识是，鲁迅生前几乎没有用钢笔题字的习惯。那么，这一小小"公案"也应该落定了。之所以不厌其烦地探究这一貌似无关紧要的细节，实则也是为了消除人们所存有的关于萧红与鲁迅的关系，哪怕任何一点莫名的想象。

三　鲁迅眼中的萧红

萧红与鲁迅，更有意义的探究，毫无疑问应该在于，作为中国现代文学史上的两代作家，他们在价值取向和审美取向上的代际传承。换言之，作为在鲁迅扶植下成长起来的杰出女作家，萧红到底受到鲁迅怎样的影响？她又是如何消解这一"影响的焦虑"，最终成为独特的自己？

首先，鲁迅如何看取萧红？

作为精神导师、文坛巨匠，鲁迅对《生死场》的极力揄扬，是他和萧红之间最为初始而深刻的关联。在为《生死场》作序时，虽然也有"叙事和写景，胜于人物的描写"是出于呵护作者，为照顾作品销路而作的"违心"之语，但称赞萧红"力透纸背"地写出了"北方人民的对于生的坚强，对于死的挣扎"[1]却是发自内心。这自然是作为作家的鲁迅对萧红的发现与认

---

[1]　鲁迅：《萧红作〈生死场〉序》，《鲁迅全集》第6卷，人民文学出版社1981年版，第408页。

同。如果说，鲁迅对《生死场》基于左翼文学倾向的发现和价值评判，还不是那么分明的话；那么，在其授意下胡风完成的《读后记》，则将这一导向表达得更加明晰、彻底："这些蚊子一样的愚夫愚妇们就悲壮地站上了神圣的民族战争底前线。蚊子似的为死而生的他们，现在是巨人似的为生而死了。"①《生死场》的面世给萧红带来巨大声誉，显然与鲁迅这一带有导向性的价值评判分不开。这部小说满足了当时人们对沦亡国土上人们生活的想象。在"红色三十年代"的背景下，经由鲁迅推介而成了当时文学潮流的重要组成部分。正如本章开头所言，鲁迅之于萧红的巨大意义于斯彰显。

然而，也正是基于这一价值取向，萧红由此被认定为 20 世纪 30 年代左翼文学最具代表性的作家之一。自弃世至今的 70 多年来，对其最为深入人心的评价就是"三十年代著名左翼女作家"的文学史定位。至今，萧红仍大多在革命文学的视域里被谈论。然而，显见的事实是，鲁迅当年对萧红的揄扬和"左"倾价值评判，成为后来正确认知萧红文学成就的极大拘囿。且不说萧红生命后期的创作，早已脱出左翼文学范围而走向时代文学潮流的边缘，并超离所处的时代；即便《生死场》，其内在特质亦并没有被鲁迅、胡风等男性批评家真正看到。当代学者如摩罗，以细致的分析看出了《生死场》所存有的文本断裂②。这份断裂存在于萧红笔下村夫、村妇们生、老、病、死的生存图景呈现与抗战叙事之间。而最直观的统计分析就可以发现，文本重心恰在前者并非后者。20 世纪 30 年代，现代作家的乡村观照，最为流行的模式毫无疑问是沈从文《边城》式诗意洋溢的边地牧歌想象。边城茶峒近乎一个乌托邦空间。而萧红对同样作为边地的北中国乡村的观照，却剥离了观照视野里的任何诗意，达致生存图景的裸裎。生存景观之黑暗，最为直截的表达就是乡村不过是"生死场"——"糊糊涂涂地生殖，乱七八糟地死亡"③。在我看来，萧红在 30 年代文学中的贡献，不在于她奉献了一部抗战文学经典，而在于她写出了中国乡村的荒野图景。这是她的天才创造。这是一种完全有别于乡土文学的观照视角和想象方式。阅读《生死场》，读

---

① 胡风：《读后记》，《萧红全集·上》，哈尔滨出版社 1998 年版，第 95 页。
② 摩罗：《〈生死场〉的文本断裂及萧红的文学贡献》，《社会科学论坛》2003 年第 10 期。
③ 胡风：《读后记》，《萧红全集·上》，哈尔滨出版社 1998 年版，第 94 页。

者获得的是一份触目惊心的震悚。而对于乡村荒野想象的自觉接续，大约出现在 20 世纪 90 年代如刘恒、李锐、杨争光等人的创作中。

90 年代以来，孟悦、戴锦华、刘禾等女性学者基于女性主义立场各自对《生死场》进行了全新解读，尤以海外学者刘禾对鲁迅、胡风所奠立的生硬的民族主义解读表示不满，凸显基于女性主义立场进行重新观照萧红的可能。她说，"用'民族寓言'去解读萧红作品的基调最初始于鲁迅和胡风"①，并进而认为，"鲁迅根本未曾考虑这样一种可能性，即《生死场》表现的也许还是女性的身体体验，特别是与农村妇女生活密切相关的两种体验——生育以及由疾病、虐待和自残导致的死亡。鲁迅本人的民族兴亡的眼镜，清晰地体现在他有意提及上海闸北的火线，以及北国的哈尔滨，或是英法的租界，这造成了鲁迅对萧红作品的阅读盲点"②。

不同时代的人们，对同一部文学作品的潜在品质有不同发现甚至产生完全相异的价值评判，也非常正常。鲁迅自然没有想到，在帮助萧红的同时，自己那带有时代印记的价值取向，亦成了后人认知萧红的惯性模式。而以鲁迅的巨大影响以及后人对其评价的依恃，对萧红文学成就的真正发现和公允认知就是一个漫长的过程。作家林贤治认为，"在文学史上，萧红的作品中的女性与穷人的双重视角，以及自由的风格是被忽略了的，作为'弱势文学'的实际成就被严重低估"，进而感叹"在文学史上：她死在第二次"③。

萧红的巅峰之作产生于鲁迅弃世后短短数年间。鲁迅生前自然无法准确预见萧红创作路数的变化和新质的彰显。然而不争的事实是，鲁迅对萧红的观照，又并非全然基于左翼立场。以《生死场》《八月的乡村》而论，许广平回忆"每逢和朋友谈起，总听到鲁迅先生的推荐，认为在写作前途上看起来，萧红先生是更有希望的"④。这表明，同属左翼文学，鲁迅还是分明看到了萧红与萧军的差异，预示着未来的变数。而除了为《生死场》作序外，鲁

---

① 刘禾：《跨语际实践——文学、民族文化与被译介的现代性（中国，1900—1937）》，生活·读书·新知三联书店 2002 年版，第 287 页。
② 同上书，第 288 页。
③ 林贤治：《在文学史上：她死在第二次》，《南方周末》2008 年 9 月 10 日。
④ 许广平：《追忆萧红》，《文艺复兴》第 1 卷第 6 期（1946 年 7 月 1 日）。

迅对萧红较为正式的公开谈论，以目前所发现的材料另有一次。1936 年 5 月 3 日，鲁迅在寓所接受美国记者埃德加·斯诺的访谈，在回答海伦·福斯特开列的第三个大问题："包括诗人和戏剧作家在内，最优秀的左翼作家有哪些"时，在列举了包括自己，还有茅盾、叶紫、艾芜、沙汀等男性作家，并表示对丁玲"转向"的失望之后，进而认为："田军的妻子萧红，是当今中国最有前途的女作家，很可能成为丁玲的后继者，而且，她接替丁玲的时间，要比丁玲接替冰心的时间早得多。"① 后人亦可将鲁迅此处对萧红的高度评价，视为文坛领袖对新晋作家的奖掖和预期。但毋庸置疑的是，鲁迅将萧红作为能够标志一个时代女性创作水准的作家看待，自然是出于对萧红作品中独特质素的把握。

由以上分析可以看出，萧红与鲁迅，在鲁迅方面，除了私下交往保有一份距离外，作为同道，他对萧红委实存有发现之功，他对萧红的认同和赞赏则体现在对其写作前途的预期上。从中，我们一样可以看到鲁迅独到的眼光。今天来看，萧红无疑是 20 世纪中国最优秀的作家之一。这一行列里，女性更是凤毛麟角。同样，由于天不假年和机缘缺乏，我们不能看到鲁迅对萧红更多、更深入、更明确的认知和把握。

四 萧红眼中的鲁迅

再回到"萧红与鲁迅"之萧红层面。

在萧红短促而悲剧的一生中，祖父是其情感的巨大慰藉与支撑，亦是其情感世界里最为重要的男人。她认为："我若死掉祖父，就死掉我一生最重要的一个人，好像他死了就把人间一切'爱'和'温暖'带得空空虚虚。"② 1936 年 12 月 12 日，萧红在东京应邀撰写的一篇自述文章③中，仍念念不忘祖父给予自己的巨大影响：

---

① 斯诺整理，安危译《鲁迅同斯诺谈话整理稿》，《新文学史料》1987 年第 3 期。

② 萧红：《祖父死了的时候》，《萧红全集·下》，哈尔滨出版社 1998 年版，第 1171 页。

③ 斯诺编辑《活的中国》一书时，计划收入萧红一个短篇小说，按照该书体例，有作品入选的作家都应邀撰写一篇自述性小传。萧红小说最后并没有编入，1937 年这篇自述就以《永久的憧憬和追求》为题发表在萧军主编的《报告》第 1 卷第 1 期上。

> 可是从祖父那里，知道了人生除掉了冰冷和憎恶而外，还有温暖和爱。
>
> 所以，我就向这"温暖"和"爱"的方面，怀着永久的憧憬和追求。①

这篇题为"永久的憧憬与追求"的短文，某种意义上，是一个外在机缘促成萧红在异国独自面对自我时的一份深刻的人生检视。此时，她已然成名，且能够理性面对苦难和遭际。东京数月独处，实际上是萧红人生的一个转捩，常常独自面对自我的检省，让她对人、事有了属于自己的认知和判断。在她，祖父显然是"温暖"和"爱"的代指，令其对人生生成新的认知，亦是激发其人生追求的动力之源。

不容忽视的是，萧红将对于祖父的这样一份重大而特殊的情感取向亦比之于鲁迅。如果说萧红与鲁迅之间关系"不一般"，这倒真是一种极其"不一般"的准亲情关系。萧红一生遭遇了父亲、汪恩甲、萧军、端木蕻良等一系列男性。这些男性在抚养她、爱她、拯救她、接纳她的同时，更伤害她。但祖父和鲁迅却独具别样意义。某种意义上，是他们让萧红真切感受到了人世间的美好与尊严。综观萧红一生，幼年和祖父在一起，还有成年与鲁迅的交往，是她少有的两段幸福时光——后花园里的自由无虑和上海滩立地成名的荣光。如果说祖父给了她"温暖"，那么鲁迅给了她"尊严"。

萧红对鲁迅所存有的这份准亲情的情感，在周围朋友的叙述里，有非常清晰的表述。只是那些一心对他们作绯闻想象的人们对此视而不见。1937年4、5月间，萧红独自北平访友以疗心灵伤痛，其间，与当年北平求学时的知友李洁吾曾经谈起鲁迅之于自己的这种特殊的亲情比拟。据李洁吾回忆：

> 1937年，她从上海来北京看我的时候，偶然之间我们又谈到了父亲。我说："鲁迅先生待你们，真像慈父一般哪！"廼莹马上就说："不

---

① 萧红：《永久的憧憬和追求》，《萧红全集·下》，哈尔滨出版社1998年版，第1180页。

对！应该说像祖父一样。没有那么好的父亲！"①

　　因与父亲存有价值立场的冲突，如她认为"父亲常常为着贪婪而失掉了人性"②，所以，在萧红的精神世界，那个本来应该引起"阉割焦虑"的"父"是缺失的，代之以她对生父的逆反、抗拒还有鄙夷。萧红对精神之"父"的寻找，自然止于鲁迅。因此，鲁迅之于萧红，除了一如祖父般的亲情支撑外，在精神上，他还是萧红所寻到的精神之"父"。最为有力的说服，就是萧红将鲁迅视为正义的象征。自东京返沪，鲁迅已逝，萧红第一次墓地拜谒回来，深情难遏，写下《拜墓》一诗。除了抒发沉痛的心情，更传达出自己对鲁迅的理解和认知，写下诸如"我哭着你/不是哭你/而是哭着正义"；"你的死/总觉得是带走了正义/虽然正义并不能被人带走"③ 这样的诗句。正如从祖父那里，萧红感受到了"爱"和"温暖"，并对之怀着永久的憧憬与追求；而从鲁迅身上，他除了获得一份有如祖父般的温情外，还看到了什么是正义，并在鲁迅导引下同样对正义进行着不懈追求。在精神层面，鲁迅之于萧红是"父"的代偿。祖父、鲁迅就这样支撑着萧红的情感和精神世界。因着这层非同寻常的关系，萧红对鲁迅确实怀有一份独特的认知。正如林贤治所言："在纪念鲁迅的大量的文字中，多的是'国家'、'民族'、'大众'之类的大词，像'正义'这样一个伦理学的用语，大概只有出现在萧红这里，对于鲁迅，他有着独特的理解，也有着独特的感受。'正义'是一个代表弱者的词，在这里，除了社会公正性的含义之外，恐怕还带有很强烈的私人色彩。"④ 正义，或许是萧红对鲁迅所作出的饱含情感的价值判断，是祖父与精神之"父"的叠合。换言之，鲁迅之于萧红，具有比拟祖父的亲情和代偿"父"之缺失的双重意义。

　　而正是萧红对鲁迅存在这种祖父般的情感比拟，让她日后对鲁迅的观照，完全出之于亲情视角。萧红在东京致萧军信中，详细描述了获悉鲁迅之

① 李洁吾：《萧红在北京的时候》，《哈尔滨文艺》1981年第6期。
② 萧红：《永久的憧憬和追求》，《萧红全集·下》，哈尔滨出版社1998年版，第1179页。
③ 萧红：《拜墓》，《大公报·文艺》1937年4月23日。
④ 林贤治：《漂泊者萧红》，人民文学出版社2009年版，第171页。

死对她的巨大打击。直到 1936 年 11 月上旬，面对国内一些刊物纪念鲁迅文章的约请，萧红在情感上仍一时难以接受鲁迅已逝的事实，9 日致萧军信中写道："关于回忆 L（鲁迅——论者注）一类的文章，一时写不出，不是文章难作，倒是情绪方面难以处理。本来是活人，强要说他死了！一这么想就非常难过。"① 而发表于《中流》第 1 卷第 5 期上的《海外的悲悼》，实是萧红于 10 月 24 日在获悉鲁迅逝世后，写给萧军的第一封信。

　　1939 年 10 月，在鲁迅逝世三周年之际，萧红终于抱病完成纪念鲁迅系列文字，并结集为一本小册子，取名《回忆鲁迅先生》，次年 7 月由重庆妇女生活出版社出版。在这本书里，萧红观照鲁迅的亲情视角，首先体现在摒弃了通常纪念鲁迅文字的宏大叙事立场，而以日常琐碎的叙述，活脱脱呈现一个"人间鲁迅"，没有丝毫神化、距离化鲁迅的倾向。而这亦可看作萧红彰显自身独立人格的表现，面对文化巨人，只有爱与敬但绝不匍匐于伟人脚下。正因如此，《回忆鲁迅先生》可以说是关于鲁迅生活最为原生态的叙述，保留了许多对于认知鲁迅来说极为重要的资料。其次，这种亲情视角亦体现在文章的篇章结构上。整篇长文，没有任何篇章结构的谋划，只是由一段段看似非常随意、散漫的叙述构成。亦即，没有结构就是《回忆鲁迅先生》的结构特点。之所以如此，或许在于萧红觉得鲁迅之于自己，实在太过熟稔，感念真挚，一旦提笔重温，并不需要任何写作技巧介入和篇章经营，就像面对潜在读者谈论一个已然离世的亲人。文字的散漫，显示出萧红对鲁迅极为细腻、独到的知解，以一种属于自己的方式，完成潜藏于心底的"一个人的纪念"。很显然，亲情视角和独立人格，让萧红对鲁迅的叙述，成了一部散文经典。鲁迅逝后，对这位文化巨匠的回忆文字可谓汗牛充栋，但大多出之于仰视和崇拜，也就忽视了鲁迅作为普通人的细节。一个缺少细节的形象，自然无法生动。正如陈丹青感慨："我常会嫉妒那些真正的和鲁迅认识的人，同时又讨厌他们，因为他们的回忆文字很少描述关于鲁迅的细节，或者描述得一点都不好——除了极稀罕的几篇，譬如萧红女士的回忆。"②

---

①　萧军：《萧红书简辑存注释录》，黑龙江人民出版社 1981 年版，第 87 页。
②　陈丹青：《退步集续编》，广西师范大学出版社 2007 年版，第 222 页。

五　萧红与延安

萧红为什么不去延安？

这是许多萧红关注者经常追问的问题。如此追问，似在情理之中。以东北作家群诸作家而论，先她离开哈尔滨的舒群、与她一起离开哈尔滨的萧军、后她离开哈尔滨的罗烽、白朗夫妇等等，一番飘荡之后最终都落脚延安，而萧红与他们都有着极为特殊的亲密关系。换言之，追问萧红为何不去延安，亦可转换为萧红与周围朋友的政治或党派立场何以如此不同？他们为什么难以对她产生影响？对于这一问题的回答，存有许多猜测。但我认为，萧红无党派的政治取向或许潜在来自鲁迅的影响。

萧红与延安，还真有一段值得梳理的渊源。1938 年春，萧红从临汾转至西安，短暂逗留于运城时，意外收到北平读书时期的哈尔滨籍好友高原自延安的来信。2 月 24 日，萧红回信表达了可能来延安看看的打算，计划月底出发，估计 3 月 5 日左右抵达，希望高原在延安等她。二萧临汾分手时，萧军亦嘱托丁玲，到西安后如果萧红愿意，希望设法将其送去延安。然而，随"西战团"抵西安后，萧红与端木蕻良的恋爱关系逐渐明朗，其间，亦有意随前往延安述职的丁玲一起去看看，但最终因听说萧军已到延安而放弃。而抱着前去看看的心理与丁玲同往的则是聂绀弩。表面上看，似因萧军之故，夭折了这次极可能成行的延安之行。不久，丁玲回西安，萧军同来，二萧正式分手。在彻底终结与萧军的生活，即将开始与端木蕻良的新生活的关头，在去向选择上，武汉和延安再次摆在萧红面前。然而，为了摆脱萧军的纠缠，萧红和端木蕻良事实上依据萧军的去向而作决定。他们听说萧军即将去延安，就迅即决定回武汉。为此，丁玲很是遗憾，后来撰文说，"那时候很希望她能来延安"[①]。而一些迹象亦表明萧红确有去延安的打算，如 1938 年 4 月臧云远等创办的《自由中国》创刊号上，就刊有"萧红、端木前往延安"的消息。这自然不是空穴来风。萧军事实上并没有去延安而是去了兰

---

① 丁玲：《风雨中忆萧红》，《谷雨》第 5 期（延安 1942）。

州，这或许是萧红与延安最为戏剧性的错过。

虽然没有亲去延安，但是经过西北之行，萧红对延安还是有所了解。毕竟，在临汾，她和丁玲及其领导的"西战团"有较长时间的亲密接触。延安之行没有成行，表面看来似乎事出偶然，但实际上萧红内心对延安还是拥有一份出于间接感观而来的判断。回武汉不久，她和端木蕻良即遭遇周围朋友"友情封锁"，即便两人举行了正式婚礼，亦无法改变现状。萧红因之非常苦闷，常常一个人来到1938年2月受任弼时委派从延安到武汉主办《战地》杂志的舒群住处，"就把鞋子一丢"，躺倒在床上"愣愣地发呆"。有资料说"舒群曾经执意地劝说她到延安去，有一次为了争论这个问题，他们俩人整整争吵了一夜。萧红的态度是一向愿意做一名无党无派的民主人士，她对政治斗争十分外行，在党派斗争的问题上，她总是同情失败的弱者，她一生始终不渝地崇拜的政治家只有孙中山先生。由于这样的原因以及个人情感上的其他原因，她没有听从舒群的劝告，后来辗转去了重庆，又辗转到了香港"①。这似乎分明透露出萧红不去延安，主要基于自身政治立场，而并非出之于外部偶然。因为，她和舒群的争论亦发生在她从西安回来不久。

与此同时，亦有材料说明，萧红对延安似乎并没有好感。1938年夏天，高原为了寻找组织关系联系人从延安来到武汉，在汉口"文协"办事处见到萧红。二萧分手，高原对萧红颇有怨言，"批评她在处理自己的生活问题上，太轻率了，不注意政治影响，不考虑后果，犯了不可挽回的严重错误"。对此，高原回忆"迺莹对我的这一批评并不服气，她说我从延安回来，学会了几句政治术语就训人"②。而梅志忆及萧红从西安回武汉后，"谈了她在西安的那段情况，她见到了另一位女作家，对她的解放的思想和生活，她表示了吃惊和不习惯"③。梅志所说的"另一位女作家"自然是指丁玲。由此亦可看出，不去延安在萧红应该是一个理性而自觉的选择，更深层原因，自然在于她从周围带有延安印记的熟人、朋友那里，了解到延安与自己的价值取向

① 赵凤翔：《萧红与舒群》，《新文学史料》1980年第2期。
② 高原：《悲欢离合忆萧红》，《哈尔滨文艺》1980年第12期。
③ 梅志：《"爱"的悲剧——忆萧红》，见季红真编选《萧萧落红》，人民文学出版社2001年版，第149页。

之间存在巨大差异，才"不服气"、"吃惊"、"不习惯"。

1938 年 4 月 29 日，萧红在《七月》杂志题为"现时文艺活动与《七月》"的座谈会上发言道："作家不是属于某个阶级的，作家是属于人类的。现在或是过去，作家们写作的出发点是对着人类的愚昧！"① 在"抗战救亡"已然成为时代最强音的背景下，萧红如此自信而理性地发表这样的文艺观点，今天看来，确乎让人有些难以置信，当时她才 27 岁。联想她初中毕业的教育背景，这份醒豁的自由主义知识分子立场更是令人惊异。以此反观，萧红意识到延安的价值立场与自身的自由主义知识分子立场相悖，从而产生拒斥，又是顺乎逻辑的选择。

至今，没有资料表明萧红身上自由主义知识分子立场的形成出于鲁迅的影响。而一个人价值取向的形成，也自然不是单纯来自某一方面的影响。但是，综观萧红一生，到上海后与鲁迅接触，毫无疑问是其思想形成的一个重要契机，就正如前文所述她将鲁迅看作"正义"的象征。萧红对于鲁迅，存在一种潜移默化的价值认同，应该完全成立。对弱势群体的同情（林贤治将萧红的文学干脆概括为"弱势文学"）、至死不渝的启蒙立场、中立的政治意识形态取向、普世性的观照视野，而对孙中山的崇仰似乎也流露出萧红那潜在的宪政国家的理想。萧红身上所体现出的这一切，与鲁迅那典型作为现代知识分子的价值取向显然一脉相承。逝世前不到一个月，重病中的鲁迅仍念念不忘"无穷的远方，无数的人们，都和我有关"②。这正如西方学者所描述的知识分子形象："真正的知识分子在受到形而上的热情以及正义、真理的超然无私的原则感召时，叱责腐败、保卫弱者、反抗不完美的或压迫的权威，这才是他们的本色。"③

实际上，正因为萧红的价值取向与 30 年代中后期以至 40 年代的主导性价值取向存有巨大偏离，体现在作品里，她对当时主流作家多有讽刺。而她虽然没有直接卷入，但目睹了发生在 1936 年初的"两个口号之争"。二萧甫

---

① 胡风、萧红等《现时文艺活动与〈七月〉》，《七月》第 3 集第 3 期（总第 15 期，1938 年 6 月 1 日）。

② 鲁迅：《这也是生活》，《鲁迅全集》第 6 卷，人民文学出版社 1981 年版，第 601 页。

③ 爱德华·W. 萨义德：《知识分子论》，生活·读书·新知三联书店 2002 年版，第 15 页。

到上海，鲁迅就向他们谈及自己对左联内部因宗派主义而导致分化的失望。鲁迅逝世前不久的这场大论争，则让萧红更加明晰了阶级立场与自由主义知识分子立场的明确分野。值得注意的是，除鲁迅之外，"两个口号之争"的另一主角周扬于 1937 年 11 月初到达延安，旋即受到毛泽东的重用。这或许也是萧红对延安有所保留的另一重要原因。萧红从未激烈地表达过自己的政治倾向，但以其个性并不表示没有自己的立场，而从她身上看出鲁迅的潜在影响，应该并不牵强。

萧红与延安的关系，亦可从另一侧面得到印证，那就是萧军。可以如此设想：萧红到了延安会怎样？

直到耄耋之年仍坚称"鲁门小弟子"的萧军，于 1940 年 6 月 14 日第二次抵达延安。然而，一年后便因与延安的隔膜而欲挈妇将雏离开。毛泽东极力挽留，礼遇之高非同寻常，甚至"曾经心血来潮地建议萧军弃文从政"[①]，但都被萧军拒绝。1942 年延安整风运动伊始，萧军终因发表不同声音而遭围攻，并旋即卷入"王实味事件"，导致与延安当局决裂，索性到乡下种地，自力更生，直到 1944 年 3 月才缓和。虽然个性上萧红不像萧军那般激烈，但萧军在延安的命运，某种程度上亦可视为萧红到延安可预见的远景。"延安整风"中，萧红当年的哈尔滨友人如舒群、罗烽、白朗都或深或浅卷入其中，遭到批判。延安文艺座谈会召开时，"第一个发言"的萧军到底说了些什么？当时担任毛泽东秘书的胡乔木晚年回忆：

> 文艺座谈会召开时，萧军第一个讲话，意思是作家要有"自由"，作家是"独立"的，鲁迅在广州就不受哪一个党哪一个组织的指挥。对这样的意见，我忍不住了，起来反驳他，说文艺界需要有组织，鲁迅当年没有受到组织的领导是不足，不是他的光荣。[②]

由胡乔木的转述来看，萧军之所以遭到围攻，就因为他表达了作家应该"自由"、"独立"。而这一理念，与萧红几乎如出一辙。在日常生活中，二

---

① 张毓茂：《萧军传》，重庆出版社 1992 年版，第 234 页。
② 胡乔木：《胡乔木回忆毛泽东》，人民出版社 1994 年版，第 54 页。

萧存在矛盾和差异，但关于作家人格独立却又见解如此一致，这是否跟他们与鲁迅的交往有关？

六 影响与传承

鲁迅对萧红的影响以及萧红对鲁迅的内在传承，最有说服力的明证自然体现在创作中。

抗战爆发之初，萧红亦曾激情难遏，在《七月》上发表了《火线外二章》等作品，参与抗战救亡的鼓呼。但似乎只限于极其短暂的情绪流露，旋即便处于时代主潮边缘。以作品发表的实际情形而论，自 1938 年至萧红弃世，她在当时最为主流的抗战刊物《文艺阵地》上，只发表作品三篇（其中两篇散文分别记述与鹿地夫妇的交往和对鲁迅的回忆，另一篇是表现抗战的小说《黄河》）；而在文艺界抗敌协会的机关刊物《抗战文艺》上则从未发表过任何作品。相反，其大部分文章却发表于《大公报》副刊、《中学生》《妇女生活》等极为边缘的刊物，甚至海外媒体如《星岛日报》。这似乎表明，当时已然拥有巨大知名度的作家萧红，与整个时代的文学主潮之间存在明显距离，不管是"被边缘"，还是自甘边缘。

抗战时期，萧红的边缘化写作，显然与前文所论及的价值取向及其自身的审美取向密切关联。但更重要的是，在看待时代与个人关系上，萧红委实有一份全然属于自己的认知。当大部分作家鼓噪放下手里的笔上战场杀敌时，她却着意于作为知识分子的岗位意识。即便在战争年代，她认为一个作家对于时代的贡献，应该是写出自己满意的作品；而不是"为着应付抗战以来所听惯的普遍的口号，不得不说也要上战场"①。正如二萧临汾分手时，她以此极力劝阻一心想上前线打游击的萧军。正因如此，当同时代作家纷纷意欲上前线报道抗战，鼓舞士气，为抗战服务时，萧红却苦恼于没有一个可以让自己安宁下来的空间，以便写出自认为无愧于时代的作品。她和端木蕻良最后飞赴香港，实在源自这一内在诉求。香港短短两年，萧红完成了自己的

---

① 胡风、萧红等《现时文艺活动与〈七月〉》，《七月》第 3 集第 3 期（总第 15 期，1938 年 6 月 1 日）。

巅峰之作。今天看来，某种意义上，《呼兰河传》《小城三月》《马伯乐》诸作标志着 20 世纪 40 年代中国文学的艺术水准。从这一点上看，萧红真的无愧于她的时代。

而要回答在价值和审美取向上，萧红如何达到对鲁迅的内在传承，我们自然要追问鲁迅逝后，萧红究竟写了些什么？

萧红直接表现抗战的小说，只有屈指可数的几篇，且观照角度完全不同于主流抗战叙事。1938 年 8 月间，在汉口"文协"等船入川期间，萧红完成了《黄河》（1939 年 2 月 1 日发表于《文艺阵地》第 2 卷第 8 期）、《汾河的圆月》（1938 年 8 月 26 日刊于汉口《大公报》副刊《战线》第 177 期）。两篇小说均明显取材于作者辗转西北的经验，都是从一个很小的私人化角度切入抗战主题。

也许，萧红认为自己没有深入到抗战第一线，不熟悉前线生活，便只是描写自己在后方的切实观感。这与她在《七月》座谈会上所发表的艺术主张一致，认为在抗战背景下，只要如实写出现有的生活就是对抗战的表现。由此可以看出其写作的诚意。所以在其抗战小说里，丝毫不见当时主流抗战叙事那种演绎口号的空洞和情绪的虚夸与苍白。与此同时，亦彰显萧红的艺术追求。《黄河》的故事非常松散，进入故事之前，有大篇幅关于黄河风物的描写和在风陵渡过河情景的叙述，文字松弛，风韵十足，呈现一幅黄河船工的生存图景，流露出对底层求生者的同情与悲悯。《汾河的圆月》则叙述了后方一个老母亲因儿子病死军中伤心致疯的故事。字里行间渗透着萧红对时局的理解和浓重的感伤情绪。结尾，那发疯的母亲仍孤独地坐在汾河边。圆月下，只有她那深黑色的影子落在地上与之为伴；与之相对，却是一个救亡小团体的话剧正在村中热闹开演。圆月和村中热闹的演剧，更衬出老母亲的伤痛、失落与孤单，透出淡淡的反讽。

这样的作品，虽然关涉抗战，但在当时的抗战叙事中自然属于异数。1938 年 10 月，重庆待产期间，萧红完成了短篇小说《孩子的演讲》和《朦胧的期待》，仍取材于西北和武汉期间的生活，但风格亦仍延续武汉时期的创作，从乡村孩子、都市女佣等底层人的心态和微末诉求上，表现抗战的时代主题。萧红一以贯之对大时代、大事件中弱者的关注，让人了解到战争如

何改变了他们的生活。重庆生产后，因身体和周围环境之故，萧红的主要作
品是《回忆鲁迅先生》，虽也有《旷野的呼喊》《山下》《莲花池》等小说创
作，但大多拖沓枝蔓，有失水准，而这也预示着一个更大变化的到来。

1940 年 1 月，飞抵香港后，萧红终于拥有一个此前一心想望的安宁时
空。同时也远离了大陆抗战救亡的时潮，可以遵从自己的性情和理念，完成
一再被搁置的写作计划。早在 1937 年逗留武昌期间，她就开始了《呼兰河
传》的写作，1940 年底萧红在香港终于完成这部巅峰之作。某种意义上，
《呼兰河传》是萧红基于时序错置、空间位移双重规约之下的乡土回望，是
一次精神返乡之旅。一年多后她就客死沦陷的异乡。一如《生死场》，1946
年茅盾为之作序，所谓"它是一篇叙事诗，一幅多彩的风土画，一串凄婉的
歌谣"① 的定调，同样极大地钳制了后人对这部经典之作的接受角度和价值
评判。认知的成规，长时间阻滞了人们对这部作品独特品格的发现。

近年，在认为《呼兰河传》是基于作者内心的"寂寞"而生成乡土回
望、精神返乡等论调之外，艾晓明教授独辟蹊径，令人信服地解读出这部作
品以至萧红小说文体的独特素质——戏剧性讽刺。稍加体会，萧红所讽刺的
自然还是国民性劣根。基于此，艾晓明不认为《呼兰河传》是一部怀乡之
作，在她看来，《呼兰河传》"讽刺的锋芒一直指向这样的整体：一种集体
的愚昧、群众的野蛮；它在那样一个地方，不是个别的、孤立的存在，而是
一代人所承继着的生活样式。因此，呼兰河，既是地理意义上的地方，也是
中国人生活现实象征形象。存在着这样一种基本的难以理喻的现实，它是作
品里一个总体的讽刺对象"；因此，她的结论是："就为国民性的缺陷做传这
一点而言，萧红对鲁迅的继承是不言而喻的。"②

除《呼兰河传》是萧红对三年前一个被搁置的写作计划的接续与完成
外；《马伯乐》同样是对一年前另一未被充分展开的写作计划的最终未能完
满的实现。长篇小说《马伯乐》（一、二部）显然是小说《逃难》故事（初
刊于 1939 年 1 月《文摘》战时旬刊，第 41、42 期）的具体化和丰富化。表

① 茅盾：《〈呼兰河传〉序》，《萧红全集·上》，哈尔滨出版社 1998 年版，第 108 页。
② 艾晓明：《戏剧性的讽刺——论萧红小说文体的独特素质》，《中国现代文学研究丛刊》2002
年第 3 期。

面上看，这两部作品的风格似乎迥然相异，但在精神取向上却有着内在的一致性。如果说《呼兰河传》还只是对国民性的婉讽；那么，《马伯乐》的国民性批判主题则醒豁而昭然，以致对萧红形成固有期待视野的人们，难以接受它出自萧红之手的事实。有论者指出，通过马伯乐这一形象，萧红所呈现的战时民众真相"其实也向主流文学叙事中高扬的民族士气表示了她的质疑。她写的是在当时的作品中备受排斥的，几乎被遗忘的国民性病态，难民们像阿 Q 一样自私又不知耻，无赖还振振有词，自欺欺人和健忘"①。

20 世纪 70 年代，美国学者葛浩文认为《马伯乐》是"萧红在老舍改变文路后，试着继续他那讽刺的传统"②。将《马伯乐》里的讽刺倾向归结为作者受了老舍的影响，显然值得商榷。从讽刺风格，特别是讽刺背后的价值取向来看，萧红、老舍之间似乎没有必然联系；然而有文字为证，恰恰源自对鲁迅的继承。聂绀弩曾回忆与萧红在临汾或西安时的一次关于鲁迅的谈话，面对周围朋友都认为其散文比小说好，萧红心里"气不忿，以后偏要写"，并表示自己写小说不会受固有成规的范围。当问到会写什么样的小说时，萧红回答"写《阿 Q 正传》《孔乙己》之类！而且至少在长度上超过他！"③

至于，《呼兰河传》《马伯乐》是如何达致对鲁迅的精神承继，本章不拟展开，但以上对当代学者结论的引证可以看出，萧红 40 年代在香港时期的写作，仍然延续着鲁迅揭示国民性弱点的启蒙主题毋庸置疑。众所周知，"改造国民性"这一启蒙主题，兴起并发展于五四时期，30 年代以后就受到阻挠，在 40 年代抗战救亡背景下则被刻意淡化，直至 40 年代末根本中断。正如艾晓明所指出的那样："萧红是在这个主题趋于衰落的时期写出她的一系列代表作的，而这些作品都贯穿了揭示国民性真相的努力。"④ 无论《呼兰河传》还是《马伯乐》，这些在大陆被搁置的写作计划最终完成于香港，

---

① 艾晓明：《女性的洞察——论萧红的〈马伯乐〉》，《中国现代文学研究丛刊》1997 年第 4 期。

② 葛浩文：《萧红评传》，北方文艺出版社 1985 年版，第 132 页。

③ 聂绀弩：《回忆我和萧红的一次谈话》，《新文学史料》1981 年第 1 期。

④ 艾晓明：《女性的洞察——论萧红的〈马伯乐〉》，《中国现代文学研究丛刊》1997 年第 4 期。

本身就意味深长。遗憾的是，天不假年，《马伯乐》到底仍是一部未竟之作。
30 年代后期，虽然也有《华威先生》之类讽刺作品，但旋即在民族救亡的
语境下，引起关于"暴露与讽刺"的广泛争论。在当时的主流叙事中，萧红
的写作理念和内在对鲁迅的承继显然不合时宜。只有远离主流语境，才得以
按照自身内在诉求完成对鲁迅更为深刻的传承。这也许是鲁迅逝世之初，萧
红致萧军信中说到鲁迅未完成的事业"我们是接受下来了"① 这一使命感的
践行。对启蒙主题的承继，或许在萧红个人，是一种更为深沉地怀念鲁迅的
方式。

　　自然，萧红在香港超离主流叙事之外，达致对鲁迅精神内在传承的写
作，必然受到主流的批评，她和她的文学的不合时宜，也是一种显在事实。
茅盾认为"如果让我们在《呼兰河传》找作者思想的弱点，那么，问题恐
怕不在于作者所写的人物都缺乏积极性，而在于作者写这些人物的梦魇似的
生活时，给人们以这样一个印象：除了因为愚昧保守而自食其果，这些人物
的生活原也悠然自得其乐，在这里，我们看不见封建的剥削和压迫，也看不
见日本帝国主义那种血腥的侵略"②。茅盾的批评事实上是对萧红与当时主流
写作之间所存有的差异的解读。他进而对萧红到香港之后的转变表示困惑：
"她那时在香港几乎可以说是'蛰居'的生活。在 1940 年前后这样的大时代
中，像萧红这样对于人生有理想，对于黑暗势力作过斗争的人，而会悄然
'蛰居'多少有点不解。"③ 在他看来，之所以如此是由于萧红一方面不满意
于所属阶层的知识分子生活，另一方面又不能投身大众中，改变现有的生
活，不免苦闷、寂寞。萧红在香港时的"寂寞"之论由此得出。而正如前文
所论，《呼兰河传》《马伯乐》都是在大陆被搁置的写作计划的完成和展开。
蛰居香港，只是萧红为寻得完成这一计划的条件。因看不到萧红在香港时期
写作的更深层动机，自然就将其在香港的写作和生活归结为"蛰居"和
"寂寞"。事实上，只有在香港，萧红才基于内心最为强烈的表达冲动，拼力
实现其文学愿景。其"寂寞"从何而来？

---

① 萧军：《萧红书简辑存注释录》，黑龙江人民出版社 1980 年版，第 83 页。
② 茅盾：《〈呼兰河传〉序》，《萧红全集·上》，哈尔滨出版社 1998 年版，第 108 页。
③ 同上书，第 109 页。

茅盾为《呼兰河传》作序的时间是 1946 年 8 月，而对萧红持有类似意见的远非茅盾。1945 年 12 月 22 日，在骆宾基的极力奔走、筹划之下，终于在重庆举行的萧红纪念大会上，胡风直言不讳地说，"萧红后来走向了脱离人民脱离生活的道路，这是毁灭自己创作的道路，我们应该把这当作沉痛的教训"①。胡风、萧红都是鲁迅生命后期最为亲近的人，但在萧红与鲁迅之间所存有的这份影响和承继，胡风到底亦迷失于过于单一的主流价值取向，那种话语权在握的仲裁姿态委实令人难以接受。

在萧红，一方面受鲁迅的影响、并承继其价值取向，另一方面自然不是对鲁迅国民性批判的复制。最后的问题是：萧红生命后期的创作如何祛除基于鲁迅的"影响的焦虑"而成为她自己？艾晓明在论及马伯乐与阿 Q 的诸多相似之处之外，亦精辟指出两者的不同：精神胜利法是阿 Q 赖以活命的精神支柱，在马伯乐则是"精神失败法"。阿 Q 是一个男性作家所写的同性人物，"由一个觉悟的知识分子写一个不觉悟的农民"；《马伯乐》则由一个女性作家写男性，"由一个游离于抗战主流阵营之外的文化游民写另一个文化游民"②。艾晓明更指出，比之于《阿 Q 正传》中鲁迅聚焦于个人，萧红在《呼兰河传》勾画的是国民性缺陷的"群像"；并且，"在《阿 Q 正传》之后，《呼兰河传》创造了讽刺小说的新经验。它的故事片段是戏剧化的，而它的章节安排是场景性的"③。

余　论

作为中国现代文学史上极具个性的杰出作家，鲁迅和萧红之间确实存在非同寻常的关联。梳理二者所存有的方方面面的关系，远不是本章已然无比冗长的文字所能说清。但我的所有努力，还是想基于学理层面，探究两人关系中的凡俗与伟大。从日常生活到精神取向，尽最大可能直面，而不是回避

① 胡风：《胡风回忆录》，人民文学出版社 1997 年版，第 351 页。
② 艾晓明：《女性的洞察——论萧红的〈马伯乐〉》，《中国现代文学研究丛刊》1997 年第 4 期。
③ 艾晓明：《戏剧性的讽刺——论萧红小说文体的独特素质》，《中国现代文学研究丛刊》2002 年第 3 期。

与想象。在我看来，那些对萧红与鲁迅关系存有暧昧想象的人们，或许初衷并无恶意，但在信息不对称的传播中却渐渐走向了反面。知人论世的前提自然还是以事实为依据。萧红的一生无疑苦难而悲剧，她确实是对鲁迅心存感激与景仰。而有违事实的想象，实际上是对这位命运多舛的女作家在弃世多年后的另一种伤害。至于鲁迅对萧红在创作上的影响，以及萧红对鲁迅启蒙立场的内在传承，毫无疑问都需要极其复杂的论证。一方面限于论者学养，另一方面也限于本章篇幅有些问题没有展开，只是引用了当代学者在我看来精辟而令人信服的结论。这一点上，希望同样关注"萧红与鲁迅"的人们体谅。

第四章　萧红与端木蕻良

　　端木蕻良（1912—1996），原名曹汉文，学名曹京平，现代著名作家，以代表作《科尔沁旗草原》《大地的海》等成名于抗战时期，是东北流亡作家最为卓越的代表之一。年轻时的端木才华横溢，诗书画兼擅；新中国成立后除文学创作外，还是"对中国民俗文化有深刻理解的'杂家'"和"有独特眼光的'红学'专家"①。

　　端木蕻良与萧红自 1938 年 5 月在武汉喜结连理，到 1942 年 1 月 22 日因萧红在香港逝世而阴阳两隔，两人作为正式夫妻生活了近四年。在萧红的婚姻史上，有过与汪恩甲的订婚与悔婚，以及先后与汪恩甲、萧军的同居。基于常理，与端木在一起的这段人生经历，应该是她一生中最能得到认可的婚姻生活。然而，恰恰相反，无论生前、死后，萧红与端木这段婚姻始终很难得到周围人以及研究者的理性看待。她生前因此遭遇"友情封锁"；死后则让端木因之承受更多非议甚至恶谥。对此，端木从来不作任何回应。

　　探究一对现代知名作家夫妇的私生活，自然是件非常吃力不讨好的事情。但是，萧红与端木的婚姻生活，却是两人传记研究中举足轻重的层面。作为作家，萧红巅峰之作都产生于这一时期。本章力图以学理的方式，切入这一众说纷纭的话题，消释长期以来在萧红与端木关系中存在的一些疑点，同时，亦力图理性展示萧红生命后期的生活、创作面貌，为重新认识萧红和端木蕻良提供新的可能。

---

　　① 　［美］孔海立：《前言》，端木蕻良著《端木蕻良作品新编》，人民文学出版社 2011 年版，第 1 页。

一 如何可能：关于端木蕻良

从 1932 年至今，对某些关注"二萧"的读者而言，萧军对萧红的"拯救"早已成了过于完美的传说。由本书前面章节可以了解到，这一很多层面并不确实的传说太过深入人心，以至于人们往往只是感兴趣于二萧爱情发生的最初时刻，而忽视萧红在其后六年的同居生活中到底遭遇了什么。在鲁迅帮助下，两人在上海滩一夜成名。文坛伉俪的炫目光彩，更让人们难以接受二萧共同生活走向终结的事实。然而，事实是萧红、萧军在西安到底很不友好地劳燕分飞。这粉碎了人们对他们当初走到一起以及其后共同生活的想象与预期。为此，人们更多将这份难以接受的遗憾，转向对萧红彼时"绯闻"男主角端木的道德谴责。端木成了人们惯常认知中那个极不光彩的"第三者"。至今，许多萧红传记作者仍以一种夸赞的语调叙述萧军当时要与端木"决斗"的情形。萧军虽然从此永远失去萧红，但光荣与骄傲似乎还是属于他。

然而，我想探究的是：萧红与端木蕻良的结合如何成为可能？

萧红与端木蕻良正式相识于 1937 年夏《七月》杂志在上海召开的创刊筹备会上。但据端木 1981 年 6 月 25 日接受美国学者葛浩文访谈时透露，1936 年夏天在法国公园散步时曾见过萧红、萧军、黄源、孟十还等四人边走边谈笑的背影。萧红当时已是赫赫有名的《生死场》的作者，而自己只是一个无名之辈①。

1936 年夏之于端木蕻良是一个极为重要的时间节点。

之所以这样讲，有必要对他此前经历稍作回顾。端木 1912 年出生于"辽宁昌图一个拥有大片土地的乡绅家庭"②，作为这个拥有官职和土地，富有、殷实之家的第四个也是最小的儿子，天资聪颖的他自幼备受宠爱亦可想见。思想开明的父亲在其 11 岁时送至天津，进入美国美伊美教会办的汇文

---

① ［美］孔海立：《端木蕻良传》，复旦大学出版社 2011 年版，第 74 页。
② ［美］孔海立：《前言》，端木蕻良著《端木蕻良作品新编》，人民文学出版社 2011 年版，第 1 页。

中学学习，接受西化新式教育。1928 年，16 岁的端木蕻良考入南开中学初中三年级，"九一八"事变爆发，他因参加学生运动被南开开除。孔海立认为："端木蕻良在天津南开时期是他的重要时期，他在校内的各种刊物上共发表政论、书评、诗歌和小说至少二十七篇。"① 1932 年因参加筹备与北平学生的南下示威被拘数日，后由三哥花钱保出，于 3 月间加入孙殿英部队，有了三四个月的行伍经历。脱离部队之后，端木蕻良考入清华大学历史系，并于同年加入北方"左联"。1933 年 8 月 3 日，因叛徒告密"左联"组织遭破坏，端木蕻良得到消息迅速逃走，从此再未返回清华。为了宣泄失望与苦闷，年仅 21 岁的他，仅用四个月时间在天津完成了长篇小说《科尔沁旗草原》。因种种原因，这部被郑振铎预期"必可惊动一世耳目"② 的卓越长篇出版于 6 年后，极大地延迟了作者崛起文坛的进度。1936 年初，没有全程参加完"一二·九"运动的端木蕻良，在大屠杀发生后逃离北平南下上海，于 6 月 18 日完成另一部长篇代表作《大地的海》。

到上海不久，端木蕻良与鲁迅取得书信联系，但与之见面的请求却遭到拒绝。7 月中旬，端木将书稿《大地的海》寄呈鲁迅，得到肯定，但鉴于出版条件，长篇一时难以办到，建议他赶快写点短篇。郑振铎亦嘱他写些短篇，由其介绍给《文学》杂志。不久，端木完成短篇小说《鹭鸶湖的忧郁》，8 月 1 日经郑振铎推荐发表于《文学》杂志第 7 卷第 2 期，署名"端木蕻良"。这"是端木蕻良在正式的全国性文学刊物上发表的第一篇作品"③，标志其登上文坛。胡风旋即嗅到上海文坛"生人的气息"，撰文热情评价该作"无疑地是今年的创作界底可宝贵的收获"④。稍后，在鲁迅推荐下，端木蕻良的短篇小说《爷爷为什么不吃高粱米粥》发表于《作家》第 2 卷第 1 期。小说刊出第二天，鲁迅逝世。虽未谋面，但端木蕻良对鲁迅这唯一一次直接提携感念不已，尊之为"永远的师傅"⑤。

---

① ［美］孔海立：《端木蕻良传》，复旦大学出版社 2011 年版，第 187 页。
② 李兴武：《端木蕻良年谱》，《东北现代文学史料》第 7 辑（1982 年第 12 月）。
③ ［美］孔海立：《端木蕻良传》，复旦大学出版社 2011 年版，第 67 页。
④ 胡风：《生人的气息》，《中流》第 1 卷第 3 期。
⑤ 端木蕻良：《衷心的纪念》，刘以鬯主编《火鸟之羽》，香港文学研究社 1981 年版，第 12 页。

　　鲁迅晚年对与陌生青年直接接触极为审慎。他拒绝端木蕻良的见面请求并非偶然。事实上，在此期间，即便有二萧引荐，鲁迅还是拒绝了罗烽、白朗、舒群等流亡关内东北作家的见面诉求。罗烽为此一度怀疑是萧军引荐不力，而在某种程度上导致两人关系紧张。孔海立认为，鲁迅对于端木的拒绝，除了晚年对青年的看法有变外；另一重要原因在于"鲁迅此时对'左联'的不满和戒心也是越来越重"，"然而在当时，端木蕻良并不了解鲁迅的心思，或许还以为'左联'的背景可以帮助他接近鲁迅，结果'左联'身份很可能反倒成了他接近鲁迅的障碍"①。这一分析显然很有道理。萧军后来也听说，鲁迅在决定与他和萧红见面之前，曾托人从侧面进行了一番了解，主要想了解是否有什么政治背景或党派关系②。

　　在郑振铎、鲁迅帮助下，端木蕻良步入文坛，其后在《文学》《中流》《作家》《国民周刊》等主流刊物上发表更多作品，还参加了茅盾组织的"日曜会"文学沙龙活动。到1937年7月，他一共发表短篇小说11篇，长篇小说1部。虽然如此，端木蕻良还是与当时文化界有一定距离，并没有得到真正认同。在与萧红正式见面前，其知名度很有限。以至于萧红并不知道在上海还有个东北老乡，而怪意胡风没有早介绍大家认识，并批评他喜欢"单线领导"，把作家当作"私产"③。

　　值得注意的是，1935年夏上海聚集了一批流亡关内的东北籍作家，诸如罗烽、白朗、舒群、李辉英、黑丁，还有剧作家、导演塞克，翻译家金人等等。罗烽、白朗、舒群1936年分别发表了自己的代表作，9月上海书店推出《东北作家近集》，所收以上诸人作品多反映东北沦陷后人民的生活与反抗，满足了关内同胞对沦失国土的想象与关注。加上1935年萧军、萧红《八月的乡村》《生死场》的出版，以及刚刚崭露头角的端木蕻良，东北籍作家第一次以群体方式亮相上海文坛。而以二萧在上海的影响，切实让人感受到东北作家作为群体的存在。这一文学事件就是中国现代文学史上著名的"东北作家群"崛起。

----

① ［美］孔海立：《端木蕻良传》，复旦大学出版社2011年版，第68页。
② 萧军：《鲁迅给萧军萧红信简注释录》，黑龙江人民出版社1981年版，第26页。
③ 端木蕻良：《我与萧红》，曹革成著《我的婶婶萧红》，时代文艺出版社2005年版，第230页。

论及"东北作家群"，自然无法规避端木蕻良的存在。但是，在某种程度上，今天的研究者大多出于端木后续在文坛上的影响和成就，将其归入这一群体。实际上，端木归于这一群体，多少有些"被动""勉强"。稍加分析，他与这个文人群体的异质性非常分明。这也自然决定了此后他与周围文人团体交往时的巨大障碍，始终难以得到认同，甚至遭到他们的整体性排斥与歧视。

作为科尔沁旗草原地主贵族的后裔，端木蕻良自 16 岁进入南开中学读书以后，就彻底告别了土地。故乡就只是一种出生地意义上的牵连。其后，"九一八"事变和伪满州国成立，他并不在现场。因此，对于失去土地痛切，端木与其他被迫流亡者的感受并不相同。也就是说，东北籍作家因战争从满洲流亡关内，与端木蕻良因"一二·九"运动被迫逃离北平蛰居于上海，在心态上毫无疑问并不相同。而且，由前文陈述可以看出，端木自幼的生活环境和成年后所接受的教育，完全不同于这个群体里其他人。文学素养和识见明显要高于群体里那些大多靠自学而获得文学经验的作家们。

还有一个不可忽视的现象：除端木蕻良外，"东北作家群"诸人以及不属于这个群体，但是后来与端木蕻良存在不可规避的交往的孔罗荪、靳以等，都有哈尔滨背景。哈尔滨，当时这个东北文化重镇是他们文学起步之地。如果有革命斗争经历的话，这个城市就往往也是他们革命生涯的起点。哈尔滨背景让这个群体很容易达成一种亲切的共识，并引以为自豪。群体内部自然会有矛盾，如 1937 年 5 月萧军与罗烽几乎闹至绝交地步，但马上又可以和解，某种意义上，这与自哈尔滨时期建立起来的交谊分不开。基于此，端木蕻良难以成为东北作家群真正的圈内人并与之格格不入，哈尔滨背景的缺失也是一个非常重要的原因。少了一份共同经历，作为流亡者也就少了可以共同缅怀的生活和话题。

再者，经过参与、领导学生运动的历炼，端木蕻良对革命的看法，与这些痛失国土而切实感受亡国奴痛苦的东北籍作家自然也不相同。前文提及，就家的归属感来说，科尔沁旗草原之于端木，只是一种出生地意义上的精神认同。荒凉、阔大的草原对于这个已然没落的地主家族来说，早已不是居留地。端木幼年就全家搬到了城镇，成年后住在天津二哥家里，亦陪母亲长住北平。正因如此，孔海立认为，端木"没有像其他大部分东北作家那样全力以赴地投入革命，因而也就缺乏一般人眼里的东北作家所特有的革命性"①。孔所说的"东北作家所特有的革命性"，确切所指似乎是他们因失去土地而生出的对入侵外族的仇恨，还有打回家乡收复失地的迫切。对于写作者而言，作品自然是最好明证。

无论《科尔沁旗草原》（1933）还是《大地的海》（1936），端木更多表现出对土地的文化观照，呈现别样的生存图景，在我看来，所传达的实际是一个游子的文化乡愁，达成精神返乡。虽然也写到世代变迁，甚至外族入侵，但并不是作者所要书写的主要层面。而这些所谓最能体现东北作家"革命"性的内容，却遭到浓烈书卷气的掩抑，常常为读者所忽略。相反，东北荒凉大地的生存诗意，却成了端木所要传达的主体。从写作当时的情形来看，这两部长篇都是作者在较短时间里充满激情的文字流泻，是对大地不可遏抑的情感抒发，通篇氤氲着诗意。这与绝大部分东北作家出于阶级斗争和民族斗争视角于对东北的理性观照，自然是最不可通约之处，亦最无对话可能。某种意义上，只是一种时世的机缘和端木蕻良那空洞的籍贯，被动地让他不得不归于"东北作家群"这个原本无法归入的文人群体。

然而，在以文化视角观照黑土地上的生存这一点上，端木蕻良与东北作家群中最可能达成共识的人毫无疑问是萧红。后文会提到，与端木蕻良见面时，萧红事实上亦被这个群体边缘化。姑且不说，萧红成熟期的《呼兰河传》与《大地的海》存在明显相类的精神气质。即便，此期的《生死场》与东北作家群最具代表性的《八月的乡村》（萧军），还有《没有祖国的孩子》（舒群）、《呼兰河畔》（罗烽）、《伊瓦鲁河畔》（白朗）等表现抗战诸作亦存在明显不同。今天的研究者越来越多地注意到《生死场》在当时代的异质性，抗日主题似乎是刻意加上的尾巴，反倒破坏了小说的整体性而出现"文本断裂"②。如果撇开《生死场》那极为次要的抗日主题，对比《大地的海》，可以明显看出二者在精神上的相通之处。《生死场》描绘了黑土地上生存的黑暗，传达出作者的荒野感受。出之于性别，萧红从性和生殖的角度

---

① ［美］孔海立：《端木蕻良传》，复旦大学出版社 2011 年版，第 6 页。
② 摩罗：《〈生死场〉的文本断裂及萧红的文学贡献》，《社会科学论坛》2003 年第 10 期。

切入，让这一图景得以震悚呈现；而端木蕻良作品里则有一种"根深蒂固的塞外草原意识及东北乡土恋情"①。这与端木的家世分不开，地主贵族的优越，过早离开土地的人生经历，让他对土地始终葆有一份美好的想象。这或许归之于他早在土地被异族侵占之前的离开；而萧红笔下生存图景的晦暗，却源于她那成年后太过黑暗的人生经验。但是，对土地出之于文化的观照视角，追求一种抽象的诗意，却是萧红、端木蕻良即便此时仍有大可通约之处。两人在文学观念上的亲近亦是必然。更不用说萧红晚期创作与之有更多牵连与影响。如果将《呼兰河传》《小城三月》等作品与端木蕻良同期《初吻》《早春》对比阅读，就可以看出二者在精神和艺术追求上的更多相通之处。

而且，相对来说，萧红自幼所受新式教育虽然不太完整，但比较"东北作家群"诸位还是要充分得多。地主家庭出身以及或充分或有限的新式教育熏染，或许是萧红与端木蕻良产生潜在认同更为深层的原因。"七七"抗战爆发，当胡风召集大家商量筹办一个新刊物，要众人为之命名时，萧红不同意胡风提议的"战火文艺"，觉得太一般，建议名之为"七月"。1981 年 6 月 25 日，端木接受葛浩文访谈时回忆说，"我就很同意这个意见，这大概是我们头一次见面，而我们的看法就很容易接近"②。

二　初识之前的萧红

正式认识端木蕻良之前，萧红的情感世界遭遇了什么，自然是本章关注的重点之一。

1935 年 12 月，在鲁迅大力提携下，《生死场》作为"奴隶丛书"之三自费印行。从后续影响来看，这部长篇小说奠定了萧红中国现代文学史上的地位，让人们忘记了那个名叫"悄吟"的作者；而只知道文坛崛起了一个名叫"萧红"的女作家。

《生死场》的面世让萧红完美终结了她的 1935，虽是非法印行但非常畅

---

① ［美］孔海立：《端木蕻良传》，复旦大学出版社 2011 年版，第 6 页。
② 曹革成：《我的姊姊萧红》，时代文艺出版社 2005 年版，第 230 页。

销。因《生死场》的效应，萧红其他作品随即在上海一些有影响的文学杂志上陆续刊出。不仅作品不愁发表，一些刊物还设法拉二萧捧场。1936 年萧红成了上海滩知名女作家。在短促一生中，成年之后也只是在此时的上海，萧红充分享受着立地成名的喜悦，以及经多年辗转流徙而换得的一份安宁无忧。而且，二萧虽然齐名，但在写作前景上，鲁迅和周围朋友更看好萧红，给以更高的赞赏和期许。然而，如同宿命，萧红所能享受的幸福时光总是那么短暂。1936 年上半年，除了鲁迅越发严重的疾病给她带来些许焦虑之外，而将其内心滋生的成功喜悦和那份安宁一点点驱逐殆尽，并代之以无边郁闷的，自然还是基于萧军那"爱的哲学"而来的切切实实的绯闻。

如果说，萧军在哈尔滨对李玛丽的移情或者说不甚明了的暗恋，给当时陷于巨大困厄中的萧红带来的还只是"困惑"的话，那么，两年后二萧已然同居的情形下，萧军对慕名来访的上海姑娘陈涓，则早已越出暗恋而是切实的移情别恋。对萧军与陈涓发生在自己眼皮底下的一切，萧红切实感受到了拯救了自己，且自己亦深爱着的男人所给予的心灵伤痛。只是当时已然在北满文坛崭露头角的萧红，不再哀怨地写诗给自己看，1934 年 5 月她将写于两年前的《幻觉》发表在《国际协报》副刊《国际公园》上，显然是在借旧作曲折表达当下心情。据萧红一些散文后来隐约透露，二萧安家哈尔滨商市街 25 号，漂亮的房东三小姐似乎也是萧军的追求对象。二萧哈尔滨时期朋友孙陵日后对此似乎亦有所坐实。

陈涓虽于 1934 年初离开哈尔滨，但萧军与之的牵连并没有终结。二萧 11 月抵达上海之后，萧军又与之建立书信联系，次年春，还以二萧名义给在哈尔滨举行婚礼的陈涓发信祝贺。因陈涓家在上海而引起萧军旧情复萌的苗头，引起萧红的不满与焦虑。在 1935 年 5 月完成的《商市街》系列散文中，《一个南方的姑娘》特地详细记述了当年萧军与陈涓暧昧交往始末，以及给自己的不快和淡淡伤痛。此时旧事重提，很大限度上源于萧红两年后见萧军与陈后续书信往还而引起焦虑和伤痛。一如去年发表《幻觉》，《一个南方的姑娘》虽记述两年前旧事，但其中流露的却是眼下新生的郁闷和无奈。

1936 年初春，陈涓带着孩子回上海省亲。即便已为人妇、人母，陈涓还是激起了萧军强烈的追求欲望。这一切又再次发生在眼皮底下，萧红的心情因之变坏，适值搬家计划提上日程，她原以为搬离后，离陈家较远情况或许有所好转。然而，据陈涓后来记述，路途的遥远丝毫没有影响萧军那份狂热和激情。陈涓终于在 5 月 1 日离开上海北上，从其记述来看似乎从此摆脱了萧军的纠缠。

与萧军的关系毕竟有违道德，陈涓后来的记述可能不乏澄清自己的动机。"萧红死后——致某作家"这样的标题，近乎故意以不具名的方式给萧军写公开信。即便如此，此文并没有得到萧军任何回应。我以为，陈涓所述应该还是很有可信度。萧军本来就是那种心底有秘密，表面绝不会掩饰甚至也不愿掩饰的男人。一同生活数年的萧红虽然不能详细了解他和陈涓之间到底发生了什么，但她越来越感到萧军在情感上的背叛，其心灵遭受重创，由此引发与萧军的激烈争吵。1936 年夏萧红创作组诗《苦杯》，就是此时内心苦痛的自我宣泄。

萧军与李玛丽似乎亦重续前缘。在《我的婶婶萧红》一书中，曹革成貌似隐晦实则欲盖弥彰地提及，1936 年上半年李亦来到上海，同样极大地搅扰了萧军那不安宁的内心，上海滩新近成名的男作家成了一个痛苦的暗恋者，一首首情诗从心底涌出。舒群不忍见其痛苦之状，主动替朋友上门向李玛丽挑明，遭到对方优雅的拒绝："你们都是我的朋友。"①

《苦杯》组诗是萧红此时心情和生活情状的实录，最为明白不过地宣示她和萧军之间一场情感危机的肆虐。而随着争吵的升级，萧红再次感受到男人的暴虐和作为女人的无助。她为此非常失望，感到又回到了无望的从前，没有丝毫安全感，心灵整个浸在郁闷和哀怨中。这种苦闷不便向人诉说，而且，以其个性，也不愿向别人诉说。成名后萧军交游广阔，应酬频繁，更忽视了萧红的存在。萧红内心那份世界将失的惶恐与幽怨，只有通过诗歌吟唱给自己听。而在茫茫大上海，鲁迅家是她唯一愿意去地方。面对萧红的痛苦，鲁迅夫妇爱莫能助。许广平却要抽出一部分时间来陪她聊天。而鲁迅此时病入膏肓，萧红长时间呆在寓中，让焦虑中的许广平在照顾朋友和料理丈夫之间难以兼顾，以至心生埋怨。日后她撰文感叹道："从这里看到一个人

---

① 　曹革成：《我的婶婶萧红》，时代文艺出版社 2005 年版，第 85 页。

生活的失调，直接马上会影响到周围朋友的生活也失了步骤，社会上的人就是如此关连着的。"①

白朗是萧红一生最知己的女友，在她眼中萧红"是一个神经质的聪明人"②。以萧红的敏感，自然能意识到自己的哀怨、痛苦严重干扰了周围朋友的生活，写作荒废，精神状态也越来越差。在此形势下，她接受了朋友黄源的建议，与萧军分开，东渡扶桑。

1937 年 7 月 17 日，萧红乘船赴日。在东京虽然与弟弟见面的预期落空，许粤华不久亦因故回国，还有日本警察的骚扰，但是她熬过了初处异国孤独与寂寞，写作和语言学习渐入正轨并有了明显起色。东京的独立生活对于萧红更为重要的意义在于，她脱离所有男性的依靠，有了一个从容自省的机会，心智变得成熟，独立解决所要面对的问题，对自己、对萧军有了更其理性的认知。出之于孤独的自省，其内心的女性意识得以生成，并渐趋自觉。这对于萧红后来人生道路和生活伴侣的选择，具有非常重要的影响。很多萧红研究者往往对日本经历之于萧红的意义认识不足，简单以为，她后来对端木的选择是受了对方谄媚的蛊惑。

赴日之前，二萧预期分开一年。然而，在东京的生活渐渐适应之际，萧红却于 1937 年初被萧军召回。

离开上海虽然只有短短数月，然而及至萧红返回，这个城市之于她的意义却有了非同寻常的改变。鲁迅逝世很大限度上让她失去了精神上的归依和现实的依恃；而与患难与共数年的萧军毫无疑问产生了不可弥合的情感裂痕。现实生活中的交际圈以萧军为核心，萧红在这个圈子里明显边缘化。除了精神隔膜和情感冷落，现实中萧军也无从顾及萧红的感受，忙着处理与许粤华、黄源之间的纠葛。具体表现为要为许粤华堕胎，以及处理与黄源的关系，但因为忙着纪念鲁迅大家仍在一起共事。黄源是萧军、许粤华不伦之恋的另一受害者，而在萧军面前他是弱势，但他亦将这份弱者的愤懑还有屈辱不时发泄到萧红身上。这让萧红沉痛地感到自己之于萧军的附属性，正如骆宾基记述的萧红在激愤中的所想："我们谁不是和太太们的友谊建立在作

① 许广平：《追忆萧红》，《文艺复兴》第 1 卷第 6 期（1946 年 7 月 1 日）。
② 白朗：《遥祭——纪念知友萧红》，《文艺月报》第 15 期（1942 年 6 月 15 日）。

丈夫的朋友身上呢？谁不是一旦和朋友决裂了，不是连同太太作为一体而摈弃了呢？"①

　　萧军在情感上不可理喻的背叛，不仅没有歉意而且只有后续冷落，还有因交际格局变化而在朋友圈里的边缘化，这些都是萧红怀着巨大心灵创痛回到上海后所面对的情势。她一时难以适应这些变化、伤痛还有屈辱，只有沉默。然而，对于作为知名作家的萧红来说，其内心更难忍受的痛苦在于，此时被光环笼罩，被朋友拱卫的萧军内心肆意的膨胀，无视萧红的沉默。除了日常生活中的无视，萧红更无法容忍萧军和身边朋友对其文学才能和创作实绩的蔑视与轻侮。这给了萧红更大的伤害，最终令其作出出走犹太私人画院的决定。

　　当然，心灵的苦难与伤痛带给萧红的自然不只是哀怨和沉默，女性意识的觉醒，促使她重新审视与萧军的关系。她不甘心做某个男人的附庸，她看清萧军基于太过自信的狂妄，对他不再附和，观点相左时的争论甚至反唇相讥多了起来。由此导致两人私下里争执频繁，即便在张秀珂面前。张秀珂当时并不了解姐姐的痛苦，常常觉得争执源于萧红，以至心生误解。而从梅志、靳以等人的回忆文章叙述的情形，让人推知二萧间曾发生过家庭暴力。

　　萧红再次选择离开以治疗伤痛。1937 年 4 月 23 日，她离开上海北上北平访友，直至 5 月 22 日被萧军以生病为由骗回。二萧平沪间的书信往还，让萧红不再沉默，有了向萧军诉说内心苦楚的机会。

　　近年，随着萧军部分日记的公开出版，让人更加清楚地了解到二萧劳燕分飞前的情感状态，从而也可以更好地理解萧红对端木的接纳如何成为可能。萧红北上后，一个人留在上海的萧军 1937 年 5 月 6 日自省道："我不适于做一个丈夫，却应该永久做个情人。"② 这显然是其"爱的哲学"的另一种表述。即便经历了与许粤华的恋爱风波，此时，似乎仍难见出萧军因自己的情爱态度而给周围人带来深重伤害的丝毫悔意。他此期写给萧红的信也印证了这一点。而对于萧红，他很清楚对方对于自己的情感态度。5 月 11 日，萧军、许广平工作间隙谈及萧红时，许广平告诉萧军，萧红苦恼于怕他又犯

---

① 骆宾基：《萧红小传》，黑龙江人民出版社 1981 年版，第 66 页。
② 萧军：《萧军全集》第 18（1）卷，华夏出版社 2008 年版，第 10 页。

"原先那样的病"①。所谓"原先那样的病",在我的理解里或许是萧军那基于"爱的哲学"而生的滥情之病。萧军对此的回应是"只有她是这世界上最爱我和了解我的人!"② 这一看法深得许广平认同。

平沪间近一个月的别后相聚之初,二萧貌似有了重新修好的迹象。然而,好景不长,到了6月中旬,关于两人间争执和冷战的记载又多了起来。萧军16日日记,记载着"我是每天在复杂着自己了,吟我们也是每天在疏离着了"③。这种疏离应该是心灵上的渐行渐远。剧烈的冲突发生在6月30日,萧军日记载有"和吟又吵架了,这次决心分开了"④。可见,萧军此时便有了与萧红分手之念。这天的日记,部分信息有所处理,但是可以推断出吵架的起因,还是因为萧红对许粤华的态度让萧军难以接受,觉得萧红做得过分,缺乏对许(《萧军全集》第18(1)里处理为X)的同情,进而认为萧红"将永久受一个良心上的责打"。今天的人们已经很难想象萧红到底对许粤华做了什么,以至萧军有如此强烈的反应和如此怪异的逻辑。萧红之于许粤华,萧红倒成了受谴责者。由此可以看出,萧军和许粤华之间"恋爱"的痛苦终结,并不意味着这件事后续影响的终止。萧红回国之初的沉默,亦并不意味着她将这件事在心里彻底抹除。换言之,萧军的这次出轨,对二萧的情感产生了致命伤害,留下不可修复的裂痕。而从本书第二章所引萧军1937年7、8月间的日记来看,萧军有意摆脱萧红的念头,在二萧离开上海之前就已然萌生。

三 终结与开始

战争能转移二萧的注意,但无法弥合其情感裂痕,两人或许都在消极看待彼此的情感,潜在等待着变故的到来。恰在此时,端木蕻良宿命般出现。

沪战爆发,沪上作家纷纷转移。二萧于1937年9月中旬转至武汉,在

---

① 萧军:《萧军全集》第18(1)卷,华夏出版社2008年版,第12页。
② 同上。
③ 同上书,第21页。
④ 同上书,第25页。

于浣非帮助下，住进诗人蒋锡金位于武昌水陆前街小金龙巷 21 号的租住地。房子格局为里外两间，蒋锡金将里间腾给二萧，自己住在原本作为书房的外间。胡风坚持至 9 月 25 日《七月》第 3 期出版才跟端木蕻良一起赶到西站分别乘火车离沪。端木"途经浙江，在新昌因风湿性关节炎复发无法行走，便和他的三哥来到绍兴附近的乡下——嵩坝稍住"①；胡风于 10 月 1 日抵达汉口，旋即着手《七月》在武汉继续出版事宜。他周围聚集了二萧、聂绀弩、丽尼、罗烽、白朗等人，萧军立即致信端木蕻良催其马上动身前来武汉。收到萧军热情洋溢的文言信，端木不顾身体不适和三哥劝告于 10 月初赶到武昌。1937 年 10 月 16 日，《七月》以半月刊形式在武汉再次创刊，载有端木两篇散文：《哀鲁迅先生一年》《记孙殿英》。

端木抵达武昌当晚就和二萧临时挤睡在一张大床上②。他后来或许在三哥未婚妻刘国英家住过一段时间，不久，通过二萧向蒋锡金提出搬来同住。锡金考虑到自己在家时间较少，为了便于《七月》同人活动，便"向邻居借了一张竹床，一张小圆桌，让他在书房睡"③。胡风安家武昌小朝街 42 号金家花园，距离小金龙巷较近，《七月》同人经常在二萧处商议编务。

《七月》同人中，端木蕻良的衣着、举止、做派卓尔不群，全然不类他人。近五十年后，锡金回忆道："我们住处来了一位西装长筒靴的年轻人，留着很长的鬓角，脑后的长发几乎盖住了脖子，颜容憔悴，举止羞涩，模样很像现在所谓的'八十年代青年'；不过，那身西装是当时流行式样，填了很高的肩，几乎两肩都平了，所以我们开玩笑，叫他'一字平肩王'。"④ 端木蕻良逝后，钟耀群亦对丈夫当年的打扮评价道："那时，端木上身穿着皮夹克，下身穿灯芯绒马裤，高筒马靴，这是他从小就爱好的打扮，在一群流亡青年中，这种洋打扮，还是会引来一些非议，尽管嘴上不说，心里总有一些看法，何况端木一贯是我行我素呢。"⑤

胡风毫无疑问是《七月》的灵魂，同人聚集在他周围，自然形成一个联

①　[美] 孔海立：《端木蕻良传》，复旦大学出版社 2011 年版，第 74 页。
②　钟耀群：《端木与萧红》，中国文联出版公司 1998 年版，第 10 页。
③　锡金：《乱离杂记》，季红真编选《萧萧落红》，人民文学出版社 2001 年版，第 23 页。
④　同上。
⑤　钟耀群：《端木与萧红》，中国文联出版公司 1998 年版，第 9—10 页。

系紧密的作家群体。或许因为胡风与晚年鲁迅非同寻常的密切关系，鲁迅逝后《七月》同人对鲁迅葆有格外的崇仰。锡金回忆："那时，鲁迅去世不久，我们尊敬他，都称他为'鲁迅先生'，他们（《七月》同人——论者注）相遇时却另有一种特异的称呼，略其本名而单称为'导师'。我当时听了觉得别扭，因而遇上他们集会，虽然并未排斥我，我也声称有事离开。"①加上其他方面的观感，锡金当时对胡风的印象就"不怎么好"。锡金所谓"不怎么好"的层面，似乎包含胡风在待人接物上不够坦直，或拉帮结派的倾向。而在这个作家群体里，如果以鲁迅作为更其本源的灵魂，进行差序区分的话，二萧、聂绀弩等人因与鲁迅亦友亦师的关系，自然居于核心。前文说过，端木虽然也得到鲁迅帮助，但毕竟无缘谋面，因而，在这个文人群体里他就自然要边缘一些。孔海立指出，虽然按时出版的《七月》几乎每期上都有端木文章，"可是另一方面，端木蕻良似乎仍旧有些喜欢独来独往，不习惯拉帮结盟，所以不久他就和胡风他们的《七月》有些疏远了"②。

　　从诸多方面考量，端木蕻良似乎都难以融入所在的文人群体，被边缘化是一种必然。换言之，周围人对其不可能有好的观感，亦是一种必然。锡金、张梅林、胡风、梅志等日后撰文对他都难有好印象。由于锡金工作地点在汉口，住在小金龙巷的时候很少，同住在一个屋檐下，同在一口锅里吃饭，端木蕻良毫无疑问从此却进入二萧的日常生活，以及他们那原本就有深刻裂痕的情感世界。他们三人，甚至加上锡金四人一起探讨文艺问题，当萧红与萧军发生争执时，萧红常常得到端木的支持与认同不再孤单，而端木亦常常就文艺问题与萧军发生激烈争执。端木的支持或许是萧红此时最为需要的援助。锡金回忆四人在小金龙巷关于彼此文学成就孰大孰小的争论，萧红在端木蕻良支持下反应激烈，就是最有力的明证③。虽是一则笑谈，但萧军内心的膨胀和狂妄亦可见一斑。二萧的生活因端木介入而有了改变，正如有论者所说的那样："但这次却不同了，她有了援手，萧红发现了一个仰慕她

---

① 锡金：《乱离杂记》，季红真编选《萧萧落红》，人民文学出版社 2001 年版，第 22 页。
② ［美］孔海立：《端木蕻良传》，复旦大学出版社 2011 年版，第 75 页。
③ 锡金：《乱离杂记》，季红真编选《萧萧落红》，人民文学出版社 2001 年版，第 25 页。

而且可以保护她的人。"① 而且，端木很会向萧红示好。此时萧红名气比端木大，端木就"不只是尊敬她，而且大胆地赞美她的作品超过了萧军的成就"②。毫无疑问，这是萧红最渴望的认同，自然也是自负无比的萧军最不愿听见的评判。事实上，萧军至死都认为自己的文学成就远在萧红之上，我更觉得，这一看法源自其骨子里深刻的性别歧视。

小金龙巷三人同住的时日一长，二萧与端木蕻良三人间的关系，由微妙渐至"瓜前李下"之嫌。不久，画家梁白波住进来。五人的居住格局进行了调整。端木将自己的竹床腾给梁，搬进里间与二萧挤睡在一张大床上，梁在外间与锡金分床而睡。战乱时期艰窘的生存，自然非承平年代的人们所能想象。无论端木还是蒋锡金，几十年后都坦率忆及当年睡觉的情形，说大家都心底坦荡纯洁，没有任何其他想法。然而，这些回忆倒是给了后人无限想象。其实，此举并不表示萧红此时与端木的关系已然非同寻常。之所以让后人滋生想象，出之常理，三男两女，两间房，似乎应该男女分房而睡。钟耀群后来解释，这是萧红的意图，当时梁白波虽然与叶浅予同居，但她看出梁对锡金有明显好感，如此安排是为了给锡金和梁白波提供更多谈心机会和交往上的便利。而从锡金对梁的回忆来看，此说似乎不无道理。梁白波对锡金有爱慕，让萧红看出自然很有可能。值得注意的是，二萧坦然接受端木与之同睡一张大床，与他们三人都是东北人有关。很长时期，东北乡下一家老幼不避男女同睡一炕极为平常，并没有什么扭捏。事实上，后来辗转西北的二萧与丁玲亦同睡一炕。自然，睡觉格局改变，萧红与端木之间到底因住处与生活上的几乎无间而更加亲近，亦是必然。

二萧1937年底搬至武昌紫阳湖冯乃超原住处，梁白波此前亦搬走，小金龙巷只留下端木一人常住，给不时返回探望的萧红与之独处提供了机会。端木晚年接受葛浩文访谈，谈及两人独处时，萧红常常对其念诵"恨不相逢未嫁时"之类的诗句。这实际是萧红爱意的表示，而她在情感上的变化，对于在一起生活多年的萧军来说，自然感受得出，因而口中则常常对端木念叨"瓜前不纳履，李下不整冠"之类的话。在端木，他只觉得"当时她（萧

① ［美］葛浩文：《萧红新传》，香港三联书店有限公司1989年版，第97页。
② 骆宾基：《萧红小传》，黑龙江人民出版社1981年版，第73页。

红——论者注）比我大，女性有一种当姐姐的感情，我又没有结婚，她照顾照顾又是很自然的事"①。不过他亦坦承，此时三人的关系已经发生了根本性变化："我觉得萧红的见解、情感和我还接近，与萧军就越来越远，好像语言也不相通。"②

由此可见，端木的进入彻底改变了二萧的情感格局。某种意义上，在离开武汉之前，萧红已经找到了精神支持和情感归依，只是对端木没有明确表白而已。对此，萧军自然也很清楚，只是他对萧红有自己坚持的原则，正如日后对聂绀弩所说的那样"决不先抛弃"。萧军日记里的表述也印证了这一点。可以说，二萧此时只是隔着一张有待轻轻捅破的窗纸而已。窗纸捅破的时机出现在 1938 年春——在端木、聂绀弩等人见证之下，他们在临汾火车站分别，实际是心照不宣地分手。

二萧分手源于临汾失守前民族革命大学的转移。曾受过军事训练的萧军始终有投笔从戎的梦想，执意留下打游击。但是，丁玲通过对情势的分析，明确告知当地不具备打游击的必要条件。萧军的一意孤行，我认为一方面源于他的固执、自大；另一方面应该是他所等待到的一个不直接对萧红说出的蓄意分手的机会。二萧此时都意识到他们那富有传奇色彩的爱情，至此已经死亡。萧红在临汾火车站的留恋、不舍，与其说是对萧军的挽留，不如说是对此前六年同居生活的伤悼。而倾听了萧红对屈辱的诉述，在火车站月台再听萧军关于萧红的嘱托；除二萧之外，聂绀弩或许最清楚此次别离之于二萧的意义："我听了为之怃然了好久，我至少是希望他们的生活美满的。当时，还以为只有萧军蓄有离意；今天听见萧红诉述她的屈辱，才知道她也跟萧军一样，临汾之别，大概彼此都明白是永久的了。"③

萧军退出萧红的生活给端木蕻良的顺势进入，提供了最大的便利和可能。同行的聂绀弩注意到端木"似乎没有放松每一个接近她的机会"④。在西安，萧红与端木蕻良的接近虽然遭到了聂绀弩等的排斥和提醒，但是，萧红事实上

---

①　曹革成：《我的婶婶萧红》，时代文艺出版社 2005 年版，第 232 页。
②　同上。
③　聂绀弩：《在西安》，《新华日报》1946 年 1 月 22 日。
④　同上。

早已有了自己的看法和立场。面对朋友们的担心和提醒，她虽然也给端木加以诸如"胆小鬼、势利鬼，马屁鬼，一天到晚在那里装腔作势"[①] 等负面评价，但这显然是萧红已然示好端木的情形下，在亲近萧军的朋友们面前的违心之语，是对朋友们负面评价端木蕻良的违心附和。紧接着，她就以1936年春与萧军同游杭州时买的一根精致小竹棍，设计了一个让聂绀弩、端木蕻良等渴望得到小竹棍的男性友人们一同参与的小小的"局"。她将小竹棍藏起来，单独告知端木所藏之处，以此在朋友间公开宣示了对他的情感取向。这显然是一次比较明显的示爱。虽然，萧红和端木蕻良在朋友们和后来的访谈者面前，都极力掩饰小竹棍的象征意义，但明显言不由衷。端木拿到小竹棍之后，难以掩抑内心兴奋，或独自，或与萧红一起颇为神气地照了几张相片以作纪念。聂绀弩对"小竹棍事件"记述颇为详细，而最早为萧红写传记的骆宾基则明确指认，那是"一根有所象征的小竹棍"[②]。而当聂绀弩当年追问萧红小竹棍是否存在象征意义，以释对萧红遇人不淑的担心时，萧红激动地回应："在要紧的事上我有。"[③] 足见她对端木的选择并非出于一时冲动。在西安的一个多月，特别是丁玲、聂绀弩去延安后，萧红与端木有了更其充分的接触。在萧红这方面，她于潜在已然失去萧军的失落，以及因战时西安医疗条件太差而无法做掉腹中与萧军的孩子的焦虑中，重新找到了情感归依。在旁人眼里，她和端木蕻良已然堕入爱河，两人的恋情彻底浮出水面。

1938年4月初，抱着与萧红言归于好的预期，萧军跟随丁玲、聂绀弩来到西安，但他没想到自己心照不宣退出之后，萧红情感世界变化之深巨——从聂绀弩的记述里可以看出，萧红和端木蕻良都将其突然到来视为最为难堪的尴尬[④]。这也从反面说明，萧红和端木已然建立起恋爱关系，只是未向公众挑明。正因如此，共同生活六年，一个多月的分别，萧红不等萧军风尘未扫，就迫不及待地当众貌似轻松地明确提出： "三郎——我们永远分开罢！"[⑤] 选择有大量旁人在场的公开场合提出这一诉求，预示着她与萧军的情

感彻底没有复合的可能，也没想为之预留任何回旋余地。她深知自负而好强的萧军，在众人面前绝对不会示弱，果然，萧军痛快而平静地答应下来。由此反映出萧红终结一段过往和重新选择未来的决心。对于这没有挽回余地的分手，萧军稍后虽然有所纠结，企图将愤怒、怨恨发泄到端木蕻良身上找他决斗，但遭到萧红喝止。如此，二萧和端木蕻良之间的情感变化完全公之于众。端木蕻良这个当时年仅 26 岁的小伙子就这样没有任何选择地卷入其中，也没有任何回旋空间。正如他晚年所说："那么在这种情况下，我当然要站在萧红这方面。实际上，我一直没有结过婚，萧红年龄还比我大，身体还那样坏，我当然也有考虑。但这种情况下，我必须与萧红结婚，要不然她会置于何地？这以后，我们就经常在一起了，关系也明确了。"① 稍后，他才从萧红口中获知怀有萧军的孩子。

　　晚年端木对当年心态和处境的陈述，我认为极为可信。对萧红的选择，他很大限度上出之于被动。不管怎样，萧红在西安彻底终结了与萧军长达六年的共同生活，而随着萧军离开西安前往兰州，他也从此彻底退出了萧红的生活和情感世界。与此同时经过长时间酝酿，端木蕻良和萧红无可选择地走在了一起。无论对于萧红还是端木，毫无疑问都是一个全新开始。而在他们还没有回到武汉之前，早先返回武汉的艾青等人早已将二萧和端木西北行的故事带回。二萧那被寄寓无限美好想象的爱情传说，还有端木蕻良始终不为身边文人群体接受，且早已深入人心的形象和既成负面评判，让萧红和端木返回武汉后遭遇"友情封锁"亦是必然。即便在西北，端木蕻良给人的印象亦似乎不佳，丁玲 1981 年向葛浩文坦诚披露："我对端木蕻良是有一定看法的，端木蕻良和我们是说不到一起的，我们没有共同语言。我们那儿的政治气氛是很浓厚的，而端木蕻良一个人孤僻，冷漠，特别是对政治冷冰冰的。早上起得很晚，别人吃早饭了，他还在睡觉，别人工作了，他才刚刚起床，整天东逛逛西荡荡，自由主义的样子。看那副穿着打扮，端木蕻良就不是和我们一路人。"②

---

① 曹革成：《我的婶婶萧红》，时代文艺出版社 2005 年版，第 235 页。

② 丁玲 1981 年 6 月 24 日接受美国学者葛浩文访问的谈话录音。转引自［美］孔海立《端木蕻良传》，复旦大学出版社 2011 年版，第 82 页。

返回武汉路上，端木蕻良说服萧红打消在报上登启事说明与萧军分手的念头①，但坚定了将在武汉举行一场正式婚礼向周围朋友明示与萧红婚姻的合法性，也给自己一份婚姻的规约。在他看来，萧红之所以被汪恩甲、萧军不负责任地离弃或欺负，主要原因在于两个男人都没有与之正式举行婚礼，缺乏婚姻形式的约束。婚礼也是为了让萧红从此拥有一个作为妻子的名分，而永远摆脱"同居者"的地位。当然，端木蕻良很清楚此举得不到家族同意。在友情封锁中，婚礼到底于1938年5月在汉口大同酒家正式举行。然而，端木蕻良那以正式婚礼让周围朋友认可他和萧红之间夫妻关系的企图却到底落空，友情封锁依旧。他们的合法夫妻关系始终难得承认，直至骆宾基1980年6月为《萧红小传》作《修订版自序》时，仍将端木蕻良视为"萧红的同居者"②，而萧红与萧军倒似乎是合法夫妻，足见观念之深固。

俗话说"清官难断家务事"，由以上漫长的铺陈与爬梳，起码在萧红与端木蕻良何以会结合这一问题上，事实还是比较清晰，并不难厘定。没有了解二萧一起生活的情路历程，而简单地将"第三者"的恶谥，粗暴的伦理判断，以及由此生发的厌恶，都倾泄在端木蕻良身上，对他来说自然极不公平。理性而公允地看，端木蕻良与萧红的结合恰恰表现出一个男人的良善、仗义与担当，还有对女性作为弱势群体的理解与同情。然而，这一切发生在一个自幼娇惯无比的地主少爷身上，毫无疑问殊为难得。我以为，到与端木蕻良结合时为止，不幸的萧红又实在非常幸运。事情没有发生在自己身上，人们对他人的道德评判，往往很难设身处地换位思考；对他人无比苛责，而对自己则尽量宽宥。设想一下，一个受过良好现代教育，家境殷实，才华横溢的未婚青年，何以一定要选择一个有过两次与人同居经历，一次生产，而眼下正怀着第二位同居者孩子的多病女人为妻？这一选择背后，又该背负多大的压力，需要多大的勇气？然而，这些自然是那些在二萧时代，更多基于萧军而建立交谊的朋友们所不予考虑的。个中原因，归根结底还是因为萧军"拯救"萧红的传说过于深入人心，满足了人们一个英雄式的美好想象，里边寄寓着正义、胆识、勇敢等常人无法具有的美德。基于此，人们往往对成名后的萧军心生崇拜。某种意义上，

---

①　钟耀群：《端木与萧红》，中国文联出版公司1998年版，第34页。

②　骆宾基：《萧红小传》，黑龙江人民出版社1981年版，第6页。

二萧在上海滩的崛起又是一个美丽传说。撇开立场偏见，我只想以事实还原二萧与端木蕻良之间那份真实的情感纠结。

四　"弱"与"恶"

在萧红短促一生中，萧军、端木蕻良毫无疑问是两个至关重要的男性，分别开启了两个完全不同的人生阶段。与萧军生活在一起时，萧红因《生死场》成名；而在与端木生活的时代，则以《呼兰河传》步入巅峰。然而，无论两个男人现实中做过什么，伤害或接纳，却始终难以改变一代又一代读者，对他们两人完全相悖的价值判断和情感取向。这可以说是一种既无奈又匪夷所思的现象。萧军以及站在其立场上的文化人到底有多讨厌端木蕻良，从他们日后因回忆萧红而无法回避他时，对其称谓可以分明体现出来。正如葛浩文所说："在萧军笔下，端木蕻良往往成为真正的'无名氏'；在他的文章里，不是用'T'一类的称呼，便是连提也不提。"① 在称呼上对端木蕻良进行轻侮、丑化，萧军应是始作俑者。《从临汾到延安》（原名《侧面》——论者注）开头部分《我留在临汾》1939 年完成于成都，详细叙述一年前在临汾与萧红的分别，里边称端木蕻良为"凹鼻子杜"，且在外形、嗓音上极尽丑化②。此后，特别是萧红逝后，在众多倾向萧军的作家撰文悼念时，便出现了对端木五花八门的指称，诸如 D③④、T⑤⑥⑦、××⑧、D. M⑨、Domo⑩、D. M⑪ 等等，不一而足。对

①　[美] 葛浩文：《萧红评传》，北方文艺出版社 1985 年版，第 123 页。
②　萧军：《从临汾到延安》，山西人民出版社 1983 年版，第 7 页。
③　靳以：《悼萧红》，《现代文艺》，1944 年 4 月 15 日。
④　梅志：《"爱"的悲剧——忆萧红》，季红真编选《萧萧落红》，人民文学出版社 2001 年版，第 133 页。
⑤　骆宾基：《萧红小传》，建文书店 1946 年版，第 152 页。
⑥　胡风口述，梅志整理：《悼萧红》，季红真编选《萧萧落红》，人民文学出版社 2001 年版，第 126 页。
⑦　罗荪：《忆萧红》，季红真编选《萧萧落红》，人民文学出版社 2001 年版，第 175 页。
⑧　梅林：《忆萧红》，季红真编选《萧萧落红》，人民文学出版社 2001 年版，第 110 页。
⑨　聂绀弩：《在西安》，《新华日报》1946 年 1 月 22 日。
⑩　锡金：《乱离杂记》，季红真编选《萧萧落红》，人民文学出版社 2001 年版，第 16 页。
⑪　高原：《离合悲欢忆萧红》，《哈尔滨文艺》1980 年第 12 期。

端木蕻良如此一边倒的负面评价和恶感流露，葛浩文当年颇为茫然不解认为，"这又何必？"①

　　对端木蕻良的这些蔑视性称呼，大抵出现在萧红逝后。应该是人们将萧红的英年早逝归结为他的过错，甚至否认他们结合之初有真情存在。萧红病逝香港的消息传至延安，好友白朗便撰文道："据传说，红竟爱上了一个她并不喜欢的人。"② 前文说过，萧红对端木蕻良示爱非常明显，那根象征性的小竹棍某种意义上是她给对方的定情物，此外，还有四枚相思红豆③。丁言昭由此认为："不管两人后来的关系如何千变万化，萧红对端木曾有过浓浓的情意，这是肯定的。"④ 这是十分公允的看法。对比前文论述让人不由心生感慨，端木蕻良与萧红的遇合似乎带有宿命，自决定接纳萧红那一刻，他就背负起太多恶意看待且无从辩解。几乎从来就没有人从他的立场，体察其接纳萧红所需要的勇气和巨大的担当，还有深刻的悲悯。这毫无疑问是端木蕻良一生巨大的悲剧。

　　人们对端木蕻良的负面评价如此深固不能改易，固然不仅仅因为萧红离开萧军与端木结合。如果说，萧红对端木的选择，只是破灭了大多数人关于二萧美好想象的话；那么萧红和端木蕻良婚后始终存有悬疑的几件传闻，则加固了人们对他的认知定势。这里不妨一一稍作分析。

　　1938 年 6、7 月间，武汉局势危急，人们纷纷内迁重庆。端木蕻良去《大公报》做战地记者⑤的想法落空后，准备和萧红一起迁往重庆。关于这次迁徙，端木自述"本来是准备与罗烽、白朗、萧红我们一起走的。但罗烽去买票没有买到那么多票，白朗和罗烽母亲先到了重庆的江津。罗烽后来又买到两张票，萧红就说，她和罗烽一起走不合适，票又是罗烽买的，因此要我和罗烽一起走。当时，白朗已走，萧红肚子又大，她和罗烽一起走是不大合适，万一路上出点差错不好办。我托田汉的爱人安娥，她说她有办法，萧

　　① ［美］葛浩文：《萧红评传》，北方文艺出版社 1985 年版，第 123 页。
　　② 白朗：《遥祭——纪念知友萧红》，《文艺月报》第 15 期（1942 年 6 月 15 日）。
　　③ 倪美生：《萧红遗物的几点说明》，《萧红研究》第 4 辑。
　　④ 丁言昭：《萧红传》，江苏文艺出版社 1993 年版，第 213 页。
　　⑤ 曹革成：《我的姊姊萧红》，时代文艺出版社 2005 年版，第 237 页。

红和她一起走。这样，安娥是女的，我就放心了"①。8 月初，端木蕻良与罗烽、梅林离开武汉抵达重庆。

将身怀六甲的萧红留在武汉独自入川，端木蕻良为此几十年来始终遭人诟病。大都认为此举是一个男人不负责任、不近人情，极其自私的表现。旅居台湾的东北籍作家陈纪滢在《记萧军》中透露，作家孙陵曾对他说，"端木看来文雅，但在二十七年夏天，正是武汉紧张的时期，他却一个人买了一张头等船票去了重庆，把萧红一个人留在武昌不管了。"② 骆宾基的叙述则是另一种情形：萧红准备和罗烽、梅林一起入川，等船票拿到手，武汉已是极度恐慌，没有实现"战地特派员"梦想的端木蕻良主动向梅林要求："萧红不走啦！她要留一些日子另外等船"，将船票据为己有跟罗烽、梅林"启程去川了"③。当事人梅林的叙述相对较为公允，但似乎也带有情绪："但在 8 月初旬将上船那天，萧红因了有直达的船落后了，我同罗烽和未克实现充当某报战地记者的愿望的端木蕻良先到了重庆。"④

这些说法毫无疑问都基于后续立场。人们将萧红客死香港，同样归之于端木蕻良不负责任。似乎不负责任是其一贯本性，而就萧红令人惋惜的死，让人们自然联想到这次入川貌似极不合情理的决定。孙陵、骆宾基的说法明显言过其实。后来，因行程有变安娥未能与萧红同行，同行的李声韵又中途大病，重孕在身的萧红一个人历经磨难最终抵达重庆，的确是让人难以想象地艰难。1942 年春，即萧红病逝之初，梅林撰文回忆她到重庆后曾对其大诉哀怨："我总是一个人走路，以前在东北，到了上海后去日本，现在到重庆，都是我自己一个人走路。我好像命定要一个人走路似的……"⑤ 这应该真实可信，此文更激起人们对萧红的同情，同时对端木蕻良的成见。其实，不管端木后来在香港的表现如何，今天，理性看待在只有一张船票的前提下，基于当时情势，萧红让端木先走应该是比较明智的安排。武汉吃紧，人们纷纷内迁，重庆住房紧张，需要先找个落脚之处。另外，也不能忽视萧红在行事

---

① 曹革成：《我的婶婶萧红》，时代文艺出版社 2005 年版，第 237 页。
② 陈纪滢：《记萧军》，《三十年代作家记》，台湾成文出版社有限公司 1980 年版，第 116 页。
③ 骆宾基：《萧红小传》，黑龙江人民出版社 1981 年版，第 85 页。
④ 梅林：《忆萧红》，季红真编选《萧萧落红》，人民文学出版社 2001 年版，第 111 页。
⑤ 同上。

上所表现出的鲜明个性，某种意义上，其人生悲剧亦由自身性格因素所致。此时女性意识不断增强的萧红，十分反感别人将其看作男人的附属，《萧红小传》第 25 章《还不只是从属性》专门谈到这一点①。与萧军在一起时，男人往往以绝对的保护者自居，无处不表现出大男子的骄傲，很少顾及其自尊。这让她受够了，亦是导致两人最终分手的原因之一。而与端木生活在一起，萧红担当的角色全然倒置：在萧军面前，她始终是一个大受保护的孩子；现在则是处处照顾端木的大姐姐。萧红的妻性和母性此前令萧军厌烦，反过来又谴责她没有妻性②；而端木在其妻性、母性的庇护下，更像一个无忧无虑的大孩子。少爷作风浓厚的端木蕻良自理能力本来就极差，家里一切俱不过问，萧红事实上成了家长，一切均由其安排。让端木先行入川，自然也是其意志的体现。公允地说，这一点对于那些对端木本来就怀有偏见甚至恶感的人们来说自然无法理解，亦不去深究，只是一味美化萧军贬抑端木。

更有意思的是，在端木独自入川差不多半个世纪之后，台湾作家赵淑敏指出，当萧红坚持要端木蕻良先行入川，他"就依言先去了重庆。端木没想到这件事不但影响了外人对他做人的评价，在萧红心理上也会觉得失望。他不知道，萧红虽痛恨做附属品，在心性上和生活史上，仍是个渴情望爱的女人。假如端木不那么听话先走了，萧红会发脾气，心里却是既安慰又舒服。而端木以为终于和对他悄悄念'恨不相逢未嫁时'的她结了婚，以为接受了怀着萧军孩子的她，就表示了足够的爱。他不懂，真不懂，一个在感情生活有那么多颠沛经验的（人），需要的（就会）更多"③。这段在孔海立看来"很有意思的心理分析"④，显然不过是一厢情愿的臆测。如果回到当时兵荒马乱、人心惶惶的历史情境，这类琼瑶式风花雪月般的爱情心理，实在是和平时期的人们无比缠绵的想象。

更有人质疑，如果萧红肚子里的孩子是端木蕻良的，作为少爷的他是否

---

① 骆宾基：《萧红小传》，黑龙江人民出版社 1981 年版，第 83 页。
② 萧军：《萧红书简辑存注释录》，黑龙江人民出版社 1981 年版，第 159 页。
③ 赵淑敏：《端木蕻良的感情世界》，台湾《传记文学》第 69 卷第 6 期（1995 年 12 月，第 70 页）。
④ ［美］孔海立：《端木蕻良传》，复旦大学出版社 2011 年版，第 91 页。

走得那么"无事一身轻"呢?① 常人都知道事实不容假设。萧红所怀到底不是端木的孩子,这样的追问显然有些阴损,只能说明人们对于端木始终表现出令人费解的不宽容,往往喜欢站在道德仲裁者的位置上,基于想象苛责前人以获快意。端木蕻良、萧红分开后的一个多月,据说通信频繁,只可惜这些信件都在战乱中遗失②,这一公案因而成了悬疑。

抵达重庆不久,萧红独自前往江津县白沙镇③白朗处,11 月产下一名男婴旋即夭亡。这件事虽与端木蕻良没有直接关联,但是,战乱时期让女人独自到重庆乡下生产,亦潜在滋长了人们对端木人品的负面想象。如此就生成了一个极为怪异的逻辑,萧红生下与萧军的孩子,萧军不闻不问,却潜在让端木蕻良担负道德追责,成了他对萧红冷漠的又一证据。

关于萧红的第二次生产,几十年来不同传记所述情形都不一样。《萧红小传》记载"她是在码头上跌倒伤了胎,以后流产的"④。《萧红传》则说"萧红在白朗家中住了两个多月,生下一个男孩,数日夭殇"⑤。两者都将生产时间误为 1939 年春。肖凤却说萧红生下"一个没有生命的死婴"⑥。而据《我的婶婶萧红》记载,萧红产后端木接到罗烽的文言信说:"产一子已殂。"⑦ 他随即去信安慰,但萧红回来后不再谈及此事。孔海立亦透露,"萧红对此事从来没有向他(端木)做过任何解释"⑧。季红真认为"这个孩子无疑是萧红生活史上的又一个谜"⑨。不过,相对于萧红一生中的其他悬疑,此"谜"虽各有叙述,但似乎并不难解。之所以有多种叙述或许是作者刻意有所讳饰所致。

白朗养女金玉良撰文记述白朗、罗烽与萧红的交往时说,萧红到江津县

---

① 端木蕻良:《纸篓琐记》,《端木蕻良》,人民文学出版社、生活·读书·新知三联书店 1995 年版,第 208 页。
② 〔美〕孔海立:《端木蕻良传》,复旦大学出版社 2011 年版,第 92 页。
③ 关于萧红第二次生产的地点,有人进行了专门考察。具体情形详见颜坤琰《萧红为何无后——踏访萧红在重庆白沙的足迹》,《名人传记》2012 年第 2 期。
④ 骆宾基:《萧红小传》,黑龙江人民出版社 1981 年版,第 89 页。
⑤ 丁言昭:《萧红传》,江苏文艺出版社 1993 年版,第 223 页。
⑥ 肖凤:《悲情女作家萧红》,文化艺术出版社 2004 年版,第 156 页。
⑦ 曹革成:《我的婶婶萧红》,时代文艺出版社 2005 年版,第 129 页。
⑧ 〔美〕孔海立:《端木蕻良传》,复旦大学出版社 2011 年版,第 94 页。
⑨ 季红真:《萧红全传》,现代出版社 2011 年版,第 441 页。

白沙镇两个月后，白朗将她送进一家私人小妇产医院，萧红顺利产下一白胖男婴，酷肖萧军。一天，得到白朗早晚照顾的萧红因牙痛向其索要止痛片，白朗给了她德国拜尔产药效比阿司匹林厉害得多的"加当片"。次日一早，萧红对前来探望的白朗平静地说孩子夜里抽风死了。白朗听后很是吃惊，要找大夫理论。但萧红死活阻拦，并急着当天出院①。金玉良所述，信息显然源自白朗。作为当事人，白朗早年的说法自然非常可信。梅志回忆萧红时，同样述及当年白朗本人对其陈述萧红在医院生产的情形，与金玉良的叙述基本一致，并说对孩子的死，萧红"表示冷淡，没有多大悲伤，只说死了就死了吧！这么小一个孩子要活下去也真不容易！"②　而且，萧红本人亦曾"有点凄然地"亲口告诉她孩子"死了，生下三天就死了"③。2006年初秋，端木蕻良夫人钟耀群亦告诉孔海立同样情形，信息来源还是当事人白朗。孔海立同样认为："显然，这一段不易说出来的历史是比较可靠的。"④

人们或许觉得第二个孩子的莫名夭亡有损萧红形象，故意言之不尽，支吾其词，事实上这"应该与萧红不愿意做母亲的意志有关"⑤。自西安与萧军分手，萧红就坚决不想要这个孩子，只是没有堕胎条件，回到武汉又错过堕胎时机，并无能力支付费用。从梅志的文字来看，萧红往往将不愿意留下腹中孩子归结为战乱中难以养活，即"不能"而非"不愿"。兵荒马乱中生育确非明智之举，但在当时避孕技术没有普遍推广，堕胎又不合法的情势下，怀孕、生产大多都非人所愿。梅志亦遭遇怀孕，如果仅就生养的经济条件而言，她和胡风在已有一个孩子的情形下，似乎还不及萧红和端木蕻良。到重庆后，她还是在极度危难中生下女儿晓风，并在战乱中抚养长大。因而，外在困厄应该不是萧红不愿要这孩子的主要动因。

那么，主要动因为何？这就关联到端木蕻良。

孩子到底是萧军的孩子。萧红之所以不愿意留下，我以为主要还是基于

---

① 玉良：《一首诗稿的联想——略记罗烽、白朗与萧红的交往》，《香港文学》1996年第6期。
② 梅志：《"爱"的悲剧——忆萧红》，季红真编选《萧萧落红》，人民文学出版社2001年版，第153页。
③ 同上书，第152页。
④ ［美］孔海立：《端木蕻良传》，复旦大学出版社2011年版，第94页。
⑤ 叶君：《从异乡到异乡——萧红传》，中国社会科学出版社2009年版，第338页。

要跟端木蕻良在一起生活的考量。未婚的端木接纳了怀着萧军孩子的她自己，而孩子一旦出世，要抚养长大，端木能否接受？能否扛得住别人的议论？萧红对此自然没有把握。毕竟大家都在一个文艺圈里活动。她可能害怕这孩子日后会成为与端木蕻良生活的巨大障碍。此外，这孩子亦纠结着其内心隐痛——那是她生命中难以承受之痛，不得不尽力移除。怀孕稍后于萧红，且一起找医生堕胎未果的梅志，对这孩子的夭殇拥有属于自己的理解，为全面了解萧红的苦难提供了极有意义的参照：

> 这当然是萧红的不幸！但她绝对不是不愿做母亲，她是爱孩子的。是谁剥夺了她做母亲的权利、爱自己孩子的权利？难道一个女作家还不能养活一个孩子吗？我无法理解。不过我对她在"爱"的这方面更看出了她的一些弱点。①

1993 年秋，曾就此事访谈梅志的季红真，对这段话的理解为："梅志的惶惑则是针对端木，认为是端木不愿意接受这个孩子，逼得萧红出此下策。在萧红的婚变中，他们都是同情萧军而排斥端木的。"②

信息传达不仅仅在于文字记录，还有说话者的语气、神态、肢体语言等，当面听梅志说出这段话的季红真作如此解读，显然不无道理。同情萧军者往往习惯于将萧红的任何苦难，都归于端木蕻良。我以为，将萧红夭亡孩子的潜在或直接动机指向端木，实在是比较恶毒的揣测。在我的解读里，如果孩子的夭亡源于萧红的主观意志，那么，恰恰说明萧红对与端木的未来婚姻生活非同寻常地看重，不愿存有影响两人感情的因素。这是她站在对方立场上的换位思考，是对端木的一份深深知解。或许在她看来孩子问题解决之后，她和端木就可正式开始属于他们的全新生活。两人稍后在重庆的生活也证明了这一点。独自生产也是萧红为了不让端木蕻良牵连进她与萧军的过去。试想，如果让端木照顾萧红生下萧军的孩子，到底是令他尴尬和情感上难以接

---

① 梅志：《"爱"的悲剧——忆萧红》，季红真编选《萧萧落红》，人民文学出版社 2001 年版，第 154 页。

② 季红真：《萧红全传》，现代出版社 2011 年版，第 442 页。

受的现实。萧红或许是想由自己独自处理她的过往，从而与端木蕻良有一个没有负累、没有过往纠结的开始。况且，端木本身自理能力很差，他也照顾不了别人。

萧红一生常有惊人之举，但到底是一个普通女人。夭亡骨肉的创痛非常人所能想象，只是她独自将之担起。不愿透露内心，更不用说倾诉伤痛是其一贯性格。正如孔海立站在她的立场上，出之于常情至理的细腻理解："而这种创伤又无法向人诉说，既不能与端木深谈或做'任何解释'，又无法自圆对萧军的复杂情感；她所能做的大概只是压抑自己和忘记过去，慢慢地从这种创伤中走出来。"① 今天，理性地讲，之所以导致萧红夭亡亲生骨肉的人伦惨剧发生，作为孩子的父亲，萧军倒实在应该担负一定责任。对此，几十年来人们似乎在刻意忽视。作为一个负责任的父亲，与萧红分手前，在明知对方怀着自己的骨肉，应该对这孩子的未来抚养有一个明确规划，而不是将所有焦虑压在一个弱女子身上。或许，我也在苛责前人。

作为母亲最小的儿子，端木蕻良自幼娇惯成性，而在父辈熏陶下的贵族作派，即便在艰难困苦中亦难改易。与大姐姐般的萧红生活在一起，有时像个娇惯的"大孩子"。正如周鲸文后来所说的那样："端木蕻良有些大孩子气，偶尔会撒一下娇。"② 萧红逝后不久，生前好友绿川英子撰文回忆起在"微雨濛濛"的武昌码头所见到的情景："夹在濡湿的蚂蚁一般钻动着的逃难人群中，大腹便便，两手撑着雨伞和笨重的行李，步履为艰的萧红。在她旁边的是轻装的端木蕻良，一只手捏着司的克，并不帮助她。"③ 这篇文章发表于 1942 年 11 月，足以加重人们对端木的恶劣想象，甚至引起"公愤"。而在萧红与端木蕻良日常生活琐屑上引起更大"公愤"的，是 1944 年作为端木同事并楼上楼下邻居的作家靳以，在"悼萧红"时所公布的另一桩公案：端木蕻良、萧红住在北碚秉庄复旦大学教师宿舍期间，端木因日常琐屑引发与邻居女佣的冲突，一时冲动打了对方，导致对方在主人支持下嚣张闹事难以收场，而端木关门大吉一推了之。萧红不得不求助于靳以加以斡旋，

---

① ［美］孔海立：《端木蕻良传》，复旦大学出版社 2011 年版，第 94 页。
② 刘以鬯：《周鲸文先生谈端木蕻良》，《端木蕻良论》，世界出版社 1977 年版，第 112 页。
③ 绿川英子：《忆萧红》，重庆《新华日报》"新华副刊"（1942 年 11 月 19 日）。

并发牢骚说："好像打人的是我不是他！"[1]　靳以夫人——时为复旦大学经济系学生的陶肃琼的回忆，大致也佐证了萧红面对端木将责任推给自己时的气愤和无奈[2]。风波最后得以平息，但靳以替萧红非常抱不平。此事，当时似乎影响较大，梅志从复旦老师口里所听到的传闻是"丈夫打了人叫老婆去跑镇公所"[3]。《萧红小传》完整引述了靳以原文，并得出结论："T君一当他的肩头该抗负什么的时候，他就移到了萧红的肩上。"[4] 随着这本书的广泛流传，无疑放大了端木的"恶"和"懦弱"。同时，被引述的还有，靳以文中所记端木蕻良对萧红当时正在写作的回忆鲁迅系列文章的嘲笑。虽然端木后来撰文解释说自己的"笑"是一种常常不能自控的轻微病态，并非嘲笑。但已少有人相信，这也成了他"在精神上虐待她（萧红——论者注）"[5] 的证据。

在应对外来压力为萧红提供保护上，萧军和端木蕻良很显然成了极端对比。萧军过于"刚硬"，即便在极度困厄（如萧红在哈尔滨第一次生产时，因医生的消极而与之冲突）中亦能给女人最大限度的庇护，这也是萧军的"魅力"以及被美化的原因所在；而端木的"弱"和"怕麻烦"亦是显然。男女角色易位，萧红被迫应对无法应对的情形而心生埋怨也很自然。加之，旁人对端木印象本来就差，他的"弱"自然就放大为对萧红的"恶"。

五　悬疑：生前与死后

萧红和端木蕻良于 1940 年 1 月 17 日从重庆飞抵香港。作为作家，萧红在香港步入辉煌顶点。到 1941 年 6 月，她以惊人速度完成《马伯乐》（第一部）《呼兰河传》《小城三月》等一生中最为成熟的作品。在她不到十年的创作历程中，这一年半可以说是最为华美的篇章。但是，萧红、端木的飞港

---

[1]　靳以：《悼萧红》，《现代文艺》1944 年 4 月 15 日。

[2]　[美] 孔海立：《端木蕻良传》，复旦大学出版社 2011 年版，第 98 页。

[3]　梅志：《"爱"的悲剧——忆萧红》，季红真编选《萧萧落红》，人民文学出版社 2001 年版，第 158 页。

[4]　骆宾基：《萧红小传》，黑龙江人民出版社 1981 年版，第 91 页。

[5]　孙陵：《我熟识的三十年代作家》，台湾成文出版社有限公司 1980 年版，第 6 页。

决定，当时并不被周围朋友理解，或被视为"秘密飞港，行止诡秘"①，或被看作"谜样的香港飞行"②；梅志则认为萧红"是以屈就别人牺牲自己的精神去香港的"，"表现她为别人牺牲的伟大，也表现了她跳不出她已感到桎梏的小圈子的软弱"③。梅志反复说的"别人"，所指不言而喻是端木蕻良。后来，据艾青告诉端木，胡风亦曾给他来信大致说"汪精卫到了香港，端木也到了香港。端木在香港安下了香窝"④。在朋友们看来，萧红、端木蕻良飞港大有政治立场暧昧之嫌，这自然是对他们个人行为的过度阐释，而将这一决定完全归之于端木实出臆断，对他尤为不公。事实上，两人飞港更主要出于萧红不堪日军对北碚的猛烈轰炸，想找一个可以安宁写作的环境而已。萧红一向认为，支持抗战不只是流于口头，而是每个人应尽自己本分，作为作家应该写出无愧于时代的作品。离渝前，在目的地香港和桂林的选择上，她跟端木蕻良亦有一番斟酌。从长计议，他们听取了华岗意见，最后确定为香港。稍后，"皖南事变"爆发，大陆文化人纷纷迁至香港，亦证明这一抉择之明智。

因萧红惨死香港，几十年来也有她和端木蕻良在香港时期家庭生活不睦的传闻，人们同情她备受端木情感冷漠的折磨。此说或许是在周鲸文叙述基础上的放大。周鲸文撰文忆及，1940年圣诞节前夕，萧红买了圣诞蛋糕独自前来家里，因走山路和爬楼累得气喘吁吁。他觉察萧红身体虚弱的同时，亦和夫人困惑于如此远路端木蕻良为何不陪同前来。他们夫妇从此开始注意端木和萧红的关系，经过一年时间，得到的印象是："端木对萧红不太关心"。周氏夫妇更为深入的分析是："端木虽系男人，还像小孩子，没有大丈夫气。萧红虽系女人，性情坚强，倒有男人气质。所以，我们的结论是：端木与萧红的结合，也许操主动权的是萧红。但这也不是说端木不聪明，他也有一套

---

①　萧红：《萧红全集》第4卷，黑龙江大学出版社2011年版，第407页。

②　绿川英子：《忆萧红》，重庆《新华日报》"新华副刊"（1942年11月19日）。

③　梅志：《"爱"的悲剧——忆萧红》，季红真编选《萧萧落红》，人民文学出版社2001年版，第159页。

④　端木蕻良1981年6月25日接受美国学者葛浩文访问时谈话录音。转引自孔海立《端木蕻良传》，复旦大学出版社2011年版，第102页。

软中硬手法。端木与我们往来较频，但我们在精神上却同情萧红。"①

　　周鲸文毫无疑问是萧红、端木蕻良在香港时期接触最多的人，是两人关系最重要的见证。其分析中肯而公允，全然不像萧红、端木大陆时期身边朋友那种明显有失公允的情绪化评价。不过，关于周氏夫妇的疑问，曹革成解释为，端木蕻良看出萧红对他与周家小姨子交往存有戒心，有意规避到周家"尽量约在公共场合与周鲸文见面办事"②。在此姑作一说。值得注意的是，亦有端木在萧红生前追求周氏小姨子的传闻，孙陵撰文载有曾听骆宾基亲口说，端木在萧红病重期间"天天追周鲸文的小姨子"③。曹革成此说似乎又让这一传闻显得并非全然捕风捉影而给人以联想。香港学者刘以鬯曾直接提问周鲸文："留港期间端木蕻良与萧红的感情好不好"，得到的回答是："我总觉得两人心里有些隔阂"，而且端木给周的印象是"性情不太随俗，落落寡欢"④。作为侄子和妻子，曹革成和钟耀群毕竟是端木蕻良亲属，或许对端木与萧红在港期间的关系无意中有所美化，但可以肯定的是，他们亦全然不像那些对端木抱有深刻成见的人所想象的那般恶劣。端木面对彦华木的提问，有出之于另一角度的回应：

　　　　问：外间对您与萧红的相处，似乎颇有微言，作为当事人的您，可否就此事作一澄清？

　　　　答：关于有人肆意歪曲事实，其实，也很容易理解。一对夫妇天天吵架，不可能和他们的创作成正比例。或者说，夫妇不和绝不是创作的动力。排比一下我们的创作产量质量，这个问题就会迎刃而解的。⑤

　　前文说过，作家萧红在香港步入巅峰，端木蕻良此期则以一人之力，主持巨型文学期刊《时代文学》，并完成了诸多作品，尽展其卓越才华。端木此说显然言之有理，从文学创作实绩来看，起码在萧红生病住院之前，二人

---

① 周鲸文：《忆萧红》，《时代批评》第33卷第12期（1975年12月），第40页。
② 曹革成：《跋涉生死场的女人萧红》，华艺出版社2002年版，第308页。
③ 孙陵：《我熟识的三十年代作家》，台湾成文出版社有限公司1980年版，第19页。
④ 刘以鬯：《周鲸文先生谈端木蕻良》，《端木蕻良论》，世界出版社1977年版，第112页。
⑤ 彦华木：《端木蕻良畅谈生平与创作》，《开卷》第2卷第1期（1979年8月）。

可以说是"琴瑟相和"。即便萧红生病期间，柳亚子亦曾亲见"有些大孩子气，偶尔会撒一下娇"①的端木，侍奉于病榻之前的情形，后"感其挚爱之情，不能弥忘"而写下："文坛驰骋联双璧，病榻殷勤伺一茶"的诗句。以柳亚子的名望，自然不会刻意讨好端木蕻良，而作违心之语。

真正让端木蕻良背上恶谥的是萧红令人惋惜的死。

作家孙陵在其《浮世小品》里专文述及端木与萧红的关系，题目赫然为："端木永做负心人。"不仅在大陆，即便台湾端木也是"恶名在外"。萧红之死显然让端木后半生背负沉重负担，甚至是精神折磨。面对各种批评、指责甚至谩骂，他很少争辩，倒是侄子曹革成在为萧红写作传记时，常常力图为之正名。只是正名之心过切，效果却往往不佳。

多年辗转流徙，加上两次非正常状态的生产，严重损害了萧红的健康，重庆期间就可能已然染上肺病。1941 年 7 月，完成系列作品后，她身上的一些病象越发沉重，常常失眠，咳嗽加剧，继此前为治疗妇科病，此次为治疗痔疮而再进玛丽医院。经检查，确诊患上肺结核，院方以打空气针力图达到根治，不想萧红对这一新式疗法极不耐受，治疗几次之后，彻底卧床，且身体其他病灶愈益显露。养治期间，她一个人耐不住医院的寂寞，有时中断回家静养，导致病情恶化。太平洋战争爆发，卧病在床的萧红就成了本身患有严重腿疾的端木蕻良以及周围友人的巨大负担。

战争爆发之初，端木请求在香港期间曾受惠于自己，原本要返回内地的东北籍作家骆宾基留下帮忙照顾萧红。直到萧红逝世，骆陪在萧红身边 44 天。鉴于骆宾基在萧红生命最后 44 天不离左右，他自然就成了萧红逝前情形最权威的见证人。而他又是第一个为萧红立传者，他的一些说法先入为主最能取信读者亦是必然。《萧红小传》记载，1941 年 12 月 9 日，端木将萧红在思豪酒店安顿好之后，见有骆宾基照顾就离开了，大约七八天后才回来。骆宾基详述萧红预感即将遭端木蕻良遗弃的恐惧，以及对端木患难中不能倚靠的深深失望，她肯定端木的离开是准备独自突围回大陆。作为当事人，骆宾基的叙述或许可信，只是人们不能忽视萧红当时所处的极端情形：兵临城

① 刘以鬯：《周鲸文先生谈端木蕻良》，《端木蕻良论》，世界出版社 1977 年版，第 112 页。

下、大城将倾，而她自己在周围人各自努力保命、生死难料的情势下，被人抬着转移多处，出于死亡恐惧而对此时离开自己的丈夫产生不信任的揣测，亦是人之常情。况且，几年的共同生活，她太了解端木作为一个"大孩子"的"弱"。我想说的是，即便骆宾基的记载为真实，但萧红此时所说的话，多大程度出于本意，是否基于理性，却值得分析。

端木到底是否存有离弃之念，并为独自突围做准备？他不在场数日，到底去了哪里？这成了同情萧红悲惨命运的人们关注的焦点，亦是关涉端木人品优劣的焦点。人们期待端木的正面回应，然而，他却至死沉默。

《萧红小传》载萧红对骆宾基说"T是准备和他们突围的"①，或许确有其事。刘以鬯专就这一问题请教周鲸文：

> 问：骆宾基在《萧红小传》中，说日军攻陷香港后，正在病中的萧红曾经对友人说过这样的话："端木是预备和他们突围的，他从今天起，就不来了，他已经和我说了告别的话……"此外，萧红还表示不能跟他共患难。依你看来，端木蕻良这种打算有充分理由支持吗？
>
> 答：端木初时，有突围打算。后来因萧红的病日渐加重，改变了主意。②

周鲸文的回答，似乎有两种理解可能：其一，与萧红一起突围，因萧红病情加重而放弃；其二，撇下卧病在床的萧红独自突围，因萧红病情加重不忍遗弃而改变主意。最后结局是萧红病逝香港，端木蕻良料理完后事离开。几十年来，人们对端木只作一种理解，那就是战争中遗弃萧红未果。然而，即便端木真实内心如大多数人所想，似乎也并不突兀。对死亡的恐惧出于人之本性，战争情形下，生命朝不保夕，面对萧红的巨大拖累，他一时存有遗弃之念，亦是可以理解的人性弱点，其最终放弃"恶"念，或许源于对萧红的爱，或许出于道德规约。而事实是，端木最终战胜了他那性格里的"弱"。没有人会将自己完全放置于别人所处的位置；而对他人作粗暴的道德评判自

---

① 骆宾基：《萧红小传》，黑龙江人民出版社1981年版，第99页。
② 刘以鬯：《周鲸文先生谈端木蕻良》，《端木蕻良论》，世界出版社1977年版，第112页。

然是很容易的事。端木蕻良就由此因这并不能完全确定的事实而不被谅解。人们成见之深固，实不可理喻。正如前文所论，几十年来人们对萧红夭亡自己第二个孩子的事实始终讳莫如深；而对端木这并不确定的遗弃之念却刻意夸大，以至将其逼入道德死角。

《萧红小传》面世后，加印重版多次，流传甚广。骆宾基对里边的内容在 1946 年初版的基础上多有增删。1980 年 6 月，或许出于后来对端木的极度恶感，以及不可告人的诸多私人恩怨，他在《〈萧红小传〉修订版自序》里，着意强调：

> 从一九四一年十二月八日太平洋战争开始爆发的次日夜晚，由作者护送萧红先生进入香港思豪大酒店五楼以后，原属萧红的同居者对我来说是不告而别。从此之后，直到逝世为止，萧红再也没有什么所谓可称"终身伴侣"的人在身旁了。而与病者同生死共患难的护理责任就转移到作为友人的作者的肩上再也不得脱身了。①

这段刻意申明，明显带有情绪，缺乏理性，与正文叙述自相矛盾。但此说影响极为深远，一般读者无力对骆宾基作为当事人的说法进行分析、甄别。这段文字可谓别有用心地将萧红之死的责任完全归于端木蕻良，同时，也让人想象端木对待萧红的情感均为虚假。某种意义上，人言之恶莫过于此。刘以鬯和周鲸文之间还有如下问答：

> 问：萧红病重，端木蕻良站在床侧哀哭；而且对萧红说："一定要挽救你。"从这一点来看，端木付给萧红的感情并不虚假。你的看法怎样？
> 答：两人的感情基本并不虚假。端木是文人气质，身体又弱，小时候是母亲最小的儿子，养成了"娇"的习性，先天有懦弱的成分。而萧红小时候没得到母爱，很年轻就跑出了家，她是具有坚强的性格，而处

---

① 骆宾基：《萧红小传》，黑龙江人民出版社 1981 年版，第 6 页。

处又需求支持和爱。这两性格凑在一起，都在有所需求，而彼此在动荡的时代，都得不到对方给予的满足。①

关于萧红和端木关系的分析，周鲸文在自己的文章里和接受访问时，看法基本一致，可信度高。那么，问题在于安顿于思豪酒店后，端木蕻良到底有没有离开？离开了多长时间？因何离开？

1981年6月25日，端木接受美国学者葛浩文访问，谈及这段经历只是放声痛哭，没有直接回答，或有难言之隐②。1996年10月5日，端木蕻良与世长辞，这些疑问随着他的辞世而永远寂止，那也许是他最不愿说出的秘密或隐衷。但是，对于萧红爱好者而言，这些似乎又是永远都不会放过的疑问。2009年11月，萧红研究者章海宁访问钟耀群，钟坦承当年在思豪酒店安顿后，端木蕻良确实离开过大约一周左右。说到离开原因，"钟耀群哭了起来，她说端木多年来一直不愿意说，因为端木回酒店时发现了骆宾基与萧红的私情，他的感情受到了伤害，他在愤怒中跑了出去。但后来端木想到萧红在病中，他不忍心丢下萧红，又回到了萧红身边。端木对萧红非常敬重，他不愿意再提及此事而伤害萧红"③。由此看来，端木在葛浩文面前的痛哭，实则包含着无法言说的巨大委屈。

如果钟耀群所说属实，那自然是关涉端木蕻良、萧红、骆宾基三者间的深度隐私，更关乎早逝者萧红的尊严。如今，三人均已作古，这段公案由端木后半生最亲近的人说出，似乎也并非全然子虚乌有。传说萧红、骆宾基之间存有恋情者不乏其人。以我所见，以挪揄口吻最早透露这一信息的人是孙陵。孙陵文字从台湾传至大陆，同样深入人心，以至让人将只与萧红共处44天的骆宾基视为其生平继汪恩甲、萧军、端木之后的第四个男人。

在《我熟识的三十年代作家》一书《骆宾基》专章，孙陵详细述及，萧红逝后骆宾基、端木蕻良转至桂林借住在自己的房子里。一日两人莫名发生激烈冲突，他拦住挥拳扑向端木的骆宾基询问原委。骆说萧红是被端木气

① 刘以鬯：《周鲸文先生谈端木蕻良》，《端木蕻良论》，世界出版社1977年版，第112页。
② 章海宁：《萧红画传》，黑龙江大学出版社2011年版，第300页。
③ 同上。

死的，并掏出一张纸条，其上萧红写着："我恨你，我恨你这许多天不来看我，再也不要来看我了……"下面还有端木嬉皮笑脸的注："达灵！你不要这样生气！养病是不能生气的，我这两天实在太忙，过几天一定来看你……"骆宾基还揭穿端木蕻良是眼见萧红快要死了，而忙着追周鲸文有钱的小姨子，并告知孙陵："……最后他们离婚了！萧红答应病好了以后嫁给我！"而当骆宾基发现孙陵听后似乎在笑他时，很不好意思地红着脸说："是真的！她说她爱我！"骆宾基出去后，端木蕻良亦找孙陵申辩："你不要听他的！一个肺病第四期的人，躺在床上不能动，就算是爱他，怎么能表示出来？既不能拥抱，也不能接吻，又不会讲话！"①

　　孙著在台湾出版于1980年，基于政治立场，他在文字里对留在大陆的熟人、朋友多肆意贬抑、揶揄，言词刻薄。以上转述，或出于事隔多年其记忆有误，对比萧红住院后的实际情形，很多地方东拉西扯，经不住推敲。但有一点大致可以明确，如果萧红、骆宾基之间有恋情发生，并不在场的孙陵不可能凭空想象，传出此事就只有一种途径：那就是出自骆宾基之口。令人感慨的是，对比端木蕻良委屈到死只字不提，骆宾基和端木在人品上孰优孰劣就可以立见高下。

　　或许，有这样一种可能：面对死亡威胁的大恐惧，躺在病榻上时刻害怕被人遗弃异乡的萧红，为了留住骆宾基而向他示爱。而这里面亦不排除骆宾基对躺在病榻上的萧红说了什么和做了什么。换言之，在死亡威胁面前，如果人们将萧红还原为一个普通女人，那么，有什么超乎人们想象的事情发生不是没有可能。而我所强调的是，在那种非常情势里，作为一个有理性的男人，又如何将之当真？更不用说，在逝者已凄然离世的情形下，向不相干的人去炫耀这"惊天秘密"！而端木蕻良是否出于对萧红基于具体情景的理解心生放弃遗弃之念，也只有他自己知道了。当然，话又说回来，骆宾基在众人都急着逃亡之时，义无反顾地留下陪萧红直至生命终结，亦见出他那令人感动的仗义。只是，这经由他之口传出的萧红生命最后的情感秘密，对萧红的形象和尊严毫无疑问是极大的损毁。逝者已逝，即便有真爱发生，埋在心

① 孙陵：《我熟识的三十年代作家》，台湾成文出版社有限公司1980年版，第18—19页。

底又何妨？事实上，他说出之后，同样招致孙陵不屑。今天，细究萧红逝前与两个男人的纠结，对于善良的人们来说，所引起的何尝又不是对骆宾基的深深不屑。

至于端木在思豪酒店以及此后经常离开萧红做了什么，曹革成解释说他除了取款、筹钱，联系医院，与人交涉等工作外，还返回住处整理萧红和自己的东西，诸如《呼兰河传》《马伯乐》《大时代》等手稿，以及萧红的一枚印章和许广平赠送的几颗红豆。萧红部分遗物，端木蕻良后来交给二嫂倪美生保存。当然，也可能是为突围而做准备，《萧红小传》载有萧红问端木"你不是准备突围吗？"端木回答说"小包都打起来了，等着消息呢"①。

香港沦陷后，部分医院开始收治病人。萧红于 1942 年 1 月 12 日住进养和医院，医生诊断结果是由气管结瘤引起呼吸不畅，必须立即手术摘除。面对医生的治疗方案，端木蕻良坚决不同意，他深知结核病人不能手术，因有二哥的前车之鉴。但是求医心切的萧红，自己在手术单上签了字，急于挣钱的医生不再理会端木，草率为之手术。术后发现是误诊，病情迅速恶化，加之战时缺医少药，医院不断被日军接管，导致萧红那令人无限惋惜的死。法国医院的医生对端木说过，如果和平时期，萧红自然病不至死，实在是战争之故；而退一步说，如果不有违常识对结核病人动手术，即便在战时，萧红或许也不会马上死亡。很显然，萧红那遇事不顾后果的任性，某种意义上也是形成其悲剧的一个重要原因。

萧红逝后，端木蕻良尽力给她最后的尊严，剪下她的一缕头发留做纪念，单独火化后，将骨灰分两处分别埋在圣士提反女校和浅水湾。关于骨灰，骆宾基也多有不实叙述，如他在致友人信中说浅水湾是萧红衣冠墓②。不过，1957 年萧红墓由浅水湾迁至广州银河公墓，证明了萧红逝后端木所做的种种努力。而在被日军占领的香港，做到这些自然非常不易——端木这个"弱"男人，实在也有强大之时。

———————————

① 骆宾基：《萧红小传》，黑龙江人民出版社 1981 年版，第 100 页。

② 丁言昭：《萧红传》，江苏文艺出版社 1993 年版，第 282 页。

余　论

端木蕻良和骆宾基的纠结在萧红逝后只是刚刚开始。几十年来，坊间有太多关于端木、骆宾基、萧军三个男人围绕萧红的纠缠，成了文坛掌故、饭后谈资。很多说法自然出于穿凿附会，甚至近于无聊。在这里，有两件事值得一提。

孙陵还透露骆宾基对他说，萧红"临死的遗嘱要把《呼兰河传》的版权送给我。《生死场》送给她的弟弟，《商市街》送给萧军，只有端木，她什么也没留！"① 并说争吵当天下午目睹端木蕻良陪骆宾基一同到桂林上海杂志公司结算《呼兰河传》版税，第二天发现骆用以添加了高档棉被和蚊帐"得意洋洋"。

孙陵回忆引出端木蕻良、骆宾基关于《呼兰河传》的"版权之争"，一时众说纷纭，莫衷一是。骆宾基可能意识到此事发生在一个可怜女人身后，似乎有些猥琐，又否定了孙陵的回忆，说自己与端木冲突与版权无关。而关于《呼兰河传》的"版权之争"，端木蕻良对来访的葛浩文解释说，在养和医院做完手术之后，萧红曾与之商量，给骆宾基一些报酬，以表达对其战时长时间冒死相陪的感激。一开始，想把《生死场》的版税送给骆，但仔细一算，在十年合同期内，该书版税所剩无多，转而想到将《呼兰河传》的版税送给他，而不是版权②。端木蕻良的解释显然更合情理。在中国大陆，人们对端木多有恶感，但就在骆宾基和端木发生"版权之争"的桂林，与端木有过一段密切交往的音乐家马思聪，于 1975 年给夏志清的信中说："我想端木的为人并不是一个存心不厚道的人。"③

除了这所谓的"版权之争"，还有端木蕻良的愤怒。

曾任老舍秘书的葛翠琳曾撰《沉默》一文，忆及"反胡风"运动之初，新来领导认为端木蕻良目中无人，多次找他谈话，令其交待问题。面对端木

---

① 孙陵：《我熟识的三十年代作家》，台湾成文出版社有限公司 1980 年版，第 19 页。
② 转引自孔海立：《端木蕻良传》，复旦大学出版社 2011 年版，第 126 页。
③ 同上书，第 128 页。

的沉默，新领导以其抗拒运动相逼，端木无可奈何地说："经过痛苦的思考，我的认识有所改变。过去，我以为只有参加了反动组织才是反革命。现在，我认识到即使和任何反动组织没有丝毫关系，也可以成为反革命，是从思想上审查。"领导仍嫌空洞，不让过关。端木再次沉默，目光黯然。领导又说："很清楚，萧红就是胡风分子，你还能逃脱吗？"这时端木神态骤变，脸孔扭曲，嘴唇颤动，发出陶瓷碎裂般的声音，刺耳而惊心："鞭尸是封建帝王的做法！我自己，无论是坐牢、枪毙，由你处置。但我决不许污蔑萧红！"说罢全身索索发抖，在领导"你坐下"的吼声中，径直走出办公室①。

端木的"弱"与"强"，亦可见一斑。

2013 年春　萧红研究中心

---

① 转引自钟耀群：《端木与萧红》，中国文联出版公司 1998 年版，第 149—150 页。

主要参考文献

萧红:《萧红全集》(1—4卷),黑龙江大学出版社 2011 年版。

萧红:《萧红全集》(1—4卷),凤凰传媒出版集团、凤凰出版社 2010 年版。

萧红:《萧红全集》(上、中、下),哈尔滨出版社 1998 年版。

张廷会创修:《东昌张氏宗谱书》(1935)。

萧军:《鲁迅给萧军萧红信简注释录》,黑龙江人民出版社 1981 年版。

萧军:《萧红书简辑存注释录》,黑龙江人民出版社 1981 年版。

骆宾基:《萧红小传》,建文书店民国三十八年(1949)版。

骆宾基:《萧红小传》,黑龙江人民出版社 1981 年版。

[美]葛浩文:《萧红评传》,北方文艺出版社 1985 年版。

[美]孔海立:《端木蕻良传》,复旦大学出版社 2011 年版。

孙陵:《我熟识的三十年代作家》,台湾成文出版社有限公司 1980 年版。

陈纪滢:《三十年代作家记》,台湾成文出版社有限公司 1980 年版。

张毓茂:《萧军传》,重庆出版社 1992 年版。

孙延林主编:《萧红研究》(1—3辑),哈尔滨出版社 1993 年版。

孙茂山主编:《萧红身世考》,哈尔滨出版社 2003 年版。

夏志清:《中国现代小说史》,复旦大学出版社 2005 年版。

胡风:《胡风回忆录》,人民文学出版社 1993 年版。

牛汉口述,何启治、李晋西编撰:《我仍在苦苦跋涉——牛汉自述》,生活·读书·新知三联书店 2008 年版。

萧军:《萧军全集》第 18(1)(2)卷,华夏出版社 2008 年版。

曹革成主编:《端木蕻良和肖红在香港》,白山出版社 2000 年版。

章海宁主编：《萧红印象·记忆》，黑龙江大学出版社 2011 年版。

季红真编选：《萧萧落红》，人民文学出版社 2001 年版。

王观泉编：《怀念萧红》，黑龙江人民出版社 1981 年版。

铁峰：《萧红文学之路》，哈尔滨出版社 1991 年版。

萧军：《从临汾到延安》，山西人民出版社 1983 年版。

秋石：《我为鲁迅茅盾辩护》，文汇出版社 2009 年版。

季红真：《呼兰河的女儿——萧红全传》，现代出版社 2011 年版。

袁权：《萧红全传——从呼兰河到浅水湾》，中国青年出版社 2011 年版。

章海宁：《萧红画传》，黑龙江大学出版社 2011 年版。

叶君：《从异乡到异乡——萧红传》，中国社会科学出版社 2009 年版。

季红真：《萧红传》，北京十月文艺出版社 2000 年版。

丁言昭：《萧红传》，江苏文艺出版社 1993 年版。

肖凤：《悲情女作家萧红》，文化艺术出版社 2004 年版。

铁峰：《萧红传》，北方文艺出版社 1993 年版。

曹革成：《我的婶婶萧红》，时代文艺出版社 2005 年版。

曹革成：《跋涉生死场的女人——萧红》，华艺出版社 2002 年版。

秋石：《两个倔强的灵魂》，作家出版社 2000 年版。

秋石：《萧红与萧军》，学林出版社 1999 年版。

钟耀群：《端木与萧红》，中国文联出版公司 1998 年版。

附录一　萧红传记目录

骆宾基：《萧红小传》，中原出版社 1947 年版。

骆宾基：《萧红小传》，建文书店 1947 年版。

［美］Howard Goidlatt（葛浩文）. HSAIO HUNG. New York：Twayne Publisher，1976.

骆宾基：《萧红小传》（复制本），香港一山书屋有限公司 1978 年版。

［美］葛浩文：《萧红评传》，香港文艺书屋 1979 年版。

［美］葛浩文：《萧红评传》，台北时报文化出版事业有限公司 1980 年版。

肖凤：《萧红传》，百花文艺出版社 1980 年版。

骆宾基：《萧红小传》（修订版），黑龙江人民出版社 1981 年版。

谢霜天：《梦回呼兰河》，台北尔雅出版社 1982 年版。

刘慧心、松鹰：《落红萧萧》，四川人民出版社 1983 年版。

［日］尾坂德司：《萧红传》，东京燎原书店 1983 年版。

［美］葛浩文：《萧红评传》，北方文艺出版社 1985 年版。

庐湘：《萧军萧红外传》，北方妇女儿童出版社 1986 年版。

骆宾基：《萧红小传》（修订版），北方文艺出版社 1987 年版。

［美］葛浩文：《萧红新传》，香港三联书店香港有限公司 1989 年版。

骆宾基：《萧红小传》（修订版），香港天地图书 1991 年版。

铁峰：《萧红文学之路》，哈尔滨出版社 1991 年版。

丁言昭：《爱路跋涉——萧红传》，台北业强出版社 1991 年版。

铁峰：《萧红传》，北方文艺出版社 1993 年版。

李重华：《只有香如故——萧红大特写》，哈尔滨出版社 1993 年版。

丁言昭：《萧红传》，江苏文艺出版社 1993 年版。

[日] 中村龙夫：《火烧云萧红小传》，哈尔滨出版社 1993 年版。

黄河浪：《萧红传略》，香港新世纪出版社 1993 年版。

钟汝霖：《萧红新传与十论萧红》，黑龙江人民出版社 1994 年版。

肖凤：《萧红萧军》，中国青年出版社 1995 年版。

丁言昭：《萧萧落红情依依——萧红的情与爱》，四川文艺出版社 1995 年版。

王小妮：《人鸟低飞：萧红流离的一生》，长春出版社 1995 年版。

丁言昭：《萧红新传》，台北新潮社文化事业有限公司 1996 年版。

钟耀群：《端木与萧红》，中国文联出版公司 1998 年版。

金承泽、王一兵：《萧红生平与著述浅识》，黑龙江人民出版社 1998 年版。

傅滔：《萧红新传》，青海人民出版社 1999 年版。

秋石：《萧红与萧军》，学林出版社 1999 年版。

梁晴：《萧红》江苏文艺出版社 1999 年版。

季红真：《萧红传》，北京十月文艺出版社 2000 年版。

秋石：《两个倔强的灵魂》，作家出版社 2000 年版。

曹革成：《跋涉生死场的女人萧红》，华艺出版社 2002 年版。

郭玉斌：《萧红：漂泊的诗话象征》，吉林文史出版社 2002 年版。

刘乃翘、王雅茹：《萧红评传》，哈尔滨出版社 2002 年版。

萧耘、建中：《萧军与萧红》，团结出版社 2003 年版。

李重华：《只有香如故——萧红大特写》，哈尔滨出版社 2003 年版。

汪凌：《萧红寂寞而飘零四方》，大象出版社 2004 年版。

肖凤：《悲情女作家萧红》，文化艺术出版社 2004 年版。

曹革成：《我的婶婶萧红》，时代文艺出版社 2005 年版。

张鹰：《五月端阳红》，百花文艺出版社 2005 年版。

东西南北高飞客：《从呼兰到香港萧红新传》，香港获益出版事业有限公司 2006 年版。

林贤治：《漂泊者萧红》，人民文学出版社 2009 年版。

叶君：《从异乡到异乡：萧红传》，中国社会科学出版社 2009 年版。

郭玉斌：《萧红评传》，中国社会出版社 2009 年版。

叶君：《萧红图传〉，广东教育出版社 2010 年版。

曹革成：《我的婶婶萧红》，凤凰传媒出版集团、江苏文艺出版社 2010 年版。

［美］葛浩文：《萧红传》，复旦大学出版社 2011 年版。

章海宁：《萧红画传》，黑龙江大学出版社 2011 年版。

季红真：《呼兰河的女儿：萧红全传》，现代出版社 2011 年版。

袁权：《萧红全传》，中国青年出版社 2011 年版。

王亚平：《萧红画传——呼兰河漂泊的女儿》，北方文艺出版社 2011 年版。

李汉平：《一个真实的萧红》，东方出版社 2011 年版。

郭玉斌：《诗与梦·百年萧红》，湖北长江出版集团、湖北人民出版社 2011 年版。

刘乃翘：《萧红印象：呼兰河女儿影像传》，哈尔滨工业大学出版社 2011 年版。

王小妮：《人鸟低飞：萧红流离的一生》，中国工人出版社 2012 年版。

季红真：《呼兰河的女儿：萧红全传》（修订版），现代出版社 2012 年版。

杜智颖：《萧红：落红萧萧》，中国工人出版社 2013 年版。

朱云乔：《黄金时代：萧红与萧军的乱世情缘》，石油工业出版社 2014 年版。

周彦敏：《萧红的情人们》，金城出版社 2014 年版。

青青：《落红记：萧红的青春往事》，黑龙江大学出版社 2014 年版。

李樯：《黄金时代》，北京联合出版公司 2014 年版。

邹经：《萧红传：波西米亚玫瑰的灰烬》，浙江大学出版社 2014 年版。

（章海宁提供）

附录二　萧红年谱

章海宁　叶君

1911 年（一岁）

6 月 1 日（农历五月初五日），萧红生于黑龙江省呼兰县（现哈尔滨市呼兰区）城内龙王庙路南的张家大院。乳名荣华，学名张秀环，后改名张廼莹。

生父张廷举（1888—1959），字选三，黑龙江省立优级师范学堂毕业，获奖励师范科举人，中书科中书衔，先后在汤原、呼兰等地任教并担任地方教育官员。1945 年抗战胜利后参加土地改革，拥护共产党的领导，被定为开明绅士。

生母姜玉兰（1886—1919），婚后生一女三子，长女荣华，长子富贵（夭亡）、次子连贵（即张秀珂）、三子连富（夭亡）。

10 月 10 日，武汉地区的革命团体文学社和共进会发动武昌起义，获得各省响应，史称"辛亥革命"。

1912 年（二岁）

开始学走路。祖父张维祯（1849—1929）与祖母范氏（1845—1917）的三个女儿早已出嫁，育有一子夭亡，家中久无小孩，萧红的出生给张家带来了快乐。祖父对其疼爱有加。

1913 年（三岁）

开始与祖父进入后花园玩耍。

1914 年（四岁）

大弟富贵出生。更多时候与祖父在一起，后花园是最为快乐的去处。

1915 年（五岁）

大弟富贵夭亡。

1916 年（六岁）

二弟连贵（张秀珂）出生。

随母回娘家省亲，二姨姜玉环得知外甥女大名张秀环，坚持要父亲给其改名。外祖父姜文选将萧红学名改为"张廼莹"。

1917 年（七岁）

7 月 9 日，祖母范氏病故。其后，萧红搬到祖父房间，祖父开始口授《千家诗》。

1918 年（八岁）

渐渐对家里租住户的生活有所了解。

1919 年（九岁）

1 月初，三弟连富出生。

8 月 26 日（农历闰七月初二日），母亲姜玉兰不幸染上霍乱，三天后病故。三弟连富被送往阿城张廷举四弟家寄养。

12 月 15 日（农历十月十四日），张廷举续娶梁亚兰。

继母梁亚兰（1898—1972），婚后生三子［张秀珏（后改名张秀玮）、张秀琢、张秀琬］二女（张秀玲、张秀珑）。

1920 年（十岁）

秋，入呼兰县乙种农业学校女生班，上初小一年级。该校俗称龙王庙小学，后改称第二十国民小学、南关小学，现为萧红小学。

1921 年（十一岁）

秋，升入初小二年级。

三弟连富感染霍乱夭亡。

1922 年（十二岁）

秋，升入初小三年级。弟弟张秀珂入龙王庙小学读一年级。

1923 年（十三岁）

秋，升入初小四年级。

1924 年（十四岁）

夏，初小毕业。

秋，入北关初高两级小学校女生部，读高小一年级。学校位于城北二道街祖师庙院内，后曾称为道文小学、第二初高级完全小学校、胜利小学校等。不久，张廷举出任该校校长。

1925 年（十五岁）

秋，转入呼兰县第一女子初高两级小学校（即后来县立第一初高两级小学校的女生部，该校校址在今呼兰县第一中学院内），插班高小二年级。

5 月 30 日，震惊中外的"五卅惨案"发生。全国人民抗日反帝爱国的热潮风起云涌。受这股潮流影响，呼兰县中学联合会发起游行、讲演、募捐等活动，支援上海工人、学生们的斗争。萧红积极参与这一社会活动，并与同学傅秀兰一起到居住县城东南隅有钱有势的"八大家"募捐。

7 月末，呼兰县学生联合会在西岗公园兰河俱乐部举行联合义演，答谢募捐民众。萧红在话剧《傲霜枝》中扮演一个贫苦的小姑娘。

1926 年（十六岁）

6 月末，高小毕业，到哈尔滨继续上中学的愿望遭父亲、继母反对。萧红以与家长冷战的方式进行抗争。

秋，同班同学田慎如因抗婚到呼兰天主教堂当修女。

1927 年（十七岁）

5 月 12 日，祖父张维祯八十寿诞。呼兰县长陆克遵率呼兰地方官员前来为萧红祖父祝寿，并赠"康疆逢吉"牌匾一块。

夏，因抗争无果，扬言效仿田慎如到天主教堂当修女，张廷举终于妥协，同意萧红继续读书。

秋，入哈尔滨"东省特别区区立第一女子中学校"就读，该校前身为私立"从德女子中学"，现名为萧红中学。

1928 年（十八岁）

6 月，张廷举出任呼兰县教育局局长。

9 月中旬，张廷举转任黑龙江省教育厅秘书。

11 月 9 日，哈尔滨市学生维持路权联合会发起反日护路游行示威活动，史称"一一·九"运动。萧红参加游行，主动担任宣传员。

1929 年（十九岁）

1 月初，由六叔张廷献（张廷举的异母弟）保媒，萧红父将其许配给哈尔滨顾乡屯汪恩甲，两人正式订婚。

6 月 7 日（农历五月初一日），祖父病故，回家奔丧。

下半年，了解到汪恩甲的庸俗和吸食鸦片的恶习，萌生退婚之念。

11 月 17 日，苏军攻占满洲里和扎兰诺尔。是月中旬，参加"佩花大会"进行募捐。

1930 年（二十岁）

4 月，陆哲舜从哈尔滨法政大学退学，就读北平中国大学。

上半年，向父亲表达初中毕业后到北平继续读高中的愿望，遭到拒绝。

夏，初中毕业。父亲和继母主张萧红与汪恩甲完婚。在同学徐淑娟等的鼓动下，萧红准备抗婚求学。

初秋，假意同意与汪恩甲结婚从家里骗出一笔钱，出走北平，入女师大附中读高中一年级。与陆哲舜租二龙坑西巷一小院，分屋而居。家里震怒，给陆家施加压力。陆家劝说无果，断绝陆哲舜的经济来源。

冬，陆哲舜向家庭妥协。

1931 年（二十一岁）

1 月中旬，回呼兰，遭软禁，精神极度痛苦，后与家庭和解。

2 月下旬，返回北平。汪恩甲随后找到萧红。

3 月初，返回呼兰。

4 月初，随继母搬到阿城福昌号屯，开始长达六个月的软禁生活。

9 月 18 日，日军借口中国军队破坏南满铁路，向东北军驻地北大营发动进攻，开始对中国发动侵略战争。

10 月 3 日夜，在姑姑和七婶帮助下，离开福昌号屯逃至阿城，旋即乘火车逃至哈尔滨。

10 月上旬，开始在哈尔滨街头流浪，生活困苦不堪，再次与汪恩甲交往。

12 月初，住进在东省特别区第二女子中学就读的堂妹张秀珉宿舍，经张秀珉、张秀琴姐妹斡旋，在该校高中一年级插班，十多天后发现自己怀孕不辞而别，与汪恩甲住进道外东兴顺旅馆。

1932 年（二十二岁）

2 月 5 日，日军占领哈尔滨。

春，回继母梁亚兰家。当天下午汪恩甲找至，两人旋即一起离开。其间，创作《可纪念的枫叶》《静》《偶然想起》《栽花》《春曲》等诗。

5 月中，汪恩甲离开东兴顺旅馆，被家庭扣下。萧红不满汪恩甲之兄汪大澄代弟解除婚约，状告其"代弟休妻"。因汪恩甲在法庭上为其兄开脱，官司败诉。

6 月中，因欠旅馆食宿费四百余元，萧红被扣为人质，陷于被卖到低等妓院的困境。

7月9日，向《国际协报》文艺副刊主编裴馨园发信求助。裴馨园随即带人到旅馆探访，并与友人商讨营救方案，未果。

7月12日黄昏，萧军受裴馨园之托到东兴顺旅馆探访。二萧第一次相见便相互倾慕。次日，萧军再来旅馆，两人迅速陷入热恋。

8月7日，松花江决堤二十余处，整个道外区顷刻一片汪洋，街可行船。

8月8日黄昏，舒群泅水前往东兴顺旅馆探望萧红。

8月9日上午，搭搜救船离开东兴顺旅馆，住进裴馨园家，不久，与裴家人产生隔阂。

8月底，在哈尔滨市公立第一医院（现哈尔滨市儿童医院）产下一名女婴，旋即送人。

9月下旬，被接回裴家。几天后与萧军一起搬出，住进欧罗巴旅馆。

11月中旬，二萧从欧罗巴旅馆搬出，安家于商市街二十五号。经金剑啸介绍，参加"牵牛坊"的活动，结识了一些新朋友。

1933 年（二十三岁）

年初，在萧军鼓励下，参加《国际协报》征文，开始文学创作。

4月18日，完成长篇纪实散文《弃儿》。该文连载于5月6日至17日《大同报》文艺副刊《大同俱乐部》。此后，陆续创作了小说《腿上的绷带》《太太与西瓜》《看风筝》等。

7月，参加"星星剧社"活动，排演《小偷》《娘姨》等剧目。

10月3日，与萧军的小说、诗歌、散文合集《跋涉》自费在哈尔滨《五日画报》印刷社出版，引起满洲文坛注意，作者被誉为黑暗现实中两颗闪闪发亮的明星，奠定了二萧在东北文坛的地位。

10月中旬，"星星剧社"解散。

12月底，《跋涉》因有"反满抗日"倾向遭查禁，二萧在哈处境日艰。年底，与萧军计划离开哈尔滨。

1934 年（二十四岁）

3 月中，舒群去青岛，不久来信，约二萧去青岛。

4 月 20 日至 5 月 17 日，小说《麦场》（即《生死场》前两章《麦场》《菜圃》）连载于《国际协报》副刊《国际公园》。

5 月间，因病在萧军乡下友人家居住十多日调养身体。

6 月 12 日，与萧军悄然离开哈尔滨。

6 月 15 日，与萧军经大连抵达青岛。端午节后搬进观象一路一号。不久，舒群、倪青华夫妇搬来同住。

9 月 9 日，完成《麦场》的创作。

10 月初，二萧以萧军的名义给鲁迅写信。不久，鲁迅回信，二萧备受鼓舞。

11 月 1 日，二萧与作家张梅林乘坐"共同丸"离开青岛，次日抵达上海。与萧军住进拉都路上的一个亭子间。次日，给鲁迅去信。

11 月 4 日，得鲁迅回信，从此开始与鲁迅先生的书信往来。

11 月 30 日，二萧与鲁迅全家在一家咖啡馆见面。

12 月 19 日，二萧赴鲁迅全家的宴请，结识茅盾、叶紫、聂绀弩夫妇等人。

1935 年（二十五岁）

3 月 5 日，在鲁迅推荐下，小说《小六》发表于《太白》第一卷第十二期。

3 月中，开始写作《商市街》系列散文。

5 月 15 日，完成系列散文《商市街》。

6 月 1 日，散文《饿》在《文学》第四卷第六号上发表。

6 月中，搬到萨坡赛路 190 号唐豪律师家。

10 月，因《麦场》公开出版无望，决定自费印行。后从鲁迅信中得知，

《麦场》改名《生死场》。

11 月 6 日，与萧军第一次赴鲁迅家宴。

11 月 14 日，鲁迅为《生死场》作序。

12 月中，《生死场》作为"奴隶丛书"之三假托"容光书局"自费印行，作者署名"萧红"。该书收鲁迅《序言》胡风《读后记》。

1936 年（二十六岁）

1 月 19 日，与萧军、聂绀弩等人共同编辑的《海燕》创刊，当日售完 2000 册，鲁迅夫妇携海婴在梁园设宴庆贺。《海燕》创刊号载萧红散文《访问》。

3 月 1 日，散文《广告员的梦想》载《中学生》第六十三期。此后，《同命运的小鱼》《春意挂上了树梢》《公园》《夏夜》等多篇散文先后在《中学生》杂志发表。

3 月中，与萧军搬至北四川路"永乐坊"。

3 月 23 日午后，在鲁迅先生家结识美国作家史沫特莱。

春，陈涓回上海，萧军与其产生情感纠葛，萧红受到巨大伤害。

4 月 15 日，《作家》创刊号载萧红小说《手》。

5 月 16 日，鲁迅病重。月底，连续多日前往鲁寓。

6 月 15 日，在鲁迅、茅盾、巴金等 67 位作家联合署名发表的《中国文艺工作者宣言》上签名。

7 月中，决定东渡日本一年，并期待与在日本留学的弟弟张秀珂会面。

7 月 15 日晚，鲁迅夫妇设家宴为之饯行。

7 月 16 日，黄源设宴为萧红送行，饭后与萧军、黄源到照相馆拍合影一张。

7 月 17 日，乘船赴日。

7 月 21 日，抵达东京，在黄源夫人许粤华的帮助下，开始旅日生活。

7 月 26 日，给萧军去信，告知弟弟张秀珂已于 7 月 16 日回国。

8 月中，散文集《商市街》作为由巴金主编的《文学丛刊》第二集第十二册，由上海文化生活出版社初版，内收散文 41 篇。

9 月初，为《大沪晚报》写作纪念"九一八"的散文《长白山的血迹》。

9 月 12 日晨，遭日本便衣警察盘查。

9 月 14 日，进入"东亚补习学校"学习日语。

9 月中，散文集《商市街》再版。

10 月 19 日，鲁迅病逝，三日后，萧红获悉死讯，极度哀伤。后致萧军信（10 月 24 日）以《海外的悲悼》为题载《中流》第一卷第五期。

11 月，散文集《桥》作为巴金主编的《文学丛刊》第三集第十二册，由上海文化生活出版社初版。

1937 年（二十七岁）

1 月 9 日，接萧军信，中断在日本的日语学习和创作，乘"秩父丸"回国。

1 月 13 日，回到上海，住法租界吕班路。

3 月 15 日，组诗《沙粒》载《文丛》第一卷第一期，将与萧军间的情感危机公之于众。

4 月间，与萧军关系恶化，离家出走一家犹太人开办的寄宿画院准备学画，旋即，被萧军朋友找回。

4 月 23 日夜，离开上海到北平访友、散心。在北平期间与李洁吾、舒群有较多接触。

5 月中旬，返回上海。

5 月下旬，参加《鲁迅先生纪念集》的资料搜集和整理工作。与萧军关系持续恶化中。

5 月中，短篇小说集《牛车上》由上海文化生活出版社初版，为巴金主编"文学丛刊"第五集第五册。

7 月 7 日，"卢沟桥事变"爆发，中国开始全面抗战。19 日收到北平李洁吾的来信，记叙事变后北平现状。后将来信发表于《中流》第二卷第十期。

8 月 13 日，淞沪抗战爆发，不避危险鼎力帮助日本友人鹿地亘、池田幸子夫妇。

8 月底，胡风出面邀请萧红、萧军、曹白、艾青、彭柏山、端木蕻良等作家商议筹办新的文学杂志。萧红提议将即将创刊的新杂志命名为《七月》，得到大家赞同。此次集会上，与端木蕻良第一次见面。

9 月下旬，二萧离开上海抵达汉口，通过于浣非结识诗人蒋锡金，旋即搬进蒋锡金位于武昌水陆前街小金龙巷 21 号的住处。

10 月 17 日，写作回忆鲁迅的散文《逝者已矣！》，该文载 10 月 20 日《大公报·战线》第二十九号。

10 月 18 日，散文《万年青》载武汉《战斗旬刊》第一卷第四期"鲁迅先生周年祭特辑"，该文后改篇名《鲁迅先生记（一）》收入 1940 年 6 月重庆大时代书局初版的《萧红散文》。

10 月下旬，端木蕻良应胡风、萧军之邀前来武汉，随后也搬进小金龙巷与二萧住在一起。到武汉安顿下来之后，开始长篇小说《呼兰河传》的创作。

12 月 10 日，与萧军、端木蕻良突遭当局逮捕。次日，在胡风托人斡旋下，三人获释。

年底，二萧搬进冯乃超位于武昌紫阳湖畔寓所。

1938 年（二十八岁）

1 月 16 日下午，参加《七月》座谈会，题为"抗战以来的文艺活动动态与展望"，表达了自己关于抗战文艺的见解。同日，书评《〈大地的女儿〉与〈动乱时代〉》载《七月》第二卷第二期。

1 月 27 日，与萧军、聂绀弩、艾青、田间、端木蕻良等人离开武汉，前往山西临汾民族革命大学任教。

2 月 6 日，抵达临汾，与丁玲率领的"西北战地服务团"相遇，结识丁玲，并建立深厚友谊。

2 月间，日军逼近临汾。下旬，随"西北战地服务团"转移运城，萧军执意留下打游击，二人在临汾分手。

2月24日到达潼关，给高原去信，表示"将去延安看看"，后因故未能成行。

3月初，抵达西安，住进梁府街（现"青年路"）莲湖公园旁陕西女子师范学校。与塞克、端木蕻良、聂绀弩等人共同创作三幕话剧剧本《突击》。发现自己怀孕，想找医生堕胎未果。

3月16日，《突击》在西安隆重公演，一连三天七场，场场爆满，轰动西安城。萧红与其他主创人员受到周恩来等领导人的接见。

4月初，萧军随丁玲、聂绀弩来到八路军驻西安办事处。向萧军正式提出分手，其后明确与端木蕻良的恋爱关系。

4月下旬，与端木蕻良一起回到武汉，再次入住小金龙巷。

4月29日下午，出席由胡风召集的文艺座谈会，题目是《现时文艺活动与〈七月〉》。会上，直率地表达了自己的创作观。

5月下旬，与端木蕻良在汉口大同酒家举行婚礼，胡风、艾青、池田幸子等人出席。

8月上旬，因武汉形势危急，端木蕻良离开武汉前往重庆。

8月11日前后，搬至位于汉口三教街的"中华全国文艺界抗敌协会"总部，与孔罗荪、蒋锡金等人住在一起，等候买船票入川。

9月中旬，与冯乃超夫人李声韵结伴去重庆。行至宜昌李声韵不幸大咯血，萧红手足无措，幸得同船《武汉日报》副刊《鹦鹉洲》编辑段公爽帮助，将她送进当地医院。两天后，一个人到达重庆。

11月，在江津一家私人小妇产医院产下一名男婴。产后第四天，平静告知白朗孩子头天夜里抽风而死。几天后，离开江津返回重庆。

12月，与池田幸子、绿川英子共住在米花街小胡同池田寓所。

12月22日，在塔斯社重庆分社，接受苏联记者罗果夫的采访。

1939 年（二十九岁）

春，蛰居歌乐山潜心创作，完成了散文《滑竿》《林小二》《长安寺》，短篇小说《山下》《莲花池》等作品。

4月5日，致许广平信（3月14日）以《离乱中的作家书简》为题，载《鲁迅风》第十二期。

4月17日至5月7日，香港《星岛日报》副刊《星座》连载小说《旷野的呼喊》。

5月间，与端木蕻良搬至嘉陵江畔的黄桷树镇，住进复旦大学苗圃。

9月22日，整理完成《鲁迅先生生活散记——为纪念鲁迅先生三周年祭而作》，后载《中苏文化》第四卷第三期。此后，发表多篇回忆鲁迅的文字。

10月下旬，将整理好的有关回忆鲁迅的文字结集为一本小册子，取名《回忆鲁迅先生》。

秋，与端木蕻良搬进名叫"秉庄"的一座二层小楼。

11月，与端木应邀参加苏联大使馆在枇杷山举行的十月革命纪念节的庆祝活动。

12月中，重庆北碚不断遭到轰炸，因不能忍受惊扰，与端木蕻良商量离开重庆，参考友人华岗的意见，最终决定前往香港。

1940 年（三十岁）

1月17日，与端木蕻良离开重庆，乘飞机抵达香港，入住九龙尖沙咀金巴利道纳士佛台三号。

2月5日，"文协"香港分会在大东酒店举行全体会员聚餐会，热烈欢迎萧红、端木蕻良来港。次日，《立报》报道了该欢迎会的消息。

3月3日晚，参加在坚道养中女子中学举行的座谈会，讨论题目是：《女学生与三八妇女节》。

3月，短篇小说集《旷野的呼喊》由上海杂志公司初版，列入郑伯奇主编的《每月文库》第一辑之十。

4月，以"中华全国文艺界抗敌协会"会员身份，登记成为"文协"香港分会会员。

5月11日，与端木蕻良应岭南大学艺文社之邀参加该校学生组织的文艺座谈会。

5 月 12 日，与端木蕻良一起参加由香港文协与中国文化协进会共同举办的"黄自纪念音乐欣赏会"。

6 月，《萧红散文》由重庆大时代书局初版。

6 月 24 日，给华岗去信，关心其现状。此后一月间，与华岗书信往来频繁。

7 月，《回忆鲁迅先生》由重庆妇女生活社初版。

8 月 3 日下午 3 时，香港各界"纪念鲁迅先生六十生诞纪念会"在加路连山孔圣堂举行。会上，萧红报告鲁迅先生生平事迹。晚上，在孔圣堂举行晚会，上演萧红编写的哑剧《民族魂鲁迅》。

9 月 1 日，《呼兰河传》开始在《星岛日报》副刊《星座》连载，12 月 20 日《呼兰河传》完稿，至 12 月 27 日连载完毕。

1941 年（三十一岁）

1 月，《马伯乐》第一部由大时代书局初版，5 个月后再版。

2 月 1 日，长篇小说《马伯乐》第二部在香港《时代批评》杂志第六十四期开始连载。

2 月初，与端木蕻良搬家至九龙乐道八号二楼。

2 月 17 日，"文协"香港分会等文化团体，在思豪酒店举办茶会欢迎史沫特莱、宋之的、夏衍、范长江等人来港。茶会由萧红主持，史沫特莱发表演讲。

3 月初，史沫特莱前来乐道八号看望。见萧红居住环境非常糟糕，执意邀请她到林荫台别墅与自己同住，两人共度了近一个月的时光。从林荫台回来，听说茅盾来港，与史沫特莱一起前往拜访，想劝说茅盾夫妇一同前往新加坡，遭婉拒。

5 月初，史沫特莱返回美国，行前带走了萧红、端木蕻良的一些作品，准备在美国发表。萧红托其将一册《生死场》代送给美国作家辛克莱。

5 月 30 日，《呼兰河传》单行本作为"每月文库"第二辑之六，由桂林上海杂志公司初版。

6月4日，收到辛克莱回赠的书和表示感谢的电报回信。

7月1日，小说《小城三月》载《时代文学》第二期。

7月间，常常失眠，咳嗽加剧，为治疗痔疮，再次住进玛丽医院。

8月4日，与端木蕻良应邀去香港大学讲学。当天下午，二人接到许地山病逝的消息。

9月中，美国女作家海伦·福斯特与他人合作将萧红《马房之夜》译出，发表在自己主编的《亚细亚》月刊九月号上。萧红、于毅夫、端木蕻良、周鲸文等374人在《旅港东北人士九一八十周年宣言》上签名。

11月初，出院回家，茅盾、巴人、杨刚、骆宾基、胡风等友人先后前来探望。

11月上旬，诗人柳亚子前来拜访端木蕻良，与萧红相识。

11月中旬，再次住进玛丽医院。因不满医生护士的冷遇，急于出院。

11月下旬，于毅夫前来看望，萧红向其倾诉内心苦楚，于毅夫在没有办理出院手续的情况下将其接回。

12月8日，日军偷袭珍珠港，对英美宣战，进攻九龙。柳亚子前来看望，骆宾基于电话中向端木蕻良辞行，在端木蕻良的挽留下，应允留下帮助照料萧红。是夜，从九龙转移至香港。

12月9日，住进思豪酒店。

12月18日，被迫转移至周鲸文家，后又转移到告罗士打酒店。在日军占领酒店前，端木蕻良、骆宾基又将萧红转移出来，曾在何镜吾家落过脚，最后安置在中环一家裁缝铺里。

12月24日，转至斯丹利街时代书店的书库安顿下来。

12月25日，香港沦陷。

1942 年（三十二岁）

1月12日，住进养和医院，次日手术，术后发现医生误诊。

1月18日中午，转至玛丽医院。下午2时，安装了喉口呼吸铜管。因没有气流经过声带，不能说话。

1月19日夜12时，写下"我将与蓝天碧水永处，留得半部'红楼'给别人写了……半生尽遭白眼、冷遇，身先死，不甘、不甘！"

1月22日晨，玛丽医院被日军接管，病人一律赶出。萧红被转至一家法国医院。其后，法国医院亦被军管。随即又被送至法国医生在圣士提反女校设立的临时救护站。6时许陷于深度昏迷。

1月22日上午10时，在法国医院设在圣士提反女校的临时救护站逝世。端木蕻良剪下萧红一缕青丝（该青丝后捐赠呼兰县。1992年11月6日，呼兰在西岗公园建萧红墓，墓中葬萧红青丝）。

1月24日，遗体在香港跑马地背后的日本火葬场火化。

1月25日黄昏，部分骨灰安葬在浅水湾丽都酒店前花坛里（1957年8月15日，迁葬广州银河公墓）。

1月26日，剩余骨灰安葬在圣士提反女校后院土山坡下。

后　　记

　　萧红弃世已逾七十载。关于其短促一生的叙述至今热度不减，流传于世的传记近 80 种。仅今年十月之前，借助电影《黄金时代》上映之机，出版的萧红传记就近十种。萧红的作品远没有其生平受人关注，而关于萧红生平的一遍遍叙述，焦点始终是她跟几个男人的故事。弃世时年仅 31 岁，一个年轻女子跟多个男人的故事，或许是人们叙述萧红的直接驱动力。除了文字叙述外，近年的影像叙述更是将她一次次推至舆论风口。只是，我悲哀地看到，萧红每一次被关注，便招来无端的羞辱、谩骂。这是萧红的悲剧。临死前沉痛说出"半生尽遭白眼，身先死，不甘、不甘"的她，自然无法想到自己的苦难，七十多年后，成了人们消费的对象，成了男人的谈资，成了激发年轻的网络女写手快意辱骂的灵感，亦成了人们寻找道德优胜的明证。

　　《从异乡到异乡——萧红传》面世至今五年余，其间，我总想放下，但又无法做到。在我看来，萧红与生命中的"他们"的故事，远非人们的想象。我切切实实看到了一个女人的忧伤、抗争与不甘。为此，基于自身接受的学术训练，我利用所掌握的材料，来梳理一个民国女作家的情爱往事，力图触摸心灵，澄清讹误，解开迷案。而在材料铺陈、逻辑推演中，清晰表达我对萧红，以及给予她温暖、尊严、伤害的男人们的认识和理解。学术规范不再成为范囿，这同样是一次充满激情的写作，论述、说理亦是心灵的表达方式，是自诉，是对话。多年来，我所追求的学术境界，似乎在这本书里初步达成。因之，我心怀敬畏与喜悦。

　　需要特别指出的是，本书包括"绪论"在内的五个部分，各自独立完成于不同时期，"萧红与鲁迅"一章最早动笔于 2011 年春天。各部分会涉及引用某些相同的材料，为了保持各部分论证的逻辑自洽，同时，方便读者选择阅读，有些地方引述材料稍有重复，望读者谅解。

哈尔滨漫长的冬天已然到来。自然让我想起，萧红在这个城市所感受到的饥饿与寒冷。于我，哈尔滨的冬天让人沉静、安宁，阅读、写作之余，你还会用心等待带着一身风味、雪味回归的家人。

感谢中国社会科学出版社副总编辑郭沂纹女士，五年后，我们再次愉快合作；感谢责编宋燕鹏先生为本书付出的辛勤劳动。

作　者

2014 年 10 月 23 日　哈尔滨